Estruturas de Dados e Seus Algoritmos

O GEN | Grupo Editorial Nacional – maior plataforma editorial brasileira no segmento científico, técnico e profissional – publica conteúdos nas áreas de ciências exatas, humanas, jurídicas, da saúde e sociais aplicadas, além de prover serviços direcionados à educação continuada e à preparação para concursos.

As editoras que integram o GEN, das mais respeitadas no mercado editorial, construíram catálogos inigualáveis, com obras decisivas para a formação acadêmica e o aperfeiçoamento de várias gerações de profissionais e estudantes, tendo se tornado sinônimo de qualidade e seriedade.

A missão do GEN e dos núcleos de conteúdo que o compõem é prover a melhor informação científica e distribuí-la de maneira flexível e conveniente, a preços justos, gerando benefícios e servindo a autores, docentes, livreiros, funcionários, colaboradores e acionistas.

Nosso comportamento ético incondicional e nossa responsabilidade social e ambiental são reforçados pela natureza educacional de nossa atividade e dão sustentabilidade ao crescimento contínuo e à rentabilidade do grupo.

Estruturas de Dados e Seus Algoritmos

3ª Edição

Jayme Luiz Szwarcfiter
Professor Emérito do Instituto de Matemática
Professor Titular da COPPE
Pesquisador do Núcleo de Computação Eletrônica
Universidade Federal do Rio de Janeiro

Lilian Markenzon
Pesquisadora e Professora do Programa
de Pós-graduação em Informática
Universidade Federal do Rio de Janeiro

- Os autores deste livro e a editora empenharam seus melhores esforços para assegurar que as informações e os procedimentos apresentados no texto estejam em acordo com os padrões aceitos à época da publicação, *e todos os dados foram atualizados pelos autores até a data de fechamento do livro*. Entretanto, tendo em conta a evolução das ciências, as atualizações legislativas, as mudanças regulamentares governamentais e o constante fluxo de novas informações sobre os temas que constam do livro, recomendamos enfaticamente que os leitores consultem sempre outras fontes fidedignas, de modo a se certificarem de que as informações contidas no texto estão corretas e de que não houve alterações nas recomendações ou na legislação regulamentadora.

- Os autores e a editora se empenharam para citar adequadamente e dar o devido crédito a todos os detentores de direitos autorais de qualquer material utilizado neste livro, dispondo-se a possíveis acertos posteriores caso, inadvertida e involuntariamente, a identificação de algum deles tenha sido omitida.

- **Atendimento ao cliente: (11) 5080-0751 | faleconosco@grupogen.com.br**

- Direitos exclusivos para a língua portuguesa
  Copyright © 2010, 2022 (8ª impressão) by Jayme Luiz Szwarcfiter e Lilian Markenzon
  LTC | Livros Técnicos e Científicos Editora Ltda.
  Uma editora integrante do GEN | Grupo Editorial Nacional
  Travessa do Ouvidor, 11
  Rio de Janeiro – RJ – 20040-040
  www.grupogen.com.br

- Reservados todos os direitos. É proibida a duplicação ou reprodução deste volume, no todo ou em parte, em quaisquer formas ou por quaisquer meios (eletrônico, mecânico, gravação, fotocópia, distribuição pela Internet ou outros), sem permissão, por escrito, da LTC | Livros Técnicos e Científicos Editora Ltda.

- Capa: Dan Palatnik

- Editoração Eletrônica: Hera

1ª edição: 1995
2ª edição: 1997 — Reimpressões: 1999, 2000, 2001, 2002, 2005, 2007 e 2009.
3ª edição: 2010 — Reimpressões: 2012, 2013, 2014, 2015, 2019, 2020 e 2022.

CIP-BRASIL. CATALOGAÇÃO-NA-FONTE
SINDICATO NACIONAL DOS EDITORES DE LIVROS, RJ

S998e
3.ed.

Szwarcfiter, Jayme Luiz
Estruturas de dados e seus algoritmos / Jayme Luiz Szwarcfiter, Lilian Markenzon. - 3.ed. [Reimpr.]. - Rio de Janeiro : LTC, 2022.

Inclui bibliografia e índice
ISBN 978-85-216-1750-1

1. Estruturas de dados (Computação). 2. Algoritmos. I. Markenzon, Lilian. II. Título.

10-2691.   CDD: 005.73
                                      CDU: 004.42

A Cristina e Ana (J.L.S.)
Ao Newton (L.M.)

Prefácio à 3ª Edição

Nesta nova edição o texto original foi expandido e revisado, sendo acrescentados dois novos capítulos, além de modificações pontuais em diversas partes do livro. Contudo, foi mantido o objetivo do texto original, qual seja o de se constituir numa exposição de diferentes estruturas de dados, com ênfase nos seus algoritmos de manipulação e também em alguns de seus aspectos matemáticos.

Os temas dos novos capítulos introduzidos são a ordenação e as listas de prioridades avançadas. A ordenação é uma operação associada, de certa forma, a estruturas de dados, de modo geral. Ela se constitui em um conhecimento básico e fundamental, para todo estudante de Ciência da Computação. Uma das vantagens da inclusão deste tema na nova edição é que grande parte das disciplinas de estruturas de dados e algoritmos, ministradas nos cursos de graduação de nossas universidades, inclui o tópico de ordenação em sua ementa. Com isso, este texto cobriria, basicamente, todo o conteúdo dessas disciplinas.

O novo capítulo de listas de prioridades avançadas inclui o estudo de estruturas como os heaps binomiais e os heaps de Fibonacci, entre outros. As listas de prioridades descritas nesse novo capítulo requerem tratamento matemático um pouco mais avançado do que as listas de prioridades tradicionais. Contudo, elas apresentam resultados de eficiência bastante satisfatórios, razão pela qual foram selecionadas para inclusão no livro. Além disso, o conhecimento de tais estruturas é relevante no contexto de cursos de pós-graduação.

O livro foi inteiramente redigido e repaginado e sofreu variação, inclusive de tamanho, pois, como foi dito antes, ao seu conteúdo original foram acrescidos dois novos capítulos. A forma de apresentação do texto, incluindo os exercícios e as notas bibliográficas, foi também mantida.

Jayme Luiz Szwarcfiter
Lilian Markenzon

Agradecimentos

Gostaríamos de agradecer à Universidade Federal do Rio de Janeiro e aos vários de seus professores pelo apoio recebido. Em particular, ao Professor Claudson Ferreira Bornstein pelas discussões mantidas em relação aos novos capítulos.

Finalmente, agradecemos aos nossos familiares pela paciência e compreensão quanto às inúmeras horas que este trabalho nos retirou do convívio familiar.

Prefácio à 2ª Edição

Este é um livro de estruturas de dados, com ênfase em seus algoritmos. Tanto estruturas de dados como algoritmos são temas fundamentais, tendo em vista que praticamente todas as demais áreas da computação os utilizam. As estruturas de dados que compõem este texto foram escolhidas dentre as mais empregadas atualmente. No desenvolvimento dos algoritmos, o aspecto de eficiência é ressaltado.

Este livro destina-se basicamente a cursos de graduação, podendo alguns tópicos ou capítulos ser utilizados em nível de pós-graduação. Nesse sentido, parte de seus manuscritos já foram utilizados nas disciplinas Estruturas de Dados, do Departamento de Computação do Instituto de Matemática da Universidade Federal do Rio de Janeiro, e Algoritmos e Estruturas de Dados, do Programa de Engenharia de Sistemas e Computação, da COPPE/UFRJ. Este texto pode também ser utilizado por profissionais da área de desenvolvimento de software, para os quais é de grande importância o domínio de estruturas de dados.

Este trabalho é resultado de mais de vinte anos de experiência dos autores em ensino de computação. É a evolução de notas de aula e do material apresentado na Escola Brasileira de Otimização, realizada na UFRJ em janeiro de 1989. Expressamos os nossos agradecimentos a Paulo Roberto de Oliveira, coordenador do evento, que sugeriu o trabalho. Em novembro de 1989, a versão inicial foi publicada também pela Universidade Federal de Minas Gerais, para a Escola de Algoritmos e Otimização, organizada pelo Departamento de Ciências da Computação. Entretanto, ao longo desses cinco anos, foi consideravelmente modificada e ampliada.

O texto encontra-se organizado da seguinte forma. O capítulo 1 apresenta os conceitos básicos necessários. O capítulo 2 descreve a estrutura de dados mais simples, e talvez a mais importante sob o aspecto de aplicação: as listas. Um estudo inicial e geral de árvores é realizado no capítulo 3. O capítulo 4 particulariza esta estrutura para seu emprego eficiente em computação, apresentando as árvores binárias de busca. As árvores balanceadas, uma forma mais elaborada de estrutura de dados, constituem o objeto do capítulo 5. O capítulo 6 estuda as listas de prioridades, uma estrutura com aplicações, por exemplo, em problemas de otimização. O capítulo 7 descreve algumas estruturas autoajustáveis, isto é, cuja forma se modifica dinamicamente, visando tornar mais eficiente a sua manipulação. O capítulo 8 estuda as tabelas de dispersão, um método eficiente para resolver o problema de busca. O capítulo 9 descreve as árvores digitais, estruturas empregadas no processamento de textos. Finalmente, o capítulo 10 é dedicado a problemas envolvendo cadeias, caso em que os dados são dispostos sem qualquer tipo de estrutura.

Todos os capítulos contêm exercícios e notas bibliográficas. Os exercícios se encontram em ordem de apresentação do material. Os símbolos ○ e ●, ao lado dos exercícios, indicam dificuldades média e maior, respectivamente. Alguns dos exercícios marcados com ● são problemas de pesquisa.

Para a realização deste trabalho, agradecemos o suporte recebido da Universidade Federal do Rio de Janeiro, nossa instituição de origem, bem como do Laboratoire de Recherche en Informatique, Université Paris-Sud, Orsay, França, e do Centre de Recherche sur les Transports, Université de Montréal, Montreal, Canadá, onde, respectivamente, permanecemos como pesquisadores visitantes, durante parte do tempo em que este livro foi escrito.

Na fase em que foi utilizado como texto nas disciplinas da UFRJ, diversos alunos contribuíram com sugestões e se dedicaram ao trabalho de busca e correção de erros. Somos gratos aos alunos por esta contribuição. Manifestamos os nossos agradecimentos a José Fábio Marinho de Araújo e Ysmar Vianna e Silva Filho, pelo apoio recebido. Finalmente, à LTC – Livros Técnicos e Científicos Editora, pela qualidade de seu trabalho.

Jayme Luiz Szwarcfiter
Lilian Markenzon

Sumário

Capítulo 1 – Preliminares, 1

1.1 – Introdução, 1
1.2 – Apresentação dos Algoritmos, 2
1.3 – Recursividade, 3
1.4 – Complexidade de Algoritmos, 6
1.5 – A Notação O, 9
1.6 – Algoritmos Ótimos, 11
1.7 – Exercícios, 12
Notas Bibliográficas, 14

Capítulo 2 – Listas Lineares, 15

2.1 – Introdução, 15
2.2 – Alocação Sequencial, 16
2.3 – Listas Lineares em Alocação Sequencial, 17
2.4 – Pilhas e Filas, 22
2.5 – Aplicação: Notação Polonesa, 26
2.6 – Alocação Encadeada, 28
2.7 – Listas Lineares em Alocação Encadeada, 30
    2.7.1 – Listas simplesmente encadeadas, 30
    2.7.2 – Pilhas e filas, 33
    2.7.3 – Listas circulares, 36
    2.7.4 – Listas duplamente encadeadas, 37
    2.7.5 – Aplicação: ordenação topológica, 39
2.8 – Alocação de Espaço de Tamanho Variável, 43
2.9 – Exercícios, 46
Notas Bibliográficas, 49

Capítulo 3 – Árvores, 50

3.1 – Introdução, 50
3.2 – Definições e Representações Básicas, 50
3.3 – Árvores Binárias, 55

3.4 – Percurso em Árvores Binárias, 61

3.5 – Conversão de uma Floresta, 65

3.6 – Árvores com Costura, 68

3.7 – Exercícios, 70

Notas Bibliográficas, 73

Capítulo 4 – Árvores Binárias de Busca, 74

4.1 – Introdução, 74

4.2 – Árvore Binária de Busca, 74

    4.2.1 – Conceitos básicos, busca e inserção, 74

    4.2.2 – Busca com frequências de acesso diferenciadas, 80

4.3 – Árvore de Partilha, 86

    4.3.1 – Conceitos básicos, 86

    4.3.2 – A busca em árvores binárias de partilha, 87

    4.3.3 – Árvore binária de partilha ótima, 88

4.4 – Exercícios, 96

Notas Bibliográficas, 100

Capítulo 5 – Árvores Balanceadas, 102

5.1 – Introdução, 102

5.2 – O Conceito de Balanceamento, 102

5.3 – Árvores AVL, 104

    5.3.1 – Balanceamento de árvores AVL, 105

    5.3.2 – Inclusão em árvores AVL, 108

    5.3.3 – Implementação da inclusão, 111

5.4 – Árvores Graduadas e Rubro-negras, 117

    5.4.1 – Descrição, 117

    5.4.2 – Balanceamento, 121

    5.4.3 – Inclusão, 123

    5.4.4 – Implementação, 126

5.5 – Árvores B, 130

    5.5.1 – Conceitos básicos, 130

    5.5.2 – Busca, inserção e remoção, 132

    5.5.3 – Custos de busca, inserção e remoção, 138

5.6 – Exercícios, 139

Notas Bibliográficas, 141

Capítulo 6 – Listas de Prioridades, 142

6.1 – Introdução, 142

6.2 – Implementação de Listas de Prioridades, 143

6.3 – Alteração de Prioridades, 145

6.4 – Inserção e Remoção em Listas de Prioridades, 147

6.5 – Construção de uma Lista de Prioridades, 149

6.6 – Máximos e Mínimos, 150

6.7 – Lista de Prioridades (L,U)-limitada, 154

6.8 – Exercícios, 158

Notas Bibliográficas, 159

Capítulo 7 – Algoritmos de Ordenação, 160

7.1 – Introdução, 160

7.2 – Ordenação Bolha (*Bubble sort*), 161

7.3 – Ordenação por Inserção, 162

7.4 – Ordenação por Intercalação (*Mergesort*), 164

    7.4.1 – Análise do algoritmo, 166

7.5 – Ordenação Rápida (*Quicksort*), 167

    7.5.1 – Análise do algoritmo, 170

7.6 – Ordenação em Heap (*Heapsort*), 173

7.7 – Limite Inferior para Algoritmos de Ordenação, 175

    7.7.1 – Árvore de decisão, 175

    7.7.2 – O tamanho da árvore de decisão, 176

7.8 – Exercícios, 177

Notas Bibliográficas, 178

Capítulo 8 – Estruturas Autoajustáveis, 179

8.1 – Introdução, 179

8.2 – Complexidade Amortizada, 180

8.3 – Listas, 182

    8.3.1 – Métodos de autoajuste para listas, 183

    8.3.2 – Análise do método mover para a frente, 184

8.4 – Conjuntos, 187

    8.4.1 – Fusão por tamanho, 188

    8.4.2 – Compactação de caminhos, 191

    8.4.3 – A complexidade das operações, 194

8.5 – Árvores de Difusão, 195

    8.5.1 – Operações de difusão, 196

    8.5.2 – Complexidade das operações de difusão, 199

8.6 – Exercícios, 202

Notas Bibliográficas, 204

Capítulo 9 – Listas de Prioridades Avançadas, 205

9.1 – Introdução, 205

9.2 – m-Heaps, 206

Sumário

9.3 – Heaps Esquerdistas, 207
9.4 – Heaps Binomiais, 214
9.5 – Heaps de Fibonacci, 223
9.6 – Outras Variantes, 229
9.7 – Exercícios, 230
Notas Bibliográficas, 231

Capítulo 10 – Tabelas de Dispersão, 232

10.1 – Introdução, 232
10.2 – Princípio de Funcionamento, 233
10.3 – Funções de Dispersão, 235
    10.3.1 – Método da divisão, 235
    10.3.2 – Método da dobra, 237
    10.3.3 – Método da multiplicação, 238
    10.3.4 – Método da análise dos dígitos, 238
10.4 – Tratamento de Colisões por Encadeamento, 239
    10.4.1 – Encadeamento exterior, 239
    10.4.2 – Encadeamento interior, 241
10.5 – Tratamento de Colisões por Endereçamento Aberto, 245
    10.5.1 – Tentativa linear, 248
    10.5.2 – Tentativa quadrática, 249
    10.5.3 – Dispersão dupla, 250
10.6 – Tabela de Dimensão Dinâmica, 251
10.7 – Exercícios, 255
Notas Bibliográficas, 257

Capítulo 11 – Busca Digital, 258

11.1 – Introdução, 258
11.2 – A Árvore Digital, 259
11.3 – Árvore Digital Binária, 263
11.4 – Árvore Patricia, 265
11.5 – Exercícios, 270
Notas Bibliográficas, 271

Capítulo 12 – Processamento de Cadeias, 272

12.1 – Introdução, 272
12.2 – O Problema do Casamento de Cadeias, 273
12.3 – O Algoritmo da Força Bruta, 273
12.4 – O Algoritmo de Knuth, Morris e Pratt, 275
12.5 – Compactação de Dados, 284

12.6 – O Algoritmo de Frequência de Caracteres, 285

12.7 – O Algoritmo de Huffman, 286

12.8 – Exercícios, 292

Notas Bibliográficas, 294

Referências Bibliográficas, 296

Índice, 300

Material Suplementar

Este livro conta com o seguinte material suplementar:

- Ilustrações da obra em formato de apresentação (restrito a docentes)

  - O acesso ao material suplementar é gratuito. Basta que o leitor se cadastre e faça seu *login* em nosso *site* (www.grupogen.com.br), clicando em GEN-IO, no *menu* superior do lado direito.

  - *O acesso ao material suplementar online fica disponível até seis meses após a edição do livro ser retirada do mercado.*

  - Caso haja alguma mudança no sistema ou dificuldade de acesso, entre em contato conosco (gendigital@grupogen.com.br).

GEN-IO (GEN | Informação Online) é o ambiente virtual de aprendizagem do GEN | Grupo Editorial Nacional

Capítulo 1

Preliminares

1.1 Introdução

Um algoritmo é um processo sistemático para a resolução de um problema. O desenvolvimento de algoritmos é particularmente importante para problemas a serem solucionados em um computador, pela própria natureza do instrumento utilizado. Neste livro são abordados apenas esses problemas. Existem dois aspectos básicos no estudo de algoritmos: a *correção* e a *análise*. O primeiro consiste em verificar a exatidão do método empregado, o que é realizado através de uma prova matemática. A análise visa à obtenção de parâmetros que possam avaliar a eficiência do algoritmo em termos de tempo de execução e memória ocupada. A análise é realizada através de um estudo do comportamento do algoritmo. Ambos os aspectos serão considerados neste livro.

Um algoritmo computa uma *saída*, o resultado do problema, a partir de uma *entrada*, as informações inicialmente conhecidas e que permitem encontrar a solução do problema. Durante o processo de computação o algoritmo manipula *dados*, gerados a partir de sua entrada. Quando os dados são dispostos e manipulados de uma forma homogênea, constituem um *tipo abstrato de dados*. Este é composto por um modelo matemático acompanhado por um conjunto de operações definido sobre esse modelo. Um algoritmo é projetado em termos de tipos abstratos de dados. Para implementá-los numa linguagem de programação é necessário encontrar uma forma de representá-los nessa linguagem, utilizando tipos e operações suportadas pelo computador. Na representação do modelo matemático emprega-se uma *estrutura de dados*, o assunto deste livro.

As estruturas diferem umas das outras pela disposição ou manipulação de seus dados. A disposição dos dados em uma estrutura obedece a condições preestabelecidas e caracteriza a estrutura.

O estudo de estruturas de dados não pode ser desvinculado de seus aspectos algorítmicos. A escolha correta da estrutura adequada a cada caso depende diretamente do conhecimento de algoritmos para manipular a estrutura de maneira eficiente. O conhecimento de princípios de complexidade computacional é, portanto, requisito básico para se avaliar corretamente a adequação de uma estrutura de dados. Essa preocupação algorítmica constitui fator dominante na escolha da forma de apresentação das estruturas descritas neste texto.

Este capítulo contém, principalmente, a notação e os conceitos básicos utilizados ao longo do texto. A Seção 1.2 descreve a linguagem em que os algoritmos serão apresentados. Alguns desses algoritmos são recursivos. Uma noção geral de recursividade é, então, apresentada na Seção 1.3. A seção seguinte, 1.4, introduz o conceito de complexidade, utilizado para avaliar a eficiência de algoritmos. As complexidades são obtidas, geralmente, através de uma notação matemática especial, denominada notação O. Este é o objeto da Seção 1.5. Finalmente, o conceito de algoritmo ótimo é descrito na Seção 1.6.

1.2 Apresentação dos Algoritmos

Ao longo deste texto, os algoritmos serão descritos através de uma linguagem de leitura simples. Ela possui estrutura semelhante ao Pascal, por exemplo. Contudo, para facilitar a sua interpretação será adotado o estilo do livre formato, quando conveniente.

As convenções seguintes serão utilizadas com respeito à linguagem.

- A linguagem possui uma estrutura de blocos semelhante ao Pascal. O início e o final de cada bloco são determinados por endentação, isto é, pela posição da margem esquerda. Se uma certa linha do algoritmo inicia um bloco, ele se estende até a última linha seguinte, cuja margem esquerda se localiza mais à direita do que a primeira do bloco. Por exemplo, o bloco iniciado por **para** no Algoritmo 1.1 inclui as três linhas seguintes.
- A declaração de atribuição é indicada pelo símbolo :=.
- As declarações seguintes são empregadas com significado semelhante ao usual.

      se... então
      se... então... senão
      enquanto... faça
      para... faça
      pare

- Variáveis simples, vetores, matrizes e registros são considerados como tradicionalmente em linguagens de programação. Os elementos de vetores e matrizes são identificados por índices entre colchetes. Por exemplo, $A[5]$ e $B[i, 3]$ indicam, respectivamente, o quinto elemento do vetor A e o elemento identificado pelos índices $(i, 3)$ da matriz B. No caso de registros, a notação T . *chave* indica o campo *chave* do registro T.
- A referência a registros pode ser também realizada por meio de ponteiros, que armazenam endereços, com o uso do símbolo ↑. Cada ponteiro é associado a

um único tipo de registro. Por essa razão, o nome do registro pode ser omitido. Por exemplo, $pt \uparrow. info$ representa o campo *info* de um registro alocado no endereço contido em pt.

– São usados procedimentos e funções. A passagem de parâmetros é feita por referência, isto é, o endereço do parâmetro é transmitido para a rotina. Essa forma de transmissão possibilita a alteração do conteúdo da variável utilizada.

– A sentença imediatamente posterior ao símbolo % deve ser interpretada como comentário.

Como exemplo, seja uma sequência de elementos armazenada no vetor $S[i]$, $1 \leq i \leq n$. Deseja-se inverter os elementos da sequência no vetor, isto é, considerá-la de trás para a frente. Um algoritmo para resolver esse problema é simples. Basta trocar de posição o primeiro com o último elemento, em seguida o segundo com o antepenúltimo, e assim por diante. A formulação seguinte descreve o processo.

Algoritmo 1.1 Inversão de uma sequência

$\textbf{para } i := 1, \dots, \lfloor n/2 \rfloor \textbf{ faça}$
$\quad temp := S[i]$
$\quad S[i] := S[n - i + 1]$
$\quad S[n - i + 1] := temp$

A notação $\lfloor x \rfloor$, que aparece no algoritmo, significa *piso* de x e representa o maior inteiro menor ou igual a x. Analogamente, $\lceil x \rceil$ é o *teto* de x e corresponde ao menor inteiro maior ou igual a x. Assim, $\lfloor 9/2 \rfloor = 4$ e $\lceil 9/2 \rceil = 5$.

1.3 Recursividade

Um tipo especial de procedimento será utilizado, algumas vezes, ao longo do texto. É aquele que contém, em sua descrição, uma ou mais chamadas a si mesmo. Um procedimento dessa natureza é denominado *recursivo*, e a chamada a si mesmo é dita *chamada recursiva*. Naturalmente, todo procedimento, recursivo ou não, deve possuir pelo menos uma chamada proveniente de um local exterior a ele. Essa chamada é denominada *externa*. Um procedimento não recursivo é, pois, aquele em que todas as chamadas são externas.

De modo geral, a todo procedimento recursivo corresponde um outro não recursivo que executa, exatamente, a mesma computação. Contudo, a recursividade pode apresentar vantagens concretas. Frequentemente, os procedimentos recursivos são mais concisos do que um não recursivo correspondente. Além disso, muitas vezes é aparente a relação direta entre um procedimento recursivo e uma prova por indução matemática. Nesses casos, a verificação da correção pode se tornar mais simples. Entretanto, muitas vezes há desvantagens no emprego prático da recursividade. Um algoritmo não recursivo equivalente pode ser mais eficiente.

O exemplo clássico mais simples de recursividade é o cálculo do fatorial de um inteiro $n \geq 0$. Um algoritmo recursivo para efetuar esse cálculo encontra-se descrito em seguida. A ideia do algoritmo é muito simples. Basta observar que o fatorial de n é n vezes o fatorial de $n - 1$, para $n > 0$. Por convenção, sabe-se que $0! = 1$. No algoritmo a seguir, as chamadas recursivas são representadas pela função *fat*. A chamada externa é *fat*(n).

■─ Algoritmo 1.2 │ Fatorial (recursivo)

função *fat*(i)
  fat(i) := se $i \leq 1$ então 1 senão $i \times fat(i - 1)$

Para efeito de comparação, o Algoritmo 1.3 descreve o cálculo do fatorial de n de forma não recursiva. A variável *fat* representa, agora, um vetor e não mais uma função. O elemento *fat*[n] contém, no final, o valor do fatorial desejado.

■─ Algoritmo 1.3 │ Fatorial (não recursivo)

fat[0] := 1
para j := $1, ..., n$ faça
  fat[j] := $j \times fat[j - 1]$

Um exemplo conhecido, onde a solução recursiva é natural e intuitiva, é o do *Problema da Torre de Hanói*. Este consiste em três pinos, *A*, *B* e *C*, denominados *origem*, *destino* e *trabalho*, respectivamente, e n discos de diâmetros diferentes. Inicialmente, todos os discos se encontram empilhados no pino-origem, em ordem decrescente de tamanho, de baixo para cima. O objetivo é empilhar todos os discos no pino-destino, atendendo às seguintes restrições: (i) apenas um disco pode ser movido de cada vez, e (ii) qualquer disco não pode ser jamais colocado sobre outro de tamanho menor.

A solução do problema é descrita a seguir. Naturalmente, para $n > 1$, o pino-trabalho dever ser utilizado como área de armazenamento temporário. O raciocínio utilizado para resolver o problema é semelhante ao de uma prova matemática por indução. Suponha que se saiba como resolver o problema até $n - 1$ discos, $n > 1$, de forma recursiva. A extensão para n discos pode ser obtida pela realização dos seguintes passos:

- resolver o problema da Torre de Hanói para os $n - 1$ discos do topo do pino-origem A, supondo que o pino-destino seja C e o trabalho seja B;
- mover o n-ésimo pino (maior de todos) de A para B;
- resolver o problema da Torre de Hanói para os $n - 1$ discos localizados no pino C, suposto origem, considerando os pinos A e B como trabalho e destino, respectivamente.

Ao final desses passos, todos os discos se encontram empilhados no pino B e as duas restrições (i) e (ii) foram satisfeitas. O Algoritmo 1.4 implementa o processo. O procedimento recursivo *hanoi* é utilizado com quatro parâmetros n, A, B e C, representando, respectivamente, o número de discos, o pino-origem, o destino e o trabalho.

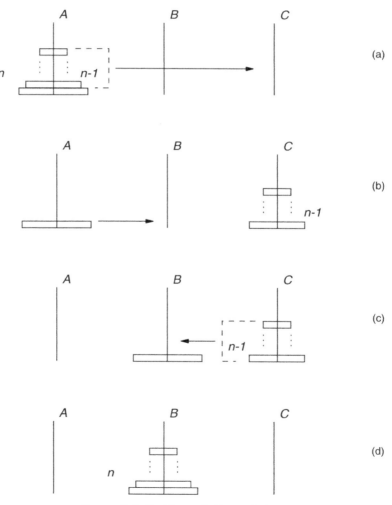

FIGURA 1.1 Problema da Torre de Hanói.

Algoritmo 1.4 — Torre de Hanói

procedimento *hanoi*(n, A, B, C)
se $n > 0$ **então**
    hanoi($n - 1$, A, C, B)
    mover o disco do topo de A para B
    hanoi($n - 1$, C, B, A)

A Figura 1.1 ilustra os passos efetuados pelo algoritmo. A chamada externa é *hanoi*(n, A, B, C).

1.4 Complexidade de Algoritmos

Conforme já mencionado, uma característica muito importante de qualquer algoritmo é o seu tempo de execução. Naturalmente, é possível determiná-lo através de métodos empíricos, isto é, obter o tempo de execução através da execução propriamente dita do algoritmo, considerando-se entradas diversas. Em contrapartida, é possível obter uma ordem de grandeza do tempo de execução através de métodos analíticos. O objetivo desses métodos é determinar uma expressão matemática que traduza o comportamento de tempo de um algoritmo. Ao contrário do método empírico, o analítico visa aferir o tempo de execução de forma independente do computador utilizado, da linguagem e dos compiladores empregados e das condições locais de processamento.

A tarefa de obter uma expressão matemática para avaliar o tempo de um algoritmo em geral não é simples, mesmo considerando-se uma expressão aproximada. As seguintes simplificações serão introduzidas para o modelo proposto.

- Suponha que a quantidade de dados a serem manipulados pelo algoritmo seja suficientemente grande. Isto é, algoritmos cujas entradas consistam em uma quantidade reduzida de dados não serão considerados. Somente o comportamento assintótico será avaliado, ou seja, a expressão matemática fornecerá valores de tempo que serão válidos unicamente quando a quantidade de dados correspondente crescer o suficiente.
- Não serão consideradas constantes aditivas ou multiplicativas na expressão matemática obtida. Isto é, a expressão matemática obtida será válida, a menos de tais constantes.

É necessário, ainda, definir a variável em relação à qual a expressão matemática avaliará o tempo de execução. O próprio conceito de algoritmo oferece a sugestão. Um algoritmo opera a partir de uma entrada para produzir uma saída, dentro de um tempo que se deseja avaliar. A ideia é exprimir o tempo de execução em função da entrada.

O processo de execução de um algoritmo pode ser dividido em etapas elementares, denominadas *passos*. Cada passo consiste na execução de um número fixo de operações básicas cujos tempos de execução são considerados constantes. A operação básica de maior frequência de execução no algoritmo é denominada *operação dominante*. Como a expressão do tempo de execução do algoritmo será obtida a menos de constantes aditivas e multiplicativas, o número de passos de um algoritmo pode ser interpretado como sendo o número de execuções da operação dominante. Por exemplo, em diversos algoritmos para ordenar os elementos de uma sequência dada, cada passo corresponde a uma comparação entre dois elementos da sequência. Na realidade, o número de passos de um algoritmo constitui a informação de que se necessita para avaliar o seu comportamento de tempo. Assim, um algoritmo de um único passo possui tempo de execução constante.

Pelo exposto, é natural definir a expressão matemática de avaliação do tempo de execução de um algoritmo como sendo uma função que fornece o número de passos efetuados pelo algoritmo a partir de uma certa entrada.

Como exemplo, no Algoritmo 1.1 de inversão de sequência, cada entrada é uma sequência que se deseja inverter. O algoritmo efetua exatamente as mesmas operações para sequência de mesmo tamanho n. Cada passo corresponde à troca de posição entre dois elementos da sequência. Ou seja, à execução das três instruções de atribuição dentro do bloco **para** do algoritmo. O número de passos é, pois, igual ao número de execuções do bloco **para**. Isto é, igual a $\lfloor n/2 \rfloor$, $n > 1$.

Como exemplos adicionais, considere os problemas de determinar as matrizes soma C e produto D de duas matrizes dadas, $A = (a_{ij})$ e $B = (b_{ij})$, ambas $n \times n$. Nesse caso, C e D também possuem dimensão $n \times n$ e seus elementos c_{ij} e d_{ij} podem ser calculados, respectivamente, por

$$c_{ij} = a_{ij} + b_{ij},$$
$$d_{ij} = \sum_{1 \le k \le n} a_{ik} \cdot b_{kj}.$$

O Algoritmo 1.5 descreve a computação da matriz soma de duas matrizes, enquanto o Algoritmo 1.6 fornece o produto.

Algoritmo 1.5 — Soma de matrizes

para $i := 1, \ldots, n$ **faça**
    para $j := 1, \ldots, n$ **faça**
        $c_{ij} := a_{ij} + b_{ij}$

Capítulo 1

■ Algoritmo 1.6 Produto de matrizes

para $i := 1, \ldots, n$ **faça**

    para $j := 1, \ldots, n$ **faça**

      $c_{ij} := 0$

      para $k := 1, \ldots, n$ **faça**

        $c_{ij} := c_{ij} + a_{ik} \cdot b_{kj}$

Como no caso do Algoritmo 1.1, ambos os algoritmos de soma e produto efetuam as mesmas operações, respectivamente, sempre que A, B forem matrizes de mesma dimensão $n \times n$. A variável independente é o parâmetro n. Cada passo do Algoritmo 1.5 corresponde à execução de uma soma $a_{ij} + b_{ij}$, enquanto, no Algoritmo 1.6, corresponde ao produto $a_{ik} \cdot b_{kj}$. O número total de passos é, pois, igual ao número total de somas $a_{ij} + b_{ij}$ e produtos $a_{ik} \cdot b_{kj}$, respectivamente, para cada caso. Ou seja, o Algoritmo 1.5 efetua n^2 passos, enquanto o Algoritmo 1.6 efetua n^3.

A noção de complexidade de tempo é descrita a seguir.

Seja A um algoritmo, $\{E_1, \ldots, E_m\}$, o conjunto de todas as entradas possíveis de A. Denote por t_i, o número de passos efetuados por A, quando a entrada for E_i. Definem-se

$$complexidade \ do \ pior \ caso = \max_{E_i \in E} \{t_i\},$$
$$complexidade \ do \ melhor \ caso = \min_{E_i \in E} \{t_i\},$$
$$complexidade \ do \ caso \ médio = \Sigma_{1 \le i \le m} \, pi \, ti,$$

onde p_i é a probabilidade de ocorrência da entrada E_i.

De forma análoga, podem ser definidas *complexidades de espaço* de um algoritmo.

As complexidades têm por objetivo avaliar a eficiência de tempo ou espaço. A complexidade de tempo de pior caso corresponde ao número de passos que o algoritmo efetua no seu pior caso de execução, isto é, para a entrada mais desfavorável. De certa forma, a complexidade de pior caso é a mais importante das três mencionadas. Ela fornece um limite superior para o número de passos que o algoritmo pode efetuar, em qualquer caso. Por isso mesmo é a mais utilizada. O termo *complexidade* será, então, empregado com o significado de complexidade de pior caso.

A complexidade de melhor caso é de uso bem menos frequente. É empregada em situações específicas. A complexidade de caso médio, apesar de importante, é menos utilizada do que a de pior caso por dois motivos. Em primeiro lugar, ela exige o prévio conhecimento da distribuição de probabilidades das diferentes entradas do algoritmo. Em diversos casos, essa distribuição é desconhecida. Além disso, o cálculo de seu valor $\Sigma p_i \, t_i$ frequentemente é de tratamento matemático complexo.

1.5 A Notação *O*

Observe que as definições de complexidade da seção anterior implicam o atendimento das duas simplificações mencionadas no início do parágrafo. Em consequência, quando se considera o número de passos efetuados por um algoritmo podem-se desprezar constantes aditivas ou multiplicativas. Por exemplo, um valor de número de passos igual a $3n$ será aproximado para n. Além disso, como o interesse é restrito a valores assintóticos, termos de menor grau também podem ser desprezados. Assim, um valor de número de passos igual a $n^2 + n$ será aproximado para n^2. O valor $6n^3 + 4n - 9$ será transformado em n^3.

Torna-se útil, portanto, descrever operadores matemáticos que sejam capazes de representar situações como essas. As notações O, Ω e Θ serão utilizadas com essa finalidade.

Sejam f, h funções reais positivas de variável inteira n. Diz-se que f é $O(h)$, escrevendo-se $f = O(h)$, quando existir uma constante $c > 0$ e um valor inteiro n_0, tal que

$$n > n_0 \Rightarrow f(n) \leq c \cdot h(n).$$

Ou seja, a função h atua como um limite superior para valores assintóticos da função f. Em seguida são apresentados alguns exemplos da notação O.

$$f = n^2 - 1 \Rightarrow f = O(n^2).$$
$$f = n^2 - 1 \Rightarrow f = O(n^3).$$
$$f = 403 \Rightarrow f = O(1).$$
$$f = 5 + 2 \log n + 3 \log^2 n \Rightarrow f = O(\log^2 n).$$
$$f = 5 + 2 \log n + 3 \log^2 n \Rightarrow f = O(n).$$
$$f = 3n + 5 \log n + 2 \Rightarrow f = O(n).$$
$$f = 5 \cdot 2^n + 5n^{10} \Rightarrow f = O(2^n).$$

As seguintes propriedades são úteis para manipular expressões em notação O. Elas decorrem diretamente da definição.

Sejam g, h funções reais positivas e k uma constante. Então

(i) $O(g + h) = O(g) + O(h)$;

(ii) $O(k \cdot g) = k \cdot O(g) = O(g)$.

Essas duas propriedades foram empregadas, implicitamente, nos exemplos anteriores.

A notação O será utilizada, ao longo deste texto, para exprimir complexidades. Por exemplo, seja determinar as complexidades de pior, melhor e caso médio dos Agoritmos 1.1 a 1.6. Todos eles apresentam a propriedade de o número de passos manter-se o mesmo quando aplicados a entradas diferentes de mesmo tamanho. Ou seja, para um mesmo valor de n o número de passos mantém-se constante. Como a variável independente é o valor n, conclui-se que as complexidades de pior, melhor e caso médio são todas iguais entre si para cada algoritmo. O Algoritmo 1.1 efetua sempre $\lfloor n/2 \rfloor$ passos. Logo, a sua complexidade é $O(n)$. No Algoritmo 1.3, o número de passos é igual ao número de produtos $j \cdot fat(j-1)$, isto é, n. Sua complexidade, portanto, é $O(n)$. Da mesma forma, verifica-se de imediato que as complexidades dos Algoritmos 1.5 e 1.6 são iguais a $O(n^2)$ e $O(n^3)$, respectivamente.

Para encontrar a complexidade de procedimentos recursivos, pode-se aplicar a seguinte técnica. Determina-se o número total de chamadas ao procedimento recursivo. Em seguida, calcula-se a complexidade da execução correspondente a uma única chamada, sem que se considerem as chamadas recursivas encontradas. A complexidade total será o produto do número de chamadas pela complexidade da computação de uma chamada isolada. Por exemplo, para calcular o fatorial de $n > 0$, de forma recursiva, o Algoritmo 1.2 efetua um total de n chamadas ao procedimento fat. A complexidade da computação correspondente a uma chamada é constante, isto é, $O(1)$. De fato, para $n > 1$, apenas um produto é efetuado e, quando $n \leq 1$, apenas uma atribuição é executada. Logo, a complexidade final do algoritmo é $O(n)$. A complexidade do algoritmo recursivo 1.4, para resolver o problema da Torre de Hanói, é $O(2^n)$, segundo o Exercício 1.4.

Conforme mencionado, os algoritmos até agora examinados efetuam exatamente os mesmos passos para entradas diferentes de mesmo tamanho. Sem dúvida, este não é o caso geral. Como exemplo, suponha um problema cuja entrada consista em duas matrizes A e B, de dimensões $n \times n$, e um parâmetro binário x, com valores possíveis 0 e 1. Dependendo do valor de x, deve-se calcular a soma ou o produto das matrizes. Isto é, se $x = 0$, calcular a matriz $A + B$, ou, se $x = 1$, calcular $A \cdot B$. Um algoritmo para efetuar essa tarefa é simples. Sua entrada consiste em $n^2 + 1$ informações, isto é, possui tamanho $O(n^2)$. Em seguida, verifica-se o valor x obtido da entrada. Se $x = 0$, então executa-se o Algoritmo 1.5 da soma de matrizes. Se $x = 1$, o Algoritmo 1.6 de produto de matrizes. Nesse caso, para cada valor de n, o algoritmo é sensível a duas entradas distintas, correspondendo aos valores 0 e 1 de x, respectivamente. A complexidade de melhor caso corresponde a $x = 0$ e é dada pela complexidade do Algoritmo 1.5, ou seja, $O(n^2)$. O pior caso ocorre quando $x = 1$. Sua complexidade é obtida do Algoritmo 1.6, isto é, $O(n^3)$. Para determinar a complexidade do caso médio, seja q a probabilidade de que o valor de x, da entrada, seja igual a 0. Então, a expressão da complexidade do caso médio é $q\,n^2 + (1-q)n^3$. Um outro exemplo de complexidade de caso médio será descrito no próximo capítulo.

A notação Θ, descrita a seguir, é útil para exprimir limites superiores justos. Sejam f, g funções reais positivas da variável inteira n. Diz-se que f é $\Theta(g)$, escrevendo-se $f = \Theta(g)$, quando ambas as condições $f = O(g)$ e $g = O(f)$ forem verificadas. A notação Θ exprime o fato de que duas funções possuem a mesma ordem de grandeza assintótica. Por exemplo, se $f = n^2 - 1$, $g = n^2$ e $h = n^3$, então f é $O(g)$, f é $O(h)$, g é $O(f)$, mas h não é $O(f)$. Consequentemente, f é $\Theta(g)$, mas f não é $\Theta(h)$. Da mesma forma, se $f = 5 + 2\log n + \log^2 n$ e $g = n$, então f é $O(g)$, porém f não é $\Theta(g)$. No caso, f é $\Theta(\log^2 n)$.

Assim como a notação O é útil para descrever limites superiores assintóticos, a notação Ω, definida a seguir, é empregada para limites inferiores assintóticos.

Sejam f, h funções reais positivas da variável inteira n. Diz-se que f é $\Omega(h)$, escrevendo-se $f = \Omega(h)$ quando existir uma constante $c > 0$ e um valor inteiro n_0, tal que

$$n > n_0 \Rightarrow f(n) \geq c \cdot h(n).$$

Por exemplo, se $f = n^2 - 1$, então são válidas as igualdades $f = \Omega(n^2)$, $f = \Omega(n)$ e $f = \Omega(1)$, mas não vale $f = \Omega(n^3)$.

1.6 Algoritmos Ótimos

A noção de complexidade está relacionada a um dado algoritmo. Ela visa determinar o número de passos efetuados por um algoritmo específico, sem levar em consideração a possível existência de outros algoritmos para o mesmo problema. Essa questão mais abrangente será abordada na presente seção.

Seja P um problema. Um *limite inferior para P* é uma função ℓ, tal que a complexidade de pior caso de qualquer algoritmo que resolva P é $\Omega(\ell)$. Isto é, todo algoritmo que resolve P efetua, pelo menos, $\Omega(\ell)$ passos. Se existir um algoritmo A, cuja complexidade seja $O(\ell)$, então A é denominado *algoritmo ótimo* para P. Nesse caso, o limite $\Omega(\ell)$ é o melhor (maior) possível.

Intuitivamente, um algoritmo ótimo é aquele que apresenta a menor complexidade dentre todos os possíveis algoritmos para resolver o mesmo problema. Assim como a notação O é conveniente para exprimir complexidades, a notação Ω é utilizada para limites inferiores.

Existem limites inferiores naturais, como, por exemplo, o tamanho da entrada. Todo possível algoritmo para o problema considerado deverá, necessariamente, efetuar a leitura da entrada. Assim, por exemplo, a entrada do Algoritmo 1.1, de inversão de sequência, consiste em uma sequência de n elementos. Qualquer possível algoritmo para inverter a sequência deverá efetuar a sua leitura. Isto é, um limite inferior para o problema de inversão de sequência é $\Omega(n)$. A complexidade do Algoritmo 1.1 é $O(n)$. Conclui-se, então, que ele é um algoritmo ótimo. Da mesma forma, qualquer algoritmo para somar duas matrizes $n \times n$ deverá, em primeiro lugar, efetuar a sua leitura. Isto é, um limite inferior para o problema de soma de matrizes é $\Omega(n^2)$. A complexidade do Algoritmo 1.5, para somar as matrizes, é $O(n^2)$. Logo, ele é ótimo. Analogamente, um limite inferior para o problema do produto de matrizes é $O(n^2)$. A complexidade do Algoritmo 1.6, que calcula o produto de matrizes, é $O(n^3)$. Em princípio, nada poderia ser dito acerca desse algoritmo, quanto a reconhecê-lo como ótimo ou não. Contudo, são conhecidos algoritmos que efetuam o produto de matrizes dentro de uma complexidade inferior a $O(n^3)$. Isso significa que o Algoritmo 1.6 não é ótimo.

De modo geral, o interesse é determinar a função que represente o *maior* limite inferior possível para um problema. Analogamente, para um certo algoritmo o interesse é encontrar a função representativa da *menor* complexidade de pior caso do algoritmo. A determinação de complexidades justas é realizada, sem dificuldades, para uma grande quantidade de algoritmos conhecidos. O mesmo não se dá, contudo, para os limites inferiores. Sem dúvida, a determinação de limites inferiores triviais, como os provenientes do tamanho da entrada, pode ser de pouco interesse se os valores obtidos forem de grandeza sensivelmente inferior às complexidades dos algoritmos conhecidos. O cálculo de limites inferiores, de modo geral, não é um problema simples. Esse cálculo se baseia no desenvolvimento de propriedades matemáticas do problema, independentemente dos algoritmos empregados. Na realidade, são relativamente poucos os problemas para os quais existem limites inferiores não triviais conhecidos, como, por exemplo, o problema de ordenar uma sequência de n elementos. O limite trivial, extraído da leitura, é $\Omega(n)$. Contudo, há uma prova matemática de que $\Omega(n \log n)$ é um limite inferior. Por outro lado, existem algoritmos conhecidos de ordenação cujas complexidades são $O(n \log n)$. Isso permite concluir que tais algoritmos são ótimos e que o limite $\Omega(n \log n)$ é o melhor possível. Para uma quantidade imensa de problemas de interesse, a distância entre o melhor (maior) limite inferior conhecido e o algoritmo de melhor (menor) complexidade é grande. Por exemplo, existem muitos problemas cujo maior limite inferior conhecido é um polinômio na variável representativa do tamanho da entrada, enquanto a menor complexidade de um algoritmo conhecido é exponencial nesta variável. Em todos esses casos, permanece a dúvida quanto a se é possível provar um novo limite inferior mais alto ou desenvolver um novo algoritmo de complexidade mais baixa, ou ambos.

1.7 Exercícios

1.1 Responder se é certo ou errado:
Todo procedimento recursivo deve incorporar terminações sem chamadas recursivas, caso contrário ele seria executado um número infinito de vezes.

1.2 Responder se é certa ou errada cada afirmativa abaixo:
(i) O Algoritmo 1.2, que calcula o fatorial de forma recursiva, requer apenas uma quantidade constante de memória.
(ii) O Algoritmo 1.3, fatorial não recursivo, requer o armazenamento do vetor *fat*, com $n + 1$ elementos.

Preliminares

1.3 Desenvolver um algoritmo não recursivo para o cálculo do fatorial de inteiro $n \geq 0$, de tal forma que prescinda do armazenamento de qualquer vetor.

1.4 Mostrar que o Algoritmo 1.4, para o problema da Torre de Hanói, requer exatamente $2^n - 1$ movimentos de disco para terminar.

∘1.5 Provar que é mínimo o número de movimentos de discos no problema da Torre de Hanói, dado no exercício anterior.

1.6 Escrever uma prova de correção para o Algoritmo 1.4.

1.7 Reescrever o Algoritmo 1.4, de forma que a recursividade pare no nível correspondente a $n = 1$, e não a $n = 0$, como no algoritmo do texto. Há alguma vantagem em realizar essa modificação? Qual?

∘1.8 Elaborar um algoritmo não recursivo para o problema da Torre de Hanói.

1.9 Considere a seguinte generalização do problema da Torre de Hanói. O problema, agora, consiste em n discos de tamanhos distintos e quatro pinos, respectivamente, o de origem, o de destino e dois pinos de trabalho. De resto, o problema é como no caso de três pinos. Isto é, de início, os discos se encontram todos no pino-origem, em ordem decrescente de tamanho, de baixo para cima. O objetivo é empilhar todos os discos no pino-destino, satisfazendo às condições (i) e (ii) do caso dos três pinos, descrito na Seção 1.3.

Elaborar um algoritmo para resolver essa generalização. Determinar o número de movimentos de disco efetuados.

•1.10 Elaborar um algoritmo para resolver o problema da Torre de Hanói, com quatro pinos, cujo número de movimentos de disco seja mínimo.

∘1.11 Elaborar um algoritmo para resolver o problema da Torre de Hanói com $m \geq 3$ pinos, isto é, em que $m - 2$ pinos são de trabalho. Determinar o número de movimentos de disco efetuados.

∘1.12 Provar ou dar contraexemplo:

A solução do problema da Torre de Hanói é única. Isto é, só há uma única sequência de movimentos de discos que conduz à solução, a menos de repetições de movimentos.

1.13 Repetir o Exercício 1.12 para o caso de quatro pinos.

1.14 Escrever as seguintes funções em notação O:

$$n^3 - 1; \quad n^2 + 2 \log n; \quad 3n^n + 5 \cdot 2^n; \quad (n - 1)^n + n^{n-1}; \quad 302.$$

1.15 Responder se é certo ou errado:

Se f, g são funções tais que $f = O(g)$ e $g = \Omega(f)$, então $f = \Theta(g)$.

1.16 Responder se é certo ou errado:

A definição da notação Θ, dada na Seção 1.5, é equivalente à seguinte: sejam f, h funções reais positivas da variável inteira n. Diz-se que $f = \Theta(h)$ quando existirem constantes $c, d > 0$ e um valor inteiro n_0, tal que

$$n > n_0 \Rightarrow c \cdot h(n) \leq f(n) \leq d \cdot h(n).$$

1.17 Responder se é certo ou errado:

Se a complexidade de melhor caso de um algoritmo for f, então o número de passos que o algoritmo efetua, qualquer que seja a entrada, é $\Omega(f)$.

1.18 Responder se é certo ou errado:

Se a complexidade de pior caso de um algoritmo for f, então o número de passos que o algoritmo efetua, qualquer que seja a entrada, é $\Theta(f)$.

1.19 Responder se é certo ou errado:

A complexidade de melhor caso de um algoritmo para um certo problema é necessariamente maior do que qualquer limite inferior para o problema.

1.20 A *sequência de Fibonacci* é uma sequência de elementos $f_1, \ldots, f_n$, definida do seguinte modo:

$$f_1 = 0,$$
$$f_2 = 1,$$
$$f_j = f_{j-1} + f_{j-2}, j > 2.$$

Elaborar um algoritmo, não recursivo, para determinar o elemento f_n da sequência, cuja complexidade seja linear em n.

∘1.21 Determinar a expressão do elemento f_n da sequência de Fibonacci em termos de n.

∘1.22 Determinar o número de chamadas recursivas e a complexidade do seguinte algoritmo, para determinar o elemento f_n da sequência de Fibonacci.

função $f(n)$

$f :=$ **se** $n = 1$ **então** 0

   senão se $n = 2$ **então** 1

      senão $f(n-1) + f(n-2)$

1.23 Considere a seguinte sequência de elementos $g_1, \ldots, g_n$ para um dado valor de k.

$$g_j = j - 1, 1 \le j \le k;$$
$$g_j = g_{j-1} + g_{j-2}, j > k.$$

Elaborar um algoritmo para determinar o elemento g_n da sequência, cuja complexidade seja $O(n)$.

Notas Bibliográficas

As obras de Knuth [Kn68], [Kn69] e [Kn73] formam o texto pioneiro que compreende o estudo de algoritmos e estruturas de dados de forma sistemática. Outro importante marco no estudo de algoritmos é o livro de Aho, Hopcroft e Ullman [Ah74]. Os livros de Gonnet e Baeza-Yates [Go91] e de Cormen, Leiserson e Rivest [Co90] figuram entre os mais abrangentes na área. Mencionam-se, ainda, os livros de Baase [Ba88], Kozen [Ko92] e Froidevaux, Gaudel e Soria [Fr90]. O estudo da matemática relacionada à análise de algoritmos pode ser encontrado nos livros de Greene e Knuth [Gr82] e Graham, Knuth e Patashnik [Gr89]. O estudo da análise do caso médio pode ser encontrado nos trabalhos de Kemp [Ke84] e Hofri [Ho87]. Um segundo livro de Aho, Hopcroft e Ullman [Ah83] apresenta o estudo de estruturas de dados sob o aspecto de tipos abstratos de dados. Em língua portuguesa, mencionam-se os livros de Ziviani [Zi93], Terada [Te91] e Veloso, Santos, Azeredo e Furtado [Ve83].

Capítulo 2

Listas Lineares

2.1 Introdução

Dentre as estruturas de dados não primitivas, as listas lineares são as de manipulação mais simples. Neste capítulo, são discutidos seus algoritmos e estruturas de armazenamento.

Uma lista linear agrupa informações referentes a um conjunto de elementos que, de alguma forma, se relacionam entre si. Ela pode se constituir, por exemplo, de informações sobre os funcionários de uma empresa, sobre notas de compras, itens de estoque, notas de alunos etc. Na realidade, são inúmeros os tipos de dados que podem ser descritos por listas lineares.

Uma *lista linear*, ou *tabela*, é então um conjunto de $n \geq 0$ nós $\mathcal{L}[1], \mathcal{L}[2], \ldots, \mathcal{L}[n]$ tais que suas propriedades estruturais decorrem, unicamente, da posição relativa dos nós dentro da sequência linear. Tem-se:

- se $n > 0$, $\mathcal{L}[1]$ é o primeiro nó,
- para $1 < k \leq n$, o nó $\mathcal{L}[k]$ é precedido por $\mathcal{L}[k-1]$.

As operações mais frequentes em listas são a *busca*, a *inclusão* e a *remoção* de um determinado elemento, o que, aliás, ocorre na maioria das estruturas de dados. Tais operações podem ser consideradas como básicas e, por essa razão, é necessário que os algoritmos que as implementem sejam eficientes. Outras operações, também importantes, podem ser mencionadas: a alteração de um elemento da lista, a combinação de duas ou mais listas lineares em uma única, a ordenação dos nós segundo um determinado campo, a determinação do primeiro (ou do último) nó da lista, a determinação da cardinalidade da lista e muitas outras, dependendo do problema em estudo.

Casos particulares de listas são de especial interesse. Se as inserções e remoções são permitidas apenas nas extremidades da lista, ela recebe o nome de *deque* (uma abreviatura do inglês *double ended queue*). Se as inserções e as remoções são realizadas somente em um extremo, a lista é chamada *pilha*, sendo denominada *fila* no caso em que inserções são realizadas em um extremo e remoções em outro. Operações referentes a esses casos particulares serão analisadas individualmente.

O tipo de armazenamento de uma lista linear pode ser classificado de acordo com a posição relativa (sempre contígua ou não) na memória de dois nós consecutivos na lista. O primeiro caso corresponde à *alocação sequencial de memória*, enquanto o segundo é conhecido como *alocação encadeada*. A escolha de um ou outro tipo depende essencialmente das operações que serão executadas sobre a lista, do número de listas envolvidas na operação, bem como das características particulares dessas listas. Nas seções que se seguem, tais alocações e suas características serão discutidas.

O capítulo está organizado da seguinte maneira. O estudo é iniciado pela alocação sequencial, apresentada na Seção 2.2. Em seguida, são examinadas as listas lineares estruturadas sob forma sequencial. São descritos os algoritmos básicos de busca e efetuado o cálculo da complexidade média. Nessa mesma seção é também apresentada a busca binária. As pilhas e filas são estudadas na Seção 2.4. A Seção 2.5 apresenta, como aplicação, a notação polonesa para expressões aritméticas. A alocação encadeada é objeto da Seção 2.6. O estudo das listas lineares em alocação encadeada é efetuado na Seção 2.7. São examinadas as listas simplesmente encadeadas: pilhas e filas em alocação encadeada, as listas circulares, bem como as listas duplamente encadeadas. Ainda nessa seção é estudado, como aplicação, o problema da ordenação topológica. A seção se encerra com o exame de listas com nós de tamanho variável.

2.2 Alocação Sequencial

A maneira mais simples de se manter uma lista linear na memória do computador é colocar seus nós em posições contíguas. Nesse caso, o endereço real do $(j + 1)$-ésimo nó da lista se encontra c unidades adiante daquele correspondente ao j-ésimo. A constante c é o número de palavras de memória que cada nó ocupa. A correspondência entre o índice da tabela e o endereço real é feita automaticamente pela linguagem de programação quando da tradução do programa.

Como a implementação da alocação sequencial em linguagens de alto nível é geralmente realizada com a reserva prévia de memória para cada estrutura utilizada, a inserção e a remoção de nós não ocorrem de fato. Em vez disso utiliza-se algum tipo de simulação para essas operações (por exemplo, variáveis indicando os limites da memória realmente utilizada). Por essa razão, pode-se considerar tal alocação como uma *alocação estática*.

O armazenamento sequencial é particularmente atraente no caso de filas e pilhas porque, nessas estruturas, as operações básicas podem ser implementadas de forma bastante eficiente. Esse tratamento pode, contudo, se tornar oneroso em termos de memória quando se empregam diversas estruturas simultaneamente. Nesse caso, a utilização ou não do armazenamento sequencial dependeria de um estudo cuidadoso das opções existentes.

De início serão apresentadas as operações para listas genéricas.

2.3 Listas Lineares em Alocação Sequencial

Seja uma lista linear. Cada nó é formado por *campos*, que armazenam as características distintas dos elementos da lista. Além disso, cada nó da lista possui, geralmente, um identificador, denominado *chave*. Para evitar ambiguidades, supõe-se que todas as chaves são distintas. A chave, quando presente, se constitui em um dos campos do nó. Os nós podem se encontrar ordenados, ou não, segundo os valores de suas chaves. No primeiro caso a lista é denominada *ordenada*, e *não ordenada* no caso contrário.

Suponha uma lista linear, de nome $\mathcal{L}$, que possui n elementos. Um exemplo da constituição dessa tabela é apresentado na Figura 2.1.

O Algoritmo 2.1 apresenta a busca de um nó na lista $\mathcal{L}$, conhecendo-se sua chave. A variável x corresponde à chave do nó procurado. A função *busca*1 informa, ao final, o índice do nó que se deseja buscar; se este não for encontrado, o índice é nulo.

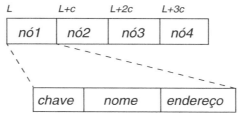

Figura 2.1 Exemplo de um nó.

Algoritmo 2.1 Busca de um elemento na lista $\mathcal{L}$

função *busca*1(x)
    $i := 1$;   *busca*1 $:= 0$
    enquanto $i \leq n$ **faça**
        se $\mathcal{L}[i]$. *chave* $= x$ **então**
            *busca*1 $:= i$ % chave encontrada
            $i := n + 1$
        senão $i := i + 1$ % pesquisa prossegue

Observe que, para cada elemento da tabela referenciado na busca, o algoritmo realiza dois testes: $i \leq n$ e $\mathcal{L}[i]$. *chave* $= x$. Muitas vezes um pequeno artifício pode contribuir para a melhoria do processo. Por exemplo, o Algoritmo 2.2 se propõe a efetuar a mesma busca que o Algoritmo 2.1. A diferença entre os dois é a criação de um novo nó, que possui o valor procurado no campo *chave*, na posição $n + 1$. Dessa forma, o algoritmo sempre encontra um nó da tabela com as características desejadas, evitando o teste de fim de tabela.

Algoritmo 2.2   Busca de um elemento na lista $\mathcal{L}$

função *busca*(*x*)
    $\mathcal{L}[n + 1]$. *chave* := *x*;   *i* := 1
    enquanto $\mathcal{L}[i]$. *chave* $\neq$ *x* **faça**
        i := *i* + 1
    se *i* $\neq$ *n* + 1 **então**
        busca := *i*   % elemento encontrado
    senão *busca* := 0   % elemento não encontrado

A complexidade de pior caso dos Algoritmos 2.1 e 2.2 é $O(n)$. Entretanto, o segundo é de execução mais rápida, pois a cada iteração correspondem dois testes no Algoritmo 2.1 e apenas um no 2.2.

As complexidades médias dos Algoritmos 2.1 e 2.2 também são idênticas. Para determiná-las, seja q a probabilidade de sucesso no resultado da busca. Além disso, suponha que sejam idênticas as probabilidades de a chave procurada se encontrar em posições distintas da lista. A observação fundamental para calcular a complexidade média é que, para o algoritmo, entradas distintas que tenham a chave procurada na mesma posição podem ser consideradas como idênticas. Assim, o algoritmo só reconhece $n + 1$ entradas distintas, a saber: entradas em que a chave procurada se encontra na posição 1, posição 2, ..., posição n e entradas em que a chave não se encontra na lista.

Pelo Capítulo 1, sabe-se que a complexidade média é dada por $\Sigma\, p(E_k)t(E_k)$. No caso, há somente $n + 1$ entradas a considerar. Seja E_i, $1 \leq i \leq n$, uma entrada em que a chave procurada ocupa a i-ésima posição da lista, e E_0 a entrada que corresponde à busca sem sucesso. Logo, as probabilidades das entradas são

$$p(E_k) = q/n, \quad 1 \leq k \leq n$$
$$p(E_0) = 1 - q,$$

enquanto o número total de passos efetuados pelo algoritmo é

$$t(E_k) = k, \quad 1 \leq k \leq n$$
$$t(E_0) = n.$$

Logo, a expressão da complexidade média é

$$\sum_{0 \leq k \leq n} p(E_k)\, t(E_k) = (1 - q)n + \sum_{1 \leq k \leq n} (q/n)k = (1/2)\,[(2 - q)n + q].$$

Como casos particulares, se $q = 1$, isto é, a chave se encontra sempre na lista, então a complexidade é $\approx n/2$. Se $q = 1/2$, esta cresce para $\approx 3n/4$. Se $q = 0$, isto é, todas as buscas são sem sucesso, a complexidade média atinge o valor n.

Quando a lista está ordenada, pode-se tirar proveito desse fato. Se o número procurado não pertence à lista não há necessidade de percorrê-la até o final. A exemplo do Algoritmo 2.2, a dupla comparação no bloco principal do algoritmo também pode ser evitada por meio da criação de um novo nó. O Algoritmo 2.3 mostra essa busca.

■─ Algoritmo 2.3 │ Busca de um elemento na lista $\mathcal{L}$, ordenada

função *busca-ord*(x)
    $\mathcal{L}[n + 1]$. *chave* $:= x;$ $i := 1$
    enquanto $\mathcal{L}[i]$. *chave* $< x$ **faça**
        $i := i + 1$
    se $i = n + 1$ **ou** $\mathcal{L}[i]$. *chave* $\neq x$ **então**
        busca-ord $:= 0$
    senão *busca-ord* $:= i$

A complexidade de pior caso do algoritmo acima é, evidentemente, igual à dos algoritmos anteriores. Contudo, a maior eficiência do algoritmo se traduz na expressão da complexidade média. No seu cálculo, utilizam-se as mesmas premissas. Isto é, q é a probabilidade de sucesso do resultado da busca. Além disso, entradas em que a chave procurada se encontra em posições distintas da lista possuem a mesma probabilidade de ocorrência. Contudo, ao contrário do caso anterior, o algoritmo, agora, é sensível a um total de $2n + 1$ entradas distintas, uma vez que, no Algoritmo 2.3, também o insucesso pode ser reportado em situações distintas. Com isso, o número de passos efetuados t por uma busca sem sucesso torna-se variável. Por hipótese, os diferentes valores de t possuem a mesma probabilidade de ocorrência.

Para resolver o problema do caso médio, é necessário introduzir as definições seguintes. Sejam R_0, ..., R_n conjuntos de elementos não pertencentes à lista, representando os "espaços" entre as chaves da lista em que a chave procurada poderia se encontrar. Isto é, R_0 representa todos os valores possíveis menores do que a primeira chave de $\mathcal{L}$, R_n corresponde aos valores maiores do que a última chave de $\mathcal{L}$, enquanto R_k, $1 \leq k < n$, é o conjunto dos valores maiores do que a k-ésima e menores do que a $(k + 1)$-ésima. No caso de uma busca sem sucesso, a chave procurada se encontra em um dos conjuntos R_k.

As $2n + 1$ entradas distintas podem ser descritas como:

$$E_k = \text{entrada em que a chave procurada é } \mathcal{L}[k] \text{ . } chave, 1 \leq k \leq n;$$
$$E_k' = \text{entrada em que a chave procurada pertence a } R_k, 0 \leq k \leq n.$$

As probabilidades das entradas são:

$$p(E_k) = q/n, \quad 1 \leq k \leq n$$
$$p(E_k') = (1 - q)/(n + 1), \quad 0 \leq k \leq n,$$

enquanto os números de iterações correspondentes são:

$$t(E_k) = k, \quad 1 \leq k \leq n$$
$$t(E'_k) = k + 1, \quad 0 \leq k \leq n$$

Logo, a expressão da complexidade média é:

$$\sum_{k=1}^{n} p(E_k)\, t(E_k) + \sum_{k=0}^{n} p(E'_k)\, t(E'_k)$$
$$= \sum_{k=1}^{n} (q/n) \cdot k + \sum_{k=0}^{n} [(1-q)/(n+1)] \cdot (k+1)$$
$$= (n - q + 2)/2.$$

Para efeito de comparação com os Algoritmos 2.1 e 2.2, observe que o valor da complexidade média correspondente ao Algoritmo 2.3 é aproximadamente $n/2$, para qualquer probabilidade q.

Ainda no caso de listas ordenadas, um algoritmo diverso e bem mais eficiente pode ser apresentado: a *busca binária*. A ideia básica do algoritmo é percorrer a tabela como se folheia, por exemplo, uma lista telefônica, abandonando-se as partes do catálogo onde o nome procurado, com certeza, não será encontrado. Em tabelas, o primeiro nó pesquisado é o que se encontra no meio; se a comparação não é positiva, metade da tabela pode ser abandonada na busca, uma vez que o valor procurado se encontra ou na metade inferior (se for menor), ou na metade superior (se for maior). Esse procedimento, aplicado recursivamente, esgota a tabela. O Algoritmo 2.4 apresenta a busca.

Algoritmo 2.4 — Busca binária

função *busca-bin*(*x*)
    inf := 1;   *sup* := *n*;   *busca-bin* := 0
    enquanto *inf* $\leq$ *sup* **faça**
        meio := $\lfloor$(*inf* + *sup*)/2$\rfloor$ % índice a ser buscado
        se $\mathcal{L}$[*meio*] . *chave* = *x* **então**
            busca-bin := *meio*   % elemento encontrado
            inf := *sup* + 1
        senão se $\mathcal{L}$[*meio*] . *chave* < *x* **então**
            inf := *meio* + 1
        senão *sup* := *meio* − 1

A complexidade do algoritmo pode ser avaliada da seguinte forma. O pior caso ocorre quando o elemento procurado é o último a ser encontrado, ou mesmo não é encontrado, isto é, quando a busca prossegue até a tabela se resumir a um único elemento. Na primeira iteração, a dimensão da tabela é n, e algumas operações são realizadas para situar o valor procurado. Na segunda, a dimensão se reduz a $\lfloor n/2 \rfloor$, e assim sucessivamente. Ora, ao final, a dimensão da tabela é 1 (observe o teste $inf \leq sup$). Então, no pior caso:

1ª iteração: a dimensão da tabela é n,

2ª iteração: a dimensão da tabela é $\lfloor n/2 \rfloor$,

3ª iteração: a dimensão da tabela é $\lfloor (\lfloor n/2 \rfloor)/2 \rfloor$,

...

mª iteração: a dimensão da tabela é 1.

Ou seja, o número de iterações é, no máximo, $1 + \lfloor \log_2 n \rfloor$. O tempo consumido pelas operações em cada iteração é constante. Logo, a complexidade da busca binária é $O(\log n)$.

Ambas as operações de inserção e remoção utilizam o procedimento de busca. No primeiro caso, o objetivo é evitar chaves repetidas e, no segundo, a necessidade de localizar o elemento a ser removido. A construção desses algoritmos implica tarefas complementares, uma vez que a ação de um é o inverso da ação do outro. A implementação dessas operações deve, naturalmente, respeitar tal fato. O Algoritmo 2.5 apresenta a inserção de um nó contido na variável *novo* de chave x. O Algoritmo 2.6 efetua a remoção de um nó sendo conhecido um de seus campos, no caso a chave x. Ambos os algoritmos consideram tabelas não ordenadas. A memória pressuposta disponível tem M posições (na realidade $M + 1$, porque é necessária uma posição extra para o procedimento de busca). Devem-se levar em conta as hipóteses de se tentar fazer inserções numa lista que já ocupa M posições (situação conhecida como *overflow*), bem como a tentativa de remoção de um elemento de uma lista vazia (*underflow*). A atitude a ser tomada em cada um desses casos depende do problema tratado. Por essa razão, os procedimentos *overflow* e *underflow* são apenas indicados.

Como pode ser observado, o procedimento de inserção propriamente dito é bem simples, porém depende da busca que tem complexidade de $O(n)$. O algoritmo de remoção, além da busca, em geral efetua movimentação de nós, o que o torna ainda mais lento, se bem que também de complexidade $O(n)$.

■ Algoritmo 2.5 Inserção de um nó na lista $\mathcal{L}$

se $n < M$ **então**

    se $busca(x) = 0$ **então**

        $\mathcal{L}[n + 1] := novo\text{-}valor$

        $n := n + 1$

    senão "elemento já existe na tabela"

senão *overflow*

Capítulo 2

Algoritmo 2.6 | **Remoção de um nó da lista $\mathcal{L}$**

se $n \neq 0$ **então**
    indice := *busca*(*x*)
    se *indice* $\neq 0$ **então**
        valor-recuperado := $\mathcal{L}[indice]$
        para $i := indice, n - 1$ **faça**
            $\mathcal{L}[i] := \mathcal{L}[i + 1]$
        $n := n - 1$
    senão "elemento não se encontra na tabela"
senão *underflow*

Uma alternativa ao algoritmo de remoção é efetuar o deslocamento do último elemento da lista para a posição vaga. Nesse caso, entretanto, a sequência dos elementos fica alterada.

No caso de tabelas ordenadas, o algoritmo de remoção não se modifica. O algoritmo de inserção, entretanto, precisa ser refeito, uma vez que, nesse caso, a posição do nó se torna relevante. Isso implica movimentar parte da tabela, para permitir a inserção na posição correta, de maneira análoga à efetuada na remoção em listas não ordenadas (Algoritmo 2.6). A complexidade de ambos os algoritmos (inserção e remoção) é, então, $O(n)$.

Observe que a utilização da busca binária diminui a complexidade da busca, mas não a da inserção ou da remoção. A complexidade dessas últimas operações é determinada pela movimentação dos nós.

2.4 Pilhas e Filas

Em geral, o armazenamento sequencial de listas é empregado quando as estruturas, ao longo do tempo, sofrem poucas remoções e inserções. Em casos particulares de listas, esse armazenamento é também empregado. Nesse caso, a situação favorável é aquela em que inserções e remoções não acarretam movimentação de nós, o que ocorre se os elementos a serem inseridos e removidos estão em posições especiais, como a primeira ou a última posição. Deques, pilhas e filas satisfazem tais condições.

Na alocação sequencial de listas genéricas, considera-se sempre a primeira posição da lista no endereço 1 da memória disponível. Uma alternativa a essa estratégia consiste na utilização de indicadores especiais, denominados *ponteiros*, para o acesso a posições selecionadas. No caso da pilha, apenas um ponteiro precisa ser considerado, o ponteiro *topo*,

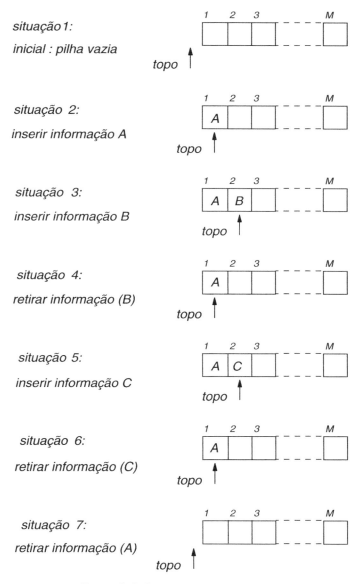

FIGURA 2.2 Operações em uma pilha.

pois as inserções e remoções são executadas na mesma extremidade da lista. A Figura 2.2 mostra uma sequência de operações realizadas numa pilha e o resultado de tais operações no ponteiro *topo*. Em seguida, os Algoritmos 2.7 e 2.8 implementam a inserção e a remoção em uma pilha $\mathcal{P}$, considerando-se a memória disponível de M posições. Os algoritmos levam em consideração as hipóteses de *overflow* e *underflow*. A pilha vazia tem *topo* nulo.

Algoritmo 2.7 — Inserção na pilha $\mathcal{P}$

se *topo* $\neq M$ **então**
    topo $:=$ *topo* $+ 1$
    $\mathcal{P}[topo] :=$ *novo-valor*
senão *overflow*

Algoritmo 2.8 — Remoção da pilha $\mathcal{P}$

se *topo* $\neq 0$ **então**
    valor-recuperado $:= \mathcal{P}[topo]$
    topo $:=$ *topo* $- 1$
senão *underflow*

A complexidade das operações apresentadas é constante, $O(1)$.

As filas exigem uma implementação um pouco mais elaborada. São necessários dois ponteiros: início de fila (f) e retaguarda (r). Para a adição de um elemento, move-se o ponteiro r; para a retirada, move-se o ponteiro f. A situação de fila vazia é representada por $f = r = 0$. Observe, na Figura 2.3, algumas operações realizadas em uma fila $\mathcal{F}$.

Note que, após qualquer operação, deve-se sempre ter o ponteiro f indicando o início da fila, e r, a retaguarda. Isso implica, como já foi dito, movimentar o ponteiro r quando de uma inserção e o ponteiro f quando de uma remoção. Ora, pode-se observar claramente na Figura 2.3 que, à medida que os ponteiros são incrementados na memória disponível, a fila "se move", o que pode dar origem à falsa impressão de memória esgotada. Para eliminar esse problema, consideram-se os M nós alocados como se estivessem em círculo, onde $\mathcal{F}[1]$ segue $\mathcal{F}[M]$. No algoritmo de inserção, a variável *prov* armazena provisoriamente a posição de memória calculada de forma a respeitar a circularidade, só sendo movimentado o ponteiro r se a operação for possível. A inicialização dos ponteiros f e r é $f = r = 0$.

Algoritmo 2.9 — Inserção na fila $\mathcal{F}$

prov $:= r \bmod M + 1$
se *prov* $\neq f$ **então**
    $r :=$ *prov*
    $\mathcal{F}[r] :=$ *novo-valor*
    se $f = 0$ **então**
        $f := 1$
senão *overflow*

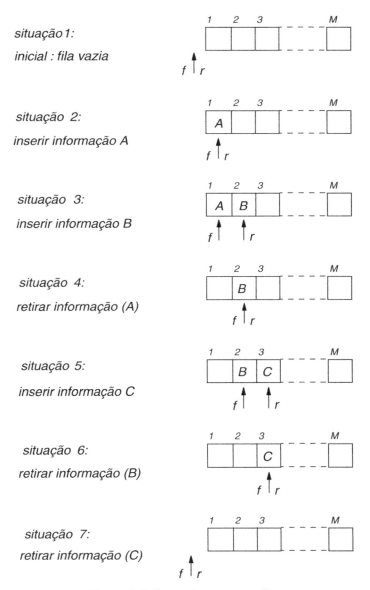

FIGURA 2.3 Operações em uma fila.

Algoritmo 2.10 — Remoção da fila $\mathcal{F}$

se $f \neq 0$ **então**
  valor-recuperado $:= \mathcal{F}[f]$
  se $f = r$ **então**
    $f := r := 0$
  senão $f := f \bmod M + 1$
senão *underflow*

Também nesse caso a complexidade das operações é constante.

2.5 Aplicação: Notação Polonesa

Uma representação para expressões aritméticas, que seja conveniente do ponto de vista computacional, é assunto de interesse, por exemplo, na área de compiladores. A notação tradicional é ambígua e, portanto, obriga ao preestabelecimento de regras de prioridade. Isso, naturalmente, torna a tarefa computacional menos simples. Outras representações são apresentadas a seguir, considerando-se somente operações binárias.

– A notação completamente parentizada: acrescenta-se sempre um par de parênteses a cada par de operandos e a seu operador.
  Exemplo:
  notação tradicional: $A * B - C/D$
  notação parentizada: $((A * B) - (C/D))$

– A notação polonesa: os operadores aparecem imediatamente antes dos operandos. Esta notação explicita quais operadores, e em que ordem, devem ser calculados. Por esse motivo, dispensa o uso de parênteses, sem ambiguidades.
  Exemplo:
  notação tradicional: $A * B - C/D$
  notação polonesa: $- * AB/CD$

– A notação polonesa reversa: a notação polonesa com os operadores aparecendo após os operandos. Esta notação é tradicionalmente utilizada em máquinas de calcular.
  Exemplo:
  notação tradicional: $A * B - C/D$
  notação polonesa reversa: $AB * CD/-$

Tanto a expressão original quanto a expressão transformada devem ser armazenadas em listas. Um algoritmo para efetuar a conversão da notação parentizada na notação polonesa reversa é apresentado aqui. Algumas observações auxiliam em tal conversão.

- Os operandos aparecem na mesma ordem na notação tradicional e na notação polonesa reversa.
- Na notação polonesa reversa, os operadores aparecem na ordem em que devem ser calculados (da esquerda para a direita).
- Os operadores aparecem imediatamente depois de seus operandos.

Note que, pela primeira observação, a ordem dos operandos não se modifica, podendo estes ser ignorados. A principal preocupação do algoritmo deve ser a ordem e a posição dos operadores. Na notação parentizada, essa ordem é indicada pelos parênteses; os mais internos significam operações prioritárias.

Algoritmo 2.11 | Conversão de notações

$indexp := 1; \quad indpol := 0$ % índices das expressões
$topo := 0$
enquanto $indexp \leq fim$ **faça**
    se $exp[indexp]$ é operando **então**
        $indpol := indpol + 1$ % passa para a nova lista
        $pol[indpol] := exp[indexp]$
    senão se $exp[indexp]$ é operador **então**
        $topo := topo + 1$ % coloca na pilha
        $pilha[topo] := exp[indexp]$
    senão se $exp[indexp] = $ ")" **então**
        se $topo \neq 0$ **então** % forma a operação
            $operador := pilha[topo]$
            $topo := topo - 1$
            $indpol := indpol + 1$
            $pol[indpol] := operador$
        senão "expressão errada"
    $indexp := indexp + 1$

Uma análise sintática prévia na expressão é pressuposta. Para efetuar a conversão, devem-se remover os parênteses e estabelecer a ordem conveniente de operadores. Estes então devem ser armazenados até que um ")" seja encontrado, o que indica que a operação mais interna, e por conseguinte a primeira a ser executada, foi detectada. O último operador armazenado corresponde a essa operação. Portanto, a estrutura utilizada no armazenamento dos operadores deve ser uma pilha. No Algoritmo 2.11, a expressão a ser convertida se encontra no vetor *exp*, e o resultado da conversão no vetor *pol*. A variável *fim* indica a dimensão da expressão.

2.6 Alocação Encadeada

Já foi observado que o desempenho dos algoritmos que implementam operações realizadas em listas com alocação sequencial, mesmo sendo estes muito simples, pode ser bastante fraco. E mais, quando está prevista a utilização concomitante de mais de duas listas a gerência de memória se torna mais complexa. Nesses casos se justifica a utilização da alocação encadeada, também conhecida por *alocação dinâmica*, uma vez que posições de memória são alocadas (ou desalocadas) na medida em que são necessárias (ou dispensadas). Os nós de uma lista encontram-se então aleatoriamente dispostos na memória e são interligados por ponteiros, que indicam a posição do próximo elemento da tabela. É necessário o acréscimo de um campo a cada nó, justamente o que indica o endereço do próximo nó da lista. A Figura 2.4 apresenta uma lista linear em suas representações sequencial e encadeada.

Há vantagens e desvantagens associadas a cada tipo de alocação. Estas, entretanto, só podem ser precisamente medidas ao se conhecerem as operações envolvidas na aplicação desejada. De maneira geral pode-se afirmar que a alocação encadeada, a despeito de um gasto de memória maior em virtude da necessidade de um novo campo no nó (o campo do ponteiro), é mais conveniente quando o problema inclui o tratamento de mais de uma lista. Isso se aplica tanto à gerência do armazenamento quanto às operações propriamente ditas envolvidas, como juntar listas, separar listas em sublistas etc. Por outro lado, o acesso ao k-ésimo elemento da lista é imediato na alocação sequencial, enquanto na alocação encadeada obriga ao percurso na lista até o elemento desejado.

Como já foi visto, na alocação encadeada os nós de uma lista se encontram em posições não obrigatoriamente contíguas de memória. Se nessa lista são feitas inserções e remoções, há necessidade de encontrar novas posições de memória para armazenamento e liberar outras que possam ser reutilizadas posteriormente. Um algoritmo para gerenciar as posições de memória disponíveis é então imprescindível. Para tal é criada uma lista especial, chamada *Lista de Espaço Disponível* (*LED*), que contém posições de memória ainda não utilizadas ou dispensadas após sua utilização. Note que a organização dessas posições disponíveis independe completamente da estrutura empregada na solução do

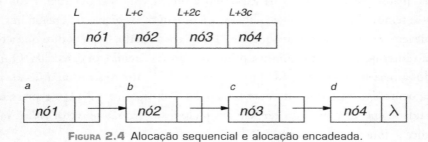

FIGURA 2.4 Alocação sequencial e alocação encadeada.

problema em estudo. Entretanto, deve-se observar que a *LED* e as estruturas estão compartilhando a memória disponível.

A implementação da *LED* pode ser executada de duas formas. A primeira, com o dimensionamento de um único vetor de nós $\mathcal{M}$ (ou diversos vetores, um para cada campo do nó) simulando a memória total disponível. Nesse caso, o endereço do nó corresponde ao índice de uma posição do vetor. Essa abordagem permite ao usuário o controle total de posições ocupadas e livres, e pode ser implementada na maioria das linguagens de programação existentes. No princípio, como a memória se acha totalmente disponível, todos os seus nós são encadeados na *LED*. A variável ponteiro *vago* se refere ao topo da estrutura. Para se inicializar uma *LED* são então necessários os passos seguintes:

Passo 1:   Os campos ponteiros dos nós são encadeados sequencialmente.
Passo 2:   O ponteiro *vago* é inicializado com o endereço do primeiro nó da lista que foi encadeada no primeiro passo.
Passo 3:   O campo ponteiro do último nó recebe o valor λ, indicando fim de lista.

Para a efetivação das operações de inserção ou remoção de nós em listas encadeadas há necessidade, portanto, de manipular também a *LED*. Quando se precisa de um novo nó para executar o algoritmo de inserção deve-se buscá-lo na *LED*. Analogamente, devolve-se à *LED* um nó dispensado pelo algoritmo de remoção. Procedimentos básicos de busca e devolução de nós à *LED* podem então ser preparados. Esses algoritmos utilizam sempre uma variável *pt* que indica o índice do nó disponível. No procedimento de busca esse nó fica assim reservado para uso futuro, e no procedimento de devolução é o nó a ser reincorporado. Os Algoritmos 2.12 e 2.13 executam essas tarefas. O vetor $\mathcal{M}$, de nós, corresponde à *LED;* o campo que indica o próximo nó disponível tem o nome de *prox*.

■―| **Algoritmo 2.12** | **Busca de um elemento na *LED***

```
procedimento ocupar(pt)
    se vago ≠ λ então
        pt := vago
        vago := M[vago] . prox
    senão overflow
```

■―| **Algoritmo 2.13** | **Devolução de um nó à *LED***

```
procedimento desocupar(pt)
    M[pt] . prox := vago
    vago := pt
```

É interessante observar que a hipótese de *overflow* é considerada no Algoritmo 2.12. Isso indica que a possibilidade de memória esgotada é estudada de maneira global para todas as estruturas existentes no problema considerado.

A segunda opção, embora mais dependente da linguagem de programação, é a mais utilizada. As linguagens geralmente possuem um módulo de gerência de memória disponível ao usuário, bastando apenas que este se refira às rotinas internas de ocupação e devolução de nós da lista de espaço disponível. Em Pascal, por exemplo, as rotinas *new(pt)* e *dispose(pt)* executam essa tarefa. Nesse caso, uma notação diferente é utilizada nos algoritmos. Obviamente o nó na memória é o mesmo considerado até agora; a indicação do endereço desse nó, feita por um ponteiro, é que será representada pelo símbolo ↑. Cada ponteiro utilizado é associado a um único tipo de nó. Assim, por exemplo, *pt* ↑. *info* representa o campo *info* do nó apontado por *pt*. Um conjunto de nós encadeados forma uma tabela. A associação do ponteiro *pt* ao tipo de nó é definida previamente na declaração das variáveis.

2.7 Listas Lineares em Alocação Encadeada

2.7.1 Listas Simplesmente Encadeadas

Qualquer estrutura, inclusive listas, que seja armazenada em alocação encadeada requer o uso de um ponteiro que indique o endereço de seu primeiro nó. O percurso de uma lista é feito então a partir desse ponteiro. A ideia consiste em seguir consecutivamente pelos endereços existentes no campo que indica o próximo nó, da mesma forma que na alocação sequencial se acrescentava uma unidade ao índice do percurso. O Algoritmo 2.14 apresenta o percurso para impressão do campo *info* de uma lista, sendo *ptlista* o ponteiro para o primeiro nó.

Algoritmo 2.14 | Impressão da lista apontada por *ptlista*

pont := *ptlista*
enquanto *pont* ≠ λ **faça**
      imprimir(*pont* ↑. *info*)
      pont := *pont* ↑. *prox*

Como já foi mencionado na Seção 2.3, o algoritmo de busca, por ser utilizado em inserções, remoções e outras operações, deve ser muito eficiente. Na alocação encadeada essa necessidade persiste. E mais, surgem novos problemas: por exemplo, a existência de um ponteiro indicando o primeiro nó da lista obriga os algoritmos de inserção e remoção a apresentarem testes especiais para verificar se o nó desejado é o primeiro da lista. Isto pode

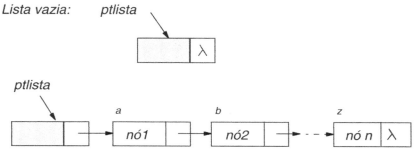

Figura 2.5 Lista encadeada com nó-cabeça.

ser resolvido por uma pequena variação na estrutura de armazenamento: a criação de um nó especial, chamado *nó-cabeça*, nunca removido, que passa a ser o nó indicado pelo ponteiro de início de lista. Esse nó especial não deve conter informações relacionadas à tabela propriamente dita. Algumas vezes, entretanto, pode ser aproveitado para conter dados pertinentes ao algoritmo implementado. A Figura 2.5 mostra a representação gráfica da lista encadeada com nó-cabeça, em sua situação inicial (vazia), e depois de algumas inserções.

O Algoritmo 2.15 implementa a busca em uma tabela ordenada, em alocação encadeada, de maneira simples. Outra abordagem, um pouco mais eficiente, será vista na Seção 2.7.3 (lista circular encadeada). No caso aqui considerado, o nó-cabeça da tabela é apontado por *ptlista*. O parâmetro *x* fornece a chave procurada. O parâmetro *pont* retorna apontando para o elemento procurado, e *ant* para o elemento anterior ao procurado. Caso este não seja encontrado, *pont* aponta para λ e *ant* indica ainda o elemento anterior ao último pesquisado. Deve-se notar que o parâmetro *ant*, apesar de aparentemente inútil, é importante para os algoritmos de inserção e remoção, que serão vistos a seguir. Como o algoritmo estabelece um percurso pela tabela, sua complexidade é $O(n)$, sendo n o número de nós da lista.

Algoritmo 2.15 | Busca em uma lista ordenada

procedimento *busca-enc(x, ant, pont)*
    ant := *ptlista*;   *pont* := λ
    ptr := *ptlista* ↑. *prox*   % *ptr* : ponteiro de percurso
    enquanto *ptr* ≠ λ **faça**
        se *ptr* ↑. *chave* < *x* **então**
            ant := *ptr*   % atualiza *ant* e *ptr*
            ptr := *ptr* ↑. *prox*
        senão se *ptr* ↑. *chave* = *x* **então**
            pont := *ptr*   % chave encontrada
            ptr := λ

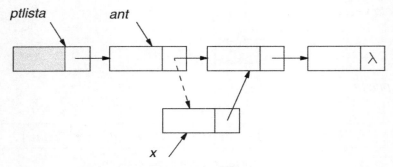

FIGURA 2.6 Inserção de um nó.

Após a realização da busca, as operações de inserção e remoção em uma lista encadeada são triviais. Há três fases a serem cumpridas: a comunicação com a *LED*, o acesso ao campo de informação do nó e o acerto de estrutura. As operações de inserção e remoção realizam essas fases em ordem inversa. A Figura 2.6 e o Algoritmo 2.16 mostram a inserção do nó contido na variável *novo*, após o nó apontado por *ant*. No algoritmo, as três fases se encontram assinaladas pelos comentários.

Algoritmo 2.16 — Inserção de um nó após o nó apontado por *ant*

busca-enc(x, ant, pont)

se *pont* = λ então
    ocupar(*pt*)   % solicitar nó
    pt ↑. *info* := *novo-valor*   % inicializar nó
    pt ↑. *chave* := x;   *pt* ↑. *prox* := *ant* ↑. *prox*
    ant ↑. *prox* := *pt*   % acertar lista
senão "elemento já está na tabela"

A remoção do nó apontado por *pont* é apresentada na Figura 2.7 e no Algoritmo 2.17. Observe as fases mencionadas nos comentários do algoritmo. A complexidade dessas operações é, em virtude da busca, $O(n)$.

Algoritmo 2.17 — Remoção do nó apontado por *pont* na lista

busca-enc(x, ant, pont)
se *pont* ≠ λ então
    ant ↑. *prox* := *pont* ↑. *prox*   % acertar lista
    valor-recuperado := *pont* ↑. *info*   % utilizar nó
    desocupar(*pont*)   % devolver nó
senão "nó não se encontra na tabela"

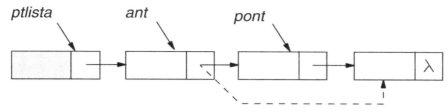

FIGURA 2.7 Remoção de um nó.

Os algoritmos de busca, remoção e inserção em uma lista não ordenada constituem ligeiras variações dos anteriormente apresentados (Exercício 2.11).

2.7.2 Pilhas e Filas

Como casos particulares, algumas modificações são necessárias para implementar operações eficientes em pilhas e filas. No caso de pilhas, as operações são muito simples. Considerando-se listas simplesmente encadeadas (sem nó-cabeça), o topo da pilha é o primeiro nó da lista, apontado por uma variável ponteiro *topo*. Se a pilha estiver vazia então *topo* = λ. Filas exigem duas variáveis do tipo ponteiro: *inicio*, que aponta para o primeiro nó da lista, e *fim*, que aponta para o último. Na fila vazia, ambos apontam para λ. Os algoritmos que se seguem implementam essas operações.

Algoritmo 2.18 Inserção na pilha

 ocupar(pt)   % solicitar nó
 pt ↑. *info* := *novo-valor*   % inicializar nó
 pt ↑. *prox* := *topo*
 topo := *pt*   % acertar pilha

Algoritmo 2.19 Remoção da pilha

 se *topo* ≠ λ **então**
  pt := *topo*   % acertar pilha
  topo := *topo* ↑. *prox*
  valor-recuperado := *pt* ↑. *info*   % utilizar nó
  desocupar(pt)   % devolver nó
 senão *underflow*

Capítulo 2

▪ Algoritmo 2.20 | Inserção na fila

$ocupar(pt)$	% solicitar nó
$pt \uparrow. info := novo\text{-}valor$	% inicializar nó
$pt \uparrow. prox := \lambda$	
se $fim \neq \lambda$ **então**	% acertar fila
$\qquad fim \uparrow. prox := pt$	
senão $inicio := pt$	
$fim := pt$	

▪ Algoritmo 2.21 | Remoção da fila

se $inicio \neq \lambda$ **então**	
$\quad pt := inicio$	
$\quad inicio := inicio \uparrow. prox$	% acertar fila
$\quad$ **se** $inicio = \lambda$ **então** $fim := \lambda$	
$\quad valor\text{-}recuperado := pt \uparrow. info$	% utilizar nó
$\quad desocupar(pt)$	% devolver nó
senão $underflow$	

As complexidades dos algoritmos de manipulação de filas e pilhas são constantes, ou seja, $O(1)$, uma vez que buscas não são empregadas.

Uma aplicação interessante de filas é a *ordenação por distribuição*, descrita a seguir. Seja uma lista $\mathcal{L}$ composta de n chaves, cada qual representada por um número inteiro numa base $b > 1$. O problema consiste em ordenar essa lista. O algoritmo utiliza b filas, denotadas por $\mathcal{F}_i$, $0 \leq i \leq b - 1$. Seja d o comprimento máximo da representação das chaves na base b. O algoritmo efetua d iterações, em cada uma das quais a tabela é percorrida. A primeira iteração destaca, em cada nó, o dígito menos significativo da representação b-ária de cada chave. Se este for igual a k, a chave correspondente será inserida na fila $\mathcal{F}_k$. Ao terminar o percurso da tabela, esta se encontra distribuída pelas filas, que devem então ser concatenadas em sequência, isto é, $\mathcal{F}_0$, depois $\mathcal{F}_1$, $\mathcal{F}_2$ etc. Para essa tabela, já disposta numa ordem diferente da original, o processo deve ser repetido levando-se em consideração o segundo dígito da representação, e assim sucessivamente até que tenham sido feitas tantas distribuições quantos são os dígitos na chave de ordenação. Veja um exemplo dessa ordenação na Figura 2.8, onde $b = 10$ e $d = 2$.

O Algoritmo 2.22 descreve o processo. A notação $\mathcal{F}_k \Leftarrow \mathcal{L}[j]$ significa a inserção na fila $\mathcal{F}_k$ do elemento localizado em $\mathcal{L}[j]$. Analogamente, $\mathcal{L}[j] \Leftarrow \mathcal{F}_k$ representa a remoção

34

Tabela: 19 13 05 27 01 26 31 16 02 09 11 21 60 07

Iteração 1: 1ª distribuição (unidades simples)

$fila_0$: 60
$fila_1$: 01, 31, 11, 21
$fila_2$: 02
$fila_3$: 13
$fila_4$:
$fila_5$: 05
$fila_6$: 26, 16
$fila_7$: 27, 07
$fila_8$:
$fila_9$: 19, 09

Tabela: 60 01 31 11 21 02 13 05 26 16 07 27 19 09

Iteração 2: 2ª distribuição (dezenas simples)

$fila_0$: 01, 02, 05, 07, 09
$fila_1$: 11, 13, 16, 19
$fila_2$: 21, 26, 27
$fila_3$: 31
$fila_4$:
$fila_5$:
$fila_6$: 60
$fila_7$:
$fila_8$:
$fila_9$:

Tabela: 01 02 05 07 09 11 13 16 19 21 26 27 31 60

Figura 2.8 Ordenação por distribuição.

de um elemento da fila $\mathcal{F}_k$ e seu armazenamento em $\mathcal{L}[j]$. A lista $\mathcal{L}$ contém os elementos a serem ordenados. Supõe-se que as filas $\mathcal{F}_i$ tenham sido inicializadas como vazias.

■ Algoritmo 2.22 | Ordenação por distribuição

para $i = 1, ..., d$ **faça**
  para $j = 1, ..., n$ **faça**
    $k :=$ i-ésimo dígito menos significativo da representação
      de $\mathcal{L}[j]$.*chave* na base b
    $\mathcal{F}_k \Leftarrow \mathcal{L}[j]$
  $j := 1$
  para $k = 0, ..., b - 1$ **faça**
    enquanto $\mathcal{F}_k \neq \varnothing$ **faça**
      $\mathcal{L}[j] \Leftarrow \mathcal{F}_k$
      $j := j + 1$

Ao final do processo, a lista $\mathcal{L}$ encontra-se ordenada. Cada operação de inclusão ou remoção de um elemento é realizada em tempo constante. A complexidade do algoritmo é, portanto, igual a $O(n\,d)$. Como a implementação utiliza b filas, é óbvia a necessidade de que estas empreguem alocação encadeada. O algoritmo exige que seja calculada, previamente, a representação de cada chave na base b. Supondo-se que o computador utilize a base 2 para a codificação interna, a definição $b = 2$ dispensaria tal cálculo. Nesse caso, uma forma de acelerar o processo seria dividir a representação binária em grupos de m bits consecutivos, o que corresponderia a utilizar a base 2^m.

Entre os equipamentos de processamento de dados, precursores dos computadores, um dos mais importantes foi a *classificadora de cartões*. Esta efetuava a ordenação física dos cartões segundo chaves representadas por perfurações localizadas em 12 alturas diferentes no cartão, o que permitia ordenação alfabética. O princípio utilizado era o da ordenação por distribuição. Cada fila correspondia a um escaninho existente no equipamento. A distribuição era mecânica, mas a concatenação se realizava manualmente.

2.7.3 Listas Circulares

A busca em uma tabela ordenada, apresentada na Seção 2.7.1, pode ser considerada pouco eficiente quando comparada às outras buscas anteriormente mencionadas. Uma pequena modificação na estrutura física da lista pode ser de grande auxílio: obrigar o último nó da lista a apontar para o nó-cabeça, criando assim uma *lista circular encadeada*, como é visto na Figura 2.9. Dessa forma, o teste de fim de lista nunca é satisfeito. A preocupação passa a ser um critério de parada que possa ser incorporado ao teste da busca propriamente dita. A solução é colocar a chave procurada no nó-cabeça, de forma que uma resposta positiva seja sempre encontrada.

O Algoritmo 2.23 apresenta a nova busca, no caso de listas ordenadas. Ao fim da busca, o ponteiro *pont* aponta para o último nó pesquisado. Naturalmente, modificações correspondentes devem ser introduzidas nos algoritmos de inserção e remoção.

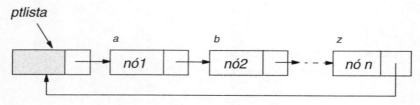

FIGURA 2.9 Lista circular encadeada.

Algoritmo 2.23 — Busca numa lista circular encadeada ordenada

procedimento *busca-cir*(*x*, *ant*, *pont*)
   ant := *ptlista*
   ptlista ↑. *chave* := *x*
   pont := *ptlista* ↑. *prox*
   enquanto *pont* ↑. *chave* < *x* **faça**
      ant := *pont*
      pont := *pont* ↑. *prox*
   se *pont* ≠ *ptlista* **e** *pont* ↑. *chave* = *x* **então**
      "chave localizada"
   senão "chave não localizada"

No caso de listas não ordenadas, o mesmo princípio pode ser empregado, com as devidas adaptações.

2.7.4 Listas Duplamente Encadeadas

Nos algoritmos vistos até agora para listas lineares utilizando alocação encadeada, o ponteiro *ant* se mostrou sempre útil. Sua função é "rastrear" o ponteiro que percorre a lista, permitindo sempre o retorno ao nó anterior. Algumas vezes, entretanto, isso não é suficiente, pois pode-se desejar o percurso da lista nos dois sentidos indiferentemente. Nesses casos, o gasto de memória imposto por um novo campo de ponteiro pode ser justificado pela economia em não reprocessar praticamente a lista inteira. A Figura 2.10 apresenta uma *lista circular duplamente encadeada*, com nó-cabeça, que incorpora esse novo campo de ponteiro. Os campos de ponteiros tomam os nomes de *ant* (apontando para o nó anterior) e *post* (apontando para o nó seguinte). Note-se, entretanto, que listas não circulares e listas sem nó-cabeça podem também ser duplamente encadeadas.

Os algoritmos de busca, inserção e remoção em tabelas ordenadas são muito simples, sendo apresentados a seguir. Na busca, a função retorna indicando o nó procurado ou, se este não for encontrado, o nó que seria seu consecutivo. Observe nas Figuras 2.11 e 2.12 as modificações acarretadas por uma inserção e uma remoção.

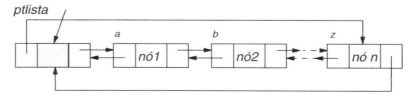

FIGURA 2.10 Lista duplamente encadeada.

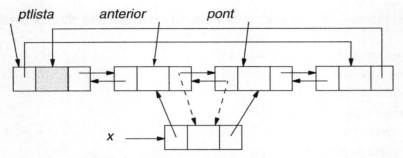

FIGURA 2.11 Inserção em lista duplamente encadeada.

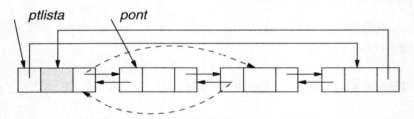

FIGURA 2.12 Remoção em lista duplamente encadeada.

Algoritmo 2.24 — Busca em uma lista duplamente encadeada ordenada

função *busca-dup(x)*
    ultimo := *ptlista* ↑. *ant*
    se $x \leq ultimo$ ↑. *chave* **então**
        pont := *ptlista* ↑. *post*
        enquanto *pont* ↑. *chave* $<$ *x* **faça**
            pont := *pont* ↑. *post*
        busca-dup := *pont*
    senão *busca-dup* := *ptlista*

Algoritmo 2.25 — Inserção de um nó em uma lista duplamente encadeada

$pont := busca\text{-}dup(x)$
se $pont = ptlista$ **ou** $pont \uparrow. chave \neq x$ **então**
$\quad anterior := pont \uparrow. ant$
$\quad ocupar(pt)$ % solicitar nó
$\quad pt \uparrow. info := novo\text{-}valor$ % inicializar nó
$\quad pt \uparrow. chave := x$
$\quad pt \uparrow. ant := anterior$
$\quad pt \uparrow. post := pont$
$\quad anterior \uparrow. post := pt$ % acertar lista
$\quad pont \uparrow. ant := pt$
senão "elemento já se encontra na lista"

Algoritmo 2.26 — Remoção de um nó em uma lista duplamente encadeada

$pont := busca\text{-}dup(x)$
se $pont \neq ptlista$ **e** $pont \uparrow. chave = x$ **então**
$\quad anterior := pont \uparrow. ant$
$\quad posterior := pont \uparrow. post$
$\quad anterior \uparrow. post := posterior$ % acertar lista
$\quad posterior \uparrow. ant := anterior$
$\quad valor\text{-}recuperado := pont \uparrow. info$ % utilizar nó
$\quad desocupar(pont)$ % devolver nó
senão "elemento não se encontra na lista"

2.7.5 Aplicação: Ordenação Topológica

Um problema que pode ser caracterizado como uma aplicação de listas lineares é a ordenação topológica. Sua importância se deve ao fato de ter um uso potencial todas as vezes em que o problema abordado envolve uma ordem parcial.

Uma *ordem parcial* de um conjunto S é uma relação entre os objetos de S, representada pelo símbolo "$\preceq$", satisfazendo as seguintes propriedades para quaisquer objetos x, y e z, não necessariamente distintos em S:

(i)   se $x \preceq y$ e $y \preceq z$, então $x \preceq z$ (transitiva);
(ii) se $x \preceq y$ e $y \preceq x$, então $x = y$ (antissimétrica);
(iii) $x \preceq x$ (reflexiva).

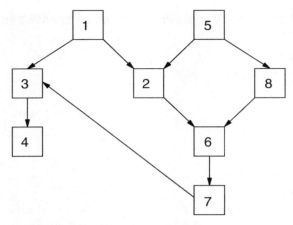

FIGURA 2.13 Representação de ordem parcial.

A notação $x \preceq y$ pode ser lida "x precede ou iguala y". Se $x \preceq y$ e $x \neq y$, escreve-se $x \prec y$ e diz-se "x precede y". Tem-se então:

(i') se $x \prec y$ e $y \prec z$, então $x \prec z$ (transitiva);
(ii') se $x \prec y$, então $y \not\prec x$ (assimétrica);
(iii') $x \not\prec x$ (irreflexiva).

A notação $y \not\prec x$ significa "y não precede x". Assume-se aqui que S é um conjunto finito, uma vez que se deseja trabalhar no computador.

Muitos exemplos interessantes podem ser mencionados como utilização da ordem parcial. Entre outros, a execução de um conjunto de tarefas necessárias, por exemplo, à montagem de um automóvel. Uma ordem parcial dessas tarefas pode ser representada como na Figura 2.13. Cada caixa na figura representa uma tarefa a ser executada; cada tarefa é numerada arbitrariamente. Se existe a indicação de um caminho da caixa x para a caixa y, isso significa que a tarefa x deve ser executada antes da tarefa y.

A ordenação topológica trata de imergir a ordem parcial em uma ordem linear, isto é, rearrumar os objetos numa sequência $a_1, a_2, \ldots, a_n$ tal que sempre que $a_j \prec a_k$, tem-se $j < k$. A Figura 2.14 mostra a ordem parcial do exemplo da Figura 2.13 após a ordenação topológica.

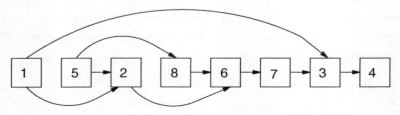

FIGURA 2.14 Ordenação topológica.

Uma forma simples de obter uma ordenação topológica é vista a seguir. Inicialmente, considera-se um objeto que não é precedido por nenhum outro na ordem parcial. Esse objeto é o primeiro na saída, isto é, na ordem final. Agora, remova o objeto do conjunto S. O conjunto resultante obedece novamente a uma ordem parcial. O processo pode então ser repetido até que todo o conjunto esteja ordenado. Esse algoritmo só falharia se, em algum momento, a ordem parcial de um conjunto fosse tal que todos os elementos tivessem um predecessor. Ora, isso é impossível, porque contraria as propriedades (i) e (ii).

O desempenho desse algoritmo depende de sua implementação. Os objetos a serem ordenados são numerados de 1 a n, em qualquer ordem, e alocados sequencialmente na memória. A entrada do algoritmo são os pares (j, k), significando que o objeto j precede o objeto k. O número de objetos n e o número de pares m também são fornecidos. Devem constar da entrada somente os pares necessários à caracterização da ordem parcial; pares supérfluos, entretanto, não constituem erro. Por exemplo, no problema apresentado na Figura 2.13, o par $(8, 7)$ é desnecessário, pois pode ser deduzido dos pares $(8, 6)$ e $(6, 7)$.

O algoritmo lida com n listas encadeadas, uma para cada objeto. Na lista i estão indicados todos os objetos k que aparecem em pares (i, k), isto é, sucessores de i. Para cada lista é criado um nó-cabeça, chamado CB. No nó-cabeça da lista i, além do ponteiro para os sucessores de i, está armazenado o número de pares (k, i) existentes, isto é, o número de vezes em que i aparece como sucessor de outro objeto. Essa informação é denominada *contador*. A Figura 2.15 mostra a atuação dessa fase do algoritmo no exemplo da Figura 2.13. Uma vez organizadas as listas, os nós-cabeça são percorridos em busca de um objeto que não seja sucessor de nenhum outro, isto é, cujo campo *contador* seja nulo. Todos aqueles que obedecem a tal condição são encadeados pelo próprio campo *contador*, que passa assim a ter nova função. O resultado dessa fase pode ser visto, em pontilhado, na mesma figura. Em seguida, o objeto é "retirado" da tabela original, isto é, todos os contadores de seus sucessores são decrementados e imediatamente testados para que, ao chegarem a zero, sejam incluídos na sequência de saída. O algoritmo termina quando todos os objetos são retirados.

A complexidade do algoritmo pode ser deduzida da descrição apresentada a seguir. Existem n listas encadeadas, correspondentes a um total de m pares de relações "precede". De início, a lista de nós-cabeça é percorrida em busca de objetos sem predecessores, que são encadeados como candidatos à saída. Essa parte do algoritmo tem complexidade $O(n)$. Na saída de cada candidato, os contadores de seus sucessores são decrementados, o que equivale ao percurso da lista encadeada correspondente ao candidato. Ao fim do algoritmo, todas as listas terão sido percorridas, o que leva $O(m)$. A complexidade é então $O(n + m)$.

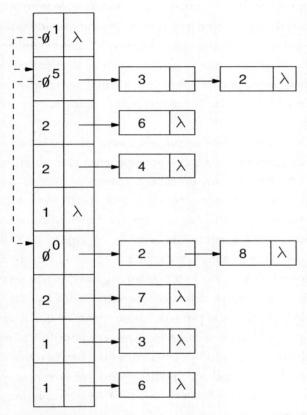

Figura 2.15 Armazenamento para a ordenação topológica.

Algoritmo 2.27 | Ordenação topológica

```
procedimento   inicializar
    para i = 0, ..., n faça                          % inicializa nó-cabeça
            CB [i] . contador := 0
            CB [i] . prox := λ
    para i = 1, ..., m faça
            ocupar(pt)                               % seja (j, k) o i-ésimo par
            pt ↑. info := k;    pt ↑. prox := CB [j] . prox
            CB [j] . prox := pt
            CB [k] . contador := CB [k] . contador + 1
inicializar
fim := 0;   CB [0] . contador := 0
para i = 1, ..., n faça                              % busca de objetos sem
        se CB [i] . contador = 0 então                   predecessores
            CB [fim] . contador := i
            fim := i
objeto := CB [0] . contador
enquanto objeto ≠ 0 faça
        saída(objeto)
        pt := CB [objeto] . prox
        enquanto pt ≠ λ faça
            indice := pt ↑. info
            CB [indice] . contador := CB [indice] . contador − 1
            se CB [indice] . contador = 0 então
                CB [fim] . contador := indice
                fim := indice
            pt := pt ↑. prox
        objeto := CB [objeto] . contador
```

2.8 Alocação de Espaço de Tamanho Variável

Um modelo de memória comumente utilizado corresponde a um vetor $\mathcal{M}$, onde cada elemento é associado a uma unidade de memória denominada *palavra*. Um conjunto de b palavras de endereços consecutivos é chamado *bloco de tamanho b*. O *endereço* de um bloco é o índice em $\mathcal{M}$ de sua primeira palavra. No modelo, todos os programas e dados competem pelo uso exclusivo de porções de $\mathcal{M}$.

Por exemplo, suponha que um programa deseje criar uma lista linear, contendo b nós, cada qual ocupando uma unidade de memória. Nesse caso, deve ser solicitada a reserva de um bloco de tamanho b, em algum endereço disponível. Quando da extinção da lista, esse bloco deve ser liberado para possível uso com outra finalidade. Supondo a existência simultânea de diversas estruturas, a memória apresenta, alternadamente, blocos reservados e disponíveis. Essa configuração varia, dinamicamente, com as diferentes solicitações de reserva e liberação de blocos. A variação do tamanho dos blocos pode ser muito grande, pois depende das características individuais das estruturas utilizadas. Esse processo é denominado *sistema de alocação de memória*.

Um caso particular já foi examinado na Seção 2.7.1. Quando todos os blocos possuem tamanho idêntico, a ideia utilizada consistiu em encadear a memória disponível em uma lista denominada *LED*. Os procedimentos *ocupar* e *desocupar*, dos Algoritmos 2.12 e 2.13, respectivamente, efetuam as operações de reserva e liberação de blocos de tamanho fixo. O caso da alocação de memória de tamanho variado é bem mais complexo.

Basicamente, para elaborar os algoritmos de reserva e liberação é necessário, de antemão, decidir as três questões seguintes.

(1) Que estrutura utilizar para representar a memória disponível?
(2) Qual é o critério de seleção de blocos, para atender às solicitações de reserva de memória?
(3) Como definir a operação de liberação de blocos?

Podem-se considerar diversas abordagens para responder a essas questões. A solução descrita a seguir é uma das mais simples.

A memória disponível constituirá uma lista encadeada, onde cada nó está associado a um bloco. Essa lista será mantida na própria memória disponível. Em caso de alocação em memória secundária, contudo, é recomendável o armazenamento da lista na memória principal. As duas primeiras palavras de cada nó serão utilizadas pelo sistema de alocação. Se pt é o endereço de um bloco disponível, então $M[pt]$ contém o tamanho do bloco, e $M[pt + 1]$ é o ponteiro para o próximo nó da lista. Isso implica que o tamanho mínimo de qualquer bloco, disponível ou reservado, é igual a 2. Além disso, as duas primeiras palavras do vetor M têm uso reservado. $M[1]$ será inicializada com zero e não será modificada. Enquanto isso, $M[2]$ será o ponteiro para o endereço do primeiro bloco da lista. Ao contrário do par $M[pt]$ e $M[pt + 1]$, as palavras $M[1]$ e $M[2]$ não podem ser utilizadas para atender a qualquer reserva de memória. Assim sendo, supondo que o vetor M possua m palavras, a inicialização do processo consiste em efetuar as atribuições $M[1] := 0$, $M[2] := 3$, $M[3] := m - 2$ e $M[4] := \lambda$.

Quanto ao critério de seleção de blocos para as solicitações de reserva, uma das características desejadas é a simplicidade do algoritmo correspondente. O método seguinte se denomina *primeira escolha* e, certamente, satisfaz essa condição. O critério consiste em selecionar o primeiro bloco da lista de memória disponível, cujo tamanho satisfaça as condições da reserva.

Seja b o tamanho do bloco solicitado. O algoritmo de reserva deve percorrer a lista e selecionar o primeiro bloco de tamanho $b' \geq \max\{2, b\}$. Seja $r = b' - b$. Se $r < 2$, então o bloco inteiro deve ser reservado, o que corresponde a remover o bloco de tamanho b' da lista. Caso contrário, ele é dividido em dois outros, de tamanhos b e r, respectivamente. O primeiro é o correspondente à reserva, e o segundo é o bloco associado ao nó selecionado, cujo tamanho é reduzido a r. Observe que o bloco reservado deve ser o correspondente aos endereços mais altos, para não afetar as duas primeiras palavras, de uso do sistema de alocação.

Uma consequência indesejada desse método é a possível formação de blocos de tamanho muito reduzido, fenômeno conhecido por *fragmentação*. Para procurar evitá-la, uma alternativa é definir um limite inferior $c \geq 2$, tal que o sistema não permita a formação de blocos menores do que c. Suponha que seja solicitada a reserva de um bloco de tamanho b e que o bloco selecionado da lista possua tamanho $b' \geq b$, onde $b' - b < c$. Nesse caso, a ideia é incorporar ao bloco reservado a porção restante $b' - b$.

O procedimento que se segue descreve o processo. A chamada externa é *reserva*$(b, pont)$, sendo b o tamanho do bloco solicitado. O tamanho efetivamente reservado é pelo menos igual a $\max\{2, b\}$, porém menor do que $b + c$. Esse valor é atribuído a b no final do processo. O parâmetro *pont* indica, nessa ocasião, o endereço do bloco reservado. Se não existir bloco disponível que satisfaça as condições da solicitação, então *pont* $= \lambda$.

■─┤ Algoritmo 2.28 │ Reserva de um bloco de tamanho *b*

procedimento *reserva*$(b, pont)$
    $pt := \mathcal{M}[2]$; $pont := \lambda$; $ant := 1$
    se $b < 2$ **então** $b := 2$
    enquanto $pt \neq \lambda$ **faça**
        se $\mathcal{M}[pt] \geq b$ **então**
            $r := \mathcal{M}[pt] - b$ % bloco encontrado
            se $r < c$ **então**
                $pont := pt$ % fragmento incorporado
                $\mathcal{M}[ant + 1] := \mathcal{M}[pt + 1]$
                $b := b + r$
            senão $\mathcal{M}[pt] := r$
                $pont := pt + r$
            $pt := \lambda$
        senão $ant := pt$
            $pt := \mathcal{M}[pt + 1]$

A operação de liberação de blocos será realizada de acordo com a seguinte estratégia. Sejam b e *pont* o tamanho e endereço do bloco liberado, respectivamente. Deve ser verificado se ele é contíguo a algum bloco disponível. Podem existir até dois blocos nessas condições. Em caso negativo, o bloco de endereço *pont* será simplesmente inserido na lista. Caso seja encontrado algum bloco contíguo ao liberado, os dois deverão ser fundidos num único. Aquele de endereço maior será incorporado ao menor. A inserção ou incorporação deve ser realizada de tal modo que a lista seja mantida em ordem crescente de endereços de seus blocos. Observe que a estratégia descrita garante a inexistência de blocos disponíveis e contíguos ao longo de todo o processo. A formulação encontra-se descrita no Algoritmo 2.29. Supõe-se que os blocos tenham sido incluídos na lista através do Algoritmo 2.28, o que implica $b \geq c \geq 2$.

Algoritmo 2.29 — Liberação de um bloco

procedimento *liberar*(b, *pont*)
   $pt := M[2];$ $ant := 1$
   enquanto $pt \neq \lambda$ **e** $pt < pont$ **faça**   % buscar posição do bloco
      $ant := pt$
      $pt := M[pt + 1]$
   se $pont + b = pt$ **então**
      $b := b + M[pt]$ % bloco liberado contíguo ao
      $M[pont + 1] := M[pt + 1]$ seguinte
   senão $M[pont + 1] := pt$
   se $ant + M[ant] = pont$ **então**
      $M[ant] := M[ant] + b$ % bloco liberado contíguo ao
      $M[ant + 1] := M[pont + 1]$ anterior
   senão $M[ant + 1] := pont$
      $M[pont] := b$

Seja n o número de nós da lista que contém a memória disponível. No pior caso, os algoritmos de reserva e liberação efetuam $O(n)$ passos. Em decorrência, um dos efeitos da fragmentação é o aumento da complexidade dos algoritmos. Utilizando-se uma estrutura mais elaborada para a memória disponível e mantendo-se o critério de reserva e liberação de blocos, é possível formular algoritmos que diminuem a complexidade dessas operações para $O(\log n)$ (Exercício 6.21).

2.9 Exercícios

2.1 Apresentar os algoritmos de inserção e remoção de uma lista ordenada em alocação sequencial.

2.2 Determinar a expressão da complexidade média de uma busca não ordenada, supondo que a probabilidade da busca de qualquer chave, exceto a última, é igual à metade da probabilidade da chave seguinte na lista. Supor também que a probabilidade de a chave procurada se encontrar na lista é igual a q.

2.3 Repetir o exercício anterior para o caso da busca ordenada.

2.4 Seja o seguinte algoritmo de busca em uma lista ordenada de tamanho n em alocação sequencial:

> **função** *busca-ord*1 (x)
>   **se** $x \leq \mathcal{L}[n] . chave$ **então**
> $i := 1$
>   **enquanto** $\mathcal{L}[i] . chave < x$ **faça**
> $i := i + 1$
>   **se** $\mathcal{L}[i] . chave \neq x$ **então**
>   *busca-ord*1 $:= 0$ % elemento não encontrado
>   **senão** *busca-ord*1 $:= i$ % elemento encontrado
>   **senão** *busca-ord*1 $:= 0$ % fora da tabela

Comparar o algoritmo apresentado com o Algoritmo 2.3. Em que situação o desempenho dos dois é equivalente? Qual é a restrição que o algoritmo acima apresenta em relação ao Algoritmo 2.3?

2.5 Determinar a expressão da complexidade média de uma busca não ordenada de n chaves, n par, em que as probabilidades de busca das chaves de ordem ímpar são iguais entre si, sendo esse valor igual ao dobro da probabilidade de qualquer chave par. Supor, ainda, que a probabilidade de a chave se encontrar na lista é igual a q.

2.6 Apresentar algoritmos para um deque em alocação sequencial. São dados fornecidos:
– na inserção: o nó a ser inserido e a extremidade desejada ($E1$ ou $E2$),
– na remoção: a extremidade da remoção.

2.7 Criar algoritmos de inserção e remoção para duas pilhas armazenadas em alocação sequencial que compartilham a memória de dimensão M.

2.8 Apresentar os algoritmos de inserção e remoção numa lista circular encadeada.

2.9 Apresentar o algoritmo de alteração do campo *info* de uma lista circular encadeada com nó-cabeça.

2.10 Apresentar o algoritmo de alteração do campo *chave* de uma lista circular encadeada com nó-cabeça.

2.11 Descrever algoritmos de inserção e remoção em uma lista não ordenada, em alocação encadeada.

2.12 Comparar algoritmos de busca, inserção e remoção em uma lista ordenada nas alocações sequencial e encadeada.

2.13 Sejam duas listas, não ordenadas, simplesmente encadeadas com nó-cabeça. Apresentar um algoritmo que, enquanto possível, intercale as duas listas.

2.14 Sejam duas listas, ordenadas, simplesmente encadeadas com nó-cabeça. Apresentar um algoritmo que intercale as duas listas de forma que a lista resultante esteja também ordenada.

2.15 Imprimir, a partir de uma expressão em notação polonesa, a sequência de operações a serem executadas na ordem correta. Introduzir operandos especiais para armazenar resultados parciais.

Capítulo 2

2.16 Seja L uma lista simplesmente encadeada, composta dos números $\ell_1, \ell_2, \ldots, \ell_n$, respectivamente, segundo a ordem de armazenamento. Escrever um algoritmo que, percorrendo L uma única vez, constrói uma outra lista L', formada dos elementos seguintes:

(i) $\ell_2, \ell_3, \ldots, \ell_n, \ell_1$;

(ii) $\ell_n, \ell_{n-1}, \ldots, \ell_1$;

(iii) $\ell_1 + \ell_n, \ell_2 + \ell_{n-1}, \ldots, \ell_{n/2} + \ell_{n/2+1}$, onde n é par.

2.17 Uma palavra é um *palíndromo* se a sequência de letras que a forma é a mesma, quer seja lida da esquerda para a direita ou da direita para a esquerda (exemplo: raiar). Escrever um algoritmo eficiente para reconhecer se uma dada palavra é um palíndromo. Escolher a estrutura de dados conveniente para representar a palavra.

2.18 Seja um polinômio da forma $P(x) = a_0 x^n + a_1 x^{n-1} + \ldots + a_n$. Representar $P(x)$ através de uma lista encadeada conveniente e escrever algoritmos eficientes para efetuar as seguintes operações, onde $Q(x)$ é um outro polinômio.

(i) Calcular $P(x_0)$, onde x_0 é um dado valor para x;

(ii) $P(x) + Q(x)$;

(iii) $P(x) \cdot Q(x)$.

∘2.19 Generalizar o algoritmo de ordenação topológica, de modo a gerar todas as ordenações topológicas distintas de uma ordem parcial.

2.20 Seja A uma *matriz esparsa* $n \times m$, isto é, boa parte de seus elementos são nulos ou irrelevantes. Descrever uma estrutura de dados que represente A e cujo espaço total seja $O(k)$ em vez de $O(n\,m)$, onde k é o número total de elementos não irrelevantes de A.

2.21 Descrever um algoritmo para localizar um elemento a_{ij} da matriz A, armazenada segundo a estrutura obtida na solução do exercício anterior. Determinar a sua complexidade.

2.22 Descrever um algoritmo para computar a matriz A^2, utilizando a representação dos dois exercícios anteriores.

2.23 Seja 1, 2, $\ldots$, n uma sequência de elementos que serão inseridos e posteriormente retirados de uma pilha P uma vez cada. A ordem de inclusão dos elementos na pilha é 1, 2, $\ldots$, n, enquanto a de remoção depende das operações realizadas. Por exemplo, com $n = 3$, a sequência de operações

incluir em P

incluir em P

retirar de P

incluir em P

retirar de P

retirar de P

produzirá a permutação 2, 3, 1 a partir da entrada 1, 2, 3. Representando por I, R, respectivamente, as operações de inserção e remoção da pilha, a permutação 2, 3, 1 pode ser denotada por *IIRIRR*. De um modo geral, uma permutação é chamada *admissível* quando ela puder ser obtida mediante uma sucessão de inclusões e remoções em uma pilha a partir da permutação 1, 2, $\ldots$, n. Assim, por exemplo, a permutação 2, 3, 1 é admissível. Pede-se:

(i) Determinar a permutação correspondente a *IIIRRIRR*, $n = 4$.

(ii) Dar um exemplo de permutação não admissível.

2.24 Escrever a relação de permutações admissíveis de 1, 2, 3, 4.

∘2.25 Provar que uma permutação $p_1, \ldots, p_n$ é admissível se e somente se não existirem índices i, j, k satisfazendo $i < j < k$ e $p_j < p_k < p_i$.

Listas Lineares

2.26 Repetir os Exercícios 2.23 e 2.24 com uma fila, em vez de uma pilha.

2.27 Determinar as condições necessárias e suficientes para que uma permutação seja admissível, supondo que uma fila seja utilizada no lugar da pilha.

•2.28 Determinar as condições necessárias e suficientes para que uma permutação seja admissível, supondo que um deque seja utilizado no lugar da pilha.

○2.29 No sistema de alocação de memória, o critério de *melhor escolha*, para a reserva de um bloco, seleciona aquele que esteja disponível e cujo tamanho seja o mais próximo possível do solicitado. Provar ou dar contraexemplo da afirmativa a seguir.

O desempenho do método de melhor escolha é sempre não inferior ao da primeira escolha no seguinte sentido. Se for possível selecionar um bloco de tamanho $\geq b$ num sistema que aplica a primeira escolha, o mesmo acontece para o método da melhor escolha.

Notas Bibliográficas

Devido ao seu largo uso, a concepção de listas lineares se deu com o aparecimento do primeiro computador. O uso de pilhas e filas, por exemplo, transcende à computação. De fato, pilhas e filas eram empregadas em diversas áreas, anteriormente aos computadores. Contudo, foi Knuth ([Kn68]) quem, pela primeira vez, descreveu de forma unificada os algoritmos para as estruturas de dados mais básicas. As permutações admissíveis (Exercícios 2.23 a 2.27) podem ser encontradas também em [Kn68]. Além disso, essa referência contém a técnica de implementação utilizada no algoritmo de ordenações topológicas, da Seção 2.7. Um algoritmo de geração de todas as ordenações topológicas (Exercício 2.19), com complexidade polinomial por ordenação, foi inicialmente apresentado por Knuth e Szwarcfiter [Kn74]. Um algoritmo ótimo para esse problema foi descrito por Pruesse e Ruskey [Pr91]. Os termos *primeira escolha* e *melhor escolha* (Exercício 2.29) são provenientes do inglês *first-fit* e *best-fit*.

Capítulo 3

Árvores

3.1 Introdução

Em diversas aplicações necessita-se de estruturas mais complexas do que as puramente sequenciais, examinadas no capítulo anterior. Entre essas, destacam-se as árvores, por existirem inúmeros problemas práticos que podem ser modelados através delas. Além disso, as árvores, em geral, admitem um tratamento computacional simples e eficiente. Isso não pode ser dito de estruturas mais gerais do que as árvores, como os grafos, por exemplo.

Neste capítulo são apresentados os conceitos iniciais relativos às árvores, bem como os algoritmos para sua manipulação computacional básica. Ressalta-se, entretanto, que o estudo das árvores admite um tratamento puramente matemático, sem preocupação com sua finalidade computacional. Neste último caso, o enfoque seria distinto do ora apresentado.

Na Seção 3.2 são apresentadas as definições básicas e as diferentes formas de representação gráfica de uma árvore. Na Seção 3.3 introduz-se a árvore binária, possivelmente a mais importante no aspecto computacional. Além disso, apresenta-se também a representação clássica dessa árvore em computador. Na seção seguinte são estudados os algoritmos para o problema de percorrer uma árvore binária, segundo vários critérios. Na Seção 3.5 descreve-se a conversão de uma árvore geral em binária. Essa questão é fundamental para a manipulação de árvores gerais. Finalmente, na última seção, são abordadas as árvores binárias com costura, que propiciam, em algumas aplicações, a formulação de algoritmos mais eficientes que os relativos às árvores binárias ordinárias.

3.2 Definições e Representações Básicas

Uma *árvore enraizada* T, ou simplesmente *árvore*, é um conjunto finito de elementos denominados *nós* ou *vértices* tais que

- $T = \varnothing$, e a árvore é dita *vazia*, ou
- existe um nó especial chamado *raiz* de $T(r(T))$; os restantes constituem um único conjunto vazio ou são divididos em $m \geq 1$ conjuntos disjuntos não vazios, as *subárvores* de $r(T)$, ou simplesmente *subárvores*, cada qual, por sua vez, uma árvore.

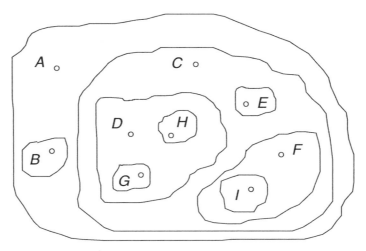

FIGURA 3.1 Diagrama de inclusão.

Uma floresta é um conjunto de árvores. Se v é um nó de T, a notação $T(v)$ indica a subárvore de T com raiz v.

Para visualizar esse conceito, pode-se representá-lo graficamente. Há formas diferentes de representações gráficas de uma árvore. Em todas elas cada nó poderá ser associado a um identificador, denominado *rótulo*. Observa-se, contudo, que o estudo das árvores pode prescindir do uso desse identificador e basear-se unicamente na posição relativa de seus nós na estrutura.

A representação mais próxima da definição é o *diagrama de inclusão*, apresentado na Figura 3.1, representação tradicionalmente utilizada para conjuntos. Na figura, a raiz de T é o nó A, o qual possui duas subárvores: a formada pelo único nó B e aquela cuja raiz é C e que contém todos os demais nós, e assim por diante. Os rótulos dos nós são A, B, ..., H, respectivamente.

A forma mais comum de representar graficamente uma árvore é através de sua *representação hierárquica*, semelhante à utilizada para descrever organogramas de uma empresa. A Figura 3.2(a) ilustra uma tal representação que descreve a mesma árvore da Figura 3.1. Nessa representação existe uma linha unindo cada nó às raízes de suas subárvores, quando não vazias, as quais se encontram sempre abaixo (acima) desse nó. Conforme a escolha dessa posição, abaixo ou acima, tem-se as representações das Figuras 3.3(a) e 3.3(b), respectivamente. A representação da Figura 3.3(a), com a raiz no topo, é a mais empregada na literatura da computação, razão pela qual é aqui adotada. A representação hierárquica é, de longe, a mais utilizada para visualizar uma árvore, pela forma clara como exibe as relações existentes entre os nós da estrutura. Além disso, do ponto de vista computacional, essa representação já sugere uma forma adequada de dispor os dados no computador, como se verá mais adiante.

A Figura 3.2(b) ilustra a mesma árvore que as Figuras 3.1 e 3.2(a), porém agora representada segundo um *diagrama de barras*. Neste, os nós são representados por barras horizontais, uma por linha. Se um nó v é raiz de uma subárvore que contém w, então a barra correspondente a v se localiza acima da de w e possui comprimento maior do que essa última. Raízes de subárvores de um mesmo nó possuem barras de comprimento idêntico. Por exemplo, índices de livros, muitas vezes, empregam esse método.

Seja agora uma sequência S de $2n$ parênteses, compreendendo n "(" e n ")". A sequência é dita *aninhada* quando, em cada subsequência de S, iniciada na posição 1 e com extremidade $i < 2n$, o número de "(" é maior do que o de ")". Por exemplo, a sequência (( ) ( )) é aninhada, mas as sequências (( ))( ) e ( )) não o são. Uma sequência desse tipo corresponde a uma outra representação de árvores, denominada *representação por parênteses*

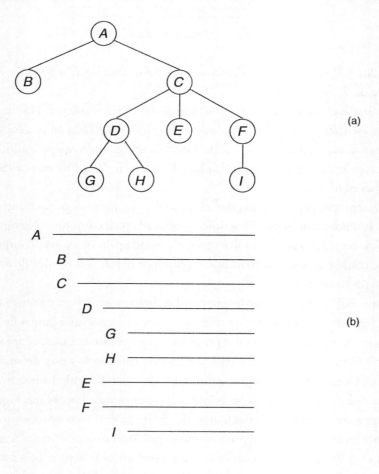

Figura 3.2 Representações de uma árvore.

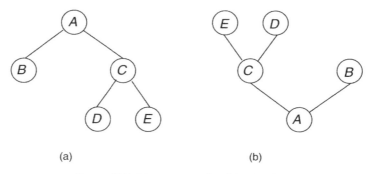

FIGURA 3.3 Representações hierárquicas.

aninhados (ver Exercício 3.3). A sequência de parênteses representa as relações entre os nós da estrutura. O rótulo de cada nó é inserido imediatamente à esquerda do "(" correspondente. A Figura 3.2(c) ilustra a representação por parênteses aninhados da mesma árvore representada nas Figuras 3.1, 3.2(a) e 3.2(b).

Toda expressão aritmética pode ser colocada sob a forma de uma sequência de parênteses aninhados. Basta parentizá-la completamente, isto é, um par de "(" e ")" por par de operandos e operação. Pode-se então utilizar uma árvore para visualizar uma expressão aritmética na forma como ela seria computada. Cada operador binário e seu par de operandos correspondem a um nó da árvore e suas duas subárvores. Por exemplo, a expressão $a + b*(c/d - e)$, equivalente a $(a + (b * ((c/d) - e)))$, aparece na Figura 3.4.

Seja v o nó raiz da subárvore $T(v)$ de T. Os nós raízes $w_1, w_2, ..., w_j$ das subárvores de $T(v)$ são chamados *filhos* de v; v é chamado *pai* de $w_1, w_2, ..., w_j$. Os nós $w_1, w_2, ..., w_j$ são *irmãos*. Se z é filho de w_1, então w_2 é *tio* de z e v *avô* de z. O número de filhos de um

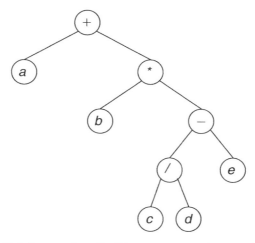

FIGURA 3.4 Expressão aritmética representada como árvore.

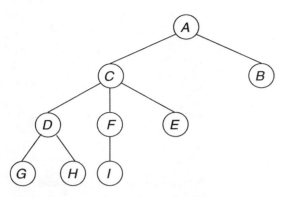

FIGURA 3.5 Exemplo para isomorfismo.

nó é chamado de *grau de saída* desse nó. Se x pertence à subárvore $T(v)$, x é descendente de v, e v, ancestral de x. Nesse caso, sendo x diferente de v, x é *descendente próprio* de v, e v é *ancestral próprio* de x. Um nó que não possui descendentes próprios é chamado de *folha*. Toda árvore com $n > 1$ nós possui no mínimo 1 e no máximo $n - 1$ folhas (Exercício 3.8). Um nó não folha é dito *interior*.

Uma sequência de nós distintos $v_1, v_2, \ldots, v_k$, tal que existe sempre entre nós consecutivos (v_1 e v_2, v_2 e v_3, ..., v_{k-1} e v_k) a relação "é filho de" ou "é pai de", é denominada *caminho* da árvore. Diz-se que v_1 alcança v_k e vice-versa. Um caminho de k vértices é obtido pela sequência de $k - 1$ pares da relação. O valor $k - 1$ é o *comprimento* do caminho. *Nível* de um nó v é o número de nós do caminho da raiz até o nó v. O nível da raiz é, portanto, igual a 1. A *altura* de um nó v é o número de nós do maior caminho de v até um de seus descendentes. As folhas têm altura 1. A altura da árvore T é igual ao nível máximo de seus nós. Representa-se a altura de T por $h(T)$, enquanto $h(v)$ é a altura da subárvore de raiz v. Observe a árvore T da Figura 3.2(a). O vértice C é ancestral próprio de G, de H e de F, entre outros. O nó D é descendente próprio de A. O nível do vértice F é 3 e sua altura é 2; o nível do vértice A é 1 e sua altura é 4. A altura da árvore é 4.

Uma árvore *ordenada* é aquela na qual os filhos de cada nó estão ordenados. Assume-se que tal ordenação se desenvolva da esquerda para a direita. Assim, a árvore T da Figura 3.2(a) e a árvore T' da Figura 3.5 são distintas se consideradas como ordenadas. Contudo, elas podem se tornar coincidentes mediante uma reordenação de nós irmãos.

De modo geral, duas árvores não ordenadas são *isomorfas* quando puderem se tornar coincidentes através de uma permutação na ordem das subárvores de seus nós. As árvores das Figuras 3.2(a) e 3.5 são então isomorfas. Por outro lado, duas árvores ordenadas são *isomorfas* quando forem coincidentes, segundo a ordenação existente entre os seus nós.

3.3 Árvores Binárias

Conforme já mencionado, as árvores constituem as estruturas não sequenciais com maior aplicação em computação. Dentre as árvores, as binárias são, sem dúvida, as mais comuns.

Uma *árvore binária* T é um conjunto finito de elementos denominados *nós* ou vértices, tal que

- $T = \varnothing$ e a árvore é dita *vazia*, ou
- existe um nó especial chamado *raiz* de $T(r(T))$, e os restantes podem ser divididos em dois subconjuntos disjuntos, $T_E(r(T))$ e $T_D(r(T))$, a *subárvore esquerda* e a *direita* da raiz, respectivamente, as quais são também árvores binárias.

A raiz da subárvore esquerda (direita) de um nó v, se existir, é denominada *filho esquerdo (direito)* de v. Naturalmente, o esquerdo pode existir sem o direito e vice-versa. Analogamente à seção anterior, a notação $T(v)$ indica a (sub) árvore binária, cuja raiz é v e cujas subárvores esquerda e direita de T são $T_E(v)$ e $T_D(v)$, respectivamente.

A Figura 3.6(a) ilustra um exemplo de árvore binária T. O nó A é a raiz de T, enquanto $T_E(A)$ e $T_D(A)$ são as subárvores binárias de T com raízes em B e C, respectivamente. O filho esquerdo de A é o nó B e o direito é C. O nó B possui D como filho esquerdo, mas não possui filho direito.

Observando atentamente as definições apresentadas, verifica-se que a árvore binária não obedece rigidamente à definição de árvore (ver Exercício 3.10). Por exemplo, uma árvore binária pode ter duas subárvores vazias (a esquerda e a direita), enquanto o mesmo não ocorre com árvores gerais. Devem-se, portanto, considerar árvores binárias como uma extensão do caso geral. Observe a Figura 3.6. As estruturas das Figuras 3.6(a) e 3.6(b) são

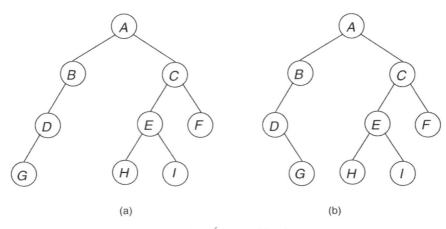

FIGURA 3.6 Árvores binárias.

idênticas (isomorfas) se consideradas como árvores, mesmo se forem ordenadas, porém são distintas como árvores binárias (por quê?). Em particular, são também válidas para árvores binárias as definições e a notação, descritas na seção anterior, para árvores gerais.

Toda árvore binária com n nós possui exatamente $n + 1$ subárvores vazias entre suas subárvores esquerdas e direitas. Por exemplo, a árvore da Figura 3.6(a) possui 9 nós e 10 subárvores vazias: as subárvores esquerda e direita dos nós F, G, H, I e as subárvores direitas de B e D. A demonstração desse fato é simples, e é vista a seguir.

Lema 3.1

O número de subárvores esquerdas e direitas vazias em uma árvore binária com $n > 0$ nós é $n + 1$.

PROVA Seja T a árvore binária. Utiliza-se indução em n. Se $n = 1$, o resultado é verdadeiro, visto que T consiste em um único nó r, juntamente com as subárvores esquerda e direita de r, ambas vazias. Se $n > 1$, pela hipótese de indução, assume-se que o lema é verdadeiro para todas as árvores com menos de n nós. Da seção anterior sabe-se que T possui, pelo menos, uma folha v. Seja $T - v$ a estrutura obtida de T pela remoção de v. $T - v$ é certamente uma árvore binária, pois $T - v$ é exatamente T, exceto que a subárvore de raiz v foi transformada em vazia. Por outro lado, $T - v$ possui $n - 1$ nós. Portanto, pode-se aplicar esse lema a $T - v$ e concluir que $T - v$ possui n subárvores vazias. Comparando-se, agora, $T - v$ com T, verifica-se que todas as suas subárvores são idênticas, exceto que uma subárvore vazia de $T - v$ foi retirada e em seu lugar foi acrescentada uma folha, isto é, o nó v, e mais as duas subárvores, esquerda e direita, de v, ambas vazias. Então o número total de subárvores vazias de T é igual a $n - 1 + 2 = n + 1$. ∎

Em seguida, são introduzidos alguns tipos especiais de árvores binárias, bastante utilizadas, e que serão mencionadas nos próximos capítulos.

Uma árvore *estritamente binária* é uma árvore binária em que cada nó possui 0 ou 2 filhos. Uma *árvore binária completa* é aquela que apresenta a seguinte propriedade: se v é um nó tal que alguma subárvore de v é vazia, então v se localiza ou no último (maior) ou no penúltimo nível da árvore. Uma *árvore binária cheia* é aquela em que, se v é um nó com alguma de suas subárvores vazias, então v se localiza no último nível. Segue-se que toda árvore binária cheia é completa e estritamente binária. Como exemplo, a Figura 3.7(a) ilustra uma árvore estritamente binária, mas não completa. A árvore da Figura 3.7(b) é completa, mas não cheia, enquanto a da Figura 3.7(c) é cheia.

A relação entre a altura de uma árvore binária e o seu número de nós é um dado importante para várias aplicações. Para um valor fixo de n, indagar-se-ia quais são as ár-

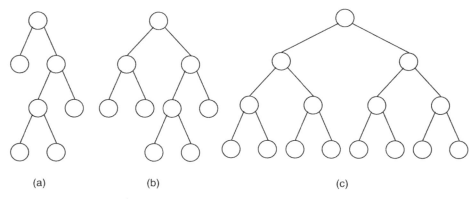

(a) (b) (c)

FIGURA 3.7 Árvores estritamente binária, binária completa e cheia.

vores binárias que possuem altura h máxima e mínima. A resposta ao primeiro problema é imediata. A árvore binária que possui altura máxima é aquela cujos nós interiores possuem exatamente uma subárvore vazia. Essas árvores são denominadas *zigue-zague* e encontram-se ilustradas na Figura 3.8. Naturalmente, a altura de uma árvore zigue-zague é igual a n. Por outro lado, uma árvore completa sempre apresenta altura mínima, conforme é visto a seguir.

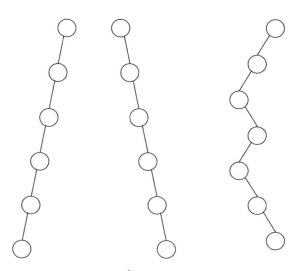

FIGURA 3.8 Árvores zigue-zague.

Lema 3.2

Seja T uma árvore binária completa com $n > 0$ nós. Então T possui altura h mínima. Além disso, $h = 1 + \lfloor \log n \rfloor$.

PROVA Seja T' uma árvore binária de altura mínima com n nós. Se T' é também completa, então T e T' possuem a mesma altura, isto é, T possui altura mínima. Se T' não é completa, efetua-se a seguinte operação: retirar uma folha w de seu último nível e tornar w o filho de algum nó v que possui alguma de suas subárvores vazias, localizado em algum nível acima do penúltimo. Repete-se a operação até que não seja mais possível realizá-la, isto é, até que a árvore T''', resultante da transformação, seja completa. T''' não pode ter altura inferior a T', pois T' é mínima. T''' não pode ter altura superior a T', pois nenhum nó foi movido para baixo. Então as alturas de T' e T''' são iguais. Como T' é completa, conclui-se que as alturas de T e T''' também coincidem. Isto é, T possui altura mínima.

Para mostrar que $h = 1 + \lfloor \log n \rfloor$, recorre-se à indução. Se $n = 1$, então $h = 1 + \lfloor \log n \rfloor = 1$, correto. Quando $n > 1$, suponha o resultado verdadeiro para todas as árvores binárias completas com até $n - 1$ nós. Seja T' a árvore obtida de T pela remoção de todos os nós, em número de k, do último nível. Logo, T' é uma árvore cheia com $n' = n - k$ nós. Pela hipótese de indução, $h(T') = 1 + \lfloor \log n' \rfloor$. Como T' é cheia, $n' = 2^m - 1$, para algum inteiro $m > 0$. Isto é, $h(T') = m$. Além disso, $1 \leq k \leq n' + 1$. Assim,

$$h(T) = 1 + h(T') = 1 + m = 1 + \log(n' + 1) = 1 + \lfloor \log(n' + k) \rfloor = 1 + \lfloor \log n \rfloor.$$

∎

Serão examinadas a seguir algumas extensões da árvore binária.

Seja T uma árvore (ou uma árvore binária), e v um nó de T. Seja $T(v)$ a subárvore de T de raiz v, e S um conjunto de nós $T(v)$ tal que $T(v) - S$ é uma árvore. A árvore $T' = T(v) - S$ é chamada *subárvore parcial* de raiz v. Observe, por exemplo, a árvore T da Figura 3.9(a). A árvore da Figura 3.9(b) é subárvore de T de raiz E, enquanto a

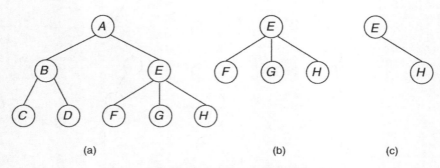

FIGURA 3.9 Subárvore e subárvore parcial.

árvore da Figura 3.9(c) é uma subárvore parcial de T de raiz E, porém não é subárvore de T. Observe que a diferença entre uma subárvore de raiz v e uma subárvore parcial de raiz v é que a primeira contém obrigatoriamente todos os descendentes de v, enquanto a segunda, não necessariamente.

Uma *árvore m-ária T*, $m \geq 2$, é um conjunto finito de elementos, denominados nós ou vértices, tais que

- $T = \emptyset$ e a árvore é dita vazia, ou
- contém um nó especial chamado *raiz* de $T(r(T))$, e os restantes podem ser sempre divididos em m subconjuntos disjuntos, as i-ésimas subárvores de $r(T)$, $1 \leq i \leq m$, as quais são também árvores m-árias.

A raiz da i-ésima subárvore de um nó v de T, se existir, é denominada *i-ésimo filho* de v. Naturalmente, a árvore m-ária é uma generalização da árvore binária em que cada nó possui m subárvores. A árvore m-ária possui uma ordenação implícita nas subárvores de cada nó, mesmo que algumas ou todas essas subárvores sejam vazias. Por exemplo, as Figuras 3.10(a) e 3.10(b) ilustram árvores 3-árias (ou ternárias). Observe que o nó w, na Figura 3.10(a), possui um único filho, mas é possível a referência às três subárvores de w, sendo vazias a primeira e a terceira, enquanto a segunda não o é.

Analogamente ao caso binário, podem-se definir *árvore estritamente m-ária*, *árvore m-ária completa* e *cheia*. A Figura 3.10(b) representa uma árvore estritamente ternária.

A importância das árvores m-árias de um modo geral e, em especial, da árvore binária decorre do número constante de subárvores de cada nó e de sua ordenação implícita. Quando surge o problema de como representar uma árvore internamente no computador, observa-se o fato de que este estabelece, necessariamente, uma ordem implícita nos

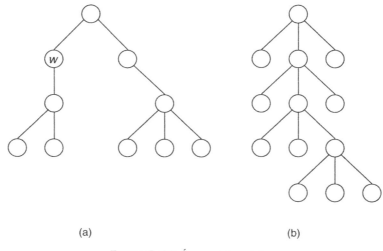

(a)   (b)

FIGURA 3.10 Árvores ternárias.

dados, por características de construção. Assim sendo, pode-se aproveitar a compatibilidade entre essas duas ordenações e eleger a árvore m-ária para representá-la na memória de um computador. Além disso, o número constante de subárvores de cada nó em muito simplifica a representação. Os detalhes são apresentados a seguir.

O armazenamento de árvores pode utilizar alocação sequencial ou encadeada. As vantagens e desvantagens de uma e outra já foram mencionadas no capítulo anterior. Sendo a árvore uma estrutura mais complexa do que listas lineares, as vantagens na utilização da alocação encadeada prevalecem. Mesmo assim, o Exercício 3.30 apresenta uma estrutura de representação sequencial que, em determinadas circunstâncias, pode ter um bom desempenho.

Não é difícil observar que a estrutura de armazenamento para árvores deve conter, em cada nó, ponteiros para seus filhos. A disposição mais econômica consiste em limitar o número de filhos a dois, exatamente o caso de árvores binárias. Note que o número de subárvores vazias cresce com o aumento do parâmetro m das árvores m-árias (Exercício 3.13). Para um dado valor de n, a árvore binária é aquela que minimiza o número de ponteiros necessários.

O armazenamento de uma árvore binária surge naturalmente de sua definição. Cada nó deve possuir dois campos de ponteiros, *esq* e *dir*, que apontam para as suas subárvores esquerda e direita, respectivamente. O ponteiro *ptraiz* indica a raiz da árvore. Da mesma forma que na alocação encadeada de listas lineares, a memória é inicialmente considerada uma lista de espaço disponível. Os campos do nó da árvore que contêm as informações pertinentes ao problema serão aqui representados como um só campo de nome *info*. Excetuando-se este último, necessita-se, então, de $2n + 1$ unidades de memória para representar uma árvore binária com n nós.

A Figura 3.11 ilustra a estrutura de ponteiros usada no armazenamento da árvore binária da Figura 3.6(b).

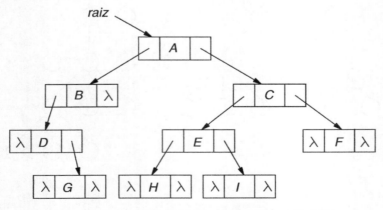

FIGURA 3.11 Armazenamento de uma árvore binária.

3.4 Percurso em Árvores Binárias

Nesta seção são apresentados algoritmos para efetuar um *percurso* em uma árvore binária. Por percurso entende-se uma visita sistemática a cada um de seus nós; esta é uma das operações básicas relativas à manipulação de árvores. Uma árvore é, essencialmente, uma estrutura não sequencial. Por isso mesmo, ela pode ser utilizada em aplicações que demandem acesso direto. Contudo, mesmo nesse tipo de aplicação é imprescindível conhecer métodos eficientes para percorrer toda a estrutura. Por exemplo, para listar o conteúdo de um arquivo é necessário utilizar algoritmos para percurso.

Para percorrer uma árvore deve-se, então, visitar cada um de seus nós. O conceito de visita, nesse caso, possui um caráter bem específico. Visitar um nó significa operar, de alguma forma, com a informação a ele relativa. Por exemplo, imprimir, atualizar suas informações etc. Em geral, percorrer uma árvore significa visitar os seus nós exatamente uma vez. Contudo, no processo de percorrer a árvore pode ser necessário passar várias vezes por alguns de seus nós sem visitá-los. A seguir são discutidas as ideias principais nas quais se baseiam alguns dos algoritmos de percurso em árvore.

Um dos passos de qualquer algoritmo de percurso é *visitar a raiz v* de cada subárvore da árvore *T*. Além disso, pode-se assumir que o algoritmo opere de forma tal que o percurso de *T* seja uma composição de percursos de suas subárvores. Nesse caso, poderse-iam se identificar, no percurso de *T*, os percursos de suas subárvores em forma contígua. Esses percursos correspondem, no algoritmo, às operações de *percorrer subárvores esquerda* e *direita* de *v*, para cada nó *v* de *T*. Essas três operações (visitar e percorrer subárvores esquerda e direita) compõem um algoritmo. Resta definir em que ordem essas operações serão realizadas em cada caso. Por exemplo, pode-se pressupor que as ordens serão as mesmas para todos os nós. Ainda assim, obtêm-se percursos diferentes, dependendo da ordem relativa dessas operações. Cada um desses percursos pode ser mais ou menos adequado a um problema de aplicação dado. São apresentados a seguir três percursos diversos.

O *percurso em pré-ordem* segue recursivamente os seguintes passos, para cada subárvore da árvore:

— visitar a raiz;
— percorrer sua subárvore esquerda, em pré-ordem;
— percorrer sua subárvore direita, em pré-ordem.

Para a árvore da Figura 3.11, o percurso em pré-ordem para impressão de nós fornece a seguinte saída: *A B D G C E H I F*.

O Algoritmo 3.1, um algoritmo recursivo para o percurso em pré-ordem, é muito simples. A variável *pt*, parâmetro do procedimento, é um ponteiro que indica a raiz da subárvore que está sendo considerada na chamada ativa. Em cada chamada, somente esse nó é analisado. Após a visita a esse nó, a existência de subárvore esquerda é testada. Caso a resposta seja afirmativa, a chamada recursiva fará com que se percorra toda essa subárvore antes que a subárvore direita seja analisada.

A versão não recursiva deve então manter sempre atualizados os caminhos percorridos a partir da raiz da árvore. Uma forma conveniente para se implementar tal procedimento consiste na utilização de uma pilha. O nó é visitado ao ser colocado na pilha, enquanto a retirada da pilha indica o final da visita à subárvore cuja raiz é o nó considerado. Além do caminho percorrido na árvore, deve ser armazenada a direção do percurso, isto é, se o caminho tomado a partir de cada nó é referente à sua subárvore esquerda ou direita. Isto ocorre porque o nó só é retirado da pilha após ambos os percursos serem realizados. Essa versão, um pouco mais trabalhosa do que a apresentada aqui, é deixada ao leitor.

■—│ Algoritmo 3.1 │ Percurso em pré-ordem

procedimento *pre*(*pt*)
   visita(*pt*)
   se *pt* ↑. *esq* ≠ λ **então** *pre*(*pt* ↑. *esq*)
   se *pt* ↑. *dir* ≠ λ **então** *pre*(*pt* ↑. *dir*)
se *ptraiz* ≠ λ **então** *pre*(*ptraiz*)

Um exemplo interessante de aplicação para esse percurso utiliza a expressão aritmética apresentada na árvore binária da Figura 3.4. Aplicando o percurso em pré-ordem à árvore da figura, encontra-se a expressão $+a*b-/cde$, que corresponde à mesma expressão em notação polonesa (Exercício 3.22).

O *percurso em ordem simétrica* é muito utilizado para árvores binárias de busca, um dos assuntos do próximo capítulo. Os passos que o compõem são os seguintes, para cada uma de suas subárvores:

- percorrer sua subárvore esquerda, em ordem simétrica;
- visitar a raiz;
- percorrer sua subárvore direita, em ordem simétrica.

O Algoritmo 3.2, que mostra o procedimento recursivo que implementa esse percurso, é semelhante ao Algoritmo 3.1. A única diferença decorre da própria definição, uma vez que a visita ao nó apontado por *pt* é feita após a chamada recursiva que estabelece o percurso da subárvore esquerda.

Algoritmo 3.2 Percurso em ordem simétrica

procedimento *simet*(*pt*)
    se *pt* ↑. *esq* ≠ λ **então** *simet*(*pt* ↑. *esq*)
    visita(*pt*)
    se *pt* ↑. *dir* ≠ λ **então** *simet*(*pt* ↑. *dir*)
se *ptraiz* ≠ λ **então** *simet*(*ptraiz*)

O Algoritmo 3.2, aplicado à árvore da Figura 3.11 para impressão de seus nós, fornece o seguinte resultado: $D\ G\ B\ A\ H\ E\ I\ C\ F.$

Como exemplo de aplicação, o Exercício 3.23 utiliza o percurso em ordem simétrica em sua solução.

Finalmente, de uma terceira alternativa de percurso, o *percurso em pós-ordem*, constam os seguintes passos:

- percorrer sua subárvore esquerda, em pós-ordem;
- percorrer sua subárvore direita, em pós-ordem;
- visitar a raiz.

A implementação recursiva do percurso em pós-ordem, apresentada no Algoritmo 3.3, introduz poucas variações em relação aos Algoritmos 3.1 e 3.2. A implementação não recursiva é também deixada ao leitor.

Algoritmo 3.3 Percurso em pós-ordem

procedimento *pos*(*pt*)
    se *pt* ↑. *esq* ≠ λ **então** *pos*(*pt* ↑. *esq*)
    se *pt* ↑. *dir* ≠ λ **então** *pos*(*pt* ↑. *dir*)
    visita(*pt*)
se *ptraiz* ≠ λ **então** *pos*(*ptraiz*)

O percurso em pós-ordem na árvore da Figura 3.11 fornece o resultado $G\ D\ B\ H\ I\ E\ F\ C\ A.$

Em qualquer um dos três percursos apresentados, o procedimento correspondente é chamado recursivamente tantas vezes quantos são os nós da árvore.

Sendo n esse valor, a complexidade dos percursos, considerando-se o procedimento *visita* de complexidade constante, é $O(n)$.

O cálculo da altura de todos os nós de uma árvore binária é uma aplicação do percurso em pós-ordem. A altura das folhas, pela própria definição, é um. Para os outros

63

nós, por exemplo v, é necessário conhecer o comprimento do maior caminho de v até um de seus descendentes. Isto equivale a dizer que a altura de v deve ser calculada após a visita a seus descendentes. O Algoritmo 3.4 mostra a implementação do procedimento *visita(pt)*, que executa a tarefa de determinar a altura do nó apontado por *pt*. Considera-se *altura* um campo do nó da árvore. As variáveis auxiliares *alt*1 e *alt*2 armazenam, respectivamente, as alturas das subárvores esquerda e direita do nó em questão. A altura desejada corresponderá à maior altura dentre as de suas duas subárvores incrementada de um.

■— Algoritmo 3.4 Cálculo da altura de um nó da árvore binária

procedimento *visita(pt)*
   se *pt* ↑. *esq* ≠ λ **então**
      *alt*1 := (*pt* ↑. *esq*) ↑. *altura*
   senão *alt*1 := 0
   se *pt* ↑. *dir* ≠ λ **então**
      *alt*2: = (*pt* ↑. *dir*) ↑. *altura*
   senão *alt*2 := 0
   se *alt*1 > *alt*2 **então**
      pt ↑. *altura* := *alt*1 + 1
   senão *pt* ↑. *altura* := *alt*2 + 1

Existem outras formas de percorrer uma árvore binária além das três aqui estudadas. Por exemplo, o *percurso em nível* é aquele em que os nós são dispostos em ordem não decrescente de seus níveis. Esse percurso é único quando se define a ordem em que os nós do mesmo nível são visitados, por exemplo, da esquerda para a direita. O percurso em nível, segundo esse critério, para a árvore da Figura 3.11 fornece a sequência $A\ B\ C\ D\ E\ F\ G\ H\ I$.

Observe que um percurso em nível difere, em sua essência, dos percursos em pré-ordem, ordem simétrica e pós-ordem. Enquanto nesses últimos o percurso da árvore pode ser decomposto em percursos (contíguos) de suas subárvores, o mesmo não acontece com o percurso em nível. Por esse motivo, o percurso em nível é de caráter não recursivo, isto é, um algoritmo para obter um percurso em nível não deve ser recursivo. De forma equivalente, o algoritmo não deve usar a pilha como estrutura de dados auxiliar. Na realidade, tal algoritmo pode ser facilmente descrito através do uso de uma fila (Exercício 3.27).

Até o presente momento, considerou-se unicamente o percurso em árvores binárias. Não há dificuldade em generalizar esse conceito para árvores. Basta considerar que cada nó possui, agora, um número qualquer de subárvores e realizar o percurso em cada uma dessas subárvores.

Dessa forma, pode-se definir o *percurso em pré-ordem* de uma árvore qualquer da seguinte maneira. Para cada uma de suas subárvores, é preciso efetuar, recursivamente, os passos:

– visitar a raiz;
– percorrer a primeira subárvore em pré-ordem;
– percorrer a segunda subárvore em pré-ordem;
– ...

Por exemplo, o percurso em pré-ordem da árvore da Figura 3.5 é *A C D G H F I E B*. Observe que a definição assume, implicitamente, uma ordenação das subárvores.

De maneira análoga, pode-se definir o percurso em pós-ordem de uma árvore qualquer (Exercício 3.33). A definição de percurso em nível é igual e abrange também árvores não binárias.

Os algoritmos para percorrer árvores quaisquer devem supor, de início, a árvore representada internamente no computador de alguma forma. Esse assunto será abordado na próxima seção.

3.5 Conversão de uma Floresta

Todos os algoritmos examinados, até o momento, para árvores binárias supõem que estas estejam representadas, internamente no computador, como descrito na Seção 3.3. Essa representação corresponde à utilização, em cada nó, de dois campos de ponteiros para as raízes das subárvores esquerda e direita. No caso de uma árvore com n nós, seriam necessárias $2n$ posições de memória para esses ponteiros.

Considere, agora, o problema de representação interna de uma árvore qualquer. Poder-se-ia imaginar, inicialmente, a seguinte extensão direta da solução anterior, para árvores binárias. Numa árvore qualquer, cada nó pode possuir um número arbitrário de subárvores. Seja m o maior número de filhos dentre os nós da árvore. Então cada nó da árvore pode ser representado com m campos de ponteiros para as raízes de suas subárvores. Essa representação, ainda que correta, implica um grande desperdício de memória. Como $m = O(n)$, os m campos de ponteiros em cada nó correspondem à utilização de $O(n^2)$ posições de memória – um consumo inaceitável de memória, visto que apenas $n - 1$ dos $O(n^2)$ campos contêm ponteiros diferentes de λ. Um exemplo extremo é apresentado na Figura 3.12.

Felizmente, existem maneiras mais eficientes de representação de árvores, conforme será descrito a seguir.

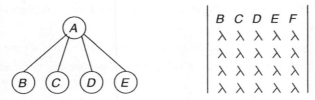

FIGURA 3.12 Árvore representada por uma matriz.

A ideia básica consiste em converter a árvore dada em uma árvore binária. Em seguida, usar a representação de árvores binárias, já descrita anteriormente. Por meio dessa conversão, obtém-se uma árvore binária com o mesmo número de nós que a árvore original. Do contrário, poderia não ser eficiente. Além disso, a conversão é única, pois sempre produz uma mesma árvore binária, a qual pode, em qualquer ocasião, ser reconvertida na árvore original (Exercício 3.35).

Seja T uma árvore qualquer. T é convertida em uma árvore binária $B(T)$ da seguinte maneira. $B(T)$ possui um nó $B(v)$, para cada nó v de T. As raízes de T e $B(T)$ coincidem.

– O filho esquerdo de um nó $B(v)$ em $B(T)$ corresponde ao primeiro filho de v em T, caso exista. Se não existir, a subárvore esquerda de $B(v)$ é vazia.
– O filho direito de um nó $B(v)$ em $B(T)$ corresponde ao irmão de v em T, localizado imediatamente à sua direita, caso exista. Se não existir, a subárvore direita de $B(v)$ é vazia.

Como exemplo, a árvore da Figura 3.13(a) aparece convertida na árvore binária da Figura 3.13(b). Observe que as ligações para os filhos esquerdo e direito aparecem como linhas verticais e horizontais, respectivamente. A Figura 3.13(c) mostra a árvore binária da Figura 3.13(b), com uma rotação de 45°.

Essa conversão é válida inclusive para florestas. Para converter uma floresta em uma árvore binária, basta considerar as raízes das árvores da floresta como nós irmãos e aplicar a conversão anterior. Por exemplo, a floresta da Figura 3.14(a) pode ser convertida na árvore binária da Figura 3.14(b).

O Algoritmo 3.5 descreve a conversão de uma floresta em árvore binária. Sendo os nós da floresta rotulados de 1 a n, a entrada do algoritmo é um vetor de n conjuntos. O conjunto C_k tem como elementos os filhos do nó de rótulo k. Deve ser criado um conjunto especial, C_{n+1}, correspondente a um nó-cabeça, apontado por *ptraiz*, pai das raízes das árvores que constituem a floresta.

O procedimento *árvore* determina, para cada nó, sua posição na árvore binária. São passados como parâmetros o valor do rótulo do nó corrente, que possibilita a recuperação dos filhos do nó na árvore original, e o ponteiro para o último nó analisado. O pri-

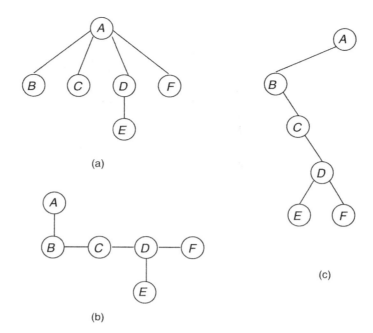

FIGURA 3.13 Conversão de árvore em árvore binária.

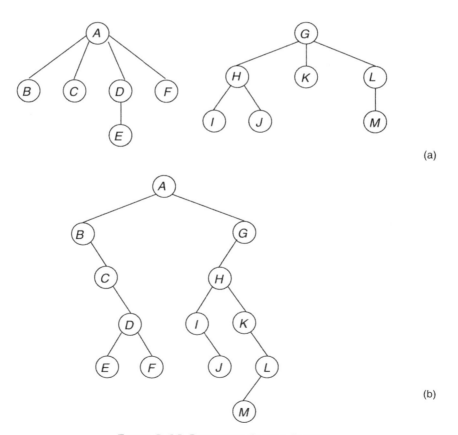

FIGURA 3.14 Conversão de uma floresta.

meiro filho de cada nó tem um tratamento especial, uma vez que este deve ser o nó indicado pelo ponteiro esquerdo de seu pai. A variável lógica *pai* identifica essa condição.

Algoritmo 3.5 **Conversão de uma árvore qualquer em árvore binária**

procedimento *arvore*(*v*, *pt*)
   pai := *V*
   para *w* ∈ *C* [*v*] **faça**
        ocupar(*ptnovo*)   % solicitar e preencher novo nó
        ptnovo ↑. *esq* := λ;   *ptnovo* ↑. *dir* := λ
        ptnovo ↑. *info* := *w*
        se *pai* **então**   % inserir à esquerda
           pt ↑. *esq* := *ptnovo*
           pai := *F*
        senão *pt* ↑. *dir* := *ptnovo*   % inserir à direita
        arvore(*w*, *ptnovo*)
        pt := *ptnovo*
  ocupar(*pt*);   *pt* ↑. *info* := *cabeça*   % preparar nó-cabeça
  pt ↑. *esq* := λ;   *pt* ↑. *dir* := λ
  ptraiz := *pt*   % ponteiro para o nó-cabeça
  arvore(*n* + 1, *pt*)

No Algoritmo 3.5 cada nó da árvore é considerado exatamente uma vez, ou seja, o número de passos que o algoritmo efetua, no total, é igual a $O(n)$.

Assim sendo, toda árvore com n nós pode ser representada, internamente em um computador, de forma eficiente, utilizando-se, para seus ponteiros, apenas $2n$ posições de memória.

3.6 Árvores com Costura

Como se pode notar na estrutura de armazenamento até o momento utilizada para árvores, há um grande número de ponteiros (campos *esq* e *dir*) sem informação relevante, isto é, que apontam para λ (Exercício 3.24). A ideia que se apresenta então é aproveitar a memória de maneira mais eficiente, armazenando nesse espaço uma informação útil. Por exemplo, seja *esq* o campo considerado, relativo ao nó *v*. Se o conteúdo de *esq* é λ, este pode ser substituído por um ponteiro para o nó anterior a *v*, considerando-se um determinado percurso de árvores binárias. Essa informação poderá ser utilizada, por exemplo,

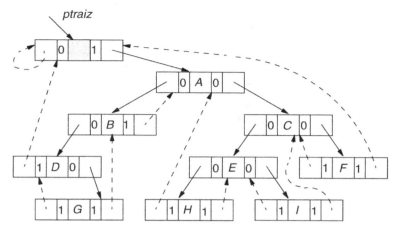

FIGURA 3.15 Representação da árvore binária com costura.

pelo algoritmo que produz o percurso, de forma a acelerá-lo. No caso de o conteúdo de *dir* ser λ, a ideia é substituí-lo pelo ponteiro para o nó que sucede *v* no percurso. A árvore construída dessa forma é chamada *árvore com costura*. Para que se possa distinguir entre o conteúdo de um campo de ponteiro tradicional e os novos ponteiros (as "costuras"), introduzem-se novos campos *ecostura* e *dcostura*, cujo conteúdo é de valores lógicos, indicando a existência, ou não, de costura à esquerda e costura à direita, respectivamente. Note que cada um desses campos ocupa apenas um dígito binário. Assim, por exemplo, se *pt* for o ponteiro relativo ao nó *v*, $pt\uparrow.ecostura = V$ se $pt\uparrow.esq$ corresponde a uma costura e $pt\uparrow.ecostura = F$ quando $pt\uparrow.esq$ aponta para o filho esquerdo de *v*.

É óbvio que uma mesma árvore gera tantas árvores com costura quantos são os percursos considerados, uma vez que cada costura diz respeito a um determinado tipo de percurso.

A Figura 3.15 apresenta a árvore da Figura 3.11 devidamente "costurada", considerando-se o percurso em ordem simétrica.

No armazenamento da árvore com costura é introduzido um nó-cabeça que permitirá maior eficiência na construção de algoritmos. Como já foi dito, a costura simplifica o caminhar na árvore binária. Os Algoritmos 3.6 e 3.7 apresentam, respectivamente, a pesquisa do sucessor e do antecessor de um nó da árvore apontado por *pt*1, considerando-se a ordem simétrica. A resposta, em ambos os procedimentos, é devolvida em *pt*2. Caso não exista o nó procurado, *pt*2 aponta para o nó-cabeça, isto é, toma o valor de *ptraiz*.

Algoritmo 3.6 — Pesquisa do sucessor

procedimento *suc*(*pt*1, *pt*2)

    *pt*2 := *pt*1 ↑. *dir*

    se não *pt*1 ↑. *dcostura* **então**

        enquanto não *pt*2 ↑. *ecostura* **faça**

            *pt*2 := *pt*2 ↑. *esq*

Algoritmo 3.7 — Pesquisa do antecessor

procedimento *pred*(*pt*1, *pt*2)

    *pt*2 := *pt*1 ↑. *esq*

    se não *pt*1 ↑. *ecostura* **então**

        enquanto não *pt*2 ↑. *dcostura*

            *pt*2 := *pt*2 ↑. *dir*

Um percurso de uma árvore binária pode ser realizado pela pesquisa do sucessor repetida para todos os nós, a partir do primeiro nó do percurso. Como o leitor já deve ter observado, esta é uma implementação não recursiva para o percurso em ordem simétrica. Qual será a complexidade desse método?

3.7 Exercícios

3.1 Desenvolver um algoritmo para produzir uma representação de uma árvore segundo o método das barras, dada a representação hierárquica.

3.2 Desenvolver um algoritmo para produzir uma representação hierárquica de uma árvore, dada a sua representação pelo método de barras.

3.3 Provar que a representação por parênteses aninhados é, de fato, uma representação.

3.4 Mostrar que toda árvore pode ser representada por uma sequência binária. Quantos 0's e 1's possui essa sequência?

3.5 Mostrar a equivalência entre as representações de uma árvore através do diagrama de inclusão e de parênteses aninhados.

3.6 Representar, através de uma árvore, a seguinte expressão aritmética:
$$[(a + b)(c + d)/e] - [(f + g)h].$$

3.7 Provar ou dar contraexemplo:

Se v é o pai de um nó w de uma árvore T, então:

  (i) $nivel(v) = nivel(w) + 1$;

  (ii) $altura(v) = altura(w) + 1$;

  (iii) $\max_{v \in T}\{altura(v)\} = \max_{v \in T}\{nivel(v)\}$.

3.8 Mostrar que toda árvore com $n > 1$ nós possui no mínimo 1 e no máximo $n - 1$ folhas.

3.9 Provar ou dar contraexemplo:

Numa representação de árvores pelo método das barras,

(i) as barras correspondentes a nós irmãos ocorrem necessariamente em linhas consecutivas;

(ii) o comprimento da barra correspondente a um nó v é maior do que o de um nó w se e somente se v for ancestral próprio de w.

3.10 Justificar o motivo pelo qual uma árvore binária não é formalmente uma árvore.

3.11 Provar ou dar contraexemplo:

As árvores binárias são exatamente as árvores ordenadas, em que cada nó possui no máximo dois filhos.

3.12 Provar ou dar contraexemplo:

Uma árvore binária é completa se e somente se ela possuir altura mínima para um dado número de nós.

3.13 Mostrar que o número de subárvores vazias de uma árvore m-ária com $n > 0$ nós é $(m - 1)n + 1$.

3.14 Mostrar que uma árvore m-ária completa é aquela que possui altura mínima dentre todas as árvores m-árias, $m > 1$, com $n > 0$ nós.

3.15 Determinar o valor das alturas máxima e mínima de uma árvore m-ária, $m > 1$, com $n > 0$ nós.

•3.16 Quantos percursos distintos existem em uma árvore binária, obtidos através da aplicação das três operações básicas de visitar a raiz, percorrer a subárvore esquerda e a direita, para cada nó, supondo que a mesma ordem seja aplicada a todos os nós? Escrever esses percursos para a árvore da Figura 3.11.

3.17 Seja um percurso definido pelas seguintes operações:

Ordem A

    – visitar a raiz;

    – percorrer a subárvore esquerda de v na ordem A;

    – percorrer a subárvore direita de v na ordem B.

Ordem B

    – percorrer a subárvore esquerda de v na ordem B;

    – visitar a raiz;

    – percorrer a subárvore direita de v na ordem A.

Supondo que o processo se inicie pela raiz da árvore, em ordem A, escrever o percurso final obtido quando o algoritmo for aplicado à árvore da Figura 3.11.

3.18 Construir um algoritmo não recursivo para o percurso em pré-ordem de uma árvore binária. Sugestão: utilizar uma pilha.

3.19 Construir um algoritmo não recursivo para o percurso em ordem simétrica de uma árvore binária. Sugestão: utilizar uma pilha.

3.20 Construir um algoritmo não recursivo para o percurso em pós-ordem de uma árvore binária. Sugestão: utilizar uma pilha.

3.21 Escrever um algoritmo não recursivo para efetuar um percurso em pré-ordem em uma árvore binária sem utilizar uma pilha.

3.22 Uma expressão aritmética, em notação polonesa, é definida recursivamente da seguinte maneira:

Uma expressão, em *notação polonesa*, consiste em um operando ou, então, em um operador seguido por duas expressões em notação polonesa. Em vista disso, toda expressão

Capítulo 3

aritmética pode ser escrita de forma não ambígua em notação polonesa, dispensando-se o uso de parênteses. Escrever um algoritmo para transformar uma dada expressão aritmética em notação polonesa.

3.23 Dada a árvore binária que representa uma expressão aritmética (considerando-se apenas operações binárias), gerar a mesma expressão em notação completamente parentizada. Sugestão: utilizar o percurso em ordem simétrica.

3.24 Quantos campos iguais a λ possui a estrutura de armazenamento de uma árvore binária qualquer?

3.25 Escrever um algoritmo para determinar o número de nós das subárvores de v, para cada nó v de uma árvore binária.

3.26 Escrever um algoritmo para determinar o pai de cada nó v de uma árvore binária.

3.27 Descrever um algoritmo para percorrer em nível uma árvore binária. Sugestão: utilizar uma fila.

3.28 O *percurso em altura* de uma árvore binária é aquele em que os nós são dispostos em ordem não decrescente de suas alturas. Descrever um algoritmo para efetuar um percurso em altura de uma árvore binária.

3.29 Escrever um algoritmo para desenhar uma árvore binária, supondo que o número de nós não exceda o limite máximo de caracteres que pode ser impresso, em uma linha, por uma impressora. Sugestão: para cada nó v, utilizar como abscissa a posição de v num percurso em ordem simétrica e, como ordenada, o nível de v.

3.30 Considerar a seguinte estrutura de armazenamento para árvores. A estrutura se compõe de dois vetores. Um deles contém os nós em pré-ordem. O outro, um vetor auxiliar, indica, para cada nó v, o índice do nó que imediatamente se segue à subárvore de raiz v, se existir. Caso não exista, essa informação é λ. Para a Figura 3.2(a), a estrutura de armazenamento seria a seguinte:

Vetores de armazenamento:

1	2	3	4	5	6	7	8	9	índice
A	B	C	D	G	H	E	F	I	vetor
λ	3	λ	7	6	7	8	λ	λ	auxiliar

Apresente um algoritmo para determinar os níveis dos nós na árvore.

3.31 O percurso de uma árvore em pré-ordem resultou na impressão da sequência $A\ B\ C\ F\ H\ D\ L\ M\ P\ N\ E\ G\ I$, e o percurso da mesma árvore em ordem simétrica resultou em $F\ C\ H\ B\ D\ L\ P\ M\ N\ A\ I\ G\ E$. Construa uma árvore que satisfaça esses percursos. Ela é única?

3.32 Provar ou dar contraexemplo:

Uma árvore binária pode ser construída, de forma única, a partir das seguintes informações:

(i) Os percursos em pré-ordem e ordem simétrica.

(ii) Os percursos em pré-ordem e pós-ordem.

(iii) Os percursos em pré-ordem e em nível.

(iv) Os percursos em ordem simétrica e em nível.

(v) O percurso em pré-ordem e a informação do número de nós em cada subárvore.

(vi) O percurso em pós-ordem e a informação do número de nós em cada subárvore.

(vii) O percurso em nível e a informação do número de nós em cada subárvore.

3.33 Definir percurso pós-ordem de uma árvore (qualquer) ordenada. Escrever o resultado do percurso para a árvore da Figura 3.5.

3.34 Descrever um algoritmo para obter o percurso em pré-ordem para uma árvore qualquer. Sugestão: utilizar o algoritmo de conversão de uma árvore qualquer em binária.

3.35 Mostrar que a árvore binária obtida de uma árvore qualquer T, segundo a conversão da Seção 3.5, pode ser reconvertida em T. Descrever um algoritmo para tal.

∘3.36 Caracterizar a família de árvores T tais que as árvores binárias convertidas $B(T)$, segundo a Seção 3.5, sejam sempre estritamente binárias.

3.37 Descrever algoritmos para obter o antecessor e o sucessor de um nó de uma árvore binária com costura segundo um percurso em pré-ordem.

3.38 Descrever algoritmos para obter o antecessor e o sucessor de um nó de uma árvore binária com costura segundo um percurso em pós-ordem.

3.39 Descrever um algoritmo para verificar se duas árvores ordenadas são ou não isomorfas.

3.40 Descrever um algoritmo para verificar se duas árvores não ordenadas são ou não isomorfas.

Notas Bibliográficas

As árvores figuram na literatura desde o século passado, seja através de um tratamento matemático puro ou em aplicações como na eletricidade e na química orgânica. Contudo, os conceitos básicos relativos às árvores de uso na computação apareceram, naturalmente, depois. Sua formulação foi realizada, em boa parte, por Knuth [Kn73], o qual exerceu enorme influência na maneira pela qual o assunto é atualmente enfocado.

Capítulo 4
Árvores Binárias de Busca

4.1 Introdução

Neste capítulo são descritas estruturas de dados adequadas à solução de problemas de busca. Dado um conjunto de elementos, onde cada um é identificado por uma chave, o objetivo é localizar nesse conjunto o elemento correspondente a uma chave específica procurada. Em capítulos anteriores, foram examinados métodos diferentes para resolver esse problema, como busca linear e linear ordenada. No presente capítulo serão vistos métodos de solução que empregam determinados tipos de árvores como estruturas nas quais se processa a busca. Ou seja, os elementos do conjunto são previamente distribuídos pelos nós de uma árvore de forma conveniente. A localização da chave desejada é então obtida através de um caminhamento apropriado na árvore.

É importante ressaltar, mais uma vez, a relevância desse problema na área de computação, em especial nas aplicações não numéricas. Sem dúvida, a operação de busca é uma das mais frequentemente realizadas. Vários métodos de solução empregam árvores como estrutura de armazenamento das chaves. Neste capítulo são examinados dois desses métodos: a árvore binária de busca propriamente dita e a árvore de partilha. O primeiro deles é estudado na Seção 4.2. Após a introdução dos conceitos básicos, essa seção apresenta os algoritmos para busca e inserção em árvores binárias de busca. Em seguida, é considerado o caso real em que as chaves que compõem o problema da busca podem possuir frequências de acesso distintas. Para esse caso, é descrito um algoritmo que constrói a árvore ótima. Finalmente, uma solução mais sofisticada para o problema é descrita na Seção 4.3: árvore de partilha.

4.2 Árvore Binária de Busca

4.2.1 Conceitos Básicos, Busca e Inserção

Seja $S = \{s_1, \ldots, s_n\}$ o conjunto de chaves satisfazendo $s_1 < \ldots < s_n$. Seja x um valor dado. O objetivo é verificar se $x \in S$ ou não. Em caso positivo, localizar x em S, isto é, determinar o índice j tal que $x = s_j$.

Árvores Binárias de Busca

Para resolver esse problema, emprega-se uma árvore binária rotulada T, com as seguintes características:

(i) T possui n nós. Cada nó v corresponde a uma chave distinta $s_j \in S$ e possui como rótulo o valor $rt(v) = s_j$.

(ii) Seja um nó v de T. Seja também v_1, pertencente à subárvore esquerda de v. Então
$$rt(v_1) < rt(v).$$
Analogamente, se v_2 pertence à subárvore direita de v,
$$rt(v_2) > rt(v).$$

A árvore T denomina-se *árvore binária de busca* para S. Naturalmente, se $|S| > 1$, existem várias árvores de busca para S. A Figura 4.1 ilustra duas dessas árvores para o conjunto $\{1, 2, 3, 4, 5, 6, 7\}$.

Essa definição sugere como utilizar a árvore binária para resolver o problema de busca. Para determinar o índice j tal que s_j seja igual à chave desejada x, deve-se percorrer o caminho em T desde a sua raiz até s_j. Para determinar esse caminho, o passo inicial consiste em considerar a raiz de T. No passo geral, seja v o nó considerado. Se $x = rt(v)$, a busca termina, pois a chave desejada foi encontrada. Caso contrário, o novo nó a considerar será o filho esquerdo w_1 ou o direito w_2 de v, conforme, respectivamente, $x < rt(v)$ ou $x > rt(v)$. Caso não exista o nó que deveria ser considerado, w_1 ou w_2, a busca termina. Nesta última hipótese, S não contém a chave procurada x.

O algoritmo seguinte implementa a ideia. Suponha que a árvore esteja armazenada da forma habitual, isto é, para cada nó v, *esq* e *dir* designam os campos que armazenam

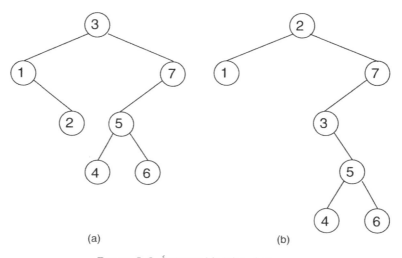

Figura 4.1 Árvores binárias de busca.

Capítulo 4

ponteiros para os filhos esquerdo e direito de v, respectivamente. A raiz da árvore é apontada por *ptraiz*. A variável f designa a natureza final da busca. Tem-se então

$f = 0$, se a árvore é vazia.
$f = 1$, se $x \in S$. Nesse caso, *pt* aponta para o nó procurado.
$f > 1$, se $x \notin S$.

Algoritmo 4.1   Busca em árvore binária de busca

procedimento *busca-arvore*(x, *pt*, f)
  se *pt* $= \lambda$ **então** $f := 0$
  senão se $x = pt \uparrow . chave$ **então** $f := 1$
    senão se $x < pt \uparrow . chave$ **então**
        se $pt \uparrow . esq = \lambda$ **então** $f := 2$
        senão $pt := pt \uparrow . esq$
          busca-arvore(x, *pt*, f)
      senão se $pt \uparrow . dir = \lambda$ **então** $f := 3$
        senão $pt := pt \uparrow . dir$
          busca-arvore(x, *pt*, f)
  pt := *ptraiz*; *busca-arvore*(x, *pt*, f)

Para determinar a complexidade desse algoritmo, basta observar que, em cada passo, isto é, em cada chamada do procedimento *busca-arvore*, é efetuado um número constante de operações. Assim sendo, a complexidade é igual ao número total de chamadas ocorridas no processo. Esse número é também igual ao número de nós existentes no caminho desde a raiz de T até o nó v onde o processo termina. Em um pior caso, v pode se encontrar a uma distância $O(n)$ da raiz de T. Assim sendo, este valor $O(n)$ constitui a complexidade da busca para uma árvore T genérica.

Da observação anterior, conclui-se que a complexidade da busca, para uma árvore T, é igual (no pior caso) à sua altura. Assim sendo, a eficiência do pior caso do algoritmo será tão maior quanto menor for a altura de T. Portanto, é conveniente tentar uma construção da árvore T, de modo a obtê-la com altura mínima. A árvore que possui essa propriedade, para um conjunto de n chaves, é precisamente a completa, conforme demonstrado no capítulo anterior. Nesse caso, a complexidade do algoritmo é igual a $O(\log n)$. O lema seguinte fornece uma relação entre a altura e o número de nós de uma árvore binária completa.

Lema 4.1

Seja T uma árvore binária completa com n nós e altura h. Então

$$2^{h-1} \leq n \leq 2^h - 1.$$

PROVA O valor $n = 2^h - 1$ ocorre quando a árvore é cheia. Nesse caso, basta observar que o número de nós em um dado nível é exatamente igual ao dobro do anterior. O valor 2^{h-1} corresponde ao caso em que há exatamente apenas um nó no último nível de T.

Para resolver o problema de inserção de nós na árvore de busca T, utiliza-se também o procedimento *busca-arvore* do Algoritmo 4.1. Seja x o valor da chave que se deseja inserir em T e *novo-valor* a informação associada a x. A ideia inicial é verificar se $x \in S$. Em caso positivo, trata-se de uma chave duplicata e a inserção não pode ser realizada. Se $x \notin S$, a chave de valor x será o rótulo de algum novo nó w, situado à esquerda ou à direita de v, para $f = 2$ ou $f = 3$, respectivamente, de acordo com o procedimento *busca-arvore*. O Algoritmo 4.2 descreve o processo.

■──| **Algoritmo 4.2** | **Inserção em árvore binária de busca**

$pt := ptraiz;\quad busca\text{-}arvore(x, pt, f)$
se $f = 1$ **então**
      "inserção inválida"
senão $ocupar(pt1)$
      $pt1 \uparrow. chave := x;\quad pt1 \uparrow. info := novo\text{-}valor$
      $pt1 \uparrow. esq := \lambda;\quad pt1 \uparrow. dir := \lambda$
      se $f = 0$ **então** $ptraiz := pt1$
      senão se $f = 2$ **então**
            $pt \uparrow. esq := pt1$
          senão $pt \uparrow. dir := pt1$

A complexidade desse processo é igual à do procedimento de busca *busca-arvore*. O problema da construção de uma árvore binária de busca é examinado a seguir.

Para construir uma árvore binária de busca, pode-se utilizar o Algoritmo 4.2, uma vez para cada nó. Seja $\{s_1, \ldots, s_n\}$ o conjunto de chaves, não necessariamente ordenado, para o qual se deseja construir a árvore T. Um possível algoritmo pode consistir no seguinte procedimento. No passo inicial, seja $T(1)$ a árvore formada por um só nó, rotulado s_1. Em seguida, para $j = 2, \ldots, n$, utilizando o Algoritmo 4.2, inserir em $T(j-1)$ um novo nó, cujo rótulo é s_j, e denotar por $T(j)$ a árvore assim obtida. Ao final, $T(n)$ é uma árvore binária de busca para $\{s_1, \ldots, s_n\}$. Contudo, a árvore $T(n)$ pode não ser muito adequada para a operação de busca, pois, dependendo do conjunto S, pode possuir altura n. A complexidade dessa construção alcança o valor $O(n^2)$. Uma árvore zigue-zague é um exemplo desse caso.

Observa-se que a árvore obtida depende, na realidade, da ordem em que os nós foram considerados. Por exemplo, a árvore da Figura 4.1(a) pode ser construída considerando-se a permutação 3172546 das chaves, pois a raiz da árvore, a chave 3, foi a primeira a ser inserida. Em seguida, o nó 1 pode ser incluído na árvore etc. Naturalmente, há outras permutações das chaves que produzem essa mesma árvore.

Para construir uma árvore de busca completa, basta aplicar a construção anterior ao conjunto de chaves convenientemente reordenado. Sejam s_0 e s_{n+1} duas chaves fictícias e definidas como *já inseridas* na árvore final T. A ideia consiste em, a cada passo, inserir em T alguma nova chave que seja de índice médio entre duas chaves s_i e s_j, já inseridas em T, e tais que nenhuma outra chave tenha sido ainda inserida entre essas duas. Essa nova chave torna-se *já inserida*, e repete-se o processo. Além de obter uma árvore completa, ou seja, mais conveniente para a operação de busca, essa construção é também mais eficiente que a anterior. Sua complexidade é $O(n \log n)$.

A árvore completa é ótima para o problema da busca no caso em que as frequências de acesso aos diferentes nós são todas idênticas. Em um caso real, contudo, essas frequências podem ser diferentes. Por exemplo, se cada nó representar um registro em um banco de dados, para diversas aplicações existirão casos de registros mais requisitados do que outros. Assim sendo, há interesse em construir a árvore binária que seja a melhor possível, no que diz respeito à busca, para um dado conjunto de chaves com frequências de acesso conhecidas. É precisamente este o problema que é tratado na próxima seção.

A busca binária descrita no Capítulo 2 corresponde, na realidade, a uma busca efetuada em uma árvore completa. A raiz r da árvore corresponde à chave que ocupa a posição central da sequência S de chaves da tabela. As raízes das subárvores esquerda e direita de r, respectivamente, são os elementos centrais das subsequências de S, à esquerda e à direita de r, e assim por diante.

Dada uma árvore binária de busca T, para um conjunto de chaves $S = \{s_1, ..., s_n\}$, uma informação importante a ser considerada é o número total de comparações entre chaves efetuadas para se localizar cada chave em S. Para buscar uma certa chave s_k, o Algoritmo 4.1 percorre um caminho da raiz de T até o nó em que s_k se encontra armazenado. Então, o número de comparações efetuadas é igual ao nível ℓ_k de s_k, em T. O número total de comparações necessário para o acesso a todas as chaves de S é, portanto, igual a $\sum_{1 \le k \le n} \ell_k$. Esse valor é denominado *comprimento de caminho interno* de T, e denotado por $I(T)$. Por exemplo, a árvore da Figura 4.1(a) possui comprimento de caminho interno igual a $1 + 2 + 2 + 3 + 3 + 4 + 4 = 19$.

Esse número representa o total de comparações efetuadas em buscas realizadas com sucesso, isto é, aquelas que acessam elementos de S. Quando se efetua uma busca a algum elemento não pertencente a S, obviamente são realizadas também comparações que devem ser levadas em consideração para se avaliar a estrutura de dados utilizada. Esse processo pode ser modelado pelo seguinte esquema. Seja R o conjunto das chaves x buscadas ao longo de toda a computação. Sejam

$$R_0 = \{x \in R \mid x < s_1\};$$
$$R_n = \{x \in R \mid x > s_n\};$$
$$R_j = \{x \in R \mid s_j < x < s_j + 1\} \quad j = 1, \ldots, n - 1.$$

Os $n + 1$ conjuntos R_j, $0 \leq j \leq n$, representam os diferentes intervalos onde se localizam as chaves correspondentes às buscas sem sucesso. Por outro lado, observando-se o comportamento de uma árvore binária de busca T, verifica-se que uma busca sem sucesso termina, necessariamente, em alguma subárvore vazia. Além disso, os diferentes intervalos R_j ocorrem da esquerda para a direita em T, segundo valores crescentes de seus índices. Como exemplo, a Figura 4.2 representa a árvore da Figura 4.1(a), onde as chaves propriamente ditas correspondem a círculos, enquanto os intervalos de ausência de chaves são as folhas da árvore, representados por quadrados.

Numa árvore binária de busca, que inclui a representação dos intervalos R_j, há portanto dois tipos de nós. Aqueles que contêm as chaves, denominados *internos*, e os referentes aos intervalos R_j, os nós *externos*. Esses últimos constituem sempre as folhas da árvore. Observe que uma árvore binária, com os nós externos incorporados, é sempre estritamente binária.

Para determinar o número de comparações efetuadas em uma busca sem sucesso, utiliza-se esse modelo de árvore. A busca sem sucesso termina em algum nó externo R_k. Como no caso anterior, ela segue um caminho, na árvore, desde a raiz até R_k. Contudo, o objetivo é computar o número de comparações entre x e as chaves de S. Não há chave armazenada em R_k. Portanto, as comparações cessam no nó interno, pai de R_k na árvore. Seja ℓ'_k o nível de R_k em T. Logo, o número de comparações correspondente a uma busca sem sucesso é igual a $\ell_k - 1$. O total de comparações, considerando-se todos os nós

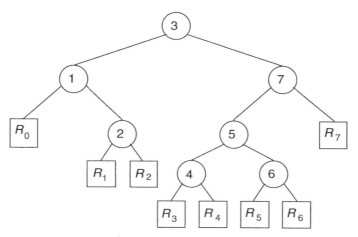

FIGURA 4.2 Árvore de busca com nós externos.

79

externos, é, então, igual a $\Sigma_{0 \le k \le n} (\ell_k - 1)$. Por analogia ao caso da busca com sucesso, esse valor é denominado *comprimento de caminho externo* de T e representado por $E(T)$. Por exemplo, a árvore da Figura 4.2 possui comprimento de caminho externo igual a $2+2+3+3+4+4+4+4 = 26$.

Esses dois parâmetros, comprimento de caminho interno e externo, constituem um indicativo da qualidade da árvore para o problema da busca. Os valores $I(T)/n$ e $E(T)/(n + 1)$ representam os números médios de comparações efetuadas em operações de busca, com e sem sucesso, respectivamente. Por exemplo, para a árvore da Figura 4.2 são necessários, em média, $19/7 = 2{,}71$ comparações para localizar uma chave, ou $26/8 = 3{,}25$ comparações para concluir que uma chave não está presente. Quanto menores $I(T)$ e $E(T)$, melhor é a árvore T. Naturalmente, a árvore completa é aquela que minimiza tanto $I(T)$ quanto $E(T)$.

Os valores dos comprimentos de caminho interno e externo de uma árvore binária de busca não são independentes. Eles guardam uma relação simples entre si, conforme descreve o lema seguinte.

Lema 4.2

$$E(T) = I(T) + n.$$

PROVA Utiliza-se indução em n. Se $n = 1$, então $I(T) = 1$ e $E(T) = 1 + 1 = 2$. Portanto, vale o lema. Suponha o resultado verdadeiro para árvores com até $n - 1$ nós (internos). Considere a árvore T, com n nós (internos) e um nó v de T, que seja pai de dois nós externos. Seja T' a árvore obtida de T pela remoção de v e de seus dois filhos, nós externos, e consequente inclusão de um nó externo, em lugar de v. Como T' possui $n - 1$ nós internos, pode-se aplicar o lema e concluir que

$$E(T') = I(T') + n - 1. \qquad \text{(i)}$$

Por outro lado, T' foi obtido de T pela remoção de v. Isto é,

$$I(T') = I(T) - \ell_v, \qquad \text{(ii)}$$

sendo ℓ_v o nível de v na árvore. O efeito da remoção dos dois filhos de v e a introdução de um nó externo em seu lugar correspondem a

$$E(T') = E(T) - \ell_v - 1. \qquad \text{(iii)}$$

De (i), (ii) e (iii) conclui-se que

$$E(T) = I(T) + n. \qquad \blacksquare$$

4.2.2 Busca com Frequências de Acesso Diferenciadas

Nesta seção é estudado o problema da busca no caso geral em que as chaves apresentam frequências de acesso possivelmente distintas. Será desenvolvido um algoritmo para determinar a árvore binária de busca que seja a melhor possível.

Inicialmente, é necessário conceituar-se, com precisão, o que significa "melhor árvore". Seja T uma árvore binária de busca, em que cada chave s_k possui frequência de acesso f_k e se localiza, em T, em um nível ℓ_k, $1 \le k \le n$. A árvore T também incorpora nós externos, correspondentes aos intervalos $R_0, \ldots, R_n$ onde terminam as buscas sem sucesso. Cada R_k possui frequência de acesso f_k' e se localiza no nível ℓ_k' de T, $0 \le k \le n$. Toda vez que uma busca bem-sucedida é realizada para se localizar s_k, são efetuadas ℓ_k comparações. Portanto, a parcela de contribuição de s_k para uma estimativa do número total de comparações realizadas ao longo do processo é igual a $f_k \ell_k$. Considerando-se todas as chaves, o número total de comparações é $\Sigma_{1 \le k \le n} f_k \ell_k$. Esse valor é denominado *comprimento de caminho interno ponderado* de T e traduz o trabalho realizado para as buscas com sucesso.

A análise das buscas sem sucesso é semelhante. Toda busca sem sucesso termina em algum nó externo R_k e corresponde a $\ell_k' - 1$ comparações envolvendo chaves do conjunto. Isto é, a parcela de contribuição de R_k, no total de comparações efetuadas, é $f_k' (\ell_k' - 1)$. Considerando-se todos os nós externos, o número total de comparações é $\Sigma_{0 \le k \le n} f_k' (\ell_k' - 1)$. Esse somatório denomina-se *comprimento de caminho externo ponderado* de T e representa as comparações referentes ao total de buscas sem sucesso. O número total de comparações efetuadas ao longo do processo, considerando-se buscas com e sem sucesso, denomina-se *custo $c(T)$* de T. Sua expressão é, portanto, igual a

$$c(T) = \sum_{1 \le k \le n} f_k \ell_k + \sum_{0 \le k \le n} f_k'(\ell_k' - 1).$$

A *árvore ótima* é, naturalmente, aquela que apresenta custo mínimo. Por exemplo, se na Figura 4.2 a frequência da chave 6 for 3, enquanto a das demais chaves e a de todos os nós externos forem iguais a 5, o custo da árvore será igual a $(4 \times 3) + (41 \times 5) = 217$. Esse número representa o total de comparações efetuadas pelo algoritmo de busca. Essa árvore não é ótima para o problema considerado.

O problema de construir a árvore binária de busca ótima para um dado conjunto S de chaves pode então ser formulado como o de determinar a árvore T cujo custo $c(T)$ seja mínimo. Para resolver esse problema, aplica-se uma técnica denominada *programação dinâmica*. A ideia consiste em decompor o problema dado em dois outros de tamanho menor, isto é, correspondentes a subconjuntos próprios de S. Seja s_k a raiz de T. Representam-se por T' e T'' as subárvores esquerda e direita de s_k, respectivamente, conforme indica a Figura 4.3.

Note que T' é uma árvore binária de busca para o conjunto de chaves $\{s_1, \ldots, s_{k-1}\}$ e contém os nós externos $R_0, \ldots, R_{k-1}$; T'', por sua vez, é uma árvore para as chaves $\{s_{k+1}, \ldots, s_n\}$ com os nós externos $R_k, \ldots, R_n$.

A correção da decomposição efetuada se baseia no lema seguinte.

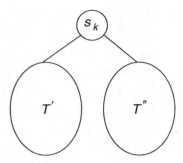

FIGURA 4.3 Decomposição da árvore de busca ótima.

Lema 4.3

As subárvores de uma árvore binária de busca ótima são também ótimas.

PROVA Se assim não fosse, a substituição de uma subárvore não ótima pela ótima correspondente implicaria uma diminuição de custo da árvore ótima, uma contradição. ■

Pelo Lema 4.3, conclui-se que, se T é ótima, então T' e T'' também o são. Assim sendo, uma vez conhecida s_k e sabendo-se como determinar T' e T'', a árvore T estará automaticamente construída. Para aplicar esse método, surgem espontaneamente duas questões:

(i) Como conhecer s_k?
(ii) Como determinar T' e T''?

A resposta a ambas as questões é simples. Na ausência de um método direto que forneça a raiz s_k, podem-se tentar todas as possibilidades, pois o número total de subproblemas a resolver não seria excessivo. Qualquer chave de S pode ser a raiz de T. A ideia é tentar cada uma delas, pois são apenas n possibilidades. Quanto à determinação de T' e T'', a ideia é aplicar esse mesmo princípio de forma recursiva. Isto é, para construir T', por exemplo, escolhe-se para raiz uma chave pertencente a $\{s_1, \ldots, s_{k-1}\}$ e constroem-se as suas respectivas subárvores ótimas de forma recursiva. E assim por diante, até que cada subconjunto de chaves para o qual se deseja construir a subárvore ótima seja tão pequeno que o subproblema correspondente se torne trivial e a sua solução seja imediata. Um subconjunto de chaves vazio, naturalmente, satisfaz essa condição: sua árvore ótima também é vazia.

Finalmente, seja $T(i, j)$ a árvore ótima correspondente ao subconjunto de chaves $\{s_{i+1}, \ldots, s_j\}$, $0 \leq i \leq j \leq n$. Seja $F(i, j)$ a soma de todas as frequências correspondentes a $T(i, j)$. Isto é,

$$F(i, j) = \sum_{i<k\leq j} f_k + \sum_{i\leq k\leq j} f'_k.$$

Para resolver o problema através do método exposto é necessário obter uma relação entre os valores da função custo da árvore T e aqueles correspondentes às subárvores T' e T'', nas quais T se decompõe. O lema seguinte fornece essa relação.

Lema 4.4

Seja $T(i, j)$ a árvore binária de busca ótima de raiz s_k correspondente às chaves $\{s_{i+1}, \ldots, s_j\}$, $0 \le i < j \le n$. Então

$$c(T(i, j)) = c(T(i, k - 1)) + c(T(k, j)) + F(i, j).$$

PROVA Para formar $T(i, j)$ a partir de $T(i, k - 1)$ e $T(k, j)$, basta tomar s_k para raiz de $T(i, j)$ e considerar como filhos esquerdo e direito de s_k os nós-raízes de $T(i, k - 1)$ e $T(k, j)$, respectivamente. Nesse caso, se ℓ_q (ou ℓ_q') representa o nível em que uma chave s_q (ou nó externo R_q) se encontra em $T(i, k - 1)$ (ou $T(k, j)$), o nível de s_q (ou R_q) em $T(i, j)$ será, obviamente, $\ell_q + 1$ (ou $\ell_q' + 1$). Como o nível de s_k em $T(i, j)$ é igual a um, tem-se

$$
\begin{aligned}
c(T(i, j)) &= f_k \times 1 + \sum_{i<q<k} f_q(\ell_q + 1) + \sum_{i \le q<k} f_q'(\ell_q' + 1 - 1) \\
&\quad + \sum_{k<q \le j} f_q(\ell_q + 1) + \sum_{k \le q \le j} f_q'(\ell_q' + 1 - 1) \\
&= \sum_{i<q<k} f_q \ell_q + \sum_{i \le q<k} f_q'(\ell_q' - 1) + \sum_{k<q \le j} f_q \ell_q \\
&\quad + \sum_{k \le q \le j} f_q'(\ell_q' - 1) + f_k + \sum_{i<q<k} f_q + \sum_{k<q \le j} f_q \\
&\quad + \sum_{i \le q<k} f_q' + \sum_{k \le q \le j} f_q' \\
&= c(T(i, k - 1)) + c(T(k, j)) + F(i, j) \quad \blacksquare
\end{aligned}
$$

O algoritmo agora se encontra aparente. Basta calcular $c(T(0, n))$ através da expressão fornecida pelo Lema 4.4. Esse valor pode ser calculado de forma recursiva, sem qualquer dificuldade, sabendo-se que os valores iniciais (isto é, o fim da recursão), que correspondem às subárvores vazias, são iguais a

$$c(T(i, i)) = 0, \qquad 0 \le i \le n.$$

Contudo, a determinação de $c(T(0, n))$ através de uma computação recursiva possui a enorme desvantagem de não reconhecer a ocorrência de subproblemas repetidos no processo. Assim, um mesmo custo $c(T(i, j))$ seria recalculado diversas vezes no processo, sem necessidade. Como o número total de subproblemas produzidos por essa recursão é exponencial, pode-se concluir que o algoritmo correspondente também seria de complexidade exponencial.

Alternativamente, a ideia consiste em computar os custos de tal forma que cada valor $c(T(i, j))$ seja calculado apenas uma vez. Para tanto, os custos são armazenados em uma tabela. Toda vez que algum custo já calculado fizer parte de alguma nova computação, a ideia é simplesmente transcrevê-lo diretamente da tabela. Nesse caso, não há necessidade de um novo cálculo para determinar esse custo. Observe que o número total de custos distintos envolvidos no processo é apenas $n(n + 1)/2$, ou seja, um para cada par de valores de i, j satisfazendo $0 \le i < j \le n$. Isto representa uma redução considerável em relação ao número exponencial de subproblemas produzidos por uma realização recursiva do processo.

Para implementar essa estratégia, é necessário calcular a expressão de custo do Lema 4.4 de forma não recursiva. Assim sendo, para computar $c(T(i, j))$, é necessário que já estejam calculados todos os valores que aparecem do lado direito de sua expressão, isto é, $c(T(i, k - 1))$, $c(T(k, j))$ e $F(i, j)$. A computação de $F(i, j)$ é independente da de $c(T(i, j))$, e sua prévia determinação não oferece qualquer dificuldade. Para que os outros dois valores já estejam calculados quando o processo atingir o início da computação de $c(T(i, j))$, basta observar que a diferença de seus índices é sempre estritamente menor do que a correspondente a esse último valor. Isto é, $(k - 1) - i < j - i$ e $j - k < j - i$. Assim sendo, computam-se os valores de $c(T(i, j))$ em ordem não crescente de diferença de índices.

O algoritmo encontra-se descrito a seguir. As variáveis c e F são matrizes de dimensão $(n + 1) \times (n + 1)$. São dados os valores $f_1, \ldots, f_n, f_0', f_1', \ldots, f_n'$. O custo da árvore ótima, ao final, é o valor de $c[0, n]$.

■ Algoritmo 4.3 — Árvore binária ótima

para $j = 0, \ldots, n$ **faça**
    $c[j, j] := 0; F[j, j] := f_j'$
para $d = 1, \ldots, n$ **faça**
    para $i = 0, \ldots, n - d$ **faça**
        $j := i + d$
        $F[i, j] := F[i, j - 1] + f_j + f_j'$
        $c[i, j] := \min_{i < k \le j} \{c[i, k - 1] + c[k, j]\} + F[i, j]$

A complexidade desse algoritmo é $O(n^3)$, pois a execução da última linha do algoritmo, correspondente ao cálculo de $c[i, j]$, por si só demanda tempo $O(n)$, sendo efetuada $O(n^2)$ vezes. Existe, contudo, uma variação desse algoritmo que reduz a sua complexidade para $O(n^2)$. Essa variação é baseada no *princípio de monotonicidade* da árvore binária de busca. Este princípio afirma que, se s_k é a chave da raiz de uma árvore ótima correspondente a um conjunto de chaves $\{s_i, \ldots, s_j\}$ e uma nova chave s_{j+1} é agregada ao conjunto, então existe uma árvore ótima para o conjunto $\{s_i, \ldots, s_j, s_{j+1}\}$, com a chave s_q, $q \geq k$, em sua raiz. Analogamente, se a chave s_{i-1} for agora agregada, há uma árvore ótima para $\{s_{i-1}, s_i, \ldots, s_j\}$ com s_q, $q \leq k$, na raiz. Esse fato reduz o número de candidatos a figurar nas raízes das árvores ótimas correspondentes aos diversos subproblemas do processo. E, em última instância, pode ser provado que a complexidade total é reduzida para $O(n^2)$ (Exercícios 4.23 e 4.24).

O Algoritmo 4.3, conforme foi descrito, na realidade calcula apenas o custo da árvore binária de busca ótima. O interesse anunciado, porém, era o de construir a árvore propriamente dita. Como efetuar essa construção com base no algoritmo? A resposta a essa pergunta é simples. Em cada minimização para o cálculo de $c[i, j]$ (última linha do algoritmo) deve ser armazenado o valor minimizante k. A subárvore ótima correspondente ao custo $c[i, j]$ possui então raiz s_k, localizando-se as chaves $\{s_i, \ldots, s_{k-1}\}$ e $\{s_{k+1}, \ldots, s_j\}$ à esquerda e à direita de s_k, respectivamente. Com essa informação, a árvore ótima pode ser construída sem dificuldade. Observe que é necessária a utilização de uma outra matriz para armazenar os valores de k.

Em seguida, um exemplo ilustra o funcionamento do algoritmo. Seja um conjunto com $n = 4$ chaves e as seguintes frequências.

j	0	1	2	3	4
f_j	–	10	1	3	2
f_j'	2	1	1	1	1

A computação do algoritmo é equivalente ao preenchimento das matrizes correspondentes às variáveis c, F e k. Estas são preenchidas diagonalmente, deslocando-se a computação da diagonal principal para o canto superior direito.

A Figura 4.4 apresenta as matrizes preenchidas pelo algoritmo. Observe que $c[0, 4] = 39$, isto é, o algoritmo efetua 39 passos (comparações) para concluir todos os acessos solicitados. A construção da árvore ótima é realizada a partir da matriz k. Como $k[0, 4]$ é igual a 1, afigura-se que a chave s_1 é a raiz da árvore ótima T. A subárvore esquerda de s_1 é, portanto, vazia. Do valor $k[1, 4] = 3$, conclui-se que o filho direito de s_1 é s_3. De $k[1, 2] = 2$, verifica-se que o filho esquerdo de s_3 é s_2. Como $k[3, 4] = 4$, sabe-se que o filho direito de s_3 é s_4. A Figura 4.5 ilustra a árvore assim construída.

Observe que a árvore ótima não é necessariamente única. Com efeito, as diferentes árvores que possuem o mesmo custo ótimo podem ser obtidas a partir de valores diferentes de $k[i, j]$ e que correspondam ao mesmo custo ótimo $c[i, j]$.

$$F \begin{vmatrix} 2 & 13 & 15 & 19 & 22 \\ - & 1 & 3 & 7 & 10 \\ - & - & 1 & 5 & 8 \\ - & - & - & 1 & 4 \\ - & - & - & - & 1 \end{vmatrix}$$

$$c \begin{vmatrix} 0 & 13 & 18 & 29 & 39 \\ - & 0 & 3 & 10 & 17 \\ - & - & 0 & 5 & 12 \\ - & - & - & 0 & 4 \\ - & - & - & - & 0 \end{vmatrix}$$

$$k \begin{vmatrix} - & 1 & 1 & 1 & 1 \\ - & - & 2 & 3 & 3 \\ - & - & - & 3 & 3 \\ - & - & - & - & 4 \\ - & - & - & - & - \end{vmatrix}$$

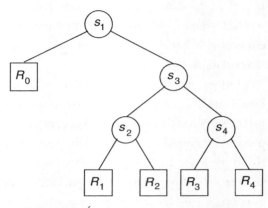

Figura 4.4 As matrizes do algoritmo.   **Figura 4.5** Árvore binária de busca ótima.

4.3 Árvore de Partilha

4.3.1 Conceitos Básicos

Durante a construção de uma árvore binária de busca foi colocado o problema de selecionar qual chave deve ser escolhida para compor a raiz de uma dada subárvore T. De um modo geral, a única restrição conceitual é que a chave escolhida deve pertencer, naturalmente, à subárvore T. Existem, basicamente, dois critérios de escolha, justificados de forma intuitiva:

(i) Escolher a chave de maior frequência de acesso.
(ii) Escolher a chave de valor médio.

O critério (i) tem como efeito a construção de árvores em que chaves de maior frequência se localizam mais próximo à raiz da árvore. O critério (ii) produz árvores balanceadas. O ideal, naturalmente, seria alcançar os dois objetivos simultaneamente. Contudo, eles podem ser contraditórios. Isto é, a política de colocar as chaves de maior frequência junto à raiz pode produzir árvores altamente desbalanceadas. Enquanto isso, a insistência em escolher para raiz a chave de valor médio pode produzir uma árvore em que as chaves de menor frequência estejam sempre mais próximas à raiz. Conforme já foi verificado, a aplicação isolada de somente um dos critérios não conduz, necessariamente, à árvore ótima.

Numa tentativa de conciliar esses dois critérios foi desenvolvida a *árvore binária de partilha*. A ideia consiste em associar a cada nó da árvore duas chaves, em vez de uma única: a *chave real* e a *chave de partilha*. A chave real corresponde àquela que é objeto da busca. A chave de partilha é utilizada para definir as chaves que comporão as subárvores esquerda e direita do nó considerado. Em uma árvore binária de busca ordinária, essas duas chaves coincidem. O objetivo da utilização de duas chaves distintas é desvincular a chave armazenada em cada nó v daquela utilizada para determinar a sequência da busca, ou à esquerda ou à direita de v.

4.3.2 A Busca em Árvores Binárias de Partilha

No problema da busca, é dado um conjunto de chaves $S = \{s_1, ..., s_n\}$, bem como um valor de chave procurada x. O problema consiste em encontrar o índice j tal que $x = s_j$, se existir. Cada s_i do conjunto S possui uma frequência de acesso f_i. Para efetuar a busca, utiliza-se uma árvore binária especial, denominada *árvore binária de partilha* e denotada por T. Cada nó q de T armazena uma chave do conjunto, denominada *chave real*, que será denotada por $real(q)$. Além disso, o nó q possui também uma segunda chave, denominada *chave de partilha*, que será denotada $partilha(q)$. O objetivo da chave de partilha é determinar o caminho a ser seguido pela busca, após a consulta do nó q. Isto é, se o próximo nó a ser testado será o da subárvore esquerda ou direita de q.

A busca se desenvolve segundo o processo seguinte: ao se alcançar um certo nó q, verifica-se se o nó procurado x é igual à chave $real(q)$. Em caso positivo, o processo termina, pois a chave foi localizada. Caso contrário, se $x \leq partilha(q)$, então o nó a ser alcançado é o filho esquerdo de x e, se $x > partilha(q)$, considera-se o filho direito de q.

Uma árvore binária de partilha encontra-se representada na Figura 4.6, onde as chaves são $a, ..., g$, ordenadas alfabeticamente. O símbolo mais acima em cada nó corres-

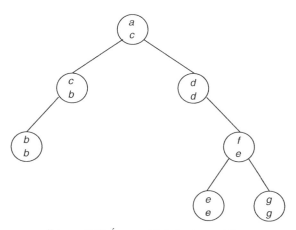

FIGURA 4.6 Árvore binária de partilha.

ponde à chave real, enquanto o mais abaixo é a chave de partilha. Assim, a chave real associada à raiz da árvore é a, enquanto a de partilha é c. Seja o caso em que se deseja localizar a chave $x = b$. O teste inicial é verificar se $b = a$. Como não é, compara-se, então, b com c. O caminho da esquerda da raiz é o escolhido, pois $b < c$. A próxima comparação é verificar se $b = d$. A resposta negativa implica efetuar outra comparação, de b com b, e tomar, novamente o caminho da esquerda, pois $b \leq b$. Finalmente, alcança-se o nó cuja chave real é b, e a busca está terminada.

O algoritmo é apresentado a seguir. A variável *ptraiz* indica a raiz da árvore, *pt* aponta o nó corrente, enquanto *real* e *partilha* são campos de cada nó, que indicam as chaves correspondentes.

■— Algoritmo 4.4   **Busca em árvore binária de partilha**

procedimento *busca-partilha*(x, pt)
    se $pt = \lambda$ **então**
           "a chave não se encontra no conjunto"
    senão se $x = pt \uparrow. \; real$ **então**
              "chave encontrada no nó apontado por *pt*"
           senão se $x \leq pt \uparrow. \; partilha$ **então**
                  $pt := pt \uparrow. \; esq$
                  busca-partilha(x, pt)
           senão $pt := pt \uparrow. \; dir$
                  busca-partilha(x, pt)
  $pt := ptraiz$
  busca-partilha(x, pt)

Cada chave $s_i \in S$ corresponde, exatamente, a uma chave real. O mesmo não ocorre, contudo, com as chaves de partilha, pois é possível que duas dessas chaves sejam idênticas. O valor da chave de partilha de cada nó, em princípio, pode ser qualquer valor de chave de S e não está restrito às chaves que formam a subárvore do nó considerado. A chave de partilha de qualquer folha é sempre irrelevante e pode ter qualquer valor.

4.3.3 Árvore Binária de Partilha Ótima

Dado um conjunto S de chaves, $\{s_1, \ldots, s_n\}$, cada s_i com uma frequência de acesso f_i, deseja-se construir uma árvore binária de partilha T que seja ótima. Isto é, cujo custo seja mínimo. Como uma árvore binária de partilha é uma árvore binária de busca, sabe-se da Seção 4.2 que o custo $c(T)$ é

$$c(T) = \sum_{1 \le i \le n} f_i \ell_i$$

onde ℓ_i é o nível de s_i em T.

Para construir uma árvore de partilha ótima, será utilizado um método de programação dinâmica, o qual é uma generalização daquele empregado para obter uma árvore binária de busca ótima.

Seja T uma árvore de partilha e v um nó de T. O *alcance* da subárvore $T(v)$ de T, de raiz v, é um par ordenado, definido, recursivamente, da seguinte maneira. Se $v = r(T)$, então $alcance(T(v)) = [1, n]$. Caso contrário, seja w o pai de v, suponha que $alcance(T(w)) = [i_w, j_w]$ e que s_k é a chave de S selecionada como chave de partilha para o nó w. Então, se v é filho esquerdo de w, define-se $alcance(T(v)) = [i_w, k]$; se v for filho direito, então $alcance(T(v)) = [k+1, j_w]$. Segue-se dessa definição que, se $alcance(T(v)) = [i, j]$, então toda chave s_p que está incluída em $T(v)$ se encontra no intervalo $[i, j]$, isto é, $i \le p \le n$. A recíproca não vale necessariamente. Isto é, nem toda chave pertencente ao intervalo $[i, j]$ pertence à subárvore $T(v)$. A razão dessa última afirmativa é que $T(v)$ pode conter menos que $j - i + 1$ nós e, dessa forma, algumas das chaves do intervalo teriam de sobrar. A Figura 4.7 apresenta os valores dos alcances dos nós da árvore ilustrada em 4.6, supondo-se que as chaves $a, \ldots, g$ correspondem aos índices $1, \ldots, 7$, respectivamente.

O lema a seguir é imediato.

Lema 4.5

As subárvores de uma árvore binária de partilha ótima são também ótimas.

Esse lema permite decompor o problema da construção da árvore ótima em outros subproblemas de tamanho menor. É um caso análogo ao da árvore binária de busca geral rea-

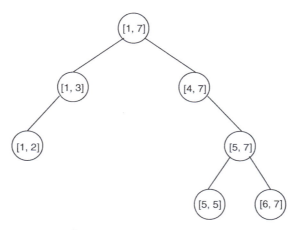

Figura 4.7 Alcance dos nós.

lizado anteriormente. Contudo, nesse último, cada subproblema pôde ser decomposto em no máximo dois outros, enquanto, na árvore de partilha, tal número pode ser maior.

Para determinar a árvore ótima, necessita-se especificar, para cada nó v, quais são os valores de $real(v)$ e $partilha(v)$, isto é, as chaves, real e de partilha, que serão colocadas em v.

Para selecionar a chave real a ser atribuída a cada nó da árvore, utiliza-se o lema que se segue.

Lema 4.6

Seja T uma árvore binária de partilha ótima e v, um nó de T. A chave real que v contém é aquela de menor frequência dentre as compreendidas no intervalo $alcance(T(v))$ e que não figura em qualquer nó de $T(v)$.

PROVA A observação importante para provar o lema é que todas as chaves do intervalo $alcance(T(v))$ ocorrem, ou na subárvore $T(v)$, ou no caminho de $r(T)$ até v. Se a chave real s_k de v não é a de menor frequência, então existe uma outra chave s_ℓ tal que $\ell \in alcance(T(v))$, $s_\ell \notin T(v)$, e $f_\ell < f_k$. Dessa observação conclui-se que s_ℓ deve pertencer ao caminho de $r(T)$ até s_k. Seja T' uma nova árvore binária de partilha, obtida a partir de T simplesmente trocando-se as posições das chaves reais s_k e s_ℓ. Os formatos de T e T' coincidem, bem como os valores das respectivas chaves de partilha. Observe que a busca pode ser realizada corretamente também em T', visto que $k, \ell \in alcance(T(v))$. Dessa forma, T' é também uma árvore binária de partilha. Como $f_\ell < f_k$, T' possui custo menor do que T, o que contradiz T ser ótima. Logo, a chave real de v é a de menor frequência dentre aquelas compreendidas no intervalo $alcance(T(v))$, mas que não pertencem a $T(v)$. ▪

O Lema 4.6 é utilizado como um critério de escolha para a determinação das chaves reais dos nós. Para a seleção da chave de partilha, infelizmente, não se dispõe de um critério tão eficaz quanto este. Ao contrário, o processo para as chaves de partilha consiste em tentar todas as chaves possíveis e escolher aquela que produza as subárvores de menor custo, conforme detalhado a seguir.

Denota-se por $c(i, j, d)$ o custo da subárvore binária ótima de partilha $T(i, j, d)$, contendo as chaves $s_{i+1}, \ldots, s_j$, exceto d chaves que se encontram ausentes. Isto é, $T(i, j, d)$ possui alcance $[i + 1, j]$ e exatamente $j - i + d$ chaves do intervalo $s_{i+1}, \ldots, s_j$, sendo aquela de custo mínimo nessas condições. Observe que a solução do problema é o custo $c(0, n, 0)$. Para computar esse valor, calcula-se $c(i, j, d)$ para $0 \leq i \leq j \leq n$ e $0 \leq d \leq j - i$. Denota-se por $F(i, j, d)$ a soma das frequências das chaves reais que compõem $T(i, j, d)$, por $real(i, j, d)$ e $partilha(i, j, d)$, respectivamente, as chaves real e de partilha que formam o nó raiz de $T(i, j, d)$. A Figura 4.8 ilustra a decomposição empregada.

90

Suponha que s_k seja a chave de partilha do nó raiz de $T(i, j, d)$. Pelo Lema 4.5, as subárvores esquerda e direita desse nó são ótimas. Além disso, como d chaves reais estão faltando em $T(i, j, d)$ e uma chave real é alocada à raiz de $T(i, j, d)$, conclui-se que o número total de chaves ausentes das subárvores definidas pelos filhos esquerdo e direito da raiz de $T(i, j, d)$ é igual a $d + 1$. Isto é, a subárvore esquerda do nó-raiz de $T(i, j, d)$ é do tipo $T(i, k, m)$, enquanto a da direita é $T(k, j, d - m + 1)$, para um certo valor de m, satisfazendo $0 \le m \le d + 1$. Como se desconhece o valor de m que conduz à subárvore ótima, a alternativa é tentar todas as possibilidades dentro da faixa mencionada. A relação entre os custos de $T(i, j, d)$, $T(i, k, m)$ e $T(k, j, d - m + 1)$ é semelhante ao caso da árvore binária de busca geral. Isto é, $c(i, j, d)$ é igual à soma dos outros dois custos, acrescido da soma das frequências dos nós de $T(i, j, d)$. Finalmente, como se desconhece qual chave s_k deve ser alocada à raiz de $T(i, j, d)$, experimentam-se todas as alternativas possíveis, selecionando-se a de menor custo. Assim sendo, $c(i, j, d)$ pode ser calculado segundo as equações seguintes, para $0 \le i \le j \le n$.

$$c(i, j, d) = 0, \qquad \text{para } 0 \le i \le j \le n \text{ e } d = j - i. \tag{1}$$

$$c(i, j, d) = \infty, \qquad \text{para } 0 \le i \le j \le n \text{ e } d > j - i. \tag{2}$$

$$c(i, j, d) = \min_{\substack{i+1 \le k \le j \\ 0 \le m \le d+1}} \{c(i, k, m) + c(k, j, d - m + 1)\} + F(i, j, d), \tag{3}$$
$$\text{para } 0 \le i < j \le n \text{ e } 0 \le d < j - i.$$

As Equações (1) e (2) constituem as condições iniciais do problema. Observe que, se $d = j - i$, então $T(i, j, d)$ é uma árvore vazia, o que justifica o valor $c(i, j, d) = 0$ da Equação (1). Em particular, $c(i, i, 0) = 0$ pois $T(i, i, 0)$ também é vazia. Por outro lado, se $d > j - i$, significa que $T(i, j, d)$ deveria conter um número negativo de nós, o que é uma impossibilidade. Esse fato justifica o $c(i, j, d) = \infty$ da Equação (2). Finalmente, a Equação (3) corresponde à decomposição ilustrada na Figura 4.8.

Para computar a Equação (3) de forma eficiente é necessário que os valores de $c(i, k, m)$ e $c(k, j, d - m + 1)$ já sejam conhecidos quando do cálculo de $c(i, j, d)$. Para alcançar esse objetivo, basta computar $c(i, j, d)$ em ordem não decrescente de $j - i$ e, para um valor fixo de $j - i$, calcular $c(i, j, d)$ em ordem decrescente de m. Isto é, o desenvolvimento da computação é o seguinte. Inicialmente, $j - i = 0$ e $d = 0$. Em seguida, $j - i = 1$ e $d = 1$ e, após, $d = 0$. Para $j - i = 2$, computa-se $d = 2$, em seguida $d = 1$ e, após, $d = 0$. E assim por diante. Observe também que, para computar $c(i, j, d)$, é necessário calcular, previamente, $F(i, j, d)$. Acontece que $F(i, j, d)$ depende de $T(i, k, m)$, $T(k, j, d - m + 1)$ e do valor da chave real atribuída ao nó-raiz de $T(i, j, d)$. Esse cálculo se desenvolve do seguinte modo.

Para um dado valor experimental da chave de partilha s_k, seja ℓ o índice da chave de menor frequência dentre $s_{i+1}, \ldots, s_j$, mas não pertencentes tanto a $T(i, k, m)$, quanto a

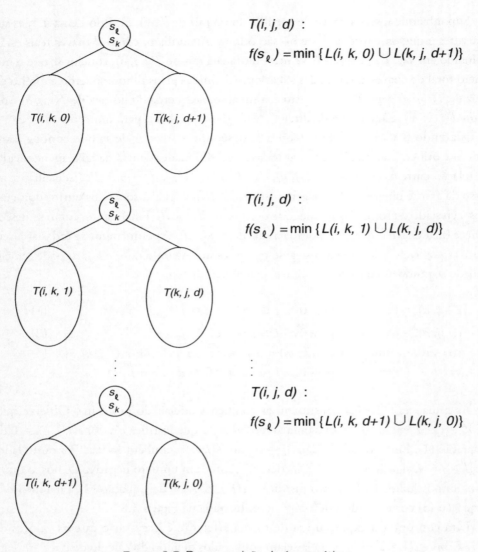

FIGURA 4.8 Decomposição da árvore ótima.

$T(k, j, d - m + 1)$. De acordo com o Lema 4.5, s_ℓ será a chave real da raiz de $T(i, j, d)$. O valor de $F(i, j, d)$ depende dessa chave real alocada à raiz de $T(i, j, d)$. Assim, deve-se determinar, inicialmente, s_ℓ. Para encontrar s_ℓ, é necessário conhecer, exatamente, as chaves que compõem as subárvores $T(i, k, m)$ e $T(k, j, d - m + 1)$ de $T(i, j, d)$. Esse problema poderia ser resolvido através da manutenção de uma lista que informasse, para cada subárvore $T(i, j, d)$, quais são as chaves que a compõem. Na realidade, necessitar-se-ia saber quais são as chaves dentre $s_{i+1}, \ldots, s_j$ que não se encontram em $T(i, j, d)$. Isto é, o mais conveniente é manter uma lista $L(i, j, d)$ que contenha exatamente essa última informação. A chave s_ℓ é precisamente aquela de menor frequência dentre as que compõem $L(i, j, d)$. Se se mantiver $L(i, j, d)$ ordenada segundo valores não decrescentes das frequências das chaves que a formam, a chave s_ℓ será a primeira chave dessa ordenação. Essa técnica permite determinar a chave real a ser alocada a cada nó da árvore em tempo constante.

Uma vez encontradas as chaves reais que compõem cada nó de $T(i, j, d)$, inclusive a chave s_ℓ do nó raiz de $T(i, j, d)$, pode-se determinar o valor de $F(i, j, d)$ facilmente. Analogamente à seção anterior, o somatório das frequências das chaves reais que formam $T(i, j, d)$ é igual ao somatório das frequências das chaves das subárvores definidas pelos filhos da raiz de $T(i, j, d)$ acrescida da frequência da chave real s_ℓ alocada à raiz de $T(i, j, d)$. Então, para um dado valor de k, calcula-se $F(i, j, d)$ através de

$$F(i, j, d) = F(i, k, m) + F(k, j, d - m + 1) + f(s_\ell) \tag{4}$$

Já se dispõe de todos os elementos para escrever o algoritmo da árvore binária de partilha ótima. A estratégia encontra-se detalhada a seguir.

- A inicialização consiste em determinar $c(i, j, d)$ para $0 \leq i \leq j \leq n$ e $j - i \leq d \leq n$ de acordo com as Equações (1) e (2). Além disso, as listas L são inicializadas para esses casos segundo $L(i, j, d) = \{s_{i+1}, \ldots, s_j\}$.

- Para um dado par de índices i, j, suponha que $c(i', j', d')$, $F(i', j', d')$ e $L(i', j', d')$ já tenham sido previamente calculados para todos os valores de i', j', d' satisfazendo a $0 \leq j' - i' < j - i$ e $0 \leq d' \leq j' - i'$, bem como $j' - i' = j - i$ e $d' > d$. Em particular, quando se considera uma certa subárvore $T(i, j, d)$, supõe-se que as chaves real e de partilha já tenham sido determinadas para cada nó que compõe $T(i, j, d)$, exceto a raiz. A determinação das chaves real e de partilha da raiz de $T(i, j, d)$ é o objetivo da computação corrente, abaixo discriminada.

- Para cada valor de d, $d < j - i$, considera-se a variação de m segundo $0 \leq m \leq d + 1$. Para cada par de valores i e j, $0 \leq j - i \leq n$, considera-se também a variação do índice k da chave de partilha tentativa, $i + 1 \leq k \leq j$, conforme indicado na Equação (3). Para uma certa tentativa de valores de m e k fixos a lista $L(i, j, d)$ se compõe da união das listas $L(i, k, m)$ e $L(k, j, d - m + 1)$. Para o par de valores m e k considerados, a chave real s_ℓ que seria alocada à raiz de $T(i, j, d)$ é a de menor frequência dentre as que compõem $L(i, j, d)$. Observe que todas as listas L devem ser mantidas ordenadas, ao longo do processo.

- Para o par de valores m e k considerados e a chave s_ℓ obtida como acima, determina-se $F(i, j, d)$ de acordo com a Equação (4).

Capítulo 4

- Uma vez obtido $F(i, j, d)$, determina-se o valor $c(i, j, d)$ correspondente ao par de valores m e k pela Equação (3).
- O valor final de $c(i, j, d)$ será o mínimo dentre todos os experimentados para cada par m e k.
- O valor final de $L(i, j, d)$, bem como o da chave real s_ℓ, o de $F(i, j, d)$ e o da chave de partilha s_k alocados à raiz de $T(i, j, d)$ serão os correspondentes ao par m e k que produziram o mínimo da Equação (3).
- A computação termina quando $c(0, n, 0)$ é calculado.

A determinação da complexidade desse processo não apresenta dificuldade. Existem $O(n^2)$ pares i, j, com $0 \le i \le j \le n$ e $O(n^3)$ triplas i, j, d, sendo $0 \le d \le j - i$. Logo, o número total de subárvores a serem consideradas, isto é, de subproblemas, é de $O(n^3)$. Para computar o custo de cada subárvore $T(i, j, d)$, k e m variam de acordo com $i + 1 \le k \le j$ e $0 \le m \le d + 1$. Ou seja, um total de $O(n^2)$ computações. As operações da união das listas, bem como a escolha da chave de menor probabilidade em cada lista, podem ser realizadas em tempo inferior a estas. Portanto, a complexidade final é de $O(n^5)$.

(i, j, d)	c	F	L	chave de partilha	chave real
$(0, 0, 0)$	0	0	$\varnothing$	–	–
$(1, 1, 0)$	0	0	$\varnothing$	–	–
$(2, 2, 0)$	0	0	$\varnothing$	–	–
$(3, 3, 0)$	0	0	$\varnothing$	–	–
$(0, 1, 1)$	0	0	$\{s_1\}$	–	–
$(1, 2, 1)$	0	0	$\{s_2\}$	–	–
$(2, 3, 1)$	0	0	$\{s_3\}$	–	–
$(0, 1, 0)$	10	10	$\varnothing$	s_1	s_1
$(1, 2, 0)$	3	3	$\varnothing$	s_2	s_2
$(2, 3, 0)$	2	2	$\varnothing$	s_3	s_3
$(0, 2, 2)$	0	0	$\{s_1, s_2\}$	–	–
$(1, 3, 2)$	0	0	$\{s_2, s_3\}$	–	–
$(0, 2, 1)$	3	3	$\{s_1\}$	s_1	s_2
$(1, 3, 1)$	2	2	$\{s_2\}$	s_2	s_3
$(0, 2, 0)$	16	13	$\varnothing$	s_1	s_1
$(1, 3, 0)$	7	5	$\varnothing$	s_2	s_2
$(0, 3, 3)$	0	0	$\{s_1, s_2, s_3\}$	–	–
$(0, 3, 2)$	2	2	$\{s_1, s_2\}$	s_1	s_3
$(0, 3, 1)$	7	5	$\{s_1\}$	s_1	s_2
$(0, 3, 0)$	20	15	$\varnothing$	s_2	s_1

FIGURA 4.9 Cálculo da árvore ótima.

Árvores Binárias de Busca

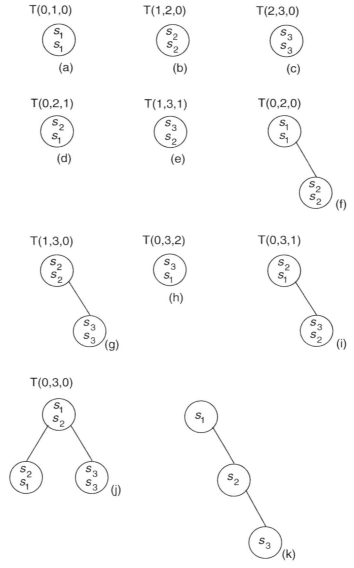

Figura 4.10 Subárvores construídas pelo algoritmo.

Como exemplo, determine-se a árvore binária de partilha ótima de um conjunto de 3 chaves cujas frequências são as seguintes:

Chave	Frequência $f(i)$
s_1	10
s_2	3
s_3	2

Capítulo 4

Em seguida, é efetuado o cálculo da árvore ótima, passo a passo. Os subproblemas a serem considerados são $T(i, j, d)$, onde $0 \leq i \leq j \leq 3$ e $0 \leq d \leq j - i$.

A computação se processa para valores ascendentes de $j - i = 0, 1, 2, 3$. Para cada valor de $j - i$, $c(i, j, d)$ é computado na sequência decrescente de $d = j - i, j - i - 1$, ..., 0. A Figura 4.9 apresenta os valores de $c(i, j, d)$, $F(i, j, d)$, $L(i, j, d)$, bem como as chaves de partilha e real correspondentes para cada tripla (i, j, d) satisfazendo $0 \leq i \leq j \leq 3$ e $0 \leq d \leq j - i$, na ordem em que essas triplas são consideradas pelo algoritmo. Observa-se que em vários casos a solução não é única, devido ao empate de valores. Quando isso ocorre, o algoritmo desempata de forma arbitrária. A Figura 4.9 ilustra uma das soluções possíveis. As subárvores ótimas dos subproblemas estão indicadas nas Figuras 4.10(a) até 4.10(j).

Esse exemplo evidencia o ganho no custo de uma árvore binária de partilha ótima sobre uma árvore binária de busca ótima. A primeira corresponde ao subproblema $T(0, 3, 0)$, possui custo 20 e encontra-se ilustrada na Figura 4.10(j). Enquanto isso, a árvore binária de busca ótima, para o mesmo conjunto de chaves, aparece na Figura 4.10(k) e possui custo 22.

4.4 Exercícios

4.1 Verificar se cada uma das árvores binárias da Figura 4.11 é uma árvore de busca.

4.2 Seja $S = \{s_1, ..., s_7\}$ um conjunto de chaves, $s_i < s_{i+1}$, $i < 7$. Desenhar a árvore binária de busca construída pelo Algoritmo 4.2 supondo que a inserção dos nós seja efetuada segundo a permutação $s_3 \, s_7 \, s_1 \, s_2 \, s_6 \, s_5 \, s_4$.

4.3 Seja $S = \{s_1, ..., s_7\}$ um conjunto de chaves, $s_i < s_{i+1}$, $i < 7$. Desenhar uma árvore binária de busca T para S com as seguintes propriedades:

   (i) T possui altura máxima;

   (ii) T possui altura mínima.

   Quantas árvores distintas existem, em cada caso?

4.4 Escrever as permutações do conjunto de chaves $S = \{s_1, ..., s_7\}$, $s_i < s_{i+1}$, $i < 7$, que correspondam à árvore binária de busca com:

   (i) altura máxima;

   (ii) altura mínima.

∞4.5 Resolver o exercício anterior para o conjunto $S = \{s_1, ..., s_n\}$, $s_1 < ... < s_n$

4.6 Provar ou dar contraexemplo:

   Sejam p_1, p_2 duas permutações de um conjunto de chaves S e T_1, T_2 as árvores binárias de busca correspondentes a p_1, p_2, respectivamente. Então, $p_1 \neq p_2$ se e somente se $T_1 \neq T_2$.

∞4.7 Determinar as condições necessárias e suficientes para que duas permutações distintas de um conjunto de chaves correspondam a árvores binárias de busca idênticas.

∞4.8 Seja $S = \{1, ..., n\}$ um conjunto, e $\pi_1, ..., \pi_n$ uma permutação p de S. Uma *inversão* de p é um par de elementos π_i, π_j, tal que $\pi_i < \pi_j$ e $i > j$. Seja T a árvore de busca cons-

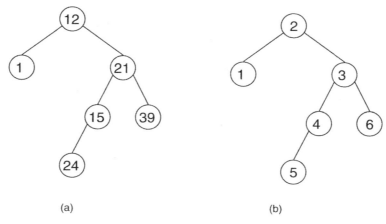

FIGURA 4.11 Exercício 4.1.

truída segundo a permutação p. Provar, ou apresentar contraexemplo, para cada uma das seguintes afirmativas.

(i) Se p possui um número máximo de inversões, então T possui altura máxima.
(ii) Se p possui um número mínimo de inversões, então T possui altura mínima.
(iii) Se o número de inversões de p é a mediana dos números de inversões das permutações de S, então T possui altura mínima.

4.9 Seja $S = \{s_1, \ldots, s_7\}$ um conjunto de chaves, $s_i < s_{i+1}$, $i < 7$. Duas permutações de S são *semelhantes* se correspondem à mesma árvore binária de busca. Sejam P_{min} e P_{max} subconjuntos de permutações de S_7 semelhantes entre si, com cardinalidades mínima e máxima, respectivamente. Determinar a árvore binária de busca

(i) correspondente a P_{min};
(ii) correspondente a P_{max}.

•4.10 Resolver o exercício anterior para o conjunto $\{s_1, \ldots, s_n\}$, $s_1 < \ldots < s_n$.

∘4.11 Determinar os comprimentos de caminho interno e externo das árvores binárias de busca correspondentes às permutações seguintes:

(i) $1\ 2\ \ldots\ n$;
(ii) $1\ 3\ \ldots\ n\ 2\ 4\ \ldots\ n-1$, n ímpar;
(iii) $1\ 3\ \ldots\ n-1\ 2\ 4\ \ldots\ n$, n par.

∘4.12 Provar ou dar contraexemplo:

(i) Toda árvore zigue-zague possui o mesmo comprimento de caminho interno.
(ii) Toda árvore zigue-zague possui o mesmo comprimento de caminho externo.
(iii) Se T e T' são árvores binárias de busca tais que $h(T) > h(T')$, então $I(T) > I(T')$.

•4.13 Determinar os comprimentos de caminho interno e externo ponderado de uma árvore binária completa.

4.14 Provar ou dar contraexemplo:
Sejam T e T' duas árvores binárias de busca, tais que $c(T) > c(T')$. Então $I(T) > I(T')$ e $E(T) > E(T')$.

4.15 Descrever um algoritmo para remover uma dada chave de uma árvore binária de busca. A complexidade do algoritmo deve ser da ordem da altura da árvore.

4.16 As chaves da árvore da Figura 4.12 apresentam as seguintes frequências de acesso:

i	0	1	2	3	4	5
f_i	–	1	3	2	1	2
f_i'	2	2	1	0	1	2

Determinar os comprimentos de caminho interno e externo ponderados, bem como o custo da árvore.

4.17 Desenhar a árvore binária de custo mínimo relativa às frequências do exercício anterior.

∘4.18 Seja T uma árvore binária de busca qualquer para o conjunto de chaves S. Mostrar que T é uma árvore de custo mínimo para algum conjunto de valores das frequências de acesso.

4.19 Seja T uma árvore binária de busca mínima para um conjunto de chaves $\{s_1, \ldots, s_n\}$, cada s_i com frequência de acesso f_i. Provar ou dar contraexemplo:
   (i) $f_i < f_j \Rightarrow \textit{nivel}(s_i) < \textit{nivel}(s_j)$, em T;
   (ii) $\textit{nivel}(s_i) < \textit{nivel}(s_j)$, em $T \Rightarrow f_i < f_j$;
   (iii) $f_1 = \ldots = f_n \Rightarrow T$ é completa;
   (iv) f_{s_i} é a frequência mediana das chaves da árvore T_{s_i}, de raiz s_i, de T.

4.20 Determinar o valor médio dos comprimentos de caminho interno e externo dentre as árvores binárias.

4.21 Verificar que a expressão do Lema 4.2, $E(T) = I(T) + n$ se torna incorreta se for adotada a convenção de que o nível da raiz da árvore é igual a 0, em vez de 1. Nesse caso, mostrar que a fórmula correta é $E(T) = I(T) + n - 2$.

•4.22 Determinar o valor médio dos comprimentos de caminho interno e externo dentre as árvores ternárias.

•4.23 Provar o princípio da monotonicidade, descrito na Seção 4.2.2.

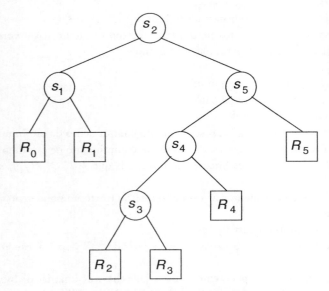

FIGURA 4.12 Exercício 4.16.

Árvores Binárias de Busca

•4.24 Utilizar o princípio da monotonicidade para modificar o Algoritmo 4.3 de construção de árvore binária ótima, de modo a reduzir a sua complexidade para $O(n^2)$.

4.25 Determinar a árvore de custo mínimo para o conjunto de chaves $\{s_1, \ldots, s_n\}$, $s_i < s_{i+1}$, onde $f_i = 2 \cdot f_{i-1}$, $1 < i \le n$, e $f_i = 0$, $0 \le i \le n$.

•4.26 Uma *árvore múltipla de busca* é uma árvore T t-ária em que cada nó interno v armazena $k < t$ chaves e possui $k + 1$ filhos, entre nós externos e internos. As folhas de T são os seus nós externos. A busca se desenvolve da seguinte maneira. Sejam $s_{p_1} < \ldots < s_{p_k}$ as chaves armazenadas em v. Ao se atingir o nó v, verifica-se se a chave procurada x é uma dentre $s_{p_1}, \ldots s_{p_k}$. Caso contrário, há duas possibilidades. Se $x > s_{p_k}$ então o próximo nó a ser examinado é o último filho de v. Se $x < s_{p_k}$, seja j o menor índice tal que $x < s_{p_j}$. Nesse caso, o próximo nó a ser examinado é o j-ésimo filho de v. Supondo que $f_1, \ldots, f_n$ e $1, \ldots, f_n$ sejam as frequências de acesso das chaves, desenvolver um algoritmo para encontrar a árvore múltipla de busca de custo mínimo.

○4.27 Mostrar, através de um exemplo, que o princípio da monotonicidade não é verdadeiro no caso de árvores múltiplas de busca.

4.28 Uma *árvore t-ária alfabética* é aquela em que as informações que se deseja armazenar se encontram nas folhas da árvore, isto é, $f_1 = \ldots = f_n = 0$ e $f'_0, \ldots, f'_n \ne 0$. Apresentar um exemplo de uma árvore ternária alfabética com 7 nós.

•4.29 Escrever um algoritmo eficiente para determinar uma árvore binária alfabética ótima, dadas as frequências $f'_0, \ldots, f'_n \ne 0$.

•4.30 Seja um problema de busca com *chaves de comprimento variável*, isto é, em que cada chave si possui um tamanho $\ell_i \ge 0$. Uma árvore de busca para um conjunto de chaves dessa natureza é semelhante à árvore múltipla de busca (Exercício 4.26), exceto pelo fato de que cada nó armazena uma quantidade variável de chaves com tamanho total $\Sigma \ell_i$ menor ou igual a L, onde L é um *limite* dado. Desenvolver um método para construir a árvore de busca que minimiza o espaço utilizado, isto é, que possui um número mínimo de nós, para um certo limite L, e tamanhos $\ell_1, \ldots, \ell_n$.

•4.31 Descrever um algoritmo para construir a árvore de busca de altura mínima, para um dado conjunto de chaves de comprimento variável $\ell_1, \ldots, \ell_n$, e limite L.

4.32 Mostrar que o princípio da monotonicidade não se aplica às árvores de busca que minimizam tanto o espaço (Exercício 4.30) quanto a altura (Exercício 4.31) quando as chaves são de comprimento variável.

•4.33 Desenvolver um algoritmo para encontrar a árvore de busca de custo mínimo para um dado conjunto de n chaves de comprimento variável, dados os tamanhos $\ell_1, \ldots, \ell_n$, o limite L, as frequências $f_1, \ldots, f_n$ e $f'_0, \ldots, f'_n$.

•4.34 Escrever um algoritmo para encontrar a árvore binária de busca ótima, com altura limitada por um valor dado h. Os dados do problema são as frequências dos nós internos $f_1, \ldots, f_n$, as dos nós externos $f'_0, \ldots, f'_n$ e o valor de h.

○4.35 Determinar o número total de subproblemas considerados pelo algoritmo de construção da árvore binária de partilha mínima com n chaves.

○4.36 Determinar o número total de somas $f(i, k - 1, m) + f(k - 1, j, d - m + 1)$, de custos, que o algoritmo de construção da árvore binária de partilha mínima efetua.

4.37 Provar ou dar contraexemplo:
Seja T uma árvore binária de partilha para um conjunto de chaves $\{s_1, \ldots, s_n\}$. Então,
  (i) $nivelT(s_i) > nivelT(s_j) \Rightarrow f_i \ge f_j$;
  (ii) $f_i > f_j \Rightarrow nivelT(s_i) \ge nivelT(s_j)$.

Capítulo 4

4.38 Implementar o algoritmo de determinação da árvore binária de partilha ótima.

∘4.39 Provar ou dar contraexemplo:

O custo da árvore binária de partilha ótima de um conjunto de chaves S tal que d chaves estão ausentes, $|S| \geq d$, é igual ao custo da árvore binária de busca ótima do conjunto formado a partir de S pela remoção de suas d chaves de maior frequência de acesso.

4.40 Determinar a árvore binária de partilha ótima para o seguinte conjunto de chaves:

s_i	s_1	s_2	s_3	s_4
f_i	4	3	7	6

•4.41 Generalizar o algoritmo de determinação da árvore binária de partilha ótima, de modo a incluir frequências de acesso a buscas sem sucesso.

•4.42 Seja S um conjunto de n chaves e T uma certa árvore de partilha para S. T possui a propriedade de que a frequência da chave de qualquer nó é maior do que a de qualquer um de seus descendentes. Seja c o custo de T e c_{ot} o custo da árvore binária de partilha ótima correspondente a S. Determinar a relação entre c e c_{ot}.

•4.43 Uma *árvore múltipla de partilha de ordem m* é uma árvore m-ária em que cada nó armazena até m chaves reais. Cada chave real possui uma chave de partilha associada. Um nó com ℓ chaves possui até $\ell + 1$ filhos. A busca de uma chave desejada x se processa do seguinte modo. Inicia-se pela raiz. Quando um certo nó q é atingido, verifica-se se x é alguma das chaves reais armazenadas em q. Em caso positivo, a busca termina. Caso contrário, sejam $y_1 \leq \ldots \leq y_\ell$ as chaves de partilha armazenadas em q. Se $x < y_1$, a busca prossegue no nó correspondente ao primeiro filho de q. Se $x \geq y_\ell$ o próximo nó a ser pesquisado é o último filho de q. Caso contrário, prosseguir até o $(k + 1)$-ésimo filho de q, onde $y_k < x \leq y_{k+1}$. Desenvolver um algoritmo para determinar a árvore múltipla de partilha ótima para um dado conjunto de chaves com frequências conhecidas.

Notas Bibliográficas

As árvores binárias de busca foram introduzidas na década de 50. O primeiro estudo probabilístico sobre o assunto foi realizado por Hibbard [Hi62]. Knuth [Kn73] contém um estudo completo e detalhado sobre árvores binárias de busca. Mahmoud [Ma92] escreveu um texto específico sobre a análise probabilística de árvores de busca, com resultados recentes. O algoritmo de árvore binária de busca ótima é de Gilbert e Moore [Gi59]. Knuth [Kn71] incorporou os nós externos a esse algoritmo, bem como elaborou o princípio de monotonicidade (Exercícios 4.23 e 4.24). Árvores binárias de busca com restrição de altura (Exercício 4.34) foram consideradas por Garey [Ga74]. As árvores múltiplas de busca (Exercícios 4.26 e 4.27) foram elaboradas por Gotlieb [Go81], Gotlieb e Wood [Go81a] e Vaishnavi, Kriegel e Wood [Va80]. A árvore t-ária alfabética ótima (Exercício 4.29) foi construída por Itai [It76]. Árvores de busca com chaves de comprimento variável (Exercícios 4.30 a 4.33) foram tratadas por McCreight [Mc77] e Szwarcfiter [Sz84]. Um estudo de árvores ternárias de busca foi efetuado por Szwarcfiter e Wilson [Sz78].

As árvores de partilha foram introduzidas por Sheil em [Sh78]. Na definição original, a chave real de cada subárvore era predefinida como aquela de maior frequência dentre as chaves que formam a subárvore, enquanto a chave de partilha era a mediana dessas chaves. O nome original atribuído a essa estrutura foi *árvore de partilha mediana*. Comer [Co80] considerou o caso em que mais de uma chave real pode ser atribuída a cada nó. Huang e Wong [Hu84a] consideraram as *árvores de partilha ponderadas*. O problema de determinar uma árvore de partilha ótima havia sido conjecturado como intratável por Sheil. Algoritmos para computar tais árvores ótimas, com complexidade $O(n^5)$, foram desenvolvidos por Perl [Pe84] e Huang e Wong [Hu84]. Contudo, a definição das árvores consideradas nesses trabalhos ainda levava em conta a restrição de que a chave real de cada nó seria a de maior frequência dentre as subárvores desse nó. Foram Huang e Wong [Hu84a] que estenderam a definição, de modo a abolir essa restrição. Eles mostraram através de um exemplo que a árvore assim obtida pode ter custo estritamente melhor do que aquela definida com restrição de maior frequência. Nesse mesmo trabalho, foi apresentado o algoritmo da construção da árvore ótima, segundo a nova definição. O nome atribuído a essa estrutura foi *árvore de partilha generalizada*. No Capítulo 4 foi adotado simplesmente o nome *árvore de partilha*, com o mesmo significado. Os algoritmos de [Pe84] e [Hu84] exigiam que as frequências fossem todas distintas. Hester, Hirschberg, Huang e Wong [He86] estenderam o algoritmo para manipular casos de frequências possivelmente idênticas. A complexidade desse novo algoritmo é $O(n^4)$ no caso de frequências distintas, e $O(n^5)$ no caso geral. Árvores múltiplas de partilha (Exercício 4.43) foram consideradas por Huang [Hu87], que apresentou um algoritmo para encontrar árvore ótima. Esse último continha a restrição de frequências distintas. Essa restrição foi levantada por Liu, Chen e Wang [Li91].

Capítulo 5

Árvores Balanceadas

5.1 Introdução

Um aspecto fundamental do estudo de árvores de busca é, naturalmente, o custo de acesso a uma chave desejada. Com o intuito de minimizar esse custo, foram desenvolvidas as árvores binárias de busca e de partilha ótimas. Ambas, porém, se restringem a aplicações estáticas. Isto é, após um certo número de inserções e remoções as árvores deixam de ser ótimas. Além disso, a complexidade da árvore de partilha ótima é muito elevada.

Para estruturas em que as probabilidades de acesso são idênticas entre si, há uma alternativa, considerada no presente capítulo. A ideia é manter o custo de acesso na mesma ordem de grandeza de uma árvore ótima, ou seja, $O(\log n)$. Esse custo deve se manter ao longo de toda utilização da estrutura, inclusive após inclusões e remoções. Para alcançar essa finalidade, a estrutura deve ser alterada, periodicamente, de forma a se moldar aos novos dados. O custo dessas alterações, contudo, se mantém em $O(\log n)$. Uma estrutura que opera com essas características é denominada *balanceada*.

Este capítulo é dedicado ao estudo de árvores balanceadas. O conceito de balanceamento é examinado na Seção 5.2. As Seções 5.3 e 5.4 estudam, respectivamente, duas árvores binárias de busca balanceadas. No primeiro caso, as árvores AVL e, no segundo, as árvores graduadas. Finalmente, a Seção 5.5 examina um caso importante de árvores balanceadas: as árvores B. Essas últimas não são árvores binárias e possuem como característica o armazenamento de mais de uma chave por nó.

5.2 O Conceito de Balanceamento

Conforme já foi observado, as árvores completas são aquelas que minimizam o número de comparações efetuadas no pior caso para uma busca com chaves de probabilidades de ocorrência idênticas.

Do ponto de vista das aplicações dinâmicas, contudo, o uso de árvores completas é, em geral, desaconselhável. Após um certo número de inclusões ou exclusões a árvore pode assumir uma forma pouco recomendável para o problema de busca. Em um caso extremo, ela pode inclusive degenerar-se em uma lista.

Para contornar esse problema, uma ideia seria aplicar um algoritmo que tornasse a árvore novamente completa, tão logo tal característica fosse perdida após uma inclusão ou exclusão. A dificuldade reside em como efetuar essa operação utilizando menos que $\Omega(n)$ passos, no pior caso. Por exemplo, considere uma árvore completa cujo último nível contenha todos os possíveis nós, exceto aquele que seria o mais à direita de todos. Nessa árvore só há uma possibilidade de inclusão sem aumento de altura. É a inclusão de uma chave maior do que todas as demais, conforme indica a Figura 5.1(a). Se nessa

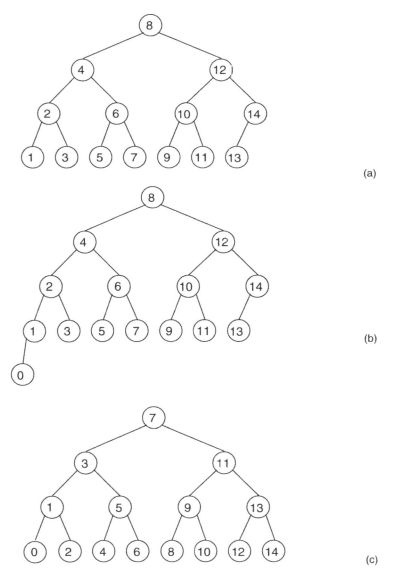

FIGURA 5.1 Um exemplo ruim para o restabelecimento de árvores completas.

árvore, ao contrário, for incluído um nó de chave menor do que todas as outras, ela deixaria de ser completa, transformando-se na da Figura 5.1(b). Para transformar esta última em uma árvore completa, observe que é necessário alterar a posição na estrutura de todos os seus nós. A Figura 5.1(c) descreve a árvore completa restabelecida após a inclusão do nó 0 em 5.1(a). Observe, em particular, que os nós internos de 5.1(a) tornaram-se folhas em 5.1(c), e vice-versa. Para efetuar essas transformações nas representações usuais de árvores binárias é necessário percorrer todos os nós da árvore. Isso implica que o algoritmo de restabelecimento da estrutura requer, pelo menos, $\Omega(n)$ passos.

Naturalmente, o custo de $\Omega(n)$ passos para o restabelecimento da árvore é excessivo, mormente considerando-se que operações como inserção ou remoção seriam efetuadas em $O(\log n)$ passos. Por esse motivo, as árvores completas (e a busca binária) não são recomendadas para aplicações que requeiram estruturas dinâmicas.

Uma alternativa para esse último caso consiste em utilizar um determinado tipo de árvore binária cujo pior caso para a busca não seja necessariamente tão pequeno quanto o mínimo $1 + \lfloor \log_2 n \rfloor$ passos alcançado pela árvore completa. A ideia é exigir, porém, que a altura dessa nova árvore seja da mesma ordem de grandeza que a de uma completa com o mesmo número de nós. Isto é, que possua altura igual a $O(\log n)$. Além disso, é desejável que esta propriedade se estenda a todas as subárvores: cada subárvore que contém m nós deve possuir altura igual a $O(\log m)$. Uma árvore que satisfaça essa condição é denominada *balanceada*. Intuitivamente, a ideia é utilizar árvores cuja altura, embora possa ser maior do que a mínima $1 + \lfloor \log_2 n \rfloor$, ainda assim não ultrapasse $O(\log n)$. Por outro lado, como a forma de uma árvore balanceada é menos rígida do que a de uma completa, torna-se, em princípio, mais fácil o seu rebalanceamento, isto é, o restabelecimento das condições de balanceamento, após a realização de operações como inclusão ou exclusão de nós. De fato, mais adiante serão examinados tipos de árvores binárias que satisfazem a condição de balanceamento e que, após a realização de inclusões ou exclusões, empregam operações de rebalanceamento que requerem apenas $O(\log n)$ passos.

5.3 Árvores AVL

Nesta seção examina-se o primeiro tipo de árvores balanceadas, as árvores AVL. De início, conceitua-se a estrutura a ser estudada. Em seguida, prova-se que as árvores AVL são, de fato, balanceadas. O algoritmo de inclusão e as operações de rebalanceamento são analisados na última parte da seção.

Uma árvore binária T é denominada AVL quando, para qualquer nó de T, as alturas de suas duas subárvores, esquerda e direita, diferem em módulo de até uma unidade.

Nesse caso, *v* é um nó *regulado*. Em contrapartida, um nó que não satisfaça essa condição de altura é denominado *desregulado*, e uma árvore que contenha um nó nessas condições é também chamada *desregulada*. Naturalmente, toda árvore completa é AVL, mas não necessariamente vale a recíproca. Por exemplo, a árvore da Figura 5.2(a) é AVL, enquanto a da Figura 5.2(b) não o é, pois a subárvore esquerda do nó *v* assinalado possui altura 2 e a subárvore direita é de altura zero.

5.3.1 Balanceamento de Árvores AVL

A primeira tarefa consiste em mostrar que toda árvore AVL é balanceada. Para tal, a ideia é considerar uma árvore AVL com n nós, determinar o valor máximo que sua altura h pode alcançar e verificar se esse valor satisfaz $h = O(\log n)$. Ou, então, pode-se fixar h e determinar o valor mínimo do número de nós. Isto é, o problema que se apresenta pode ser formulado nos seguintes termos: dada uma árvore AVL de altura h, qual seria o valor mínimo possível para n?

Para resolver esse problema, observa-se, inicialmente, que numa árvore binária de altura h a altura de uma das subárvores da raiz é $h - 1$, enquanto a da outra é menor ou igual a $h - 1$. Numa árvore AVL, porém, a altura dessa última subárvore se restringe a $h - 1$ ou $h - 2$, uma vez que, se fosse menor do que $h - 2$, sua raiz estaria desregulada. Contudo, como se deseja uma árvore AVL com número mínimo de nós, deve-se considerar a segunda subárvore como de altura $h - 2$ e não $h - 1$.

Essa observação permite construir a árvore procurada de forma recursiva. Seja T_h uma árvore AVL com altura h e número mínimo de nós. Para formar T_h, consideram-se, inicialmente, os casos triviais. Se $h = 0$, T_h é uma árvore vazia. Se $h = 1$, T_h consiste em um único nó. Quando $h > 1$, para formar T_h, escolhe-se um nó r como raiz. Em seguida, escolhe-se T_{h-1} para formar a subárvore direita de t, e T_{h-2} para a esquerda. A Figura 5.3 ilustra o processo de construção.

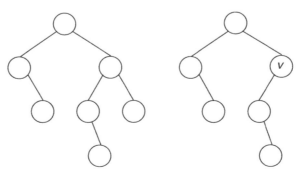

Figura 5.2 Árvores AVL e não AVL.

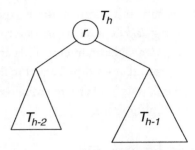

FIGURA 5.3 Construção da árvore mínima AVL.

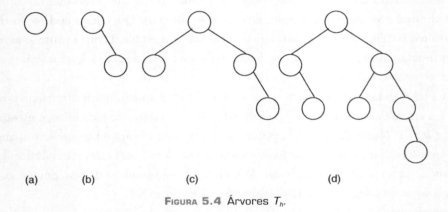

(a) (b) (c) (d)

FIGURA 5.4 Árvores T_h.

Observe que se pode intercambiar as subárvores direita e esquerda de r sem alterar o balanceamento dos nós da árvore. Isto é, para $h > 1$, existem várias árvores AVL com a mesma altura h e o mesmo número mínimo de nós.

É possível, contudo, se restringir à forma de construção anterior sem perda de generalidade. Por exemplo, na Figura 5.4, as árvores (a), (b), (c) e (d) correspondem às construções de T_1, T_2, T_3 e T_4, respectivamente.

Dispondo dos meios para construir T_h, o próximo passo é determinar o número de nós de T_h. Para facilitar essa tarefa, observa-se que basta calcular um limite inferior do valor procurado em termos de h. Seja $|T_h|$ o número de nós de T_h. Da construção anterior, segue-se que

$$\begin{cases} |T_h| = 0, & \text{para } h = 0 \\ |T_h| = 1, & h = 1 \\ |T_h| = 1 + |T_{h-1}| + |T_{h-2}|, & h > 1 \end{cases}$$

Os valores de $|T_h|$ encontram-se tabelados na Figura 5.5 até $h = 10$.

h	$|T_h|$
0	0
1	1
2	2
3	4
4	7
5	12
6	20
7	33
8	54
9	88
10	143

FIGURA 5.5 Número mínimo de nós em árvores AVL de altura h.

Para encontrar o valor de $|T_h|$ em termos de h compara-se, inicialmente, $|T_h|$ com f_h, o h-ésimo termo da sequência de Fibonacci, cujo valor é aqui reproduzido:

$$\begin{cases} f_h = 0, & \text{para } h = 0 \\ f_h = 1, & h = 1 \\ f_h = F_{h-1} + F_{h-2}, & h > 1 \end{cases}$$

Observe a analogia existente entre o número de nós $|T_h|$ e o valor f_h. Segue-se, diretamente, que $|T_h| \geq f_h$.

Para $h > 1$, o h-ésimo termo da sequência de Fibonacci (Exercício 5.3) é dado por

$$f_h = \frac{1}{\sqrt{5}} \left[\left(\frac{1 + \sqrt{5}}{2} \right)^h - \left(\frac{1 - \sqrt{5}}{2} \right)^h \right].$$

Como $h > 0$, $\dfrac{1}{\sqrt{5}} \left(\dfrac{1 - \sqrt{5}}{2} \right)^h < 1$. Portanto,

$$|T_h| > \frac{1}{\sqrt{5}} \left(\frac{1 + \sqrt{5}}{2} \right)^h - 1.$$

107

Fazendo $a = (1 + \sqrt{5})/2$ tem-se

$$|T_h| > \frac{1}{\sqrt{5}} \, a^h - 1.$$

Ou seja,

$$\log_a(|T_h| + 1) > h - \log_a \sqrt{5}.$$

Transformando o logaritmo para a base 2, conclui-se que

$$h < \frac{1}{\log_2 a} \log_2(|T_h| + 1) + \log_a \sqrt{5} = O(\log n).$$

Esse resultado indica que a árvore AVL é, de fato, balanceada.

5.3.2 Inclusão em Árvores AVL

Seja T uma árvore AVL, na qual serão efetuadas inclusões de nós. Para que T se mantenha como árvore AVL após as inclusões (e, consequentemente, permaneçam válidos os resultados descritos, relativos ao seu balanceamento) é preciso efetuar operações de restabelecimento da regulagem de seus nós, quando necessário.

A ideia consiste em verificar, após cada inclusão, se algum nó p se encontra desregulado, isto é, se a diferença de altura entre as duas subárvores de p tornou-se maior do que um. Em caso positivo, aplicar transformações apropriadas para regulá-lo.

Serão utilizadas as quatro transformações indicadas na Figura 5.6, denominadas, respectivamente, *rotação direita, rotação esquerda, rotação dupla direita* e *rotação dupla esquerda*. As subárvores T_1, T_2, T_3 e T_4 que aparecem na figura podem ser vazias ou não. O nó p é chamado *raiz* da transformação.

Por exemplo, a Figura 5.7(c) representa o efeito de uma rotação direita da raiz e, efetuada na árvore da Figura 5.7(b). Observe que essas transformações preservam a natureza da árvore como sendo binária de busca. Isto é, se o valor da chave de um nó v for inferior ao da correspondente ao nó w, então acontece uma dentre as seguintes possibilidades: v pertence à subárvore esquerda de w, ou w pertence à subárvore direita de v.

Uma análise da operação de inclusão é efetuada a seguir. No processo, tornar-se-á evidente como aplicar as transformações.

Suponha que o nó q foi incluído em T. Se após a inclusão todos os nós se mantiveram regulados, então a árvore manteve-se AVL e não há nada a efetuar. Caso contrário, seja p o nó mais próximo às folhas de T que se tornou desregulado. Observe que não há ambiguidade na escolha de p, pois qualquer subárvore de T que se tornou desregulada após a inclusão de q deve necessariamente conter p. Então p se encontra no caminho de q à

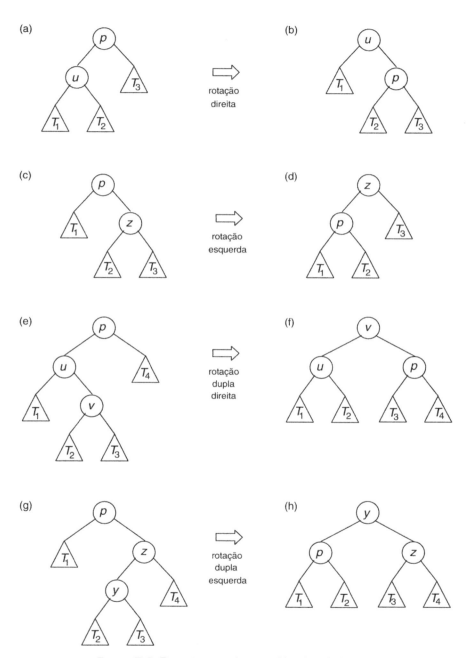

FIGURA 5.6 Rotações em árvores binárias de busca.

raiz de T, e sua escolha é única. Sejam $h_E(p)$ e $h_D(p)$ as alturas das subárvores esquerda e direita de p, respectivamente. Naturalmente, $|h_E(p) - h_D(p)| > 1$. Então, conclui-se que $|h_E(p) - h_D(p)| = 2$, pois T era uma árvore AVL e, além disso, a inclusão de um nó não pode aumentar em mais de uma unidade a altura de qualquer subárvore. Podem-se identificar os seguintes casos de análise:

Caso 1: $h_E(p) > h_D(p)$

Então, q pertence à subárvore esquerda de p. Além disso, p possui o filho esquerdo $u \neq q$. Pois, caso contrário, p não estaria desregulado. Finalmente, por esse mesmo motivo, sabe-se que $h_E(u) = h_D(u)$. As duas seguintes possibilidades podem ocorrer:

Caso 1.1: $h_E(u) > h_D(u)$.

Essa situação corresponde à da Figura 5.6(a), sendo q um nó pertencente a T_1. Observe que $h(T_1) - h(T_2) = 1$ e $h(T_2) = h(T_3)$. Consequentemente, a aplicação da rotação direita da raiz p transforma a subárvore considerada na da Figura 5.6(b), o que restabelece a regulagem de p.

Caso 1.2: $h_D(u) > h_E(u)$

Então u possui o filho direito v, e a situação é ilustrada na Figura 5.6(e). Nesse caso, vale

$$|h(T_2) - h(T_3)| \leq 1 \text{ e } \max\{h(T_2), h(T_3)\} = h(T_1) = h(T_4).$$

Aplica-se então a rotação dupla direita da raiz p. A nova configuração aparece na Figura 5.6(f), e a regulagem de p é restabelecida.

Caso 2: $h_D(p) > h_E(p)$

Dessa vez, p possui o filho direito $z \neq q$. Segue-se que $h_E(z) \neq h_D(z)$, e as demais situações são as seguintes:

Caso 2.1: $h_D(z) > h_E(z)$

Esse caso corresponde à Figura 5.6(c), sendo q pertencente a T_3. As relações de altura são agora

$$h(T_3) - h(T_2) = 1 \text{ e } h(T_2) = h(T_1).$$

Isso significa que a rotação esquerda torna a árvore novamente AVL (Figura 5.6(d)).

Finalmente, a última possibilidade é

Caso 2.2: $h_E(z) > h_D(z)$

Então z possui o filho esquerdo y (Figura 5.6(g)). Observe que as alturas das subárvores T_1, T_2, T_3 e T_4 satisfazem as mesmas relações do Caso 1.2. Dessa forma, a aplicação da rotação dupla esquerda transforma a subárvore na indicada em 5.6(h). E p torna-se novamente regulado.

A argumentação apresentada mostra que a regulagem de p é restabelecida pela aplicação apropriada de uma das transformações estudadas. Além disso, é fácil concluir que o pai de p, após a transformação, encontra-se também regulado, pois a transformação diminui de uma unidade à altura da subárvore da raiz p. Isto assegura a regulagem de todos os nós ancestrais de p. Consequentemente, uma única transformação é suficiente para regular T. Como exemplo, considere a árvore AVL da Figura 5.7(a), onde o valor de cada chave é o valor alfabético indicado. Suponha que o nó a deva ser incluído na árvore. Após a inclusão, esta se transforma na árvore da Figura 5.7(b), que não é AVL. O nó e tornou-se desregulado, pois a altura de sua subárvore esquerda excede em duas unidades a da direita. Além disso, esse nó é o mais próximo às folhas da árvore, dentre aqueles desregulados. Finalmente, o novo nó a pertence à subárvore esquerda do filho c de e. Logo, a situação corresponde ao Caso 1 da análise. A aplicação de uma rotação direita da raiz e torna esse nó novamente regulado. O resultado da rotação está ilustrado na Figura 5.7(c). Observe, na Figura 5.7(b), que o nó g também se encontra desregulado. A rotação utilizada também o regula.

5.3.3 Implementação da Inclusão

Nesta seção é apresentada a implementação da operação de inclusão em árvores AVL.

Seja T uma árvore AVL e x a chave a ser incluída em algum novo nó q. O processo completo de inclusão pode ser dividido do seguinte modo. Inicialmente, efetua-se uma busca em T para verificar se x já se encontra em T. Em caso positivo, o processo deve ser encerrado, pois se trata de uma chave duplicada. Caso contrário, a busca encontra o local correto do novo nó. Segue-se, então, a inclusão propriamente dita. Deve-se verificar, em seguida, se essa operação tornou algum nó desregulado. Em caso negativo, o processo termina, pois T permanece AVL. Caso contrário, a regulagem de T deve ser efetuada. De acordo com a última seção, essa regulagem consiste na execução de uma das operações de rotação da Figura 5.6. A última etapa, pois, consiste no reconhecimento da operação de rotação indicada ao caso e em sua posterior execução. Isto devolve a T a condição de árvore AVL.

Em seguida, serão discutidos alguns aspectos do procedimento anterior. O primeiro problema ainda não detalhado é o de verificar se algum nó v de T se tornou desregulado após a inclusão. Há uma solução direta bastante simples para resolver essa questão. Basta determinar as alturas de suas duas subárvores e subtrair uma da outra. Essa operação pode ser realizada, sem dificuldades, percorrendo-se a subárvore de raiz v em T. Mas isto consome tempo $O(|T(v)|)$, ou seja, $O(n)$. Além disso, em princípio, qualquer nó do caminho de q até a raiz da árvore pode ter se tornado desregulado. Então, a aplicação direta desse procedimento conduz a um algoritmo de complexidade $O(n \log n)$, o que

111

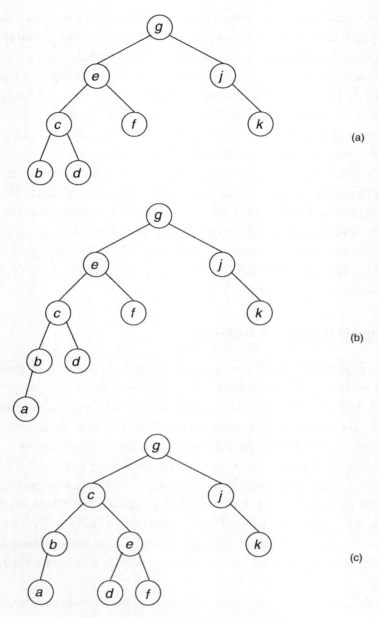

FIGURA 5.7 Regulagem de árvore AVL.

o torna fora de cogitação. Essa complexidade pode ser facilmente reduzida para $O(n)$, percorrendo-se T de baixo para cima e armazenando-se o valor da altura de cada subárvore. Naturalmente, $h(v) = 1 + \max\{h_E(v), h_D(v)\}$. Entretanto, para alcançar a meta de efetuar a inclusão em tempo $O(\log n)$, utiliza-se um processo diferente. Define-se o rótulo *balanço(v)*, para cada nó v de T como

$$balanço(v) = h_D(v) - h_E(v).$$

Observa-se que v está regulado se e somente se $-1 \leq balanço(v) \leq 1$. O problema é como atualizar *balanço(v)* de forma eficiente, tendo em vista a inclusão de q. A ideia consiste em determinar o efeito dessa inclusão nos valores de *balanço(v)*. Se q pertencer à subárvore esquerda de v e essa inclusão ocasionar um aumento na altura dessa subárvore, então subtrai-se uma unidade de *balanço(v)*. Se esse valor decrescer para -2, indica que v se tornará desregulado. Analogamente, se q pertencer à subárvore direita de v e provocar um aumento de sua altura, adiciona-se uma unidade a *balanço(v)*. O nó v ficará desregulado, nesse caso, se *balanço(v)* aumentar para 2.

Para completar o processo, resta ainda determinar em que casos a inclusão de q provoca um acréscimo na altura $h(v)$ da subárvore $T(v)$. Para resolver esta questão, é interessante que se obtenha um método simples e eficiente, isto é, que possa ser resolvido em tempo constante. De início, observa-se que a inserção do nó q acarreta obrigatoriamente uma alteração na altura da subárvore esquerda ou direita (de acordo com a nova chave) de seu nó pai w. A situação do campo *balanço* permite avaliar se essa alteração pode, ou não, se propagar aos outros nós v do caminho de w até a raiz da árvore. Suponha que o nó q é inserido na subárvore esquerda de v. A análise se inicia com $v = w$ e prossegue em seus nós ancestrais, de forma recursiva. O processo se encerra quando da constatação de que a altura de $T(v)$ não foi modificada, ou de que v se tornou regulado. Três casos distintos podem ocorrer:

Caso 1: *balanço(v)* = 1 antes da inclusão.

Neste caso, *balanço(v)* se torna 0 e a altura da subárvore de raiz v não foi modificada. Consequentemente, as alturas dos nós restantes do caminho até a raiz da árvore não se alteram.

Caso 2: *balanço(v)* = 0 antes da inclusão.

Neste caso, *balanço(v)* se torna -1 e a altura da subárvore de raiz v foi modificada. Consequentemente, os nós restantes do caminho até a raiz também podem ter suas alturas modificadas e devem ser analisados. Se v é a raiz de T, a análise se encerra, pois nenhum nó se tornou desregulado. Caso contrário, repetir o processo com v substituído por seu pai.

Caso 3: *balanço(v)* = -1 antes da inclusão.

Neste caso, *balanço(v)* se torna -2 e o nó está desregulado. A rotação correta deve ser empregada. Qualquer rotação implica que a subárvore resultante tenha a mesma altura da subárvore antes da inclusão. As alturas dos ancestrais de v não mais necessitam de avaliação.

Para uma inserção na subárvore direita de v, casos simétricos devem ser considerados.

Após a regulagem da árvore, completa-se o processo. O algoritmo visto a seguir busca e insere, se possível, uma nova chave x numa árvore AVL. Observe que um só algoritmo foi considerado para as duas tarefas, ao contrário do que já foi visto em capítulos anteriores. Tal enfoque se deve à necessidade de conhecer todo o caminho da raiz até o nó inserido ao se regular a árvore. O procedimento recursivo *ins-AVL* cumpre essa tarefa.

De início, a posição de inserção é procurada determinando-se, na pilha de recursão, o caminho da raiz até o novo nó. O procedimento *inicio-no* aloca o novo nó. Após a inserção, o procedimento percorre o caminho inverso na árvore, acertando o campo *bal* que implementa o rótulo *balanço*, já mencionado. Por meio deste pode-se conferir a regulagem de cada nó, determinando-se então o nó p apontado por *pt*. A operação de rotação conveniente é efetuada imediatamente. O parâmetro lógico h retorna se houve ou não alteração na altura da subárvore do nó em questão, induzindo então à atualização do campo *bal*. A variável *ptraiz* é um ponteiro para a raiz da árvore. A chamada externa é *ins-AVL(x, ptraiz, h)*.

> ■— **Algoritmo 5.1**   **Busca e inserção em árvore AVL**

procedimento *inicio-no(pt)*
    ocupar(pt)
    $pt \uparrow. esq := \lambda; \quad pt \uparrow. dir := \lambda$
    $pt \uparrow. chave := x; \quad pt \uparrow. bal := 0$

procedimento *caso1(pt, h)*
    $ptu := pt \uparrow. esq$
    se $ptu \uparrow. bal = -1$ **então**
        $pt \uparrow. esq := ptu \uparrow. dir; \quad ptu \uparrow. dir := pt$
        $pt \uparrow. bal := 0; \quad pt := ptu$
    senão $ptv := ptu \uparrow. dir$
        $ptu \uparrow. dir := ptv \uparrow. esq; \quad ptv \uparrow. esq := ptu$
        $pt \uparrow. esq := ptv \uparrow. dir; \quad ptv \uparrow. dir := pt$
        se $ptv \uparrow. bal = -1$ **então** $pt \uparrow. bal := 1$ **senão** $pt \uparrow. bal := 0$
        se $ptv \uparrow. bal = 1$ **então** $ptu \uparrow. bal := -1$ **senão** $ptu \uparrow. bal := 0$
        $pt := ptv$
    $pt \uparrow. bal := 0; \quad h := F$

Árvores Balanceadas

procedimento *caso2*(*pt*, *h*)

  ptu := *pt* ↑. *dir*

  se *ptu* ↑. *bal* = 1 **então**

      pt ↑. *dir* := *ptu* ↑. *esq*;   *ptu* ↑. *esq* := *pt*

      pt ↑. *bal* := 0;   *pt* := *ptu*

  senão *ptv* := *ptu* ↑. *esq*

      ptu ↑. *esq* := *ptv* ↑. *dir*;   *ptv* ↑. *dir* := *ptu*

      pt ↑. *dir* := *ptv* ↑. *esq*;   *ptv* ↑. *esq* := *pt*

      se *ptv* ↑. *bal* = 1 **então** *pt* ↑. *bal* := −1 **senão** *pt* ↑. *bal* := 0

      se *ptv* ↑. *bal* = −1 **então** *ptu* ↑. *bal* := 1 **senão** *ptu* ↑. *bal* := 0

      pt := *ptv*

  pt ↑. *bal* := 0;   *h* := *F*

procedimento *ins-AVL*(*x*, *pt*, *h*)

  se *pt* = λ **então**

      inicio-no(*pt*)

      h := *V*

  senão se *x* = *pt* ↑. *chave* **então pare**

      se *x* < *pt* ↑. *chave* **então**

          ins-AVL(*x*, *pt* ↑. *esq*, *h*)

          se *h* **então**

              caso *pt* ↑. *bal* **seja**

              1:    *pt* ↑. *bal* := 0;   *h* := *F*

              0:    *pt* ↑. *bal* := −1

              −1:   *caso1*(*pt*, *h*)   % rebalanceamento

      senão *ins-AVL*(*x*, *pt* ↑. *dir*, *h*)

          se *h* **então**

              caso *pt* ↑. *bal* **seja**

              −1:   *pt* ↑. *bal* := 0;   *h* := *F*

              0:    *pt* ↑. *bal* := 1

              1:    *caso2*(*pt*, *h*)   % rebalanceamento

É imediato verificar que apenas uma operação de rotação, simples ou dupla, foi realizada. Além disso, o procedimento *ins-AVL* produz o efeito de percorrer a árvore desde a sua raiz até o nó *q* incluído. Portanto, o número de passos realizados é $O(\log n)$.

A operação de exclusão de nós em árvores AVL também pode ser efetuada em $O(\log n)$ passos. Basicamente, após a exclusão do nó desejado, a ideia consiste em verificar se a árvore se tornou desregulada. Analogamente ao caso das inclusões, a computação pode se restringir ao exame dos nós no caminho da raiz até alguma folha. Contudo, ao contrário do caso anterior, não basta necessariamente uma única rotação para regular a ár-

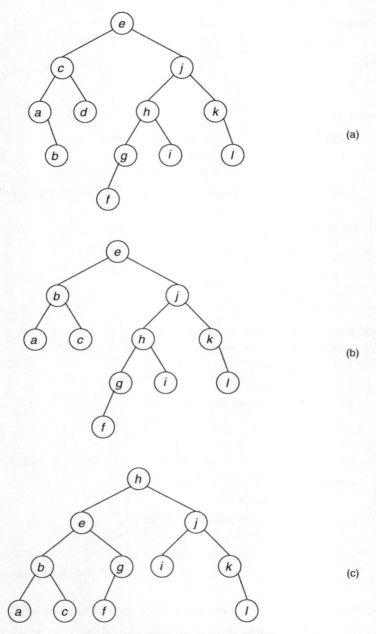

FIGURA 5.8 Remoção em árvore AVL.

vore. De fato, o número de operações de rotação necessárias pode atingir $O(\log n)$. Por exemplo, a Figura 5.8(a) apresenta uma árvore AVL, da qual se deseja excluir o nó *d*. Após a exclusão, o nó *c* deve ser regulado. Aplica-se uma rotação dupla direita (Figura 5.8(b)), o que tornará, por sua vez, o nó *e* desregulado. É necessária, então, uma rotação adicional, e o processo se encerra. O resultado final é visto na Figura 5.8(c).

5.4 Árvores Graduadas e Rubro-negras

5.4.1 Descrição

Nesta seção será examinado outro tipo de árvores binárias de busca, as árvores gradua-das. Elas constituem uma generalização das árvores AVL e preservam a característica de balanceamento. Essa nova família de árvores será aqui descrita e discutidas suas formas de representação. Em seguida, será demonstrado que árvores graduadas são balancea-das. Finalmente, um algoritmo de inclusão será apresentado e o problema da exclusão, discutido. O estudo das árvores graduadas será feito em paralelo ao estudo das árvores rubro-negras. Essas duas estruturas são equivalentes entre si. Todas as árvores de busca consideradas nesta seção compreendem também a representação dos nós externos. Por extensão da definição de altura, considera-se a altura de um nó externo 0.

Seja T uma árvore binária de busca. Considere a associação de um rótulo inteiro, denomi-nado *posto*, a cada um de seus nós. T é *graduada* quando, para todo $v \in V$, $posto(v)$ satisfaz:

(i)   se v é um nó externo, $posto(v) = 0$;

(ii) se v é pai de nó externo, $posto(v) = 1$;

(iii) se v possui pai w, $posto(v) \leq posto(w) \leq posto(v) + 1$;

(iv) se v possui avô w, $posto(v) < posto(w)$.

O nó v é denominado *equilibrado* se satisfaz (i)-(iv) e *desequilibrado* em caso contrário. Naturalmente, uma árvore graduada é aquela cujos nós são todos equilibrados. Por exem-plo, na Figura 5.9(a) todos os nós estão equilibrados, exceto o nó v assinalado. O valor $posto(v) = 2$ contradiz (iv). Alterando-se esse valor para 1, como indicado na Figura 5.9(b), obtém-se uma rotulação correta. O exemplo da Figura 5.9(c) é o de uma árvore não gradu-ada, pois não existe rotulação possível para seus nós que satisfaça (i)-(iv). Observa-se que (ii) implica $posto(v) = posto(t) = 1$, enquanto (iv) implica $posto(v) < posto(t)$.

Uma outra família de árvores, fortemente relacionada às árvores graduadas, é defini-da a seguir.

Seja T uma árvore binária de busca. Considere agora a associação de uma cor *rubra* ou *negra* a cada um de seus nós. T é *rubro-negra* quando existe uma coloração dos nós de T tal que:

(a) se v é externo, v é negro;

(b) os caminhos de v para seus descendentes nós externos possuem idêntico número de nós negros;

(c) se v é rubro e não é a raiz da árvore então seu pai é negro.

Analogamente ao caso das árvores graduadas, um nó que satisfaz (a)-(c) é denomi-nado *equilibrado* e, caso contrário, *desequilibrado*. Uma árvore rubro-negra é, portanto, aquela cujos nós são todos equilibrados. Se, pelo menos, um de seus nós for desequi-

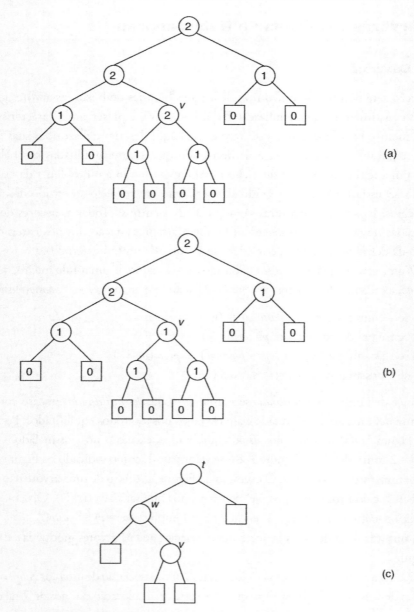

FIGURA 5.9 Árvores graduadas e não graduadas.

librado, então a árvore também é dita *desequilibrada*. Por exemplo, a árvore da Figura 5.10 é rubro-negra. As cores de seus nós estão representadas pelas iniciais *R* e *N*. Por outro lado, a da Figura 5.9(c) não o é, pois não existe coloração possível para os seus nós de modo que (a)-(c) sejam sempre satisfeitos. Nesse exemplo, para satisfazer (a) e (b) os nós *w* e *v* devem ambos ser rubros, o que contradiz (c).

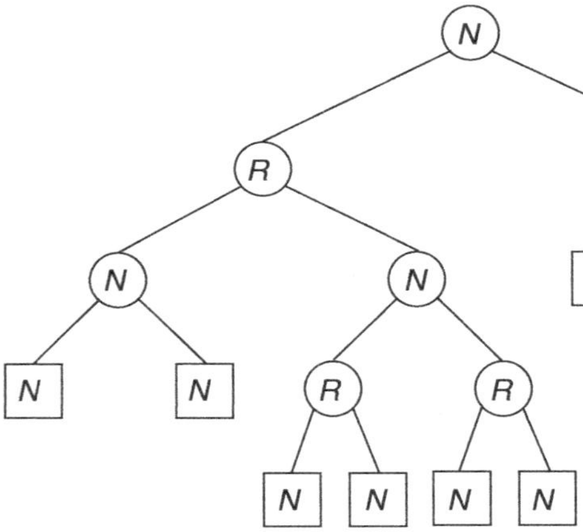

Figura 5.10 Árvore rubro-negra.

Existe uma correspondência entre árvores graduadas e rubro-negras. Dada uma árvore graduada, pode-se colorir seus vértices com as cores rubra ou negra, de modo que (a)-(c) sejam satisfeitas. Reciprocamente, em uma árvore rubro-negra é possível definir o rótulo *posto(v)* para cada um de seus vértices, de modo a satisfazer (i)-(iv). Essa correspondência é descrita a seguir.

Conversão A: Árvore Graduada ⇒ Árvore Rubro-negra

Seja T uma árvore graduada. Atribui-se uma bicoloração a T percorrendo-se a árvore de cima para baixo. Se v é a raiz de T, então $cor(v) := negra$. Caso contrário, seja w o pai de v. Define-se $cor(v) := rubra$ se $posto(v) = posto(w)$ e *negra*, no caso contrário.

Conversão B: Árvore Rubro-negra ⇒ Árvore Graduada

Seja T uma árvore rubro-negra. Efetua-se uma atribuição de valores $posto(v)$ a seus nós percorrendo-se a árvore de baixo para cima. Se v é um nó externo, então $posto(v) := 0$. Caso contrário, seja q um filho de v. Define-se $posto(v) := posto(q)$ se q for rubro, ou $posto(v) := posto(q) + 1$ se q for negro.

É necessário provar que as conversões A e B estão corretas. Os Lemas 5.1, 5.2 e o Teorema 5.1 executam essa tarefa.

Lema 5.1

Seja T uma árvore rubro-negra à qual se aplica a conversão B. O valor de $posto(v)$ é o mesmo, qualquer que seja seu filho q escolhido na conversão B. E mais, $posto(v)$ é igual ao número de nós negros no caminho de qualquer filho de v para seus descendentes externos.

PROVA A prova é feita por indução em $h(v)$, $v \in T$. Seja T uma árvore rubro-negra, v um vértice de T e $NN(v)$ o número de nós negros em qualquer caminho dos filhos de v para seus descendentes externos. Sejam w_1 e w_2 filhos de v.

Se $h(v) = 1$, então w_1 e w_2 são nós externos, logo negros, por definição. Pela conversão B, $posto(w_1) = posto(w_2) = 0$. Então, $posto(v) = 1$, independentemente de q ser escolhido w_1 ou w_2. Logo, $NN(v) = 1$ e o lema vale.

Suponha agora a conversão B válida para subárvores de altura $h - 1$. Seja v tal que $h(v) = h$. Sabe-se que $h(w_i) < h$.

Caso 1: v é rubro

Por (c), conclui-se que w_1 e w_2 são ambos negros. Então, $NN(v) = NN(w_1) + 1 = NN(w_2) + 1$. Isto é, $NN(w_1) = NN(w_2)$.

Como o lema vale para w_1 e w_2, $posto(w_1) = NN(w_1)$, $posto(w_2) = NN(w_2)$. Tem-se que $posto(w_1) = posto(w_2)$, sendo indiferente a escolha de w_1 ou w_2.

Se $posto(v)$ é calculado a partir de w_1 ou w_2, segue-se que $posto(v) = posto(w_1) + 1 = posto(w_2) + 1$. Como w_1 e w_2 são ambos negros, conclui-se que $posto(v) = NN(v)$.

Caso 2: v é negro

Se o nó filho w_i for negro, então, por (b), $NN(v) = NN(w_i) + 1$. Assumindo-se, na conversão B, que $q = w_i$ tem-se $posto(v) = posto(w_i) + 1$. Como $NN(w_i) = posto(w_i)$, conclui-se que $posto(v) = NN(v)$.

Se o nó w_i for rubro, então $NN(v) = NN(w_i)$. Assumindo-se, na conversão B, que $q = w_i$ tem-se $posto(v) = posto(w_i)$. Conclui-se também que $posto(v) = NN(v)$.

Ora, como em ambos os casos $posto(v) = NN(v)$, isto mostra que é indiferente a escolha do vértice w_1 ou do vértice w_2 para a determinação do $posto(v)$. ■

Lema 5.2

Seja T uma árvore graduada à qual se aplica a conversão A. O número de nós negros no caminho de qualquer filho do vértice v para seus descendentes nós externos é igual a $posto(v)$.

PROVA A atribuição de cores pela conversão A é feita de cima para baixo, a partir da raiz da árvore, à qual é atribuída a cor negra. Por (iii) cada decremento do valor de *posto* de pai para filho é, no máximo, igual a 1. Esse decremento corresponde a um nó ao qual é atribuída a cor negra pela conversão A. Como os valores dos *postos* são decrementados até os nós externos, que possuem todos o valor 0, por (i), o número de nós negros é o mesmo para qualquer caminho a partir de um filho do nó dado e equivale a seu *posto*. ■

Teorema 5.1

Uma árvore é graduada se e somente se for rubro-negra.

PROVA Seja T uma árvore graduada à qual será aplicada a conversão A. Deve-se mostrar que a árvore resultante é rubro-negra. Sejam v e w nós de T, sendo w pai de v. Pela conversão A, sabe-se que $cor(v) = R$ se $posto(v) = posto(w)$ e, em caso contrário, $cor(v) = N$. Por (i) e (ii), se v é um nó externo, $posto(v) \neq posto(w)$. Então, $cor(v) = N$ e (a) está satisfeito. O Lema 5.2 demonstra o item (b).

Seja v rubro e w pai de v. Se w é raiz da árvore, $cor(w) = N$ por construção e (c) é satisfeito. Se w não é raiz, seja u avô de v. Como $cor(v) = R$ então $posto(w) = posto(v)$. Por (iv), $posto(u) \neq posto(w)$ e $cor(w) = N$. O item (c) é satisfeito. Logo, T é rubro-negra.

Considere a recíproca e seja agora T uma árvore rubro-negra à qual foi aplicada a conversão B. Pelo Lema 5.1, sabe-se que o valor de $posto(v)$ é calculado, sem ambiguidade, a partir de qualquer de seus filhos. Tal fato é considerado na demonstração que se segue.

Como T é rubro-negra, por (a) sabe-se que o nó v, externo, é negro. Pela conversão B, $posto(v) = 0$ e, para o nó w, pai de v, tem-se $posto(w) = posto(v) + 1$; (i) e (ii) estão satisfeitos.

Seja o nó v, seu pai w e seu avô u (se existir). Se $cor(v) = R$, então $posto(w) = posto(v)$. Se $cor(v) = N$, então $posto(w) = posto(v) + 1$ e (iii) é satisfeito.

Por (c), ou $cor(v) = N$, ou $cor(w) = N$, ou ambas. Logo, pela conversão B, $posto(u) > posto(v)$, e (iv) é satisfeito. Então, T é graduada. ■

Um exemplo de correspondência entre árvores graduadas e rubro-negras é dado pelas Figuras 5.9(b) e 5.10.

O Teorema 5.1 permite tratar uma árvore graduada como rubro-negra e vice-versa, indistintamente. Isto é, pode-se supor que cada um de seus nós possui um posto satisfazendo (i)-(iv) e uma cor satisfazendo (a)-(c).

5.4.2 Balanceamento

Os lemas que se seguem demonstram que árvores graduadas são balanceadas. O primeiro deles estabelece um limite superior para a altura de um nó da árvore.

Lema 5.3

Seja T uma árvore graduada com n nós internos e altura h. Então,

$$h(v) \leq 2 \times posto(v).$$

PROVA Sejam atribuídos rótulos rubro-negros a T através da conversão A. O argumento é por indução em h, altura de T. Se $h(v) = 0$, v é um nó externo e $posto(v) = 0$. Vale o lema.

Quando $h(v) > 0$, suponha o resultado verdadeiro para todos os nós w tais que $h(w) < h(v)$. Sejam w_1, w_2 os filhos de v, e w_i o nó de altura máxima, dentre w_1 e w_2. Sabe-se que $h(w_i) < h(v)$. Então, o lema vale e $h(w_i) \leq 2 \times posto(w_i)$. Dois casos podem ocorrer. Inicialmente, se $posto(w_i) = posto(v) - 1$, tem-se

$$h(w_i) \leq 2 \times posto(w_i) < 2 \times posto(v).$$

Como $h(v) = h(w_i) + 1$, segue-se $h(v) \leq 2 \times posto(v)$ e vale o lema.

No segundo caso, $posto(w_i) = posto(v)$. Sabe-se que w_i é rubro e v é negro; pelo Lema 5.2, tem-se que

$$posto(w_i) = NN(w_i).$$

Chamando $NR(v)$ o maior número de nós rubros existentes em algum caminho de um filho de v até seus descendentes, tem-se

$$h(w_i) = NN(w_i) + NR(w_i).$$

Ora, $NR(w_i) < NN(w_i)$, uma vez que não existem dois nós rubros consecutivos, w_i é rubro e não é contado, e o nó externo é obrigatoriamente negro. Então,

$$h(w_i) \leq 2 \times NN(w_i) - 1 = 2 \times posto(w_i) - 1 = 2 \times posto(v) - 1.$$

Como $h(v) = h(w_i) + 1$, novamente é válido

$$h(v) \leq 2 \times posto(v). \qquad \blacksquare$$

O seguinte conceito será agora utilizado. Seja T uma árvore binária formada de nós internos e externos e v um nó de T. A *subárvore interna* de T com raiz v é a subárvore de T obtida a partir de $T(v)$ pela exclusão de seus nós externos. Utiliza-se o símbolo $T_I(v)$ para representá-la. Por exemplo, a Figura 5.11(b) ilustra a subárvore interna com raiz v da árvore da Figura 5.11(a).

O próximo lema estabelece um limite inferior para o número de nós de uma subárvore interna de uma árvore graduada.

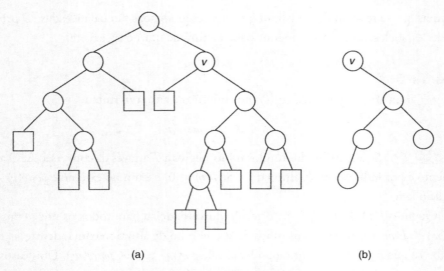

Figura 5.11 Subárvore interna.

Lema 5.4

Seja T uma árvore graduada e $T_I(v)$ a subárvore interna do nó v. Então,

$$|T_I(v)| \geq 2^{posto(v)} - 1.$$

PROVA A subárvore $T_I(v)$ possui cardinalidade mínima exatamente no caso em que T satisfaz a seguinte condição: todo nó w de pai z é tal que $posto(w) = posto(z) - 1$. Se isto não ocorre, $posto(w) = posto(z)$. Nesse caso, a seguinte providência pode ser tomada: remover a subárvore $T_I(z)$ e substituí-la por $T_I(w)$. A nova árvore assim formada é naturalmente também graduada e $T_I(v)$ possui menos vértices do que na alternativa anterior. Contudo, se $posto(w) = posto(z) - 1$ para todo nó w de pai z, então T é uma árvore cheia, com todas as folhas no mesmo nível. Além disso, $posto(v) = h(v)$ para todo nó v. Como $2^{h(v)} = |T_I(v)| + 1$ na árvore de tamanho mínimo, de um modo geral vale $|T_I(v)| \geq 2^{posto(v)} - 1$. ∎

Finalmente, pode-se enunciar o resultado seguinte:

Teorema 5.2

Seja T uma árvore graduada com n nós internos e altura h. Então,

$$h(T) \leq 2\lfloor \log(n + 1) \rfloor.$$

PROVA Seja r a raiz de T. Pelo lema anterior, $|T_I(r)| \geq 2^{posto(r)} - 1$. Pelo Lema 5.3, $h(r) \leq 2 \times posto(r)$. Mas, $|T_I(r)| = n$ e $h(r) = h(T)$. Então, $\log(n + 1) \geq posto(r)$. Como $posto(r)$ é inteiro, vale $\lfloor \log(n + 1) \rfloor \geq posto(r)$. Logo,

$$h(T) \leq 2\lfloor \log(n + 1) \rfloor.$$ ∎

Consequentemente, árvores graduadas são balanceadas.

5.4.3 Inclusão

O problema da inclusão em árvores graduadas é agora abordado. A exemplo das árvores AVL, a inclusão de um novo nó pode desequilibrar a árvore. Se isto ocorrer, há necessidade do emprego de operações de equilíbrio para tornar a árvore novamente graduada. Em seguida, será mostrado que essas operações também podem ser efetuadas em tempo $O(\log n)$. Na descrição a seguir utilizar-se-á a árvore rubro-negra correspondente.

Seja T uma árvore rubro-negra e q um nó a ser incluído em T. Suponha que o valor da chave que q contém seja diferente das demais chaves de T. Nesse caso, o algoritmo de inclusão em árvores binárias substituirá um dos nós externos de T pelo novo nó interno q, obtendo uma nova árvore T^*. Os filhos esquerdo e direito de q são definidos como nós externos. Sejam v e w o pai e o avô de q em T^*, respectivamente, se existirem. A questão consiste em verificar se T^* é também rubro-negra e, em caso contrário, equilibrar seus nós

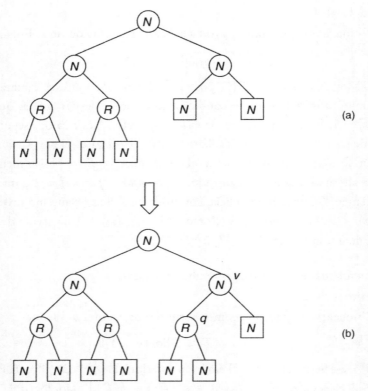

Figura 5.12 Inclusão em árvore rubro-negra.

de forma conveniente. Para saber se T^* é rubro-negra, basta verificar as condições (a)-(c). É imediato que (a) é verdadeiro. Define-se q como rubro. Então (b) também vale. Resta testar (c). As seguintes possibilidades podem ocorrer:

Caso 1: v é negro

Então (c) é verdadeiro e T^* é rubro-negra. Não há necessidade de operações de equilíbrio (Figura 5.12).

Caso 2: v é rubro

Neste caso, o nó incluído q não satisfaz (c) (Figura 5.13(b)). Torna-se então necessário equilibrá-lo. Observe que, se v não é a raiz da árvore, o seu pai w é necessariamente negro. Indaga-se, em seguida, a cor do nó t, irmão de v. Os seguintes casos podem ocorrer:

Caso 2.1: t é rubro

Altera-se a cor de v, t e w. Os nós v e t tornam-se negros e w, rubro. Naturalmente, (b) e (a) permanecem válidos. Além disso, (c) é válido para qualquer nó das subárvores $T(v)$ e $T(t)$. O nó w, avô de q, pode porém ter se tornado desequilibrado, caso o seu pai seja rubro. Isto é, repete-se o processo, com a atribuição $q := w$, redefinindo-se v, w e t como pai, avô e tio de q, respectivamente. No exemplo, o equilíbrio da árvore da Figura 5.13(b) produziu a árvore da Figura 5.13(c). Repetindo-se o processo, no exemplo, observa-se que o avô w da nova chave q não se tornou desequilibrado com o equilíbrio de q. Portanto, o processo termina e a árvore é novamente rubro-negra. O pior caso corresponderia a uma árvore em que a propagação do desequilíbrio alcançaria um nó que fosse a raiz ou filho da raiz.

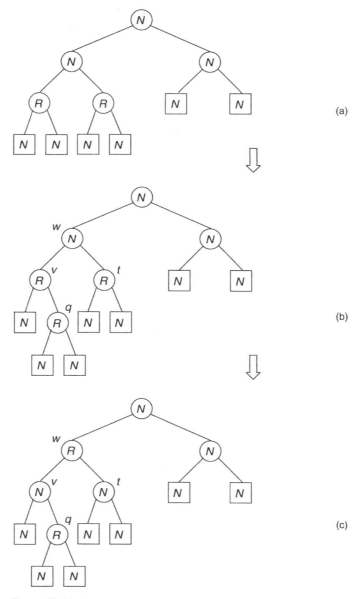

FIGURA 5.13 Inclusão em árvore rubro-negra com desequilíbrio.

Caso 2.2: t é negro

Neste caso, utilizam-se as operações de rotação, conforme definidas na Figura 5.6. De fato, basta uma operação de rotação seguida de uma troca de cores conveniente de dois nós para equilibrar q e transformar T^* em árvore rubro-negra. Os seguintes casos podem ocorrer:

Caso 2.2.1: q é filho esquerdo de v e v é filho esquerdo de w

Completa-se o equilíbrio efetuando-se uma rotação direita de raiz w. Em seguida, altera-se a cor de v para negra e a de w para rubra (Figura 5.14(a)).

Caso 2.2.2: q é filho esquerdo de v e v é filho direito de w

Efetua-se uma rotação dupla esquerda de raiz w. Em seguida, altera-se a cor de q para negra e a de w para rubra (Figura 5.14(b)).

Caso 2.2.3: q é filho direito de v e v é filho direito de w

Rotação esquerda de raiz w. Alterar v para negro e w para rubro (Figura 5.14(c)).

Caso 2.2.4: q é filho direito de v e v é filho esquerdo de w

Utiliza-se rotação dupla direita de raiz w. A troca de cores é a seguinte: q torna-se negro e w rubro (Figura 5.14(d)).

Ao final do processo, todos os nós se encontram equilibrados e, portanto, T^* é rubro-negra. Observe que o Caso 2.1 pode ocorrer iterativamente tantas vezes quanto a metade do piso do comprimento do caminho do novo nó q até a raiz, isto é, $O(\log n)$ vezes, uma vez que o desequilíbrio pode ser propagado de um nó para o seu avô (Caso 2.1). Os demais casos somente podem ocorrer, no máximo, uma vez cada.

5.4.4 Implementação

A implementação segue estritamente a estratégia antes descrita.

O procedimento *ins-RN* (x, *ptv*, *ptw*, *ptr*, a) efetua uma busca para localizar a posição na árvore onde o novo nó de chave x será incluído. Os ponteiros *ptv*, *ptw*, *ptr* apontam para o nó corrente da busca, seu pai e seu avô, respectivamente. O equilíbrio é efetuado pelo procedimento *rota*(*ptq*, *ptv*, *ptw*, *ptr*, a). Os ponteiros *ptv*, *ptw*, *ptr* são definidos como anteriormente, enquanto *ptq* aponta para o nó filho de v no processo da busca. Na primeira chamada de *rota*, *ptq* aponta o novo nó incluído. O parâmetro a controla as chamadas do procedimento *rota*, que somente será executado se $a = 1$. Quando for detectado um caso outro que não o 2.1, ter-se-á $a = 2$, o que significa que *rota* não mais será executado até o final do processo. No Caso 2.1, o valor de a ao final de *rota* será 0. Isto implica que somente será efetuada uma nova chamada de *rota* quando o nó corrente for o avô do atual. A variável *ptraiz* indica, como sempre, um ponteiro para a raiz da árvore. Os nós externos serão representados de forma a evitar o consumo desnecessário de memória. Como estes são todos iguais, não contendo informações, serão resumidos a

Árvores Balanceadas

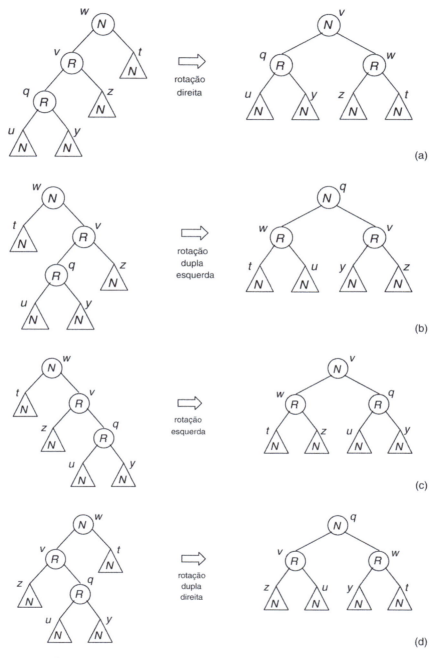

FIGURA 5.14 Rotações para equilíbrio de árvore rubro-negra.

um só nó especial, apontado pelo ponteiro *externo*. Assim, se v é um nó apontado por pt tal que seu filho esquerdo é um nó externo, então $pt \uparrow. esq = externo$ ($pt \uparrow. dir = externo$). No caso de árvore vazia, define-se $ptraiz = externo$. O campo *cor* informa a cor de cada nó, R ou N. Inicializa-se $externo \uparrow. cor = N$. O Algoritmo 5.2 implementa o processo. A chamada externa é $ins\text{-}RN$ ($x, ptv, \lambda, \lambda, 1$), com $ptv = ptraiz$.

Deve-se ainda mencionar uma condição assumida pelo algoritmo. É fácil observar que qualquer árvore rubro-negra que tenha raiz rubra pode ter esta raiz transformada em negra, mantendo-se o equilíbrio. O algoritmo considera então a raiz da árvore construída sempre como negra. Isto simplificará o procedimento *rota*.

■— | **Algoritmo 5.2** | **Inclusão em árvore rubro-negra**

```
procedimento ins-RN (x, ptv, ptw, ptr, a)
    se ptv = externo então
        ocupar(ptv)
        ptv ↑. esq := ptv ↑. dir := externo
        ptv ↑. chave := x;    ptv ↑. cor := R
        se ptraiz = externo então
            ptv ↑. cor := N                              % novo nó é raiz
            ptraiz := ptv
        senão se x < ptv ↑. chave então                  % incluir nó na árvore
                ptw ↑. esq := ptv
            senão ptw ↑. dir := ptv
    senão se x ≠ ptv ↑. chave então
            se x < ptv ↑. chave então
                ptq := ptv ↑. esq
            senão ptq := ptv ↑. dir
            ins-RN (x, ptq, ptv, ptw, a)
            se a = 1 então rota(ptq, ptv, ptw, ptr, a)
            senão  se a = 0 então a := 1
    senão "inserção inválida"
```

procedimento *rota*(*ptq, ptv, ptw, ptr, a*)

    $a := 2$

    se *ptv* $\uparrow$. *cor* $= R$ **então**

        se *ptv* $=$ *ptw* $\uparrow$. *esq* **então**

            ptt := *ptw* $\uparrow$. *dir*

        senão *ptt* := *ptw* $\uparrow$. *esq*

        se *ptt* $\uparrow$. *cor* $= R$ **então**   % Caso 2.1

            ptv $\uparrow$. *cor* := N;   *ptw* $\uparrow$. *cor* := R

            ptt $\uparrow$. *cor* := N

            $a := 0$

        senão *ptw* $\uparrow$. *cor* := R % Caso 2.2

            se *ptq* $=$ *ptv* $\uparrow$. *esq* **então**

                se *ptv* $=$ *ptw* $\uparrow$. *esq* **então**

                    aux := *ptv*;   *ptv* $\uparrow$. *cor* := N % Caso 2.2.1

                    ptw $\uparrow$. *esq* := *ptv* $\uparrow$. *Dir*

                    ptv $\uparrow$. *dir* := *ptw*

                senão *aux* := *ptq*;   *ptq* $\uparrow$. *cor* := N % Caso 2.2.2

                    ptw $\uparrow$. *dir* := *ptq* $\uparrow$. *esq*

                    ptv $\uparrow$. *esq* := *ptq* $\uparrow$. *dir*

                    ptq $\uparrow$. *esq* := *ptw*;   *ptq* $\uparrow$. *dir* := *ptv*

                senão se *ptv* $=$ *ptw* $\uparrow$. *dir* **então**   % caso 2.2.3

                    aux := *ptv*;   *ptv* $\uparrow$. *cor* := N

                    ptw $\uparrow$. *dir* := *ptv* $\uparrow$. *esq*

                    ptv $\uparrow$. *esq* := *ptw*

                senão *aux* := *ptq*;   *ptq* $\uparrow$. *cor* := N % caso 2.2.4

                    ptw $\uparrow$. *esq* := *ptq* $\uparrow$. *dir*

                    ptv $\uparrow$. *dir* := *ptq* $\uparrow$. *esq*

                    ptq $\uparrow$. *esq* := *ptv*;   *ptq* $\uparrow$. *dir* := *ptw*

              se *ptr* $\neq \lambda$ **então**

                se *ptq* $\uparrow$. *chave* $<$ *ptr* $\uparrow$. *chave* **então**

                    ptr $\uparrow$. *esq* := *aux*

                senão *ptr* $\uparrow$. *dir* := *aux*

              senão *ptraiz* := *aux*

    ptraiz $\uparrow$. *cor* := N

É imediato verificar que cada chamada desses procedimentos consome apenas tempo constante. Portanto, a inclusão e o equilíbrio podem ser realizados em tempo $O(\log n)$.

Observe também que o espaço adicional necessário para armazenar uma árvore rubro-negra corresponde apenas a um bit por nó, isto é, aquele utilizado para informar a cor desse nó.

A exclusão em árvores rubro-negras também pode ser efetuada por um método simples e eficiente. Em linhas gerais, a estratégia segue os processos anteriores. Após a operação de exclusão propriamente dita, verifica-se se algum nó tornou-se desequilibrado. Em caso positivo, efetua-se o equilíbrio da árvore. O algoritmo de exclusão e equilíbrio pode ser implementado de forma que o tempo consumido seja de $O(\log n)$ por cada operação desse tipo. A exemplo do caso devido a inclusões, eventualmente torna-se também necessária a utilização de rotações.

5.5 Árvores B

5.5.1 Conceitos Básicos

Em muitas aplicações a tabela considerada é muito grande, de forma que o armazenamento do conjunto de chaves não pode ser efetuado na memória principal, de uma só vez. Nesse caso, torna-se necessária a manutenção da tabela em memória secundária, o que acarreta um dispêndio de tempo significativo para acesso a um nó da tabela.

Para essas aplicações, é de interesse a criação de uma estrutura que minimize o tempo de acesso para buscas, inserções e remoções nessa tabela.

A árvore B, utilizando o recurso de manter mais de uma chave em cada nó da estrutura, proporciona uma organização de ponteiros tal que as operações mencionadas são executadas rapidamente. Além disso, sua construção assegura que as folhas se encontram todas em um mesmo nível, não importando a ordem de entrada de dados.

As árvores B são largamente utilizadas como forma de armazenamento em memória secundária. Diversos sistemas comerciais de bancos de dados, por exemplo, as empregam.

Seja d um número natural. Uma *árvore B de ordem d* é uma árvore ordenada que é vazia, ou que satisfaz as seguintes condições:

(i)   a raiz é uma folha ou tem no mínimo dois filhos;
(ii) cada nó diferente da raiz e das folhas possui no mínimo $d + 1$ filhos;
(iii) cada nó tem no máximo $2d + 1$ filhos;
(iv) todas as folhas estão no mesmo nível.

Um nó de uma árvore B é chamado *página*. Uma página armazena então diversos nós da tabela original. A estrutura apresentada satisfaz ainda as propriedades seguintes.

(a) Seja m o número de chaves em uma página P não folha. Então P tem $m + 1$ filhos. Consequentemente, cada página possui entre d e $2d$ chaves, exceto o nó raiz, que possui entre 1 e $2d$ chaves.

(b) Em cada página P, as chaves estão ordenadas: $s_1, \ldots, s_m$, $d \leq m \leq 2d$, exceto para a página raiz onde $1 \leq m \leq 2d$. E mais, P contém $m + 1$ ponteiros $p_0, p_1, \ldots, p_m$ para os filhos de P. Nas páginas correspondentes às folhas, esses ponteiros indicam λ. A Figura 5.15 apresenta a organização de uma página, onde I_k indica a informação associada à chave s_k. A tripla (s_k, I_k, p_k) ou, omitindo-se I_k, o par (s_k, p_k) é chamado uma *entrada*, $k > 0$. Se $k = 0$, por sua vez, o ponteiro p_0 é definido como *entrada*.

(c) Seja uma página P com m chaves:
- para qualquer chave y, pertencente à página apontada por p_0, $y < s_1$;
- para qualquer chave y, pertencente à página apontada por p_k, $1 \leq k \leq m - 1$, $s_k < y < s_{k+1}$;
- para qualquer chave y, pertencente à página apontada por p_m, $y > s_m$.

FIGURA 5.15 Organização de uma página.

Uma vez que as árvores B se destinam ao armazenamento de grandes tabelas, é interessante conhecer seus limites quanto ao número de páginas e elementos.

Seja uma árvore B de ordem d e altura h. O número mínimo de páginas ocorre quando a árvore possui uma página-raiz seguida do número mínimo de páginas para cada nível que se segue. No nível consecutivo à raiz (nível 2), ter-se-ão então duas páginas (item (i) da definição); cada uma delas aponta para $d + 1$ novas páginas, perfazendo, para o nível 3, o total de $2(d + 1)$. A partir daí, cada página aponta, por sua vez, para $d + 1$ páginas; isto é, um total de $2(d + 1)^{h-2}$. O número máximo de páginas ocorre quando todas as páginas apontam $2d + 1$ filhos (item (iii) da definição). Chamando-se $P_{\min}$ e $P_{\max}$ aos números mínimo e máximo de páginas nessa árvore, tem-se

$$P_{\min} = 1 + 2((d+1)^0 + (d+1)^1 + \ldots + (d+1)^{h-2})$$
$$= 1 + \frac{2}{d}[(d+1)^{h-1} - 1] \quad h \geq 1$$
$$P_{\max} = \sum_{k=0}^{h-1}(2d+1)^k = \frac{1}{2d}[(2d+1)^h - 1] \quad h \geq 1.$$

Capítulo 5

O cálculo do número mínimo n_{min} e máximo n_{max} de elementos da tabela dispostos em uma árvore B de ordem d e altura h decorre das expressões anteriores. Tem-se então

$$n_{min} = 1 + d\left(\frac{2[(d+1)^{h-1} - 1]}{d}\right) = 2(d+1)^{h-1} - 1$$

$$n_{max} = 2d\left[\frac{(2d+1)^{h} - 1}{2d}\right] = (2d+1)^{h} - 1 \quad \text{para } h \geq 1.$$

Desses resultados podem-se deduzir cotas extremas para a altura h, em termos do número de chaves n.

$$\log_{2d+1}(n+1) \leq h \leq 1 + \log_{d+1}\left(\frac{n+1}{2}\right), \quad \text{para } n \geq 1.$$

5.5.2 Busca, Inserção e Remoção

O método empregado na busca de uma chave x numa árvore B é semelhante ao utilizado na busca em uma árvore binária de busca. O mesmo caminhamento é executado na árvore, sendo apenas necessário acrescentar testes relativos às chaves existentes em cada página, que determinam qual o próximo passo do percurso. Observe, na Figura 5.16, a busca da chave 10 na árvore B de ordem 2. De início, a chave procurada é comparada com a chave 50, armazenada na raiz. Na próxima página do caminho, deve-se procurar a posição adequada, testando-se o valor 10 com todas as chaves armazenadas no nó até que seja encontrado o ponteiro conveniente para o prosseguimento da busca (ou a chave ser encontrada). O caminho percorrido é representado pela linha pontilhada.

O algoritmo de busca compara a chave x, a chave procurada, com a chave (ou chaves) do nó-raiz. Sabe-se que, se a chave não se encontra na página em questão, a busca deve prosseguir em um certo filho dessa página, o qual é escolhido observando-se a propriedade (c). Se p é um ponteiro para uma página que contém m chaves, estas são localizadas em $p \uparrow. s[1], ..., p \uparrow. s[m]$ e os ponteiros para os filhos da página em $p \uparrow. pont[0]$, $p \uparrow. pont[1], ..., p \uparrow. pont[m]$. Os parâmetros pt, f e g fornecem o resultado da busca. Se a chave se encontra na tabela, então $f = 1$. Nesse caso, ela se localiza na g-ésima posição da página apontada por pt. Caso a chave não seja encontrada, então $f = 0$. Nessa situação, pt aponta a última página examinada (necessariamente, uma folha) e g informa a posição, nesta página, onde x seria incluída. A variável $ptraiz$ contém um ponteiro para a raiz da árvore.

132

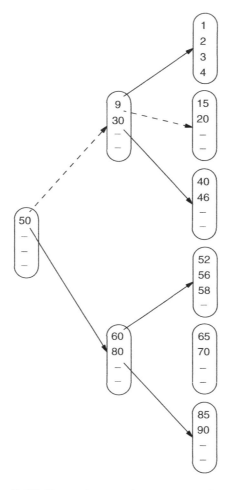

FIGURA 5.16 Busca de uma chave em uma árvore B.

Algoritmo 5.3   Busca da chave *x* numa árvore B

procedimento *buscaB(x, pt, f, g)*
   $p := ptraiz;$ $pt := \lambda;$ $f := 0$
   enquanto $p \neq \lambda$ **faça**
      $i := g := 1;$ $pt := p$
      enquanto $i \leq m$ **faça**
         se $x > p\uparrow.s[i]$ **então** $i := g := i + 1$
         senão se $x = p\uparrow.s[i]$ **então**
            $p := \lambda$ % chave encontrada
            $f := 1$
         senão $p := p\uparrow.pont[i-1]$ % mudança de página
         $i := m + 2$
      se $i = m + 1$ **então** $p := p\uparrow.pont[m]$

Considere agora o problema de inserir uma nova chave x em uma árvore B. O primeiro passo consiste em executar o procedimento *buscaB*. Os valores dos parâmetros pt, f e g são, em seguida, analisados. Se $f = 1$, trata-se de uma inserção inválida. Caso contrário, x deve ser incluída na g-ésima posição da folha apontada por pt. Um problema surge se a folha possuía $2d$ chaves antes da inserção. Como está sendo inserida uma nova chave, a página ficaria com $2d + 1$ chaves, o que é impossível (propriedade (a)). A solução para esse problema é reorganizar as páginas, processo conhecido por *cisão de página*.

Seja a página P, onde é feita uma inserção, resultando em $2d + 1$ chaves armazenadas. A disposição das entradas em P é a seguinte:

$$p_0, (s_1, p_1), (s_2, p_2), \ldots, (s_d, p_d), (s_{d+1}, p_{d+1}), \ldots, (s_{2d+1}, p_{2d+1})$$

A *cisão da página*, executada em P, transforma uma página com excesso de chaves em duas. Seja o ponteiro pt apontando para P. Em P permanecem d entradas. Sobram $d + 1$ entradas. Para estas, uma nova página Q, apontada por $pt1$, deve ser solicitada. Nesta página, são alocadas também d entradas. A chave restante, justamente a da posição central da página P, s_{d+1}, forma com o ponteiro $pt1$ uma nova entrada na página W, pai de P. A disposição de entradas em P após o processo de cisão é:

$$p_0, (s_1, p_1), (s_2, p_2), \ldots, (s_d, p_d).$$

O novo nó Q, apontado por $pt1$, apresenta a seguinte disposição de entradas:

$$p_{d+1}, (s_{d+2}, p_{d+2}), \ldots, (s_{2d+1}, p_{2d+1}).$$

O nó W, agora também pai de Q, possui a nova entrada $(s_{d+1}, pt1)$.

Observe que a nova entrada acrescentada ao nó W poderia também acarretar a necessidade de uma nova cisão. Por essa razão, diz-se que a cisão de páginas é propagável, podendo atingir até mesmo a raiz da árvore. Assim, uma nova inserção pode implicar a alteração da altura da árvore, que se mantém, entretanto, com suas folhas em um mesmo nível, uma vez que surge uma nova raiz. As Figuras 5.17(a) e 5.17(b) mostram a inserção das chaves 51 e 57 na árvore da Figura 5.16. Observe a cisão do nó após a inserção da chave 57. Nesse exemplo, não houve propagação.

O algoritmo de inserção segue os passos seguintes:

Passo 1: Aplicar procedimento *buscaB*, verificando a validade da inserção.

Passo 2: Se a inserção é válida, incluir a nova entrada na g-ésima posição da folha F, apontada por pt.

Passo 3: Verificar se a página F necessita de cisão. Em caso afirmativo, propagar a cisão enquanto necessário.

A remoção de uma chave x também requer atenção especial. De início, dois casos, e suas respectivas soluções, devem ser considerados.

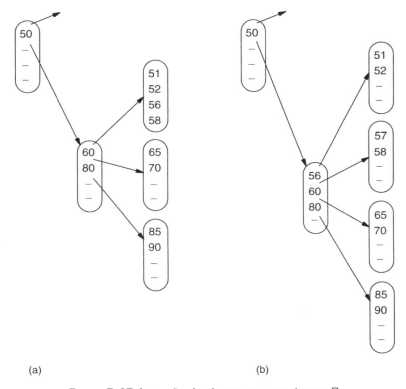

FIGURA 5.17 Inserção de chaves em uma árvore B.

(1) x se encontra em uma folha: a entrada é simplesmente retirada;
(2) x não se encontra em uma folha: x é substituída pela chave y, imediatamente maior. Observe que y necessariamente pertence a uma folha. A retirada e substituição das chaves pressupõem que elas sejam acompanhadas de sua informação.

A análise da remoção pode então se restringir ao caso em que esta operação é realizada em uma folha. Quando a chave é retirada, o número de chaves da página pode resultar menor que d, o que contraria a propriedade (a). Existem dois tratamentos para esse problema, denominados *concatenação* e *redistribuição*.

Duas páginas P e Q são chamadas *irmãos adjacentes* se têm o mesmo pai W e são apontadas por dois ponteiros adjacentes em W. P e Q podem ser concatenadas se são irmãos adjacentes e juntas possuem menos de $2d$ chaves. A concatenação agrupa as entradas das duas páginas em uma só. Para isto, no nó pai W deixa de existir uma entrada, justamente a da chave que se encontra entre os ponteiros para os irmãos P e Q. Essa chave passa a fazer parte do novo nó concatenado e seu ponteiro desaparece, uma vez que o nó Q é devolvido. Como a soma do número de chaves de P e Q era menor do que $2d$, o novo nó tem, no máximo, $2d$ chaves. Acompanhe, a seguir, a evolução da situação.

Situação antes da concatenação:

Página W: ... $(y_{j-1}, pt), (y_j, pt1), (y_{j+1}, p_{j+1}), ...$
Página P: $p_0, (s_1, p_1), ..., (s_k, p_k)$
Página Q: $p'_0, (s'_1, p'_1), ..., (s'_m, p'_m)$ onde $k + m < 2d$

Situação após a concatenação:

Página W: ... $(y_{j-1}, pt), (y_{j+1}, p_{j+1}), ...$
Página P: $p_0, (s_1, p_1), ..., (s_k, p_k), (y_j, p'_0), (s'_1, p'_1), ..., (s'_m, p'_m)$

Como no nó W foi retirada uma entrada, observa-se que a concatenação é também propagável. Ou seja, na nova situação, caso W contenha menos que d chaves, o processo se repete. Eventualmente, a propagação pode atingir a raiz, o que acarreta a diminuição da altura da árvore.

A Figura 5.18(a) mostra a árvore B da Figura 5.16 após a retirada da chave 40. Como restou somente uma chave na página e a soma das chaves nas duas páginas irmãos adjacentes é menor do que $2d$, a concatenação foi feita. Nota-se, neste exemplo, a propagação da concatenação. A chave 9 torna-se a única de sua página, repetindo-se então a concatenação nesse nível.

Se a página P e seu irmão adjacente Q possuem em conjunto $2d$ ou mais chaves, estas podem ser equilibradamente distribuídas: concatena-se P e Q, o que obviamente resulta numa página P grande demais. Imediatamente após, efetua-se uma cisão, considerando-se para isso a página Q já existente. Essa solução, a *redistribuição*, não é propagável. A página W, pai de P e Q, é modificada, mas seu número de chaves permanece o mesmo.

Sejam P e Q duas páginas, irmãos adjacentes, contendo, no total, pelo menos $2d$ chaves. Seja W a página pai de P e Q. Acompanhe, a seguir, a evolução da situação.

Situação antes da redistribuição:

Página W: ... $(y_{j-1}, pt), (y_j, pt1), (y_{j+1}, p_{j+1}), ...$
Página P: $p_0, (s_1, p_1), ..., (s_k, p_k)$
Página Q: $p'_0, (s'_1, p'_1), ..., (s'_m, p'_m)$ onde $k < d$ e $k + m \geq 2d$

Situação após a redistribuição: Seja $g = \lfloor (k + m)/2 \rfloor$.

Página W: ... $(y_{j-1}, pt), (s'_{g-k}, pt1), (y_{j+1}, p_{j+1}), ...$
Página P: $p_0, (s_1, p_1), ..., (s_k, p_k), (y_j, p'_0), (s'_1, p'_1), ..., (s'_{g-k-1}, p'_{g-k-1})$
Página Q: $p'_{g-k}, (s'_{g-k+1}, p'_{g-k+1}), ..., (s'_m, p'_m)$

Árvores Balanceadas

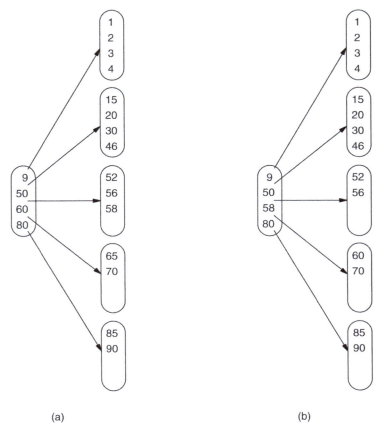

(a) (b)

Figura 5.18 Resultados da remoção em uma árvore B.

A Figura 5.18(b) mostra o exemplo da remoção da chave 65 na árvore da Figura 5.18(a), em que a operação de redistribuição foi realizada.

O algoritmo de remoção da chave x segue então os passos seguintes:

Passo 1: Aplicar o procedimento *buscaB*, verificando a existência da chave x na árvore. Seja P a página onde se encontra chave.

Passo 2: Se P é uma folha, retirar a entrada correspondente à chave x. Se não é, buscar a menor chave que se encontre em uma folha e que seja maior que x. Seja z essa chave, e F a página onde z se encontra. Substitua a chave x (e a informação correspondente) por z e I_z. Fazer $P = F$.

Passo 3: Verificar se P contém d entradas. Em caso negativo, executar a operação de concatenação ou redistribuição.

5.5.3 Custos de Busca, Inserção e Remoção

Para analisar custos de manutenção de uma tabela, é necessário avaliar quantas páginas são solicitadas e quantas são escritas na memória secundária. Para essa análise, considere a seguinte situação: qualquer página cujo conteúdo é examinado ou modificado durante uma busca, inserção ou remoção é acessada e, posteriormente, devolvida à memória secundária exatamente uma vez.

Seja F_{min} (F_{max}) o mínimo (máximo) número de páginas acessadas, e E_{min} (E_{max}) o mínimo (máximo) de páginas escritas. Para o algoritmo de busca, o custo da recuperação de uma chave é mínimo quando esta se encontra na própria raiz, e máximo quando se encontra em uma folha. Então,

$$F_{min} = 1; \qquad F_{max} = h; \qquad E_{min} = E_{max} = 0.$$

No cálculo do custo da inserção, o mínimo de trabalho ocorre quando nenhuma cisão é requerida. Então,

$$F_{min} = h; \qquad E_{min} = 1.$$

Ainda na inserção, o máximo de trabalho ocorre no caso em que todas as páginas do caminho seguido na árvore, inclusive a raiz, passam pelo processo de cisão. Neste caso

$$F_{max} = h; \qquad E_{max} = 2h + 1.$$

No caso da remoção, o trabalho é mínimo quando nem concatenações nem redistribuições são necessárias e, além disso, a chave retirada está numa folha. Isto requer

$$F_{min} = h; \qquad E_{min} = 1.$$

Se, nas mesmas condições, a chave não se encontra numa folha, então

$$F_{min} = h; \qquad E_{min} = 2.$$

O pior caso ocorre quando há concatenação em todas as páginas do caminho, exceto nos dois primeiros níveis (a raiz e seus filhos). Além disso, a página filho da raiz resulta com número insuficiente de chaves, de tal forma que acarrete a operação de redistribuição. Portanto, há um total de $h - 2$ páginas escritas, devido às concatenações, e ainda 3 páginas como resultado da operação de distribuição. Isto requer

$$F_{max} = 2h - 1; \qquad E_{max} = h + 1.$$

Diversas variações interessantes existem na literatura para árvores B. A primeira, e mais simples, sugere o armazenamento à parte dos campos de informação, mantendo nas entradas da árvore B somente a chave e um ponteiro para a informação correspondente. Tal alternativa permite o armazenamento de uma quantidade de entradas bem maior do que no armazenamento tradicional. Outra variação é a que mantém todas as

Árvores Balanceadas

chaves, e as informações correspondentes, em folhas. A árvore B, chamada nesse caso B^+, contém duplicatas das chaves distribuídas pelas páginas não folhas, o que permite o acesso aos dados desejados. Estas formam então um índice para as folhas que contêm informações. As estruturas dessas páginas diferem da estrutura das folhas. Os dados podem ser também manipulados sequencialmente, em virtude de sua disposição. Algoritmos para esse caso são solicitados no Exercício 5.41.

5.6 Exercícios

5.1 Provar ou dar contraexemplo:
Toda árvore estritamente binária é balanceada.

5.2 Desenhar a árvore de Fibonacci T_5.

∘5.3 Determinar a expressão do h-ésimo termo f_h, da sequência de Fibonacci, em função de h.

∘5.4 Determinar o número total de árvores de Fibonacci distintas que possuem a mesma altura h.

•5.5 Calcular o comprimento do caminho externo de uma árvore de Fibonacci para uma dada altura h.

5.6 Mostrar que o valor $|T_h|$, número mínimo de nós de uma árvore AVL de altura h, é igual ao número de chamadas à função f do seguinte algoritmo recursivo para encontrar o termo f_h da sequência de Fibonacci, sendo $h > 0$.

$$\textbf{função } f(h)$$
$$f(h) := \textbf{se } h \leq 1 \textbf{ então } h \textbf{ senão } f(h-1) + f(h-2)$$

5.7 Mostrar que a rotação dupla esquerda (direita) pode ser obtida por uma rotação direita (esquerda) seguida por uma rotação esquerda (direita).

5.8 Dê exemplo de uma família de árvores AVL cuja exclusão de nós implica a realização de $O(\log n)$ operações de rotação para o rebalanceamento.

5.9 Detalhar o algoritmo de exclusão de nós em árvores AVL.

∘5.10 Caracterizar a família de árvores AVL minimais, isto é, tais que a exclusão de qualquer nó provoca o seu desbalanceamento.

∘5.11 Caracterizar a família de árvores AVL maximais, isto é, tais que a inclusão de qualquer nó provoca o seu desbalanceamento.

•5.12 Determinar o número médio de rotações necessárias para rebalancear uma árvore AVL após uma operação de exclusão, supondo que todos os nós possuem a mesma probabilidade de serem excluídos.

•5.13 Determinar a probabilidade de que uma inclusão efetuada em uma árvore AVL provoque o seu desbalanceamento, supondo que a inclusão pode ocorrer, com idêntica probabilidade, em qualquer das subárvores vazias.

•5.14 Determinar a probabilidade de que uma exclusão efetuada em uma árvore AVL provoque o seu desbalanceamento, supondo que todos os nós possuem a mesma probabilidade de serem excluídos.

•5.15 Determinar a altura média de uma árvore AVL em função do número de nós, supondo que todas as árvores AVL com n nós possuem a mesma probabilidade de ocorrência.

•5.16 Uma árvore é *k-balanceada* quando o módulo da diferença entre as alturas dos filhos esquerdo e direito de qualquer nó é ≤ *k*. Em especial, as árvores AVL são *k*-balanceadas. Pede-se:

    (i) verificar se as árvores 2-balanceadas são balanceadas;

    (ii) desenvolver um algoritmo eficiente para inclusão de nós em árvores 2-balanceadas.

5.17 Desenhar a árvore rubro-negra obtida pela sequência de inserções das chaves 19, 18, 16, 15, 17, 2, 6, nesta ordem.

5.18 Desenhar todas as árvores rubro-negras com 5 nós internos.

5.19 Mostre a menor árvore binária que não seja rubro-negra.

5.20 Provar ou dar contraexemplo:

Seja uma árvore rubro-negra cuja raiz possui a cor rubra. Se esta for alterada para negra, a árvore mantém-se rubro-negra.

5.21 Para um dado número de nós, descrever uma árvore rubro-negra que possui o número máximo de nós rubros.

5.22 Para um dado número de nós, descrever uma árvore rubro-negra que possui o número máximo de nós negros.

5.23 Existe uma árvore rubro-negra cuja rotulação não possa ser obtida através do algoritmo de conversão de árvores graduadas para rubro-negras? Justifique.

5.24 Existe uma árvore graduada cuja rotulação não possa ser obtida através do algoritmo de conversão de árvores rubro-negras em graduadas? Justifique.

5.25 Uma árvore 2-4 é aquela cujos nós internos possuem 2, 3 ou 4 filhos e todas as folhas possuem a mesma altura. Mostrar que em uma árvore rubro-negra *T*, ao se identificar cada nó rubro com seu pai, *T* será transformada em árvore 2-4.

5.26 Provar ou dar contraexemplo:

    (i) toda árvore AVL é rubro-negra;

    (ii) toda árvore rubro-negra é AVL.

○**5.27** Uma árvore é *semicompleta* se, para todo nó *v*, o comprimento do caminho mais longo de *v* até um nó externo é, no máximo, igual ao dobro do comprimento do caminho mais curto de *v* até um nó externo. Provar ou dar contraexemplo:

    (i) toda árvore semicompleta é rubro-negra;

    (ii) toda árvore rubro-negra é semicompleta.

5.28 Utilizando a correspondência entre árvores graduadas e rubro-negras, mostrar que se *v* é pai de *w* em *T*, então $posto(v) = posto(w)$ se e somente se *w* for rubro.

5.29 Mostrar que as operações de rotação e troca de cores indicadas na Figura 5.15 de fato transformam a árvore em rubro-negra.

○**5.30** Caracterizar a família de árvores rubro-negras minimais, isto é, as árvores rubro-negras tais que a exclusão de qualquer nó provoca o seu desbalanceamento.

○**5.31** Caracterizar a família de árvores rubro-negras maximais, isto é, as árvores rubro-negras tais que a inclusão de qualquer nó provoca o seu desbalanceamento.

•5.32 Seja *k* um inteiro positivo fixo. Uma árvore é *(1/k)-completa* se, para todo nó *v*, o comprimento do caminho mais longo de *v* até um nó externo é, no máximo, igual a *k* vezes o comprimento do caminho mais curto de *v* até um nó externo. Verificar se uma árvore (1/*k*)-completa é balanceada.

5.33 Detalhar o algoritmo de exclusão em árvores rubro-negras.

5.34 Desenhar uma árvore B de ordem 3 que contenha as seguintes chaves: 1, 3, 6, 8, 14, 32, 36, 38, 39, 41, 43.

5.35 Determinar a expressão da altura máxima de uma árvore B de ordem d.

5.36 Provar ou dar contraexemplo:

Para qualquer conjunto de chaves e qualquer valor $d > 1$, existe sempre uma árvore B de ordem d que armazene essas chaves.

5.37 Determinar os valores dos números mínimo e máximo de nós que uma árvore B de ordem d pode armazenar.

5.38 Descrever, em linguagem algorítmica, um algoritmo para efetuar a cisão de uma página numa árvore B de ordem d.

5.39 Descrever, em linguagem algorítmica, um algoritmo para efetuar a concatenação de duas páginas numa árvore B de ordem d.

5.40 Descrever, em linguagem algorítmica, um algoritmo para efetuar a redistribuição de duas páginas apontadas por $pt1$ e $pt2$ em uma árvore B de ordem d.

5.41 Descrever algoritmos de busca, inserção e remoção em árvores B^+.

Notas Bibliográficas

O conceito de balanceamento foi introduzido por Adel'son-Vel'skii e Landis [Ad62], que conceberam também as árvores AVL, iniciais dos nomes dos autores. A descrição detalhada de algoritmos de inserção e remoção pode ser encontrada no livro de Wirth [Wi86] sobre algoritmos e estruturas de dados. As árvores rubro-negras foram introduzidas por Bayer [Ba72], sob a denominação de *árvores B binárias e simétricas*. A denominação *rubro-negra* (do inglês *red-black*) foi utilizada pela primeira vez por Guibas e Sedgewick [Gu78], os quais efetuaram um estudo detalhado dessa estrutura. As propriedades das árvores graduadas encontram-se descritas no livro de Tarjan [Ta83]. O nome então utilizado foi *balanced trees*. As árvores B foram concebidas por Bayer e McCreight [Ba72a]. Um tutorial clássico do estudo das árvores B foi escrito por Comer [Co79].

Capítulo 6

Listas de Prioridades

6.1 Introdução

Em muitas aplicações, uma característica importante que distingue os dados em uma certa estrutura é uma prioridade atribuída a cada um deles. Nessas aplicações, em geral, determinar repetidas vezes o dado de maior prioridade é uma operação importante. Por exemplo, suponha que os dados de uma tabela correspondam a tarefas a serem realizadas com uma certa prioridade. Nesse caso, deseja-se que as tarefas sejam realizadas em ordem decrescente de prioridades. Além disso, é razoável supor que as prioridades das tarefas possam variar ao longo do tempo. Finalmente, novas tarefas podem ingressar na tabela a cada instante. Para encontrar a ordem desejada de execução das tarefas, um algoritmo deve, sucessivamente, escolher o dado de maior prioridade e retirá-lo da tabela. Além disso, o algoritmo deve ser capaz de introduzir novos dados, no momento adequado.

Com essa motivação, pode-se definir lista de prioridades como uma tabela na qual a cada um de seus dados está associada uma prioridade. Essa prioridade é, em geral, definida através de um valor numérico e armazenada em algum de seus campos. As operações básicas a serem efetuadas com os dados da lista de prioridades são as seguintes:

- *seleção* do elemento de maior prioridade;
- *inserção* de um novo elemento;
- *remoção* do elemento de maior prioridade.

Frequentemente, deseja-se também efetuar a operação de *alteração* de alguns dados da tabela. Mais especificamente, a alteração de maior interesse, no caso, é aquela correspondente a uma mudança na prioridade desse dado.

O objetivo deste capítulo é o estudo de listas de prioridades, sua implementação e algoritmos. Na Seção 6.2 são apresentados diferentes métodos de implementação de listas de prioridades. Será verificado que uma delas, aquela que usa uma lista especial chamada *heap*, é a mais eficiente. Na Seção 6.3 são examinados algoritmos de alteração da prioridade de algum dado da tabela. Na Seção 6.4 são apresentados os algoritmos de inclusão de um novo elemento e de exclusão daquele de maior prioridade. A construção de listas de prioridades é o assunto abordado na seção posterior. A Seção 6.6 apresenta uma generalização das listas de prioridades, denominada *min-max*. Finalmente, a Seção 6.7 mostra o que ocorre quando as prioridades variam em um intervalo conhecido, dando origem às listas de prioridades (L, U)-limitadas.

É importante observar que, para maior simplicidade de notação, foi considerado que a prioridade de cada dado seria o seu identificador. Isto é, a prioridade, no escopo deste capítulo, se confunde com a chave de cada elemento da tabela.

6.2 Implementação de Listas de Prioridades

Nesta seção, examina-se a questão da implementação de listas de prioridades, bem como a formulação de algoritmos para a operação de alteração na prioridade de algum dado. Serão abordadas três implementações distintas, a saber: por lista não ordenada, por lista ordenada e por heap. As referências são as operações básicas de seleção, inserção, remoção, alteração e construção da tabela.

Implementação por lista não ordenada

A inserção e a construção são triviais. O novo nó da tabela pode ser colocado em qualquer posição conveniente, dependendo do tipo de alocação utilizada, sequencial ou encadeada. A remoção, entretanto, implica percorrer a tabela em busca do elemento de maior prioridade. A alteração de prioridade não afeta a organização da tabela, mas pressupõe a busca do elemento. O mesmo acontece com a operação de seleção do elemento de maior prioridade. Então, para uma tabela com n elementos, cada uma dessas operações requer o seguinte número de passos:

- seleção: $O(n)$
- inserção: $O(1)$
- remoção: $O(n)$
- alteração: $O(n)$
- construção: $O(n)$

Implementação por lista ordenada

Neste caso, a situação se inverte. A remoção é imediata porque, estando as prioridades já ordenadas, o primeiro elemento é o que interessa. A inserção, entretanto, obriga a um percurso pela lista para procurar sua posição correta. A alteração de prioridade é semelhante a uma nova inserção. A seleção é também imediata. A construção exige uma ordenação prévia da tabela. Então, cada uma das operações requer o seguinte número de passos:

- seleção: $O(1)$
- inserção: $O(n)$
- remoção: $O(1)$
- alteração: $O(n)$
- construção: $O(n \log n)$

Implementação por "heap"

As duas implementações anteriores apresentam a inconveniência de possuírem operações de atualização de complexidade $\Omega(n)$. O objetivo presente é descrever um método mais eficiente. Esse método utiliza uma estrutura especial, chamada "heap".

Um *heap* é uma lista linear composta de elementos com chaves $s_1, \ldots, s_n$, satisfazendo a seguinte propriedade:

$$s_i \leq s_{\lfloor i/2 \rfloor}, \qquad \text{para } 1 < i \leq n. \tag{i}$$

Conforme já mencionado, cada chave corresponde à prioridade do respectivo elemento. Por exemplo, a lista apresentada na Figura 6.1 obedece à propriedade descrita.

A visualização dessa propriedade torna-se mais fácil quando se imagina a tabela disposta numa árvore binária completa. Nesse caso, os nós são numerados sequencialmente da raiz para os níveis mais baixos, da esquerda para a direita. O campo de prioridade aparece como rótulo do nó. Os nós do último nível são preenchidos também da esquerda para a direita. O exemplo anterior é ilustrado na Figura 6.2.

Observe na Figura 6.2 que, na árvore binária completa, a propriedade (i) corresponde a dizer que cada nó possui prioridade maior que seus dois filhos, se existirem. A representação na memória não se altera, continuando a ser uma lista linear sequencial. Isto é, uma árvore binária dessa natureza pode ser representada através de uma lista que satisfaça (i) sem necessidade do uso de ponteiros. Pode-se considerar a árvore binária apenas como uma melhor representação visual ou gráfica.

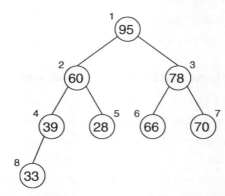

95 60 78 39 28 66 70 33

Figura 6.1 Lista de prioridades.　　　　**Figura 6.2** Representação gráfica de um heap.

A condição (i) implica que o elemento de maior prioridade seja sempre o primeiro da ordenação, isto é, a raiz da árvore. Isto significa que a operação de seleção é trivial. Ou seja, o elemento de maior prioridade da tabela pode ser encontrado em tempo $O(1)$. As operações de inserção, remoção e alteração podem ser realizadas em tempo $(\log n)$, conforme descrito mais adiante. Finalmente, talvez contrariando a intuição, verifica-se que a construção de um heap pode ser realizada em tempo inferior ao da ordenação. De fato, a construção de um heap requer não mais do que tempo $O(n)$, segundo a Seção 6.5. Então, são os seguintes os parâmetros indicadores de eficiência correspondentes a um heap:

- seleção: $O(1)$
- inserção: $O(\log n)$
- remoção: $O(\log n)$
- alteração: $O(\log n)$
- construção: $O(n)$

6.3 Alteração de Prioridades

Nesta seção são descritos métodos de alteração de prioridades dos nós de um heap. Essa operação pode ser visualizada na representação gráfica ilustrada na Figura 6.2. De modo geral, uma operação que se deseja realizar na tabela estará associada, na representação gráfica, a "subir" ou "descer" num caminho da árvore, uma vez que essas operações correspondem a situar um elemento na posição correta de sua prioridade. Associa-se então a diminuição de prioridade à "descida", e o aumento à "subida". Dois exemplos são apresentados a seguir.

Seja a lista de prioridades representada na Figura 6.2, onde se deseja alterar a prioridade do nó 6 de 66 para 98, como é visto na Figura 6.3(a).

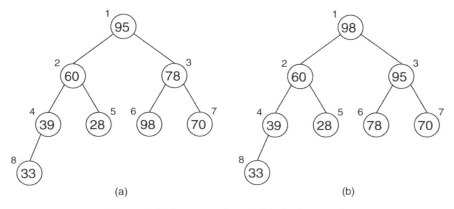

FIGURA 6.3 Aumento da prioridade de um nó.

Obviamente a tabela não mais respeita a propriedade (i). Pela Figura 6.3(a), entretanto, observa-se que o lado esquerdo da árvore não foi afetado. E mais, o aumento de prioridade do nó 6 também não interfere na posição de seu irmão na árvore, o nó 7. Isto se deve ao fato de a propriedade (i) relacionar um dado elemento a seu pai na árvore. O elemento alterado será então alocado de forma correta simplesmente "subindo-se" pelo caminho que leva à raiz da árvore através de trocas, até satisfazer a propriedade. No exemplo, o nó de prioridade 98 deve ser trocado sucessivamente com seu pai, o de 78, e novamente, com o nó de prioridade 95, chegando à sua posição correta, como é visto na Figura 6.3(b).

Raciocínio análogo pode ser feito para a diminuição de prioridade. Observe na Figura 6.4(a) o caso de alteração da prioridade do nó 1 para 37 na tabela original (Figura 6.2). A operação necessária nesse caso, a "descida" pela árvore, é um pouco mais complexa, porque obriga, a cada passo, à escolha do caminho correto a ser seguido, esquerda ou direita. Essa escolha é determinada por um teste. Dentre os dois filhos do nó (esquerda ou à direita), é escolhido o de maior prioridade, a qual é então comparada com a do nó em questão. Se as prioridades estão invertidas, é efetuada uma troca, que corresponde à descida pelo caminho previamente determinado. Esse passo deve ser executado até que a propriedade (i) seja satisfeita. A Figura 6.4(b) mostra o resultado da operação na tabela da Figura 6.4(a).

Os algoritmos correspondentes a estas operações, e que serão utilizados na inserção e na remoção, são vistos a seguir. O parâmetro i indica a posição do elemento a ser revisto, enquanto n é o número de elementos da tabela. O campo *chave* armazena a prioridade do nó. A tabela está armazenada na estrutura $\mathcal{T}$. A notação $\mathcal{T}[i] \Leftrightarrow \mathcal{T}[j]$ representa a troca das posições entre os nós i e j, na tabela.

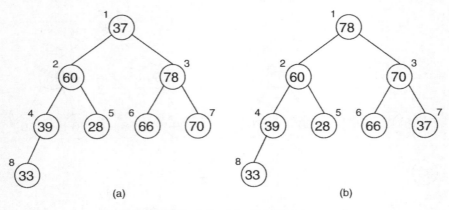

Figura 6.4 Diminuição da prioridade de um nó.

Listas de Prioridades

■ Algoritmo 6.1 │ Subir por um caminho da árvore

procedimento *subir*(i)
 $j := \lfloor i/2 \rfloor$
 se $j \geq 1$ **então**
   se $T[i]\,.\,chave > T[j]\,.\,chave$ **então**
     $T[i] \Leftrightarrow T[j]$
     subir(j)

■ Algoritmo 6.2 │ Descer por um caminho da árvore

procedimento *descer*(i, n)
 $j := 2 \times i$
 se $j \leq n$ **então**
  se $j < n$ **então**
   se $T[j + 1]\,.\,chave > T[j]\,.\,chave$ **então**
    $j := j + 1$
  se $T[i]\,.\,chave < T[j]\,.\,chave$ **então**
   $T[i] \Leftrightarrow T[j]$
   descer(j, n)

As complexidades dos procedimentos subir e descer são as mesmas de um percurso por um caminho de uma árvore binária completa, $O(\log n)$.

6.4 Inserção e Remoção em Listas de Prioridades

Como já foi dito na seção anterior, operações realizadas em listas de prioridades podem resultar, em última análise, em alteração de prioridades. Observe a inserção de um novo elemento através de um exemplo. Seja novamente a lista de prioridades representada na Figura 6.2. Suponha a inserção de um novo elemento de prioridade 73. A tabela passará a ter $n + 1$ elementos. O novo elemento pode então ser alocado na posição $n + 1$. A Figura 6.5(a) apresenta a tabela resultante.

Obviamente a tabela não mais respeita a propriedade (i). Pela figura é fácil observar que o acréscimo de um elemento corresponde simplesmente a assumir a tabela com $n + 1$ elementos e corrigir a prioridade do último elemento, supondo-a aumentada. A Figura 6.5(b) mostra o resultado desse procedimento, e o Algoritmo 6.3 o descreve. A memória disponível possui M posições; o nó a ser inserido se encontra na variável *novo*.

147

Capítulo 6

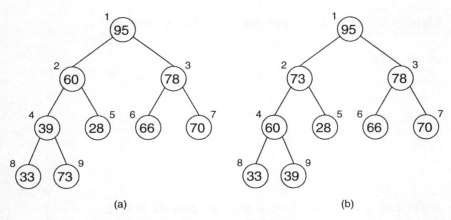

Figura 6.5 Inserção de um elemento.

Algoritmo 6.3   Inserção em uma lista de prioridades

se $n < M$ então
  $T[n + 1] := novo$
  $n := n + 1$
  $subir(n)$
senão *overflow*

A complexidade desse algoritmo é exatamente a complexidade do procedimento *subir*, $O(\log n)$.

A remoção do elemento de maior prioridade, o primeiro na representação utilizada, deixa sua posição vazia na lista, que deve então ser preenchida. Como a lista passa a ter

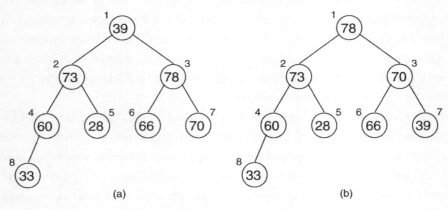

Figura 6.6 Remoção de um elemento.

148

$n - 1$ elementos, é natural que seja o último elemento o substituto do primeiro. Sua prioridade, entretanto, está completamente deslocada e terá que ser corrigida. Essa substituição corresponde então a uma diminuição de prioridade do novo primeiro elemento. A Figura 6.6(a) apresenta a remoção do primeiro elemento da lista apresentada na Figura 6.5(b), bem como a substituição pelo último elemento; a Figura 6.6(b) mostra a lista já com as prioridades acertadas.

O Algoritmo 6.4 apresenta a remoção. O procedimento *agir*, chamado no algoritmo, implementa qualquer conjunto de operações que o problema de aplicação necessite realizar.

■— **Algoritmo 6.4** | **Remoção de um elemento da lista de prioridades**

se $n \neq 0$ **então**
      agir($T[1]$)
      $T[1] := T[n]$
      $n := n - 1$
      descer($1, n$)
senão *underflow*

Supondo a complexidade de agir constante (ou computada na aplicação correspondente), a complexidade do algoritmo de remoção depende do procedimento descer, isto é, $O(\log n)$. Problemas de aplicação que considerem a remoção de todos os elementos da tabela serão de complexidade $O(n \log n)$.

6.5 Construção de uma Lista de Prioridades

Nesta seção é tratado o problema da construção de um heap.

Uma primeira solução provém da observação de que toda lista ordenada corresponde a um heap. Assim sendo, um heap pode ser construído simplesmente através da ordenação de uma lista. Essa solução, contudo, é de complexidade $O(n \log n)$. Um método mais eficiente é descrito a seguir.

Seja S uma lista dada, para a qual se deseja construir um heap. Para que S seja um heap, basta corrigir a posição de seus nós, isto é, considerar cada um de seus nós como uma nova inserção. O Algoritmo 6.5 descreve a solução.

■— **Algoritmo 6.5** | **Construção da lista de prioridades**

para $i := 2, n$ **faça**
      subir(i)

Pode-se apresentar, entretanto, uma solução alternativa. Observe que a propriedade (i) é sempre satisfeita quando se trata de um nó sem filhos, isto é, nós alocados a partir da posição $\lfloor n/2 \rfloor + 1$. Por essa razão, na construção da tabela com prioridades os únicos nós relevantes, do ponto de vista da análise, são os interiores na árvore. Estes devem ter suas prioridades verificadas e acertadas em relação a seus descendentes, a partir dos níveis mais baixos da árvore, o que tornará obrigatória a análise completa da tabela. O Algoritmo 6.6 apresenta o procedimento *arranjar*(n), onde n é a dimensão original da tabela.

■— Algoritmo 6.6 Construção da lista de prioridades

procedimento *arranjar*(n)
　　para $i = \lfloor n/2 \rfloor$, 1 **faça**
　　　　descer(i, n)

Lema 6.1

O Algoritmo 6.6 constrói uma lista de prioridades em tempo linear.

PROVA Seja h a altura de um nó qualquer da lista de prioridades na árvore binária correspondente. O procedimento recursivo *descer*(i, n) estabelece comparações de nós seguindo o caminho na árvore do nó i até uma folha descendente de i. Pode-se então dizer que o tempo requerido para a execução de uma chamada de *descer*(i, n) é $T(i) = h - 1$, sendo h a altura do nó i. Ora, para organizar uma lista de prioridades o algoritmo chama esse procedimento para a metade de seus nós (os nós ignorados são justamente as folhas, de altura 1). O tempo despendido é então da ordem do somatório das alturas dos vértices que são considerados no algoritmo. Observa-se na árvore que, no máximo, $\lceil n/2^j \rceil$ nós possuem altura j. O tempo total é então da ordem de

$$\sum_{j=2}^{h} j \times n/2^j,$$

que é $O(n)$.　　　　　　　　　　　　　　　　　　　　　　　　　　■

6.6 Máximos e Mínimos

Uma generalização interessante da lista de prioridades permite o acesso, em tempo constante, não só ao maior elemento da tabela como também ao menor. Essa estrutura será aqui chamada *lista de prioridades min-max*. Nesse caso, como na lista de prioridades apresentada nas seções anteriores, a implementação se faz através de uma lista linear com características especiais, denominada *heap min-max*. Seja S uma lista linear em que cada nó i corresponde à chave s_i, $1 \leq i \leq n$. Define-se

$$nivel(i) = \lfloor \log i \rfloor + 1.$$

O nó i está situado num nível denominado *máximo* se seu nível é par, e num nível denominado *mínimo* em caso contrário.

S constitui um *heap min-max* se s_1 é a menor chave e, para todo $i > 1$,

– i está situado num nível mínimo:

$s_i \leq s_{\lfloor i/2 \rfloor}$ (ii)

$s_i \geq s_{\lfloor i/4 \rfloor}$, $\quad\quad\quad\quad i \geq 4$ (iii)

– i está situado num nível máximo:

$s_i \geq s_{\lfloor i/2 \rfloor}$ (iv)

$s_i \leq s_{\lfloor i/4 \rfloor}$, $\quad\quad\quad\quad i \geq 4$ (v)

Novamente a visualização das propriedades se faz mais óbvia utilizando-se a árvore binária completa. O nível do elemento na lista corresponde a seu nível na árvore; então, o nível da raiz é mínimo, o de seus filhos máximo, e assim alternadamente. As propriedades (ii) e (iii) ((iv) e (v)), aplicadas recursivamente, mostram que a prioridade do nó i, situado num nível ímpar (par), é menor (maior) que a prioridade de seus descendentes (Exercício 6.13). A Figura 6.7 ilustra um exemplo de tabela assim construída.

A Figura 6.8 mostra as relações de ordem que estão implícitas na árvore do exemplo. Como indicam as setas entre os nós, a relação $<$ pode ser lida de cima para baixo; a relação $>$, de baixo para cima.

Infelizmente, a correspondência entre o aumento e a diminuição de prioridades e o percurso na árvore para cima ou para baixo não mais se verifica para todos os elementos,

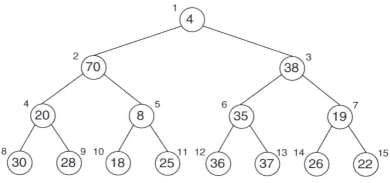

FIGURA 6.7 Heap min-max.

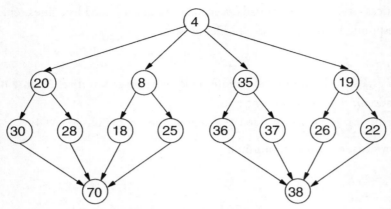

FIGURA 6.8 Relações de ordem.

em virtude da alternância de relações de nível para nível. Em consequência, o problema de alteração de prioridades será restrito aos nós situados no primeiro nível mínimo, no primeiro nível máximo e no último nível da árvore. Estes são exatamente os que nos interessam para realizar as operações de retirar o mínimo, retirar o máximo e inserir um novo elemento, que serão vistas a seguir.

Como já acontecia nas listas de prioridades, para retirar o mínimo ou o máximo deve-se substituir o elemento desejado pelo último elemento da tabela e depois "descer" na árvore, conforme o procedimento *descer*. Obviamente níveis diversos induzem a tratamentos diversos. Seja, por exemplo, a retirada do elemento de menor prioridade, situado na posição i ($i = 1$, inicialmente), nível mínimo. Após a sua substituição pelo último nó da tabela, a sua prioridade deve ser corrigida. Observa-se, pelas relações (ii) e (iii), que a prioridade do nó i deve ser menor que a de seus filhos e netos. Seja m o índice do menor desses elementos. Considere as hipóteses:

- s_m é filho de s_i na árvore:
  neste caso, s_m está num nível máximo, e s_i não tem netos. Se $s_m < s_i$ é suficiente a troca dos dois nós.
- s_m é neto de s_i na árvore:
  s_m está também num nível mínimo. A troca entre os dois deve ser feita se $s_m < s_i$. Entre os níveis mínimos i e m existe um nível máximo que contém o pai s_p de s_m. Se $s_m > s_p$, as suas posições na lista devem ser trocadas. A nova posição m do nó pode ainda não ser correta. O procedimento *descer-min* deve ser repetido recursivamente até que isso ocorra.

Para a exclusão do elemento de prioridade máxima, basta observar que ele é o maior dentre os filhos da raiz. Seja i o seu índice. Nesse caso, basta substituí-lo pelo último nó da lista e executar *descer(i)*. O procedimento *descer-max(i)* é similar ao *descer-min(i)*, exceto pela inversão das relações $<$ e $>$, além da definição de m como o maior dentre os filhos da raiz. O algoritmo seguinte implementa a ideia. A lista encontra-se armazenada na estrutura T, sendo $T[i]$ *.chave* a chave do nó i.

Algoritmo 6.7 **Descer na árvore**

procedimento *descer(i)*
    se *nível(i)* $=$ *min* **então**
        descer-min(i)
    senão *descer-max(i)*

Algoritmo 6.8 **Descer a partir de um nível mínimo**

procedimento *descer-min(i)*
    se $T[i]$ tem filhos **então**
        $m :=$ índice do menor de seus filhos e netos
        se $T[m]$ é neto de $T[i]$ **então**
            se $T[m]$ *. chave* $< T[i]$ *. chave* **então**
                $T[m] \Leftrightarrow T[i]$
                pai $:= \lfloor m/2 \rfloor$
                se $T[m]$ *. chave* $> T[pai]$ *. chave* **então**
                    $T[m] \Leftrightarrow T[pai]$
                descer-min(m)
        senão se $T[m]$ *. chave* $< T[i]$ *. chave* **então**
            $T[i] \Leftrightarrow T[m]$

A inclusão sempre se processa na última posição da tabela. A consequente correção de prioridades implica percorrer-se um caminho de subida na árvore. A prioridade do novo nó deve, de início, ser comparada com a de seu pai. Se o último nível é mínimo, o nó pai está em um nível máximo, e vice-versa. Havendo ou não troca de nós decorrente dessa comparação, o procedimento recursivo de subida deve ser adequado ao nível em que se encontra o novo valor. O procedimento *subir(i)* executa a tarefa. O operador relacional **econd**, que aparece no Algoritmo 6.9, comporta-se como o operador **e**, exceto pelo fato de testar a segunda condição da expressão somente se a primeira é verdadeira.

153

Capítulo 6

> ■— **Algoritmo 6.9** | **Subir na árvore**

procedimento *subir(i)*
    pai := ⌊*i*/2⌋
    se *nivel(i)* = *min* **então**
        se *pai* ≥ 1 **econd** $T[i]$. *chave* > $T[pai]$. *chave* **então**
            $T[i] \Leftrightarrow T[pai]$
            subir-max(pai)
        senão *subir-min(i)*
    senão **se** *pai* ≥ 1 **econd** $T[i]$. *chave* < $T[pai]$. *chave* **então**
            $T[i] \Leftrightarrow T[pai]$
            subir-min(pai)
        senão *subir-max(i)*

> ■— **Algoritmo 6.10** | **Subir a partir de um nível mínimo**

procedimento *subir-min(i)*
    se $T[i]$ tem avô **então**
        se $T[i]$. *chave* < $T[avô]$. *chave* **então**
        $T[i] \Leftrightarrow T[avô]$
        subir-min(i)

O procedimento *subir-max(i)* é o mesmo, exceto por ter seus operadores relacionais invertidos.

A complexidade dos algoritmos 6.7 a 6.10 é de ordem da altura da árvore, ou seja, $O(\log n)$.

6.7 Lista de Prioridades (*L*, *U*)-limitada

Será apresentado agora um caso particular de lista de prioridades, chamada *lista de prioridades (L, U)-limitada*, para a qual as seguintes restrições se aplicam:

- as prioridades são restritas a um intervalo predefinido de valores inteiros, menores valores correspondendo a maiores prioridades, sendo *L* e *U* o menor e o maior valor, respectivamente;
- no máximo uma inserção pode ocorrer após cada remoção do elemento de maior prioridade.

Uma sequência válida de operações nessa estrutura começa com a inicialização da mesma (procedimento *lista-vazia*) e prossegue com uma ou mais inserções. Em seguida,

154

ocorre uma sequência de operações de remoção e inserção (procedimentos *remover-min* e *inserir*), sendo que, segundo as restrições previamente apresentadas, no máximo um *inserir* aparece imediatamente após cada *remover-min*. O procedimento *remover-min* procura a prioridade de menor valor e recupera o elemento com esta prioridade. A execução de uma inserção adiciona um novo elemento à estrutura. Se a prioridade deste elemento tem valor maior ou igual à prioridade do elemento mais recentemente removido, um novo nó é simplesmente adicionado à lista encadeada de elementos da prioridade correspondente. Caso contrário, isto é, o elemento a ser inserido rompe a ordenação natural das prioridades, um elemento pendente é gerado, indicando que este será obrigatoriamente o próximo a ser removido. Como apenas uma inserção pode aparecer após uma remoção numa sequência válida de operações, haverá no máximo um elemento pendente a qualquer momento.

Como se trata de um caso particular, uma implementação específica pode ser mais eficiente, permitindo a análise de uma sequência de operações, o que dá origem a um limite superior mais realista de seu tempo de execução. Nesta implementação a seguinte estrutura é utilizada:

vetor: uma lista sequencial de dimensão $L - U + 1$ de ponteiros para listas encadeadas de elementos; cada posição de *vetor* corresponde a um possível valor de prioridade.

Ao longo da execução de uma sequência de operações são utilizadas as variáveis:

pend: variável indicando a prioridade de um elemento pendente (*pend* $< L$ significa que não há elemento pendente).

corrente: variável que percorre o intervalo $[L, U]$, indicando assim a prioridade do último elemento não pendente removido.

pri: prioridade do elemento tratado pela operação em curso.

A implementação das operações fundamentais é apresentada a seguir. Verificações de consistência serão omitidas, assumindo-se que os parâmetros dos procedimentos já foram analisados. Os procedimentos *inserir-lista* e *remover-lista*, que trabalham com as listas encadeadas de elementos, serão omitidos por já terem sido vistos no Capítulo 2.

■─ Algoritmo 6.11 │ Inicializar a estrutura

procedimento *lista-vazia*
    para $i \leftarrow L, ..., U$ **faça**
        vetor$[i] := \lambda$
    pend $:= L - 1$
    corrente $:= L$

Capítulo 6

Algoritmo 6.12 — Inserção de um elemento com prioridade *pri*

procedimento *inserir(pri, el)*
    inserir-lista(pri, el)
    se *pri* < *corrente* **então**
        pend := *pri*

Durante uma operação de remoção duas situações podem ocorrer: se existe um elemento pendente, este é simplesmente removido; caso contrário, o próximo elemento com menor valor de prioridade é procurado e removido.

O parâmetro *pri* retorna a prioridade do elemento que está sendo removido.

Algoritmo 6.13 — Remoção de um elemento

procedimento *remover-min(corrente, pri, el)*
    se *pend* ≥ *L* **então**
        pri := *pend*
        pend := *L* − 1
    senão enquanto *vetor[corrente]* = λ **faça**
                corrente := *corrente* + 1
        pri := *corrente*
    remover-lista(pri, el)

A Figura 6.9 apresenta um exemplo de uma lista de prioridades (1, 6) limitada. A Figura 6.9(a) exibe a situação da estrutura após as operações *inserir*(4, *A*), *inserir*(1, *B*), *inserir*(4, *C*), *inserir*(2, *D*); a Figura 6.9(b), após duas operações de remoção (elementos *B* e *D*), e a Figura 6.9(c), após *inserir*(1, *E*). Observe que, na última operação, a prioridade 1 é considerada pendente.

Sendo $\Delta = U - L + 1$, as complexidades de pior caso das operações de inicialização, inserção e remoção (consideradas individualmente) são $O(\Delta)$, $O(1)$ e $O(\Delta)$, respectivamente. O teorema que se segue mostra como a análise de uma sequência válida de operações permite uma avaliação mais acurada de complexidade para a estrutura.

Teorema 6.1

Qualquer sequência válida contendo exatamente *t* operações *inserir* em uma lista de prioridade (*L*, *U*)-limitada pode ser executada, no pior caso, com complexidade $O(t + \Delta)$, sendo $\Delta = U - L + 1$.

156

Listas de Prioridades

PROVA O procedimento *lista-vazia* possui complexidade $O(\Delta)$; cada operação *inserir* tem complexidade $O(1)$, tendo em vista que o elemento deve ser simplesmente inserido em uma lista encadeada.

Seja d o número total de chamadas ao procedimento *remover-min*. O j-ésimo remover-min, no pior caso, percorre um trecho da lista de ponteiros *vetor*, a partir da posição do último elemento removido, até a próxima posição que possua elementos a serem removidos. Este tempo de percurso é $O(\omega_j - \alpha_j + 1)$, sendo α_j e ω_j respectivamente os valores da variável corrente antes e depois de a operação ser executada. O tempo total é

$$O(\Delta) + \sum_{j=1}^{t} O(1) + \sum_{j=1}^{d} O(\omega_j - \alpha_j + 1).$$

Como $\alpha_{j+1} = \omega_j$, para $j = 1, \ldots, d-1$, a expressão pode ser simplificada para

$$O(\Delta + t + d + \omega_d - \alpha_1).$$

Sabe-se que $d \leq t$, $\alpha_1 = L$ e, no pior caso, $\omega_d = U$; o resultado está provado.

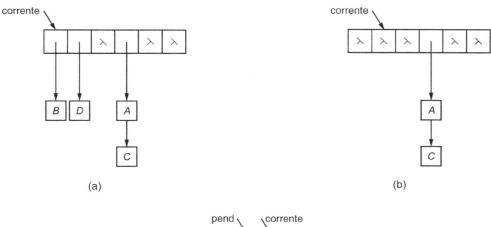

FIGURA 6.9 Exemplo de sequência de operações.

A análise apresentada nesta prova é especial, pois considera a sequência de operações como um todo em lugar da análise de cada uma das operações. Este tipo de análise determina a complexidade chamada *amortizada*, que será apresentada com detalhes no Capítulo 7.

6.8 Exercícios

6.1 Verificar se estas sequências correspondem ou não a um heap:

    33   32   28   31   26   29   25   30   27

    33   32   28   31   29   26   25   30   27

6.2 Provar ou dar contraexemplo:

Seja S uma sequência de chaves correspondendo a um heap. Sejam s_i, s_j chaves de S tais que $i < j$ e $s_i < s_j$. Então a sequência obtida pela troca de posições de s_i com s_j é também um heap.

6.3 Repetir o exercício anterior, considerando, agora, $i < j$ e $s_i > s_j$.

6.4 Provar ou dar contraexemplo:

Seja S um conjunto de chaves e T uma árvore binária de busca completa para S, de modo que T esteja preenchida da esquerda para a direita em seu último nível. Então T não corresponde a um heap, exceto se $|T| \leq 2$.

●6.5 Determinar o número de permutações de $1, \ldots, n$ que correspondem à definição de heap.

6.6 Seja S o heap especificado a seguir:

    92   85   90   47   91   34   20   40   46

Aplicando o algoritmo da Seção 6.3, determinar o heap resultante da alteração de prioridade do seu 5º nó de 91 para

  (i) 93

  (ii) 19

6.7 O procedimento não recursivo *descer*(i, n) é apresentado abaixo. Implementá-lo e comparar seu tempo de execução com o do procedimento recursivo. Que conclusões podem ser obtidas?

procedimento *descer*(i, n)

    extra $:= T[i]$; *prior* $:= T[i]$. *chave*; $j := 2 * i$

    enquanto $j \leq n$ **faça**

        se $j < n$ **então**

            se $T[j + 1]$. *chave* $> T[j]$. *chave* **então** $j := j + 1$

        se *prior* $< T[j]$. *chave* **então**

            $T[i] := T[j]$

            $i := j$; $j := 2 \times i$

        senão $j := n + 1$

    $T[i] := extra$

Listas de Prioridades

6.8 Construir o procedimento *subir*(i) sem usar recursividade.

6.9 Seja uma lista dada pelas prioridades a seguir:

18   25   41   34   14   10   52   50   48

Determinar o heap obtido pela aplicação do algoritmo de construção.

6.10 O que acontecerá se o Algoritmo 6.7 for utilizado em uma tabela já ordenada? E se a tabela estiver ordenada, porém invertida?

6.11 Prove que no máximo $\lceil n/2j \rceil$ nós têm altura j numa árvore binária completa.

6.12 Mostrar que, num heap min-max, a prioridade do nó i, situado em um nível ímpar (par), é menor (maior) do que a de seus descendentes na árvore binária correspondente.

6.13 Provar ou dar contraexemplo:

Seja uma árvore binária completa em que cada nó i armazena uma chave s_i e verifica a seguinte propriedade:

$$nivel(i) = impar \Rightarrow s_i \leq s_j$$
$$nivel(i) = par \Rightarrow s_i \geq s_j$$

onde s_j é um filho qualquer de s_i. Então essa árvore constitui um *heap* min-max.

6.14 Assinalar se certo ou errado:

Todo heap min-max é necessariamente um heap, mas nem todo heap é min-max.

•6.15 Determinar o número de permutações de 1, ..., n que correspondem a heaps min-max.

6.16 Determinar o heap min-max resultante da alteração de prioridade do nó-raiz da árvore da Figura 6.9, de 4 para 41.

6.17 Construir um heap min-max para uma tabela, com as seguintes prioridades:

10   11   2   8   16   3   24   42   68   14   3   1   15   16   71   59   63

6.18 Escrever um algoritmo para construir um heap min-max para um dado conjunto de elementos com prioridades conhecidas. Determinar a sua complexidade.

6.19 Implementar os algoritmos de inserção e remoção numa lista de prioridades min-max.

•6.20 Utilizando listas de prioridades, descrever um algoritmo de alocação de memória de tamanho variável, segundo o modelo descrito na Seção 2.8. Formular algoritmos de reserva e liberação que sejam de complexidade $O(\log n)$, onde n é o número de blocos de memória disponível.

6.21 Mostrar como pode ser simplificada a estrutura de dados utilizada na implementação da lista de prioridades (L, U)-limitada se é sabido que todos os elementos têm prioridades distintas no intervalo [L, U].

Notas Bibliográficas

É relativamente vasta a literatura do estudo de diferentes implementações para listas de prioridades. Williams [Wi64] foi quem introduziu o *heap*, estrutura simples, cuja eficiência a mantém atual até hoje. A técnica utilizada para a construção de heaps foi inicialmente descrita por Floyd [Fl64]. Bentley [Be85] apresenta uma introdução à estrutura heap para ordenação e representação de listas de prioridades. A implementação de listas de prioridades min-max, apresentada na Seção 6.5, é devida a Atkinson, Sack, Santoro e Strothtte [At86]. Markenzon, Vernet e Pereira [Ma06] introduziram as listas de prioridades (L, U)-limitadas; a estrutura foi utilizada para a determinação linear do código de Prüfer para árvores.

Capítulo 7

Algoritmos de Ordenação

7.1 Introdução

Os capítulos anteriores trataram, em geral, de estruturas genéricas, adequadas à representação de quaisquer massas de dados. Já no Capítulo 6, algo mais específico foi apresentado: uma estrutura eficiente para modelar dados de entrada de um determinado problema, a manipulação de elementos de uma tabela com prioridades. O capítulo presente é diferente; aqui serão descritas técnicas distintas para solucionar um problema que aparece como pré-processamento em muitas aplicações que envolvam o uso de tabelas (isto é, praticamente todas!) – a obtenção de uma tabela ordenada.

O problema da ordenação foi um dos primeiros a gerar discussões sobre implementações eficientes ou não. É razoavelmente fácil comparar dois algoritmos quando aplicados a uma mesma massa de dados. Entretanto, massas de dados modelam situações e, muitas vezes, devido a particularidades das mesmas, alguns métodos se comportam melhor que outros, independentemente de sua avaliação em testes genéricos. O melhor exemplo disso são os métodos mais simples, como a ordenação bolha e a ordenação por inserção. Apesar de a complexidade de pior caso ser ruim, ambos são bastante utilizados em razão de sua extrema simplicidade de implementação. Também não pode ser esquecido que esses métodos podem ser convenientes quando a tabela é pequena ou está quase ordenada.

O objetivo deste capítulo é o estudo de algoritmos de ordenação, a avaliação de suas complexidades e implementações mais eficientes. Os primeiros métodos apresentados, a *ordenação bolha* e a *ordenação por inserção*, vistos nas Seções 7.2 e 7.3, são métodos bastante simples e de fácil implementação. Da simplicidade dos mesmos decorre a complexidade de $O(n^2)$. Na Seção 7.4 será vista a *ordenação por intercalação*, método bastante interessante que utiliza o procedimento de intercalação de listas visto no Exercício 2.14. Os mais conhecidos (e muito eficientes) *quicksort* (ordenação rápida) e *heapsort* (ordenação em heap) são vistos nas Seções 7.5 e 7.6. A Seção 7.7 é dedicada a estabelecer um limite inferior para a complexidade de algoritmos de ordenação.

7.2 Ordenação Bolha (*Bubble Sort*)

O método de ordenação bolha é bastante simples, e talvez seja o método de ordenação mais difundido. Uma iteração do mesmo se limita a percorrer a tabela do início ao fim, sem interrupção, trocando de posição dois elementos consecutivos sempre que estes se apresentem fora de ordem. Intuitivamente percebe-se que a intenção do método é mover os elementos maiores em direção ao fim da tabela. Ao terminar a primeira iteração pode-se garantir que as trocas realizadas posicionam o maior elemento na última posição. Na segunda iteração, o segundo maior elemento é posicionado, e assim sucessivamente. O processamento é repetido então $n - 1$ vezes. O algoritmo que se segue implementa este método. A tabela se encontra armazenada na estrutura $\mathcal{L}$. O algoritmo ordena $\mathcal{L}$ segundo valores não decrescentes do campo *chave*.

Algoritmo 7.1 **Ordenação bolha de uma tabela com *n* elementos**

para $i = 1, \dots n$ **faça**
      para $j = 1, \dots n - 1$ **faça**
            se $\mathcal{L}[j] . chave > \mathcal{L}[j + 1] . chave$ **então**
                trocar$(\mathcal{L}[j], \mathcal{L}[j + 1])$

O Algoritmo 7.1 é claramente ruim. Sua complexidade de pior caso é igual à de melhor caso, $O(n^2)$, devido aos percursos estipulados para as variáveis i e j. Pode-se, entretanto, pensar em alguns critérios de parada que levariam em consideração comparações desnecessárias, isto é, comparações executadas em partes da tabela sabidamente já ordenadas.

O primeiro critério de parada resulta do fato de que, se a tabela está ordenada, o algoritmo é executado em toda sua extensão desnecessariamente. Uma variável lógica *mudou* é então introduzida com a finalidade de sinalizar se pelo menos uma troca foi realizada. Caso isso não ocorra, o algoritmo pode ser encerrado. Essa simples alteração afeta a complexidade do melhor caso do algoritmo, que passa a ser $O(n)$, uma vez que, se a tabela já está ordenada, apenas um percurso é realizado.

A segunda modificação decorre do próprio método: como, a cada passo, um elemento é garantidamente transportado para o fim da tabela, o número de elementos da mesma pode ser diminuído. Na realidade, a posição da última troca (armazenada, no algoritmo, na variável *guarda*) indica que todos os elementos posteriores já estão ordenados. O algoritmo pode então utilizar esta posição para atualizar o limite superior da tabela, que inicialmente é o próprio número de elementos.

161

Capítulo 7

| **Algoritmo 7.2** | Ordenação bolha com critério de parada |

$mudou := V; n' := n; guarda := n$
enquanto $mudou$ **faça**
$\quad j := 1; mudou := F$
$\quad$ **enquanto** $j < n'$ **faça**
$\quad\quad$ **se** $\mathcal{L}[j]$. $chave > \mathcal{L}[j + 1]$. $chave$ **então**
$\quad\quad\quad trocar(\mathcal{L}[j], \mathcal{L}[j + 1])$
$\quad\quad\quad mudou := V$
$\quad\quad\quad guarda := j$
$\quad\quad\quad j := j + 1$
$\quad n' := guarda$

A Figura 7.1 apresenta um exemplo de aplicação do Algoritmo 7.2, sendo quatro iterações suficientes para a ordenação desejada. A última coluna indica o número de trocas realizadas durante a iteração considerada.

O Algoritmo 7.2 é bem mais eficiente; sua complexidade de pior caso, entretanto, permanece $O(n^2)$. A entrada que justifica esse resultado é a tabela ordenada em ordem inversa.

Iteração	Tabela	Trocas
tabela inicial	40 37 95 42 39 51 60	
após 1ª iteração	37 40 42 39 51 60 95	5
após 2ª iteração	37 40 39 42 51 60 95	1
após 3ª iteração	37 39 40 42 51 60 95	1
após 4ª iteração	37 39 40 42 51 60 95	0

FIGURA 7.1 Um exemplo de ordenação bolha.

7.3 Ordenação por Inserção

O método de ordenação por inserção é também bastante simples, sendo sua complexidade equivalente à da ordenação bolha. Imagine uma tabela já ordenada até o i-ésimo elemento. A ordenação da tabela pode ser estendida até o $(i + 1)$-ésimo elemento por meio de comparações sucessivas deste com os elementos anteriores, isto é, com o i-ésimo elemento, com o $(i - 1)$-ésimo elemento etc., procurando sua posição correta na parte da tabela que já está ordenada. Pode-se então deduzir um algoritmo para implementar o método: considera-se sucessivamente todos os elementos, a partir do segundo deles, em relação à parte da tabela formada pelos elementos anteriores ao elemento considerado em cada iteração.

162

Algoritmos de Ordenação

Iteração	Tabela	Trocas
tabela inicial	40 37 95 42 23 51 27	
após $i = 2$	37 40 95 42 23 51 27	1
após $i = 3$	37 40 95 42 23 51 27	0
após $i = 4$	37 40 42 95 23 51 27	1
após $i = 5$	23 37 40 42 95 51 27	4
após $i = 6$	23 37 40 42 51 95 27	1
após $i = 7$	23 27 37 40 42 51 95	5

FIGURA 7.2 Um exemplo de ordenação por inserção.

A Figura 7.2 mostra um exemplo da execução do algoritmo. A tabela é reapresentada após a execução do posicionamento de cada elemento, a partir do segundo.

O Algoritmo 7.3 apresenta a ordenação por inserção da tabela $\mathcal{L}$, de n elementos, segundo o seu campo *chave*. Para evitar erros de implementação, a tabela deve ser acrescida de uma posição $\mathcal{L}[0]$, que pode receber em seu campo *chave* qualquer valor. Esse valor será testado no caso em que a posição definitiva do elemento que está sendo analisado seja a primeira. Essa comparação, entretanto, não tem efeito, uma vez que, nesse caso, $j < 1$ e o teste resulta falso.

Algoritmo 7.3 | **Ordenação por inserção de uma tabela com n elementos**

para $i = 2, ... n$ **faça**
    $prov := \mathcal{L}[i]$; $valor := \mathcal{L}[i]$. *chave*
    $j := i - 1$
    enquanto $j \geq 1$ **e** $valor < \mathcal{L}[j]$. *chave* **faça**
        $\mathcal{L}[j + 1] := \mathcal{L}[j]$
        $j := j - 1$
    $\mathcal{L}[j + 1] := prov$

A análise da complexidade do algoritmo é bastante simples e utiliza o conceito de inversões. Dados dois elementos da tabela $\mathcal{L}[i]$ e $\mathcal{L}[j]$, sendo $i < j$, uma inversão ocorre quando $\mathcal{L}[i]$. *chave* $> \mathcal{L}[j]$. *chave*. Como pode ser visto no exemplo apresentado na Figura 7.2, o número de trocas realizadas pelo algoritmo é exatamente o número de inversões da tabela. O percurso em cada iteração termina exatamente quando a inversão não ocorre. Então, o algoritmo tem complexidade de melhor caso $O(n)$, que ocorre quando o número de inversões é zero. No pior caso, quando a tabela está em ordem in-

163

versa, são executadas $n-1$ iterações (para $i = 2, \ldots, n$) e, em cada uma delas, removidas $i-1$ inversões. Logo,

$$\sum_{i=1}^{n-1} Inv(i) = 1 + 2 + \ldots + (n-1) = O(n^2).$$

7.4 Ordenação por Intercalação (*Mergesort*)

O método apresentado nesta seção tem uma característica interessante, pois tem como procedimento básico o procedimento de intercalação de listas, mencionado no Exercício 2.14.

A ideia básica do método é intercalar as duas metades da lista desejada quando estas já se encontram ordenadas. Na realidade, deseja-se então ordenar primeiramente as duas metades, o que pode ser feito utilizando recursivamente o mesmo conceito.

Primeiramente, o processo de intercalação será revisto. Sejam duas listas A e B, ordenadas, com respectivamente n e m elementos. As duas listas são percorridas por ponteiros *ptA* e *ptB*, armazenando o resultado da intercalação na lista C, apontada pelo ponteiro *ptC*. O primeiro elemento de A é comparado com o primeiro elemento de B; o menor valor é colocado em C. O ponteiro da lista onde se encontra o menor valor é incrementado, assim como o ponteiro da lista resultado; o processo se repete até que uma das listas seja esgotada. Neste ponto, os elementos restantes da outra lista são copiados na lista resultado. A Figura 7.3 ilustra o processo.

Seja $\mathcal{L}$ a lista que se deseja ordenar. O método de ordenação por intercalação consiste em dividir a lista original em duas metades e ordená-las; o resultado são duas listas ordenadas que

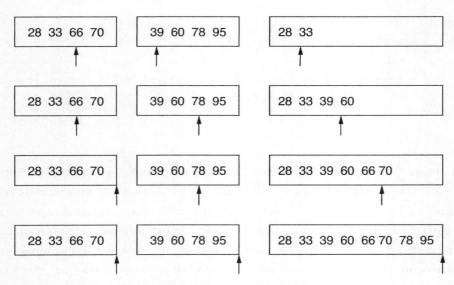

Figura 7.3 O processo de intercalação.

Algoritmos de Ordenação

podem ser intercaladas. Para ordenar cada uma das metades o processo considerado é o mesmo, sendo o problema dividido em problemas menores, que são sucessivamente solucionados. O Algoritmo 7.4 apresenta a solução, incluindo o procedimento de intercalação específico para dois trechos da mesma tabela, processo semelhante ao exibido na Figura 7.3 para tabelas distintas. Observe que, também neste caso, é necessário utilizar uma lista temporária para armazenar o resultado da intercalação. Para evitar a criação de uma nova área de trabalho a cada chamada do procedimento, essa área temporária é considerada como dado do problema. O Algoritmo 7.4 apresenta a implementação do método. Após a análise do algoritmo será explicado como essa tabela temporária pode ser utilizada para uma implementação ainda mais eficiente.

Algoritmo 7.4 | **Ordenação por intercalação de uma tabela com n elementos**

procedimento *mergesort* (*esq, dir*);
    se *esq* < *dir* **então**
        centro := ⌊(*esq* + *dir*)/2⌋;
        mergesort (*esq, centro*);
        mergesort (*centro* + 1, *dir*);
        intercalar (*esq, centro* + 1, *dir*);
procedimento *intercalar* ($\mathcal{L}$, *Tmp, ini*1, *ini*2, *fim*2);
    *fim*1 := *ini*2 − 1; *nro* := 0
    ind := *ini*1
        enquanto (*ini*1 ≤ *fim*1) **e** (*ini*2 ≤ *fim*2)**faça**
            se $\mathcal{L}$[*ini*1] . *chave* < $\mathcal{L}$[*ini*2] . *chave* **então**
                Tmp[*ind*] := $\mathcal{L}$[*ini*1]
                *ini*1 := *ini*1 + 1
            senão *Tmp*[*ind*] := $\mathcal{L}$[*ini*2]
                *ini*2 := *ini*2 + 1
             ind := *ind* + 1; *nro* := *nro* + 1
        enquanto {*ini*1 ≤ *fim*1} **faça**
            Tmp[*ind*] := $\mathcal{L}$[*ini*1]
            *ini*1 := *ini*1 + 1; *ind* := *ind* + 1; *nro* := *nro* + 1
        enquanto {*ini*2 ≤ *fim*2} **faça**
            Tmp[*ind*] := $\mathcal{L}$[*ini*2]
            *ini*2 := *ini*2 + 1; *ind* := *ind* + 1; *nro* := *nro* + 1
        para *i* := 1, ..., *nro* **faça**
            $\mathcal{L}$[*i* + *ini*1 − 1] := *Tmp*[*i* + *ini*1 − 1]

    mergesort (1, *n*)

7.4.1 Análise do Algoritmo

O tempo de execução da ordenação por intercalação sobre uma tabela com n elementos, $T(n)$, é o resultado da soma dos tempos de execução das duas chamadas recursivas, cada uma delas com tempo de execução $T(n/2)$. Como condição inicial, para $n = 1$, $T(1) = 1$. Assumindo-se que n é uma potência de 2, a fórmula básica que expressa o número de iterações executadas é:

$$T(n) = 2T(n/2) + n. \tag{7.1}$$

Para determinar o valor desejado, primeiramente ambos os membros são divididos por n:

$$\frac{T(n)}{n} = \frac{T(n/2)}{n/2} + 1. \tag{7.2}$$

Como a equação é válida para qualquer potência de 2, pode-se escrever:

$$\frac{T(n/2)}{n/2} = \frac{T(n/4)}{n/4} + 1. \tag{7.3}$$

$$\frac{T(n/4)}{n/4} = \frac{T(n/8)}{n/8} + 1. \tag{7.4}$$

$$\vdots$$

$$\frac{T(n/2)}{2} = \frac{T(1)}{1} + 1. \tag{7.5}$$

A partir da Equação (7.2), excetuando-se a última, a primeira parcela do lado direito da igualdade é igual ao termo do lado esquerdo da equação seguinte. A soma das equações resulta em:

$$\frac{T(n)}{n} = \frac{T(1)}{1} + \log n. \tag{7.6}$$

Concluindo-se que

$$T(n) = n + n \log n. \tag{7.7}$$

A complexidade de pior caso do método é, então, $O(n \log n)$. Entretanto, mesmo com este bom resultado a ordenação por intercalação não é um dos métodos de ordenação mais empregados. Sua eficiência depende da cuidadosa implementação da tabela temporária. A primeira providência necessária já foi tomada: utilizar somente uma área de trabalho ao longo de todo o processo. A segunda seria evitar a cópia executada após cada intercalação, o que pode ser feito alternando-se as tabelas $\mathcal{L}$ e Tmp em níveis distintos da recursão.

7.5 Ordenação Rápida (*Quicksort*)

O nome *quicksort* (ordenação rápida) já indica o que se deve esperar do método, que é, na realidade, um dos mais eficientes dentre os conhecidos. Dada uma tabela $\mathcal{L}$ com n elementos, o procedimento recursivo para ordenar $\mathcal{L}$ consiste nos seguintes passos:

- se $n = 0$ ou $n = 1$ então a tabela está ordenada;
- escolha qualquer elemento x em $\mathcal{L}$ – este elemento é chamado pivô;
- separe $\mathcal{L} - \{x\}$ em dois conjuntos de elementos disjuntos: $S_1 = \{w \in \mathcal{L} - \{x\} | w < x\}$ e $S_2 = \{w \in \mathcal{L} - \{x\} | w \geq x\}$; o procedimento de ordenação é chamado recursivamente para S_1 e S_2;
- $\mathcal{L}$ recebe a concatenação de S_1, seguido de x, seguido de S_2.

Dois pontos são decisivos para o bom desempenho do algoritmo: a escolha do pivô e o particionamento da tabela. Esses pontos são analisados a seguir.

A escolha do pivô mais utilizada é tomar o primeiro elemento como tal. Isto é aceitável se a tabela é reconhecidamente aleatória. Se, entretanto, a tabela está ordenada na ordem inversa à desejada, esta escolha provoca o pior desempenho do algoritmo. A partição obtida nesse caso separa a tabela de tal forma que o conjunto S_1 contém $n - 1$ elementos e o conjunto S_2 é vazio. Sendo assim, o primeiro elemento não é uma boa escolha para pivô.

Uma estratégia alternativa é a escolha aleatória do pivô, mas a geração de números aleatórios poderia pesar no tempo de execução. A situação ideal seria a escolha de um pivô tal que proporcionasse a partição da tabela em dois subconjuntos de dimensão equivalente. Para isso, a mediana da tabela deveria ser o elemento selecionado, lembrando que a mediana de um conjunto de n elementos é o $n/2$-ésimo maior número. Infelizmente, o cálculo desse elemento seria também muito custoso. Uma solução utilizada com bons resultados é a escolha da mediana dentre três elementos: o primeiro, o último e o central.

Solucionada a escolha do pivô, passa-se ao particionamento. Na descrição do algoritmo, os elementos iguais ao pivô foram colocados no conjunto S_2. Mas essa decisão, geralmente, depende da implementação. Antes disso, porém, observe o funcionamento do algoritmo considerando todos os elementos distintos.

Primeiramente, o pivô é afastado da tabela a ser percorrida; isto pode ser feito colocando-o na última posição e considerando somente o restante da tabela. Em seguida, dois ponteiros são utilizados. O primeiro, i, é inicializado apontando para o primeiro elemento da tabela, percorrendo-a enquanto os valores apontados são menores do que o pivô. O segundo, j, é inicializado na penúltima posição, efetuando a tarefa inversa. Os percursos são interrompidos quando i aponta para um elemento maior do que o pivô e j

Capítulo 7

aponta para um elemento menor do que o pivô. Duas situações podem ocorrer. Se $i < j$, os elementos da tabela devem ser trocados e o procedimento pode prosseguir. Se $i > j$, a partição já está determinada. O pivô, que se encontra na última posição da tabela, deve ser trocado com o elemento de índice i. Após a troca, os elementos de índice menor do que i são menores do que o pivô; o índice i indica a posição definitiva do pivô, e os de índice maior do que i formam o conjunto de elementos maiores do que o pivô. Note que o elemento de índice i foi trocado com o elemento que está na última posição da tabela (cuja chave é o pivô), ficando então na parte correta.

A Figura 7.4 mostra uma passagem da execução do algoritmo no exemplo já utilizado anteriormente, na Figura 7.2. Primeiramente o pivô é escolhido entre os valores 40, 42 e 27. O pivô determinado, 40, é trocado com a última posição e o percurso sobre a tabela com os índices i e j é iniciado. No momento em que esse percurso não pode mais prosseguir, i aponta para 95 e j, para 23. Como $i < j$, os dois elementos são trocados, o percurso é reiniciado e para novamente quando i aponta para 42 e j, para 23. Agora, entretanto, $i > j$ e a posição do pivô está decidida. O último elemento ocupa sua posição definitiva (a posição apontada por i), e os dois subconjuntos estão determinados: o de elementos menores do que o pivô, {27, 37, 23}, e o de maiores, {95, 51, 42}. O algoritmo prossegue, sendo aplicado a cada um dos subconjuntos.

Agora analisa-se a questão das chaves repetidas. Observe que, se elas acontecem na tabela $\mathcal{L}$, o particionamento será afetado pelo teste executado no percurso dos ponteiros. A

40	37	95	42	23	51	27

27	37	95	42	23	51	40
↑					↑	
i					j	

27	37	95	42	23	51	40
		↑		↑		
		i		j		

27	37	23	42	95	51	40
		↑		↑		
		i		j		

27	37	23	42	95	51	40
		↑	↑			
		j	i			

[27	37	23]	40	[95	51	42]

Figura 7.4 Ordenação rápida.

escolha do teste mais conveniente pode ser feita utilizando-se como exemplo uma tabela em que todas as chaves são iguais. Se os dois testes executados quando do percurso dos índices i e j ignoram chaves iguais ao pivô, haverá necessidade do acréscimo de um critério de parada, e mais, o pivô será colocado na extremidade da tabela, o que constitui o pior particionamento possível. Por outro lado, se nos dois testes o percurso for suspenso quando a chave é igual ao pivô, trocas desnecessárias serão feitas, mas o particionamento da tabela ocorrerá de forma mais equilibrada.

O Algoritmo 7.5 apresenta a ordenação rápida da tabela $\mathcal{L}$, de n elementos, segundo o seu *campo chave*. As variáveis *ini* e *sup*, parâmetros do procedimento, são índices que indicam o primeiro e o último elemento da parte tabela que está sendo processada na chamada. O procedimento *PIVO*, chamado no decorrer da ordenação, escolhe a mediana de três elementos.

■── **Algoritmo 7.5** | **Ordenação rápida de uma tabela com *n* elementos**

```
procedimento quicksort (ini, fim)
        se fim − ini < 2 então
                se fim − ini = 1 então
                        se L[ini] . chave > L[fim] . chave então
                                trocar(L[ini], L[fim]);
        senão PIVO(ini, fim, mediana)
                trocar((L[mediana], L[fim])
                i := ini; j := fim − 1
                key := L[fim] . chave
                enquanto j ≥ i faça
                        enquanto L[i] . chave < key faça
                                i := i + 1
                        enquanto L[j] . chave > key faça
                                j := j − 1
                        se j ≥ i então
                                trocar((L[i], L[j])
                                i := i + 1; j := j − 1
                trocar((L[i], L[fim])
                quicksort (ini, i − 1)
                quicksort (i + 1, fim);

    quicksort (1, n)
```

Uma observação deve ser feita a respeito da implementação do método. Um único critério de parada é utilizado, o teste $j \geq i$, independente, portanto, do tamanho da tabela. Isto é possível porque, após cada troca, o índice i é incrementado e j é decrementado.

7.5.1 Análise do Algoritmo

A análise do tempo despendido pela ordenação rápida é bastante semelhante à análise vista na ordenação por intercalação. O tempo de execução do método rápido sobre uma tabela com n elementos, $T(n)$, é o resultado da soma dos tempos de execução das duas chamadas recursivas com o tempo linear despendido no particionamento da tabela. A análise do algoritmo será feita assumindo-se que o pivô é escolhido aleatoriamente. Assume-se também que $T(0) = T(1) = 1$. A fórmula básica que expressa o número de iterações executadas é:

$$T(n) = T(i) + T(n - i - 1) + c\,n \qquad (7.8)$$

onde i é o número de elementos em S_1 e c é uma constante. Serão estudados três casos: o pior, o melhor e o caso médio.

Análise do pior caso

No pior caso, o pivô é o menor elemento, o que faz com que, no momento em que a tabela é partida, um dos subconjuntos fique vazio. Assim, $i = 0$ e, como $T(0) = 1$ é insignificante, pode ser ignorado. A fórmula básica de medida do tempo de execução é:

$$T(n) = T(n - 1) + cn, n > 1 \qquad (7.9)$$

A Equação (7.9) pode ser usada repetidamente para tabelas cada vez menores, considerando-se sempre que o pivô é o menor elemento. Tem-se então:

$$T(n - 1) = T(n - 2) + c(n - 1) \qquad (7.10)$$

$$T(n - 2) = T(n - 3) + c(n - 2) \qquad (7.11)$$

$$\vdots$$

$$T(2) = T(1) + c(2) \qquad (7.12)$$

Somando-se as equações acima, a partir da Equação (7.9), obtém-se:

$$T(n) = T(1) + c\sum_{i=2}^{n} i = O(n^2) \qquad (7.13)$$

Este resultado mostra a necessidade da escolha criteriosa do pivô.

Análise do melhor caso

O melhor caso ocorre quando o pivô é a mediana de uma tabela sem elementos repetidos. Assim os dois subconjuntos determinados, S_1 e S_2, têm a mesma cardinalidade. Este equilíbrio gera mais subconjuntos efetivamente tratados. Tem-se então:

$$T(n) = 2T(n/2) + cn \qquad (7.14)$$

Dividindo ambos os membros da Equação (7.14) por n:

$$\frac{T(n)}{n} = \frac{T(n/2)}{n/2} + c \qquad (7.15)$$

Usando repetidamente a Equação (7.15):

$$\frac{T(n/2)}{n/2} = \frac{T(n/4)}{n/4} + c \qquad (7.16)$$

$$\vdots$$

$$\frac{T(2)}{1} = \frac{T(1)}{1} + c \qquad (7.17)$$

Adicionando as equações acima, a partir da Equação (7.15), resulta:

$$\frac{T(n)}{n} = \frac{T(1)}{1} + c \log n \qquad (7.18)$$

A Equação (7.18) permite dizer que

$$T(n) = cn \log n + n = O(n \log n). \qquad (7.19)$$

Análise do caso médio

Assume-se que cada possível dimensão do conjunto S tem igual probabilidade, logo $1/n$. O valor médio de $T(i)$, e também de $T(n - i - 1)$, é $T(i) = \frac{1}{n}\sum_{j=0}^{n-1} T(j)$.

A Equação (7.8) fica então:

$$T(n) = \frac{2}{n}\left[\sum_{j=0}^{n-1} T(j)\right] + cn \qquad (7.20)$$

Multiplicando a Equação (7.20) por n tem-se:

$$nT(n) = 2\left[\sum_{j=0}^{n-1} T(j)\right] + cn^2 \qquad (7.21)$$

$$(n-1)T(n-1) = 2\left[\sum_{j=0}^{n-2} T(j)\right] + c(n-1)^2. \tag{7.22}$$

Efetuando a diferença entre as Equações (7.21) e (7.22):

$$nT(n) - (n-1)T(n-1) = 2T(n-1) + 2cn - c \tag{7.23}$$

Abandonando, na direita da equação, a constante c:

$$nT(n) = (n+1)T(n-1) + 2cn \tag{7.24}$$

Tem-se agora a fórmula de $T(n)$ em função de $T(n-1)$. Dividindo então por $n(n+1)$ e repetindo sucessivamente:

$$\frac{T(n)}{n+1} = \frac{T(n-1)}{n} + \frac{2c}{n+1} \tag{7.25}$$

$$\frac{T(n-1)}{n} = \frac{T(n-2)}{n-1} + \frac{2c}{n} \tag{7.26}$$

$$\frac{T(n-2)}{n-1} = \frac{T(n-2)}{n-2} + \frac{2c}{n-1} \tag{7.27}$$

$$\vdots$$

$$\frac{T(2)}{3} = \frac{T(1)}{2} + \frac{2c}{3} \tag{7.28}$$

Adicionando-se as equações a partir de (7.25), tem-se

$$\frac{T(n)}{n+1} = \frac{T(1)}{2} + 2c\sum_{i=3}^{n+1}\frac{1}{i}. \tag{7.29}$$

O somatório que aparece na Equação (7.29) pode ser calculado com auxílio do parâmetro γ, conhecido como constante de Euler-Mascheroni. Sabe-se que

$$\gamma = \lim\left(\sum_{k=1}^{n}\frac{1}{k} - \ln n\right).$$

O somatório é então aproximadamente igual a $O(\log n)$. Logo,

$$\frac{T(n)}{n+1} = O(\log n).$$

E, finalmente, $T(n) = O(n \log n)$.

7.6 Ordenação em Heap (*Heapsort*)

No Capítulo 6 foi visto o conceito de lista de prioridades e sua implementação mais eficiente, utilizando um heap. Uma aplicação conhecida dessa estrutura é um algoritmo que efetua a ordenação de uma tabela. A implementação deste método utiliza a estrutura de dados heap e os procedimentos que a manipulam.

Seja $\mathcal{L}$ a tabela a ser disposta em ordem não decrescente segundo as suas chaves, sendo $\mathcal{L}$ uma lista de prioridades. A prioridade atribuída a cada nó é considerada como sendo igual ao valor de sua chave de ordenação. Sabe-se que o primeiro elemento da lista é o de maior prioridade. Esse elemento é obrigatoriamente o último na lista ordenada. Pode-se então realizar a troca do primeiro com o último elemento e diminuir a tabela. A tabela $\mathcal{L}$, diminuída de um elemento, pode não ser uma lista de prioridades (o seu primeiro elemento foi modificado) e deve ser reorganizada. Repetindo-se este processo para todos os elementos de $\mathcal{L}$, o resultado final é a tabela ordenada.

O Algoritmo 7.6 apresenta a ordenação em heap da tabela $\mathcal{L}$, de n elementos, segundo o seu *campo chave*. Primeiramente, o heap deve ser construído utilizando-se o procedimento *arranjar* (ver Algoritmo 6.6 no Capítulo 6). Após a troca do primeiro elemento, é utilizado o procedimento *descer* (ver Algoritmo 6.2 no Capítulo 6), que reorganiza o heap após a remoção do elemento de maior prioridade.

■— | **Algoritmo 7.6** | **Ordenação em heap**

arranjar(*n*)
$m := n$
enquanto $m > 1$ **faça**
    trocar($\mathcal{L}[1]$, $\mathcal{L}[m]$)
    $m := m - 1$
    descer(1, *m*)

A complexidade do Algoritmo 7.6 é de fácil avaliação. O procedimento arranjar tem complexidade $O(n)$; o procedimento descer, $O(\log n)$. Como o procedimento descer é chamado n vezes, para cada elemento colocado em sua posição definitiva na tabela, a complexidade total do algoritmo é $O(n \log n)$.

A Figura 7.6 apresenta, passo a passo, um exemplo de ordenação da tabela mostrada na Figura 7.5, após o procedimento arranjar. Para cada iteração do algoritmo, são ilustrados o efeito na árvore após a troca de nós e o resultado do procedimento descer. A última árvore da figura apresenta a tabela já ordenada.

95 60 78 39 28 66 70 33

Figura 7.5 Lista de prioridades.

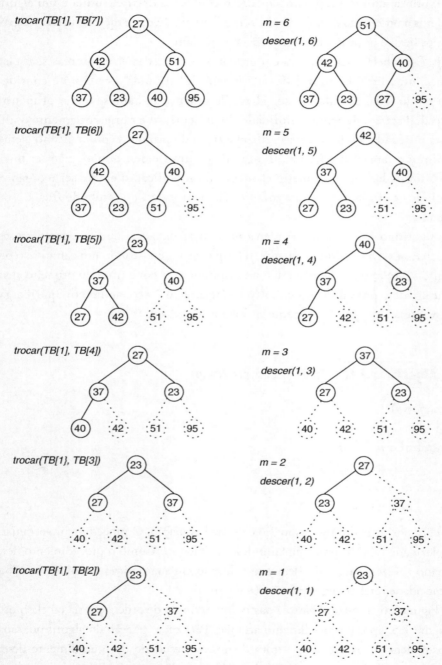

Figura 7.6 Ordenação em heap.

7.7 Limite Inferior para Algoritmos de Ordenação

Neste capítulo, foram apresentados algoritmos de ordenação com complexidades de pior caso $O(n^2)$ e $O(n \log n)$. Obviamente os que apresentam complexidade $O(n \log n)$ são melhores, porém para afirmar que um algoritmo é ótimo é necessário conhecer um limite inferior para todos os algoritmos que executam essa tarefa, o que é difícil de ser obtido no caso geral. No caso de algoritmos de ordenação, esse limite inferior é conhecido e essa análise é aqui apresentada. Para tal, é utilizada uma *árvore de decisão*, que representa todos os passos possíveis na execução de um algoritmo. A atenção se concentrará em algoritmos de ordenação por comparações (exatamente os apresentados neste capítulo).

7.7.1 Árvore de Decisão

Uma *árvore de decisão* é uma abstração usada para provar limites inferiores. Aqui, será utilizada uma árvore binária. Cada n representa um conjunto de possíveis ordens de elementos de uma lista, consistente com as comparações entre seus elementos j realizadas. Para cada n é colocada uma comparação; as arestas da árvore indicam as duas possibilidades de respostas.

A árvore de decisão da Figura 7.7 representa um algoritmo que ordena uma lista de três elementos a, b e c. O estado inicial do algoritmo se encontra na raiz da árvore, isto é, nenhuma comparação foi feita e todas as ordens são possíveis resultados para a ordenação. O algoritmo considerado nessa árvore é a ordenação bolha. A primeira comparação que este algoritmo efetua é entre a e b, isto é, o primeiro elemento e o segundo. Os dois resultados, $a < b$ e $b < a$, levam a dois estados (nós da árvore) distintos. Em cada um deles, as ordens relativas à resposta correta da comparação são encontradas. Quando o algoritmo atinge o nó 2, a comparação é feita entre b e c. Se $b < c$, o algoritmo chega ao nó 4 e existe somente uma ordem possível; o algoritmo pode terminar, a ordenação está completa. Se $b > c$, existem duas ordens possíveis: a, c, b e c, a, b. De acordo com o método, neste caso os elementos devem ser trocados: c passa a ser o segundo elemento e b, o terceiro. Outra comparação deve ser realizada, novamente entre o primeiro elemento e o segundo, isto é, a e c. Em cada alternativa é obtida apenas uma ordem correta. O raciocínio é análogo para os outros nós. Observe que esta árvore corresponde a um determinado algoritmo; entretanto, qualquer algoritmo de ordenação por comparação pode ser representado por uma árvore de decisão. Em qualquer uma delas, o número de comparações efetuadas pelo algoritmo corresponde ao maior comprimento do caminho da raiz até uma de suas folhas.

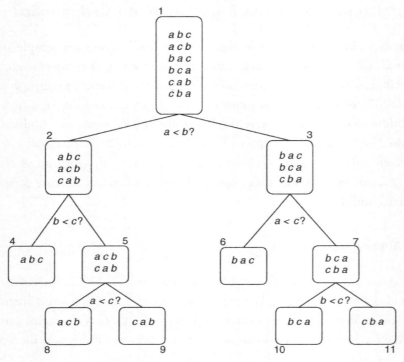

FIGURA 7.7 Árvore de decisão.

7.7.2 O Tamanho da Árvore de Decisão

A árvore da Figura 7.7 tem seis folhas, correspondendo às seis possíveis ordenações da lista inicial. Em geral, ao ordenar n elementos, existem $n! = n(n - 1) \ldots 1$ possíveis saídas, que são as diferentes ordens da lista inicial. Isto significa que qualquer dos n elementos pode ser o primeiro, qualquer um dos $n - 1$ restantes pode ser o segundo, e assim sucessivamente. Então, qualquer árvore de decisão descrevendo um algoritmo de ordenação correto de uma lista de n elementos precisa ter $f = n!$ folhas. E mais, o comprimento do caminho da raiz da árvore até uma folha fornece o número de comparações feitas quando a ordenação representada por essa folha é a ordem correta para uma entrada determinada. Então, o comprimento do maior caminho da raiz até uma folha é o limite inferior do número de passos executados pelo algoritmo no pior caso.

Uma árvore binária pode ter, no máximo, 1 nó raiz, 2 nós no nível 2, 4 nós no nível 3, e, em geral, 2^{i-1} no nível i. Sabe-se que a altura da árvore é igual ao nível máximo de seus nós (Seção 3.2). Então, o maior número de folhas de uma árvore com altura h é $2^{(h-1)}$. De outra forma, pode-se dizer então que uma árvore binária com f folhas precisa ter altura, no mínimo, $O(\log f)$. Como $f = n!$, conclui-se que qualquer algoritmo de ordenação, que somente use comparações para encontrar a ordem correta, precisa $\Omega(\log(n!))$ no pior caso. Uma boa aproximação para $n!$ é $(n/e)^n$, onde $e = 2,7183\ldots$ é a base de logaritmos neperianos. Como $\log((n/e)^n) = n \log n - n \log e$, tem-se que $\log(n!)$ é da ordem de $n \log n$. Um limite inferior mais preciso pode ser obtido ao se observar que $n(n-1)(n-2)\ldots(2)(1)$ é o produto de pelo menos $n/2$ fatores que valem $n/2$. Então, $n! \geq (n/2)^{(n/2)}$, e $\log(n!) \geq (n/2) \log(n/2) = (n/2) \log n - (n/2)$. Conclui-se então que ordenar por comparações tem complexidade de tempo de $\Omega(n \log n)$ no pior caso.

7.8 Exercícios

7.1 Ordenar a lista
10, 4, 7, 15, 12, 26, 6, 9
usando as ordenações bolha e por inserção.

7.2 Analisar o comportamento do Algoritmo 7.2 (ordenação bolha com critério de parada) quanto ao número de trocas e o número de percursos na tabela para as seguintes entradas:
10 20 30 40 50 5
90 10 20 30 40 50

7.3 Qual a complexidade de tempo da ordenação por inserção se todas as chaves são iguais?

7.4 A seguinte tabela foi submetida a um algoritmo de ordenação:
8 7 6 5 4 3 2 1
Em algum ponto da ordenação, a tabela se encontra da seguinte forma:
6 5 3 1 4 2 7 8
Qual o método de ordenação utilizado: bolha, por inserção ou em heap? Justificar sua resposta.

7.5 Estudar o comportamento do Algoritmo 7.5 (ordenação rápida) no caso de a entrada estar
ordenada em ordem crescente
ordenada em ordem decrescente

7.6 Mostrar o comportamento da ordenação em heap para a lista
80, 35, 20, 60, 42, 36, 85.

7.7 O que acontece se o Algoritmo 7.6 (ordenação em heap) for utilizado em uma tabela já ordenada? E se a tabela estiver ordenada, porém invertida?

7.8 Assinalar se certo ou errado:
Se a sequência a ser ordenada já se encontrar sob a forma de um heap, o Algoritmo 7.6 requer apenas $O(n)$ passos para ordenar a sequência.

7.9 O algoritmo que se segue ordena uma tabela $\mathcal{L}$ de n elementos. Avaliar as complexidades de melhor caso e pior caso do algoritmo. Discutir as estruturas de dados necessárias para a implementação do método.
Passo 1: Construir uma árvore binária de busca com os elementos de $\mathcal{L}$.
Passo 2: Percorrer a árvore obtida em ordem simétrica.

7.10 Apresentar a árvore de decisão correspondente à ordenação por inserção de uma tabela com três elementos.

7.11 Um algoritmo de ordenação é estável se ele preserva a ordem original dos elementos com chaves iguais. Quais dos métodos apresentados neste capítulo são estáveis?

7.12 Apresentar um algoritmo que receba uma tabela de números inteiros e os ordene em ordem decrescente tendo como critério a sua frequência, isto é, o número de vezes que cada um deles ocorre na tabela.

Exemplo: dada a tabela

1 3 5 6 6 6 3 3 3 1

Resultado:

3 3 3 3 6 6 6 1 1 5.

7.13 Suponha que se deseja ordenar uma lista $\mathcal{L}$ consistindo em uma lista ordenada seguida por alguns outros de forma arbitrária. Qual dos métodos descritos neste capítulo melhor se adapta a essa tarefa?

Notas Bibliográficas

Por sua aplicabilidade, métodos de ordenação foram dos primeiros algoritmos a serem discutidos em relação à eficiência. No Capítulo 7 foram apresentados alguns algoritmos clássicos. Os mais simples, a ordenação bolha e por inserção; os de melhor complexidade, o método rápido (proposto por Hoare em 1962 [Ho62]), a ordenação em heap (proposta por Williams em 1964 [Wi64]) e a ordenação por intercalação, mencionada por Knuth [Kn73] como sendo um dos primeiros e mais eficientes métodos propostos. A referência mais tradicional no estudo de ordenação é justamente o livro de Knuth [Kn68], volume 3. Uma revisão sobre a classificação dos métodos de ordenação é vista em [La80a], e Cook e Kim [Co80a] analisam a eficiência dos algoritmos, no caso particular em que a tabela está praticamente ordenada.

Capítulo 8

Estruturas Autoajustáveis

8.1 Introdução

Este capítulo é dedicado ao estudo de algumas estruturas que possuem como característica comum o fato de serem *autoajustáveis*.

Ao se efetuarem determinadas operações sobre uma estrutura de dados, estas determinam necessariamente uma modificação na sua forma. É o caso, por exemplo, da inserção e da remoção, que causam o seu crescimento ou redução. Uma estrutura *autoajustável* pode mudar sua forma também como efeito secundário de operações inócuas, como uma busca. Observe o caso de uma árvore binária de busca, já conhecida. Se uma sequência de inserções produz uma folha de nível $O(n)$, uma sequência de m buscas a essa chave apresentará uma complexidade de $O(m\,n)$. Se a estrutura for autoajustável, ela poderá reagir, modificando o nível dos nós em função da frequência com que são buscados. Pode-se dizer que esta é uma nova abordagem para o problema já estudado em árvores balanceadas. Nestas, o rebalanceamento é realizado de tempos em tempos, em decorrência da degradação da forma da estrutura, devido a operações de inserções e remoções. Em contraste, a ideia de uma estrutura autoajustável envolve operações de ajuste apenas locais, realizadas, contudo, com grande frequência. Por exemplo, após cada busca na estrutura.

A avaliação da eficiência de algoritmos se fez até agora através da determinação da complexidade do pior caso, examinando-se individualmente cada operação executada. Essa análise, entretanto, pode se mostrar muito pessimista, induzindo a erros de avaliação. Uma alternativa é a análise da sequência completa de operações, onde o tempo despendido com sua realização é analisado como um todo e não como uma sucessão de operações individuais. Tal avaliação é conhecida como *complexidade amortizada*. Sendo assim, antes mesmo da apresentação de algumas estruturas autoajustáveis a Seção 8.2 introduz o conceito de complexidade amortizada. A Seção 8.3 examina as estruturas autoajustáveis mais simples – as listas. O estudo de manipulação de conjuntos é realizado na Seção 8.4. Finalmente, uma árvore binária de busca autoajustável, denominada *árvore de difusão*, é examinada na Seção 8.5.

8.2 Complexidade Amortizada

O objetivo da complexidade ordinária é determinar o tempo despendido por uma operação no seu pior caso, sem preocupação com o efeito da mesma. Em contrapartida, a complexidade amortizada considera as configurações da estrutura antes e após a operação e examina cada uma das operações como parte integrante de uma sequência. Assim, nesse enfoque cada operação individual não deverá ser considerada, necessariamente, em seu pior caso.

Duas versões diferentes apresentam o conceito de complexidade amortizada: a "visão do banqueiro" e a "visão do físico". A primeira trata a análise do algoritmo em questão como um sistema de avaliação de créditos e débitos. Suponha que cada operação realizada no algoritmo que se quer avaliar, conhecida como *operação individual*, tenha direito a um certo número de créditos, definido como o *tempo amortizado* da operação. O objetivo é, então, mostrar que a sequência de operações pode ser executada com o somatório de créditos alocados. Conceitos semelhantes aos de uma operação bancária são observados. Assim, durante o processo, créditos podem ser "tomados emprestados" de operações subsequentes. Entretanto, chegando-se ao fim da sequência estes devem ter sido pagos, isto é, devem ter sido economizados por outras operações. O conceito básico é que nem todas as operações despendem os créditos alocados, e algumas despendem mais do que o permitido. O que se deve demonstrar é que, na sequência de operações, essas sobras e faltas se compensam. Ao fim do processo, pode-se garantir que o tempo real de execução da sequência de operações tem como limite superior o somatório dos tempos amortizados correspondentes.

Um exemplo simples que ilustra esse sistema é o problema da manipulação de uma pilha. Já são conhecidas as operações primitivas referentes a pilhas:

- operação *insere*: insere um elemento no topo da pilha;
- operação *retira*: retira um elemento do topo da pilha.

Nesse exemplo, uma operação individual é composta por zero ou mais operações *retira*, seguidas, obrigatoriamente, por uma operação *insere*. Utilizando-se a análise de pior caso, de imediato se observa que, para um conjunto de n elementos, a complexidade de tal operação é $O(n)$, em virtude da possibilidade de múltiplas retiradas; no pior caso, a pilha terá n elementos e a operação despenderá pelo menos $n + 1$ passos. Ora, ao se considerar uma sequência de m operações desse tipo, ter-se-á a complexidade de $O(m\, n)$.

Ainda utilizando-se o conceito de complexidade do pior caso, pode-se tentar melhorar esse resultado. Ao se considerar uma sequência de m operações, pode-se observar que a i-ésima operação só pode retirar, no máximo, $i - 1$ elementos da pilha, pois só $i - 1$ elementos poderiam já ter sido colocados. Ter-se-ia então um tempo de i unidades para cada operação realizada. O tempo total seria de

$$\sum_{i=1}^{m} i = \frac{(m+1)m}{2} = O(m^2)$$

e o resultado não apresentaria melhora sensível, mesmo se o número de operações, m, fosse menor do que a dimensão n da tabela.

Observe agora como é feita a análise amortizada desta sequência. Para cada operação individual são alocados dois créditos. Considera-se que a operação *insere* consome um crédito e a operação *retira*, outro. Uma operação individual com zero *retira* poupará um crédito. Ao acontecer uma operação individual que efetue diversos *retira*, estes corresponderão exatamente aos créditos economizados anteriormente, uma vez que só podem ser retirados elementos que foram previamente colocados na pilha e que não foram desempilhados em operações precedentes.

Assim, em uma operação individual, cada *retira* múltiplo é compensado por créditos economizados. Neste exemplo, não é necessário o empréstimo de créditos. A complexidade amortizada de uma sequência de m operações individuais é $O(2\,m) = O(m)$. Obviamente, a análise tradicional não está errada; ela fornece um limite superior ao número encontrado pela análise amortizada.

A segunda técnica de análise é denominada "visão do físico" que, de certa forma, é uma analogia com o conceito de energia potencial. Para essa abordagem é necessário o conceito da *função potencial* Φ, que mapeia qualquer configuração E da estrutura num número real $\Phi(E)$, chamado *potencial* de E. O potencial de uma certa configuração pode ser utilizado para custear operações a serem realizadas posteriormente. O *tempo amortizado* de uma operação é definido como

$$a = t + \Phi(E') - \Phi(E)$$

onde t é o tempo real da operação e E e E' são as configurações da estrutura antes e depois da operação, respectivamente. Para uma sequência de m operações, tem-se:

$$\sum_{i=1}^{m} t_i = \sum_{i=1}^{m} (a_i - \Phi_i + \Phi_{i-1}) = \Phi_0 - \Phi_m + \sum_{i=1}^{m} a_i$$

onde a_i e t_i são os tempos amortizado e real da i-ésima operação, e Φ_0, Φ_m são os potenciais antes da primeira operação e após a última, respectivamente. O tempo total real não depende dos potenciais intermediários. Ele representa a soma da complexidade amortizada total com a diferença de potencial da estrutura antes e depois da sequência de operações. Se o potencial final for maior ou igual ao inicial, então a complexidade amortizada total poderá ser utilizada como um limite superior para estimar o tempo total real.

Na realidade, qualquer função potencial pode ser escolhida; o bom resultado da avaliação dependerá de quão astuta for tal escolha. Observe como é feita essa análise no exemplo de manipulação da pilha, já apresentado anteriormente. O potencial da pilha é definido como o número de itens que ela contém. Assim, o potencial inicial é zero e o potencial é sempre não negativo. Suponha agora a execução da i-ésima operação da sequência; encontram-se na pilha p elementos, e a operação individual consta de k operações *retira* e uma operação *insere*. Pode-se então observar que

- o tempo real da operação é $t_i = 1 + k$;
- o potencial antes da operação corresponde ao número de elementos da pilha, sendo então $\Phi(E) = p$;
- o potencial depois da operação corresponde ao número de elementos anteriormente na pilha, menos os k elementos retirados mais o elemento inserido pela operação, sendo então $\Phi(E') = p - k + 1$.

O tempo amortizado correspondente a uma operação individual é, então, o obtido aplicando-se a expressão anterior. Seu valor é $(1 + k) + (p - k + 1) - p = 2$. Para o cálculo de m operações, sabe-se que o potencial inicial é zero e o potencial é sempre não negativo. Então,

$$\sum_{i=1}^{m} t_i = 0 - \Phi_m + \sum_{i=1}^{m} 2.$$

O tempo total real dessas m operações será, então, limitado superiormente por $2m$.

8.3 Listas

A estrutura mais simples que pode utilizar o conceito de autoajuste é a lista linear, em suas duas versões de armazenamento, sequencial e encadeada. Já foi visto, no Capítulo 2, que a maneira mais simples de organizar essa lista é através de uma sequência dos nós sem ordenação. Uma característica importante pode, entretanto, ser considerada: o fato de que alguns nós são acessados mais frequentemente que outros. Uma *lista linear autoajustável* deve então permutar a ordem de seus nós, tentando colocar em posições mais próximas do início os nós mais procurados de forma a reduzir o tempo de acesso em operações subsequentes.

Se bem que outras estruturas possam apresentar desempenhos melhores para a busca, o emprego de listas autoajustáveis se justifica principalmente quando o tamanho da lista é pequeno (algumas dezenas de nós), uma vez que a simplicidade dos algoritmos a serem programados compensa o fato de não se utilizarem estruturas mais elaboradas. Uma aplicação interessante que se enquadra perfeitamente nesse caso é a utilização de autoajuste nas listas encadeadas que resolvem colisões por encadeamento exterior em tabelas de dispersão, assunto que será visto no Capítulo 10. Outra aplicação é na área de sistemas operacionais, que utiliza listas autoajustáveis na política de gerência de memória virtual conhecida como LRU (*least recently used*, menos recentemente utilizada).

A implementação de listas autoajustáveis pode ser feita por métodos diferentes, alguns dos quais serão estudados a seguir.

8.3.1 Métodos de Autoajuste para Listas

Considere uma sequência de buscas realizadas em uma lista linear.

Mover para a frente (*MF*)

Neste método, quando a chave desejada é encontrada o nó é transferido para o início da lista, caso ele ainda não se encontre nessa posição. Se o armazenamento da lista é encadeado, essa operação não apresenta problemas. Entretanto, se é sequencial, serão movimentados todos os nós que se encontravam antes do nó considerado.

Deve-se observar que, todas as vezes que um nó com baixa probabilidade é acessado e movido para a frente da lista, ele incrementa os custos de futuros acessos a muitos outros nós.

Transposição (*TR*)

Após acessar o nó que possui a chave desejada, este é trocado com o nó que imediatamente o precede. Com esse método, um nó só se aproxima do início da lista se ele é acessado frequentemente.

Uma vantagem interessante do método é sua aplicação a listas em armazenamento sequencial.

Contador de frequência (*CF*)

Cada nó possui um contador, onde é mantido o número de acessos efetuados. Após cada acesso, o contador é incrementado, e esse nó é movido para uma posição da tabela tal que todos os nós com contador menor estejam situados depois dele. Assim, os nós na lista estão sempre dispostos em ordem não crescente pelo valor do contador.

Uma característica importante do método é que, ao fim da sequência de buscas, a tabela está perfeitamente ordenada pela probabilidade de acesso, o que é a ordem estática ótima para essa lista. Note que, durante a sequência de acessos, a lista não está necessariamente nessa ordem ótima, mas se aproxima à medida que a sequência prossegue.

Mover para a frente *k* (*MF-k*)

Este método tenta estabelecer um compromisso entre os relativos extremos dos métodos *MF* e *TR*. Após o acesso a um nó, este é movido *k* posições para a frente, se possível, na tabela. Por essa definição, se k' é a distância do nó ao início da lista, MF é equivalente a MF-k' e TR é equivalente a MF-1.

Métodos híbridos

Algumas tentativas foram feitas para combinar vantagens de dois métodos de autoajuste. Assim, pode-se considerar um método onde o algoritmo MF é aplicado até uma disposição satisfatória da lista e depois trocado pelo algoritmo TR. O problema é, obviamente, definir o momento da troca do primeiro pelo segundo algoritmo utilizado.

A composição dos algoritmos TR e CF também foi considerada. Uma vez que CF pode efetuar operações de reajuste inadequadas no início da sequência de operações, a ideia é usar TR nesse período até que a tabela de contadores se encontre razoavelmente estável.

A Figura 8.1(a) mostra uma tabela e o contador de frequência de suas chaves. A aplicação dos métodos MF, TR e CF, após o acesso à chave x, aparece nas Figuras 8.1(b), 8.1(c) e 8.1(d), respectivamente.

8.3.2 Análise do Método Mover para a Frente

Nesta seção serão apresentados alguns resultados referentes ao método *mover para a frente*. A escolha deste método em particular se deve ao fato de que este é o algoritmo de autoajuste para listas lineares mais usado e analisado ao longo dos anos. Os resultados obtidos, alguns dos quais aqui apresentados, justificam o interesse pelo método.

Um método de ajuste é chamado *admissível* se ele toma a forma "após o acesso a um nó, movê-lo zero ou mais posições para a frente na tabela". Como nenhuma restrição é colocada quanto ao movimento realizado, todos os métodos mencionados na seção anterior são admissíveis.

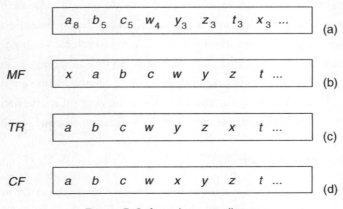

FIGURA 8.1 Autoajuste em listas.

Para um método admissível H e uma sequência s de operações quaisquer, tem-se:

$C_H(s)$: o tempo total real da sequência de operações;
$E_H(s)$: o número total de trocas de posição realizadas.

Teorema 8.1

Para qualquer método admissível H e qualquer sequência s de dimensão m composta por operações de busca com sucesso e inserções, a partir da lista vazia, tem-se:

$$C_{MF}(s) \le 2C_H(s) - E_H(s) - m.$$

Isto é, o tempo total real do método mover para a frente nunca é maior do que duas vezes o custo de qualquer outro método admissível.

PROVA Nesta demonstração é utilizada a visão do físico, apresentada na Seção 8.2. Considere a sequência s aplicada segundo os dois métodos, resultando nas listas MF e H. Para definir a função potencial, deve-se conceituar primeiramente uma *inversão* de dois elementos. Para duas listas quaisquer contendo os mesmos elementos, uma *inversão* em uma das listas em relação à outra é um par não ordenado i, j tal que, se i ocorre antes de j em uma das listas, ele ocorre depois de j na outra. A função potencial utilizada é, então, o número total de inversões na lista MF em relação à lista H.

Considere, inicialmente, a operação de inserção. Em se tratando de listas lineares, uma premissa aceitável é que todas as inserções sejam feitas no fim da lista. Nesse caso, a operação não altera o número de inversões.

Suponha a operação de acesso a um elemento x, sendo x o j-ésimo elemento na lista MF e o k-ésimo na lista H. Dentre os elementos que precedem x em MF, alguns também o precedem em H (por exemplo, o elemento a na Figura 8.2). Outros, como o elemento d da mesma figura, precedem x em MF, mas o sucedem em H. Seja p o número de elementos que se encontram neste segundo caso. Após o acesso ao elemen-

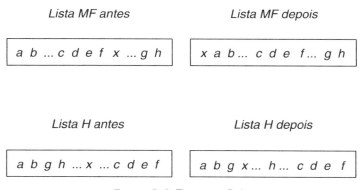

FIGURA 8.2 Teorema 8.1.

to x, este deve ser movido para a frente na lista MF, passando sobre $j - 1$ nós. Então, $j - 1 - p$ inversões são criadas e p inversões são destruídas.

Com o elemento x na frente da lista MF, cada nó que precede x na lista H forma agora uma inversão. Então, quando x é movido e_i posições para a esquerda na lista H (o movimento depende do método admissível que esteja sendo utilizado), exatamente e_i inversões são destruídas. Por outro lado, a movimentação de x em H não cria qualquer inversão, pois x ocupa a primeira posição em MF.

Já se sabe que o tempo amortizado para a operação considerada é $a_i = t_i + \Phi(E')$ $- \Phi(E)$. O tempo real t_i para o acesso ao elemento x é j na lista MF. A diferença de potencial é o resultado das inversões acrescentadas e destruídas, que foram vistas anteriormente. Tem-se

$$a_i = j + (j - 1 - p) - p - e_i$$
$$= 2(j - 1 - p) - e_i + 1.$$

Pode-se lembrar que $j - 1 - p$ é justamente o número de nós que, na configuração inicial da demonstração, precedia x na lista MF e também o precedia na lista H. Como x se encontrava na posição k na lista H, pode-se garantir que $j - 1 - p \leq k - 1$. Então,

$$a_i \leq 2(k - 1) - e_i + 1 = 2k - e_i - 1$$

Observe que k é exatamente o tempo real da operação em H. Sendo $\Phi_0 = 0$ e $\Phi_m \geq 0$, o somatório do tempo real de todas as operações é

$$C_{MF}(s) = \sum_{i=1}^{m} t_i$$
$$\leq \sum_{i=1}^{m} a_i$$
$$\leq 2C_H(s) - E_H(s) - m.$$

Esse resultado, obtido para o método mover para a frente, não é válido para o método de transposição. Um contraexemplo é uma tabela onde são inseridos n itens e depois, repetidamente, se acessa o último elemento $O(n)$ vezes. O custo do contraexemplo é $O(n^2)$, enquanto o correspondente ao método mover para a frente é igual a $O(n)$, para a mesma situação.

Igualmente, o resultado não vale para o método do contador de frequência. Um contraexemplo consiste em uma lista com n itens. O primeiro deles é acessado n vezes, o segundo $n - 1$ vezes, e assim por diante. O método contador de frequência não rearruma a lista. O seu custo é $n + 2(n - 1) + \ldots + n \cdot 1 = O(n^3)$. Enquanto isso, o custo do método mover para a frente é $(n - 1 + n - 2 + \ldots + 1) + (1 + 2 + \ldots + n) = O(n^2)$.

8.4 Conjuntos

Uma estrutura de dados de larga aplicação é aquela que suporta a execução de operações normalmente realizadas em conjuntos. Por exemplo, unir duas dessas estruturas em uma única, e assim por diante. Por isso mesmo, essa estrutura é denominada *conjunto*. Sua implementação pode ser feita através de listas, assunto tratado no Capítulo 2.

Um caso particular dessa estrutura modela problemas em áreas diversas como construção de compiladores e problemas combinatórios. Trata-se do caso em que se está lidando com uma *coleção de conjuntos disjuntos*. Sobre essa coleção, as seguintes três operações básicas são executadas. Supõe-se que os elementos do conjunto pertencem a um universo de n elementos:

- *Gerar*, que cria um conjunto unitário $\{x\}$ para cada elemento $\{x\}$ do universo, sendo x também o nome do conjunto.
- *Buscar*(x), que determina o nome do conjunto ao qual o elemento x pertence.
- *Fundir*(a, b), que determina a união dos conjuntos disjuntos, cujos nomes são a e b. O resultado da fusão é atribuído ao primeiro desses conjuntos.

Dados n elementos, uma sequência de operações consta então de uma operação *gerar* e m operações *buscar* e *fundir*, intercaladas de qualquer forma. Se a sequência contiver $n - 1$ operações *fundir*, a coleção original de conjuntos unitários é transformada em um só conjunto. Ao longo deste processo, a coleção se constitui sempre em uma partição do universo.

É evidente que é possível criar os procedimentos mencionados a partir de operações tradicionais sobre a estrutura de dados conjunto. A eficiência dos resultados, utilizando-se as implementações usuais, deixaria, entretanto, muito a desejar.

Uma ideia alternativa parte da premissa de que deve ser criado, de início, um conjunto para cada elemento existente no universo do problema e que os conjuntos existentes no decorrer do desenvolvimento são sempre disjuntos. Sugere-se, então, que sua representação na memória defina uma estrutura independente para cada um desses conjuntos, como uma lista ou árvore. Uma solução consiste em representar a estrutura através de um conjunto de árvores, correspondendo cada árvore a um dos conjuntos considerados. As árvores, por sua vez, são constituídas de nós, cada um apontando seu pai na

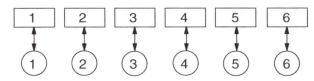

FIGURA 8.3 Inicialização da estrutura.

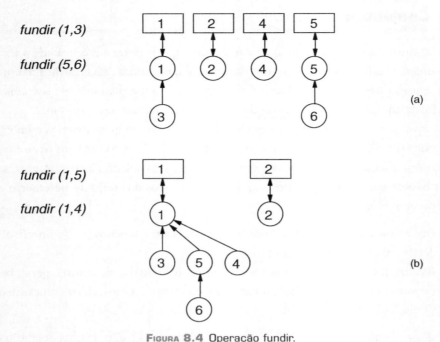

FIGURA 8.4 Operação fundir.

estrutura. Como são estruturas distintas, é necessário manter a associação entre o nome do conjunto e a árvore que o representa, o que pode ser realizado por um nó-cabeça. A operação *gerar* cria essa estrutura. A Figura 8.3 apresenta a floresta criada pela operação *gerar* para o universo {1, 2, 3, 4, 5, 6}.

A operação *fundir*(*a*, *b*) simplesmente redireciona o ponteiro do nó-raiz da árvore correspondente ao conjunto *b*, fazendo-o apontar para o nó-raiz do conjunto *a*. As Figuras 8.4(a) e 8.4(b) ilustram a sequência de algumas operações *fundir*. Pode-se notar que o nome do conjunto resultante corresponde sempre ao nó-raiz da árvore.

Por fim, a operação *buscar*(*x*) é um simples percurso na árvore a partir do nó *x* até a raiz.

Os algoritmos referentes às três operações serão vistos na seção seguinte, onde será então justificada a necessidade do nó-cabeça para cada uma das árvores da floresta.

8.4.1 Fusão por Tamanho

A execução de uma sequência de operações *fundir* – sendo o primeiro conjunto sempre um conjunto unitário e o segundo conjunto, o resultado da operação anterior – criará uma árvore degenerada, isto é, uma lista encadeada de comprimento de $O(n)$. Tal fato torna a complexidade da operação *buscar* também de $O(n)$.

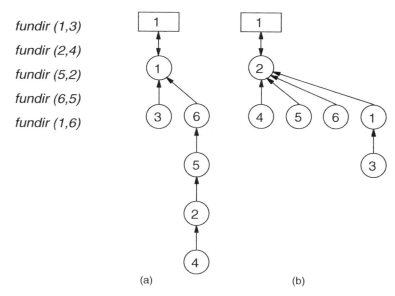

FIGURA 8.5 Fusão sem e com critério de tamanho.

Devem-se então introduzir modificações no procedimento de forma a manter a árvore resultante balanceada, segundo o conceito já apresentado no Capítulo 5. Isto pode ser realizado conhecendo-se o número de nós de cada árvore e estabelecendo-se, na operação *fundir*, que a raiz da menor árvore aponta para a raiz da maior, caso sejam de tamanhos distintos. Tal processo é conhecido por *fusão por tamanho*. A Figura 8.5(a) mostra o resultado de uma sequência de operações *fundir* sem a utilização do método, e a Figura 8.5(b) a mesma sequência utilizando a fusão por tamanho. Observa-se que, no segundo caso, o nome da árvore nem sempre corresponde a seu nó-raiz.

O teorema a seguir prova que a árvore obtida por este método é balanceada.

Teorema 8.2

Considere uma sequência $s_0, s_1, \ldots, s_m$ de operações. A operação s_0 é *gerar* e $s_1, \ldots, s_m$ são operações *fundir* e *buscar* em conjuntos disjuntos, empregando fusão por tamanho. Seja x um nó qualquer do universo considerado e T_x a árvore que armazena x. Após a operação s_m, T_x é uma árvore balanceada.

PROVA A prova consiste em mostrar que $2^{h(T_x)-1} \leq |T_x|$, onde $|T_x|$ é o número de elementos da árvore T_x, e h sua altura. Nesse caso, $h(T_x) = O(\log |T_x|)$, o que implica T_x balanceada.

A prova dessa desigualdade é feita por indução.

Para $m = 0$, o teorema é válido; tem-se construída a floresta de n árvores, cada uma com um elemento.

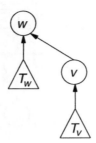

FIGURA 8.6 Teorema 8.2.

Pela hipótese da indução, antes da operação s_m o teorema está correto para todos os nós x. É preciso provar que é válido após s_m.

Se s_m é *buscar*(x), não há mudança na estrutura e vale o teorema. Suponha que s_m é a operação *fundir*(v, w). Sem perda de generalidade, pode-se assumir que $|T_v| \leq |T_w|$. Nesse caso, o conjunto v ser ligado ao conjunto w, criando uma nova árvore T, como é visto na Figura 8.6.

Claramente $h_T = \max(1 + h(T_v), h(T_w))$. Então, como antes da operação s_m o teorema era válido para os nós v e w, tem-se

$$2^{h(T)-1} = 2^{\max(1+h(T_v), h(T_w))-1}$$
$$= \max(2^{h(T_v)-1+1}, 2^{h(T_w)-1})$$
$$\leq \max(2|T_v|, |T_w|).$$

Por outro lado, sabe-se que a operação *fundir* gera a árvore T tal que $|T| = |T_v| + |T_w|$, e considerou-se $|T_v| \leq |T_w|$. Pode-se concluir que

$$2|T_v| \leq |T| \text{ e } |T_w| \leq |T|.$$

Consequentemente

$$2^{h(T)-1} \leq \max(|T|, |T|)$$
$$2^{h(T)-1} \leq |T|.$$

Os algoritmos para as operações *gerar*, *buscar* e *fundir* são apresentados a seguir. Para a implementação da floresta que representa a coleção de conjuntos disjuntos são considerados quatro vetores. Primeiramente, os vetores *raiz* e *tam*, referentes aos conjuntos propriamente ditos, isto é, ao nó-cabeça das árvores; *raiz*[i] indica o nó-raiz da árvore correspondente ao conjunto de nome i e *tam*[i], o número de nós do conjunto. O vetor *pai* se refere aos elementos dos conjuntos; logo, aos nós das árvores. Ele indica o pai de cada nó, exceto para a raiz, que possui *pai* = 0. O vetor *nome* indica, para o nó-raiz da árvore, o nome do conjunto correspondente. Supõe-se que todos os nomes e elementos dos conjuntos considerados sejam pertencentes ao universo {1, ..., n}.

Algoritmo 8.1 | Geração da coleção de conjuntos

procedimento *gerar*
    para $i := 1, n$ **faça**
        $raiz[i] := i; \quad tam[i] := 1$
        $pai[i] := 0; \quad nome[i] := i$

Algoritmo 8.2 | Determinar o nome do conjunto ao qual *x* pertence

função *buscar*(x)
    $y := x$
    enquanto $pai[y] \neq 0$ **faça**
        $y := pai[y]$
    $buscar := nome[y]$

Algoritmo 8.3 | Fusão de conjuntos

procedimento *fundir*(a, b)
    $ra := raiz[a]; \quad rb := raiz[b]$
    se $ra = 0$ **ou** $rb = 0$ **então**
        "erro: a ou b não são válidos"
        pare
    se $ra \neq rb$ **então**
        se $tam[a] < tam[b]$ **então**
            $temp := ra; \quad ra := rb; \quad rb := temp$
        $pai[rb] := ra$
        $nome[ra] := a$
        $tam[a] := tam[a] + tam[b]$
        $raiz[a] := ra; \quad raiz[b] := 0$

8.4.2 Compactação de Caminhos

Na seção anterior foi visto como é possível melhorar o desempenho da operação *fundir*. Agora será visto como a operação *buscar* pode incorporar o conceito de autoajuste, de forma a torná-la bem mais eficiente.

A operação *buscar* consiste em um percurso do caminho do nó desejado até a raiz da árvore. A ideia básica para diminuir o tempo de busca é compactar o caminho percorrido, de forma que as próximas buscas percorram um caminho menor. A compactação é realizada durante o próprio procedimento de busca. Três métodos diferentes podem ser empregados:

Compressão de caminhos
Fazer cada nó do caminho apontar para a raiz da árvore.

Separação de caminhos
Fazer cada nó do caminho, exceto a raiz e seu filho, apontar para seu avô.

Divisão de caminhos
Fazer cada nó de ordem ímpar na busca, exceto a raiz ou seu filho, apontar para o seu avô.

As Figuras 8.7(b), (c) e (d), respectivamente, ilustram as aplicações dos métodos descritos, após a busca ao nó a, da árvore da Figura 8.7(a).

Os algoritmos para cada método de compactação são vistos a seguir. A implementação utiliza as mesmas estruturas de armazenamento vistas nos algoritmos anteriores. Somente a operação de busca deve ser modificada.

▄— Algoritmo 8.4 │ Compressão de caminhos

função $comp\text{-}buscar(x)$
    $y := x$
    enquanto $pai[y] \neq 0$ faça
        $y := pai[y]$
    enquanto $pai[x] \neq 0$ faça
        $z := pai[x]$
        $pai[x] := y$
        $x := z$
    $comp\text{-}buscar := nome[y]$

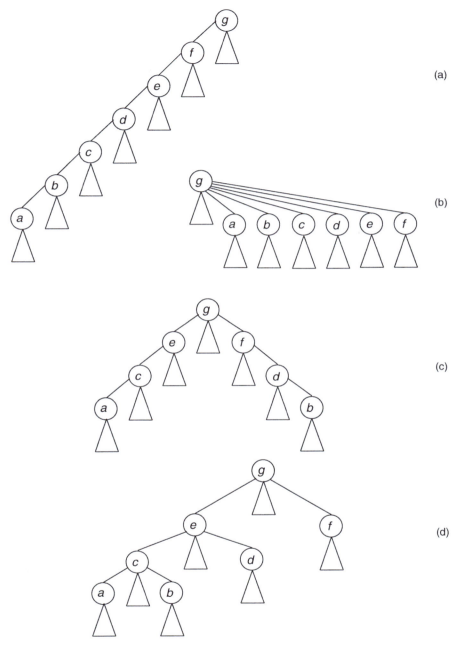

FIGURA 8.7 Critérios de compactação de caminhos.

Capítulo 8

■—[**Algoritmo 8.5**] **Separação de caminhos**

função *sep-buscar*(*x*)
   $y := pai[x]$
   se $y = 0$ **então**
      retornar (*nome*[*x*])
   $z := pai[y]$
   enquanto $z \neq 0$ **faça**
      $pai[x] := z$
      $x := y, y := z$
      $z := pai[y]$
   sep-buscar := *nome*[*y*]

■—[**Algoritmo 8.6**] **Divisão de caminhos**

função *div-buscar*(*x*)
   $y := pai[x]$
   se $y = 0$ **então**
      retornar (*nome*[*x*])
   $z := pai[y]$
   enquanto $z \neq 0$ **faça**
      $pai[x] := z$
      $x := z, \quad y := pai[x]$
      se $y = 0$ **então**
         div-buscar := *nome*[*x*]
      $z := pai[y]$
   div-buscar := *nome*[*y*]

8.4.3 A Complexidade das Operações

Os algoritmos descritos para fusão por tamanho e compressão de caminhos não apresentam quaisquer dificuldades. Contudo, a sua análise é bem mais difícil e foge ao escopo deste livro. Dir-se-á apenas que, para uma sequência de $n - 1$ operações *fundir* e *m* operações *buscar* intercaladas, foi provado que a complexidade é $O(n + m\alpha(m + n, n))$.

Para compreender esse resultado, é necessário inicialmente conhecer a função de Ackerman A e seu *inverso* α. As definições são:

$$A(p, q) = \begin{cases} 2^q & p = 1, q \geq 1 \\ A(p - 1, 2) & p \geq 2, q = 1 \\ A(p - 1, A(p, q - 1)) & p \geq 2, q \geq 2 \end{cases}$$

$$\alpha(m, n) = \min\{p \geq 1 | A(p, \lfloor m/n \rfloor) > \log n\}, \ m \geq n.$$

É fácil observar que a função A tem o crescimento muito rápido. Por exemplo:

$$A(2, 1) = A(1, 2) = 2^2$$

$$A(2, x) = A(1, A(2, x - 1)) = 2^{A(2, x-1)} = \underbrace{2^{2^{\cdot^{\cdot^2}}}}_{(x+1)\text{vezes}}$$

A função α satisfaz $\alpha(m, n) \leq 4$ para todos os efeitos práticos (Exercício 8.13). Ou seja, a complexidade $O(n + m\alpha(m + n, n))$, embora não seja linear, se comporta como tal para os valores práticos de m, n. Observe que $A(4, 1) = A(2, 16)$, isto é, 17 sucessivas potências de 2. Então, para $m \cong n$, na expressão de $\alpha(m, n)$, pode-se aproximar o valor de p para 4, pois $A(4, 1)$ é maior do que qualquer valor $\log n$ proveniente de alguma aplicação.

8.5 Árvores de Difusão

Conforme já foi mencionado em capítulos anteriores, o bom funcionamento de uma estrutura de dados em forma de árvore binária depende, essencialmente, da eficiência com que o problema de busca pode ser resolvido. De um modo geral, uma busca é tanto mais eficiente quanto mais próxima da raiz da árvore estiver o nó contendo a chave procurada. Supondo-se que a probabilidade de busca seja idêntica para todas as chaves, uma primeira ideia seria iniciar o processo a partir de uma árvore completa. Isto corresponderia a $O(\log n)$ passos para alcançar um nó desejado, no pior caso, para uma árvore com n nós. Contudo, após um certo número de inclusões ou exclusões a estrutura pode se transformar em uma árvore de formato ineficiente para a busca. Um caso extremo seria a transformação da árvore completa em uma árvore zigue-zague, isto é, uma árvore binária em que cada nó, exceto uma folha, possui exatamente um filho. Nesse caso, a busca pode atingir $O(n)$ passos.

Para resolver essa questão, uma solução já estudada seria a utilização de árvores balanceadas. Nestas, a altura permanece limitada por $O(\log n)$ ao longo de todo o processo.

Para que essa característica seja mantida, utilizam-se operações de restabelecimento toda vez que a árvore se afasta de certos padrões de balanceamento preestabelecidos. Essa perda de padrões seria o efeito da realização de um certo número de inclusões ou exclusões. A manutenção do balanceamento normalmente implica a necessidade de se armazenarem informações adicionais, além daquelas necessárias à representação da árvore e das chaves.

Ressalte-se, contudo, que esse acréscimo de espaço utilizado pode não ser muito significativo. Apenas 1 bit por chave, no caso das árvores rubro-negras, por exemplo.

Uma alternativa consiste em utilizar árvores binárias autoajustáveis. Nessas estruturas não existem padrões de balanceamento preestabelecidos. A ideia é efetuar operações de ajuste após cada inclusão ou exclusão. Uma precondição natural é que essas operações sejam mais simples do que as de restabelecimento utilizadas nas árvores balanceadas. Caso contrário, não haveria sentido em aplicar árvores autoajustáveis. Uma vantagem importante em várias aplicações é que as operações de ajuste dispensam o armazenamento de informações adicionais de balanceamento, pois não há padrões a serem satisfeitos.

A árvore autoajustável que será estudada a seguir é a *árvore de difusão*. Essas estruturas não garantem, necessariamente, um pior caso de $O(\log n)$ para acessar algum nó desejado. Contudo, elas asseguram complexidade amortizada de $O(\log n)$, no pior caso. Para alcançar esse objetivo, empregam operações de ajuste, após cada acesso a algum nó procurado. Essas operações se processam ao longo do caminho da raiz até esse nó.

8.5.1 Operações de Difusão

Uma *árvore de difusão* é uma árvore binária de busca T que emprega certas operações, denominadas *operações de difusão*, com a finalidade de ajustá-las automaticamente. Essas operações se iniciam em um certo nó q e se propagam até a raiz r de T, através do caminho de q a r. A operação relativa a q denomina-se *difusão* de q e emprega as rotações das árvores AVL descritas na Seção 5.3.2. A difusão do nó q depende da posição de q em relação a seu pai e avô e implica a realização de até duas rotações. Os passos para efetuar a difusão do nó q numa árvore de raiz r, bem como o funcionamento de uma árvore de difusão, são detalhados a seguir.

Caso 1: $q = r$
Nada a efetuar.

Caso 2: q é filho de $v = r$

Caso 2.1: q é filho esquerdo
Efetuar rotação direita em v (Figura 8.8(a)).

Caso 2.2: q é filho direito
Efetuar rotação esquerda em v (Figura 8.8(b)).

Caso 3: q é filho de $v \neq r$ (seja z o pai de v)

Caso 3.1: q, v são ambos filhos esquerdos
Efetuar rotação direita em z e, em seguida, em v (Figura 8.8(c)).

Caso 3.2: q, v são ambos filhos direitos
Efetuar rotação esquerda em z e, em seguida, em v (Figura 8.8(d)).

Caso 3.3: q é filho direito e v esquerdo
Efetuar rotação dupla esquerda em z (Figura 8.8(e)).

Caso 3.4: q é filho esquerdo e v direito
Efetuar rotação dupla direita em z (Figura 8.8(f)).

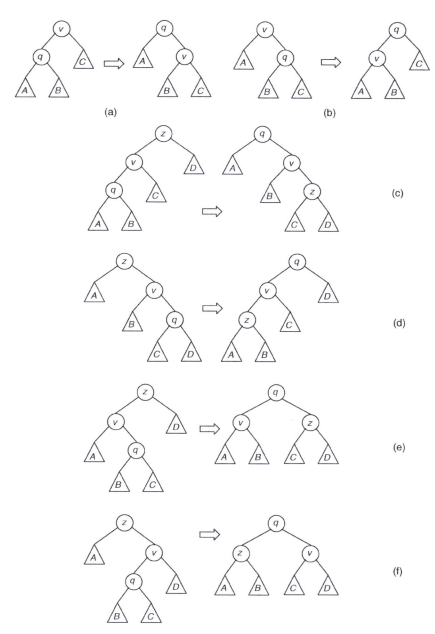

FIGURA 8.8 Difusão de um nó.

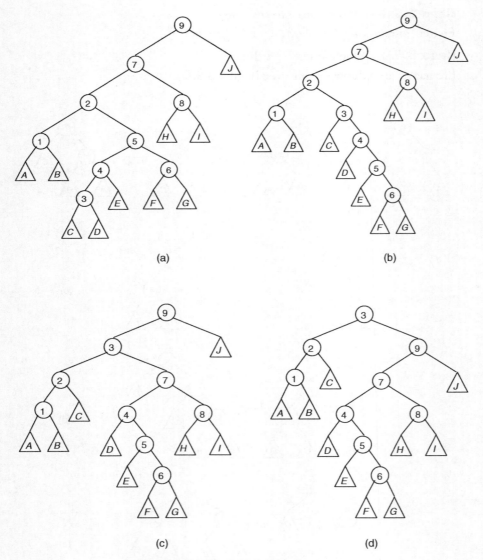

FIGURA 8.9 Difusão completa de um nó.

Conforme pode ser observado, um efeito da difusão do nó q é aproximá-lo da raiz da árvore. De fato, após a difusão, a distância de q até a raiz se reduziu em duas unidades; caso contrário, q se tornou ou já era a raiz de T. No primeiro caso, a ideia seria repetir a difusão de q, na nova árvore obtida, e assim por diante. Assim sendo, define-se a *difusão completa* de q como a seguinte operação:

enquanto $q \neq r$ efetuar
difusão do nó q

As árvores de difusão empregam essas operações em seu funcionamento da seguinte maneira.

(i) Após acessar o nó q solicitado $\rightarrow$ efetuar difusão completa de q.

(ii) Após incluir um novo nó $q \rightarrow$ efetuar difusão completa de q.

(iii) Após excluir o nó q solicitado $\rightarrow$ efetuar difusão completa do nó que era o pai de q (se existir).

O exemplo da Figura 8.9 ilustra a difusão completa do nó 3 da árvore apresentada na Figura 8.9(a). Foram necessárias três difusões simples para formar a difusão completa do nó 3, dando origem às árvores das Figuras 8.9(b), 8.9(c) e 8.9(d), respectivamente.

8.5.2 Complexidade das Operações de Difusão

Nesta seção será examinada a complexidade amortizada das operações de difusão. O objetivo é determinar o tempo total necessário para efetuar uma sequência de operações no seu pior caso. Dentre os métodos conhecidos para o estudo da complexidade amortizada será utilizada a visão do físico, descrita na Seção 8.2.

Considere o caso das árvores de difusão. Deve-se, de início, definir a função potencial que será empregada. Associe a cada nó v da árvore um *peso positivo* $w(v)$. O valor desse peso é arbitrário, podendo ser escolhido de acordo com a conveniência. Contudo, ele é fixo, não se alterando após a escolha realizada. Define-se a quantidade $W(v)$ como a soma dos pesos dos nós na subárvore de raiz v. Igualmente, o *posto* de v, representado por $p(v)$, é definido como $p(v) = \log W(v)$. Finalmente, o potencial da árvore é a soma dos postos de todos os seus nós.

O teorema seguinte fornece um limite superior para o tempo amortizado necessário para efetuar uma operação de difusão completa. Para avaliar o tempo de uma operação de difusão, utiliza-se como medida o número de rotações efetuadas.

Teorema 8.3

O tempo amortizado para uma difusão completa de um nó q em uma árvore de raiz r é, no máximo,

$$1 + 3\left[p(r) - p(q)\right].$$

PROVA Seja a i-ésima operação da sequência, $1 \leq i \leq m$. Sejam Φ_i, W_i e p_i, respectivamente, as funções potencial, soma dos pesos e posto após a realização da i-ésima operação. Sejam v o pai de q, e z o pai de v, se existirem. Examinando o detalhamento da operação de difusão, distinguem-se os seguintes casos.

Caso 1: $q = r$

Nenhuma rotação é efetuada e a complexidade amortizada é nula.

Caso 2: $v = r$

Exatamente uma rotação é efetuada. Para determinar a expressão dos potenciais da árvore, antes e após a realização da operação, observe que apenas os postos de q e r se alteram. Os postos dos demais vértices permanecem os mesmos. Como o potencial é a soma de todos os postos, conclui-se que $\Phi_i - \Phi_{i-1} = p_i(r) + p_i(q) - p_{i-1}(r) - p_{i-1}(q)$. Como a rotação consome uma unidade de tempo, o tempo efetivo da i-ésima operação é $t_i = 1$. Portanto, a complexidade amortizada da operação é

$$a_i = 1 + p_i(v) + p_i(q) - p_{i-1}(v) - p_{i-1}(q).$$

Examinando-se as Figuras 8.8(a) e 8.8(b), conclui-se que $p_{i-1}(v) \geq p_i(v)$. Logo,

$$a_i \leq 1 + p_i(q) - p_{i-1}(q).$$

Da mesma forma, $p_i(q) \geq p_{i-1}(q)$. Portanto,

$$a_i \leq 1 + 3\,[p_i(q) - p_{i-1}(q)].$$

Caso 3: $q \neq r$ e $v \neq r$, sendo q e v ambos filhos esquerdos ou direitos.

São efetuadas duas rotações, correspondentes ao Caso 3.1 ou 3.2 da operação de ajuste. Os nós q, v e z são os únicos cujos postos podem sofrer alteração com a realização da operação. Então,

$$a_i = 2 + p_i(z) + p_i(v) + p_i(q) - p_{i-1}(z) - p_{i-1}(v) - p_{i-1}(q).$$

Observando as Figuras 8.8(c) e 8.8(d), conclui-se que $p_i(q) = p_{i-1}(z)$. Portanto,

$$a_i = 2 + p_i(z) + p_i(v) - p_{i-1}(v) - p_{i-1}(q).$$

Além disso, $p_i(q) \geq p_i(v)$ e $p_{i-1}(v) \geq p_{i-1}(q)$. Logo,

$$a_i \leq 2 + p_i(z) + p_i(q) - 2p_{i-1}(q).$$

Por outro lado, verifica-se que

$$p_{i-1}(q) + p_i(z) - 2p_i(q) = \log\frac{W_{i-1}(q)}{W_i(q)} + \log\frac{W_i(z)}{W_i(q)}.$$

Observe que a função logaritmo tem a seguinte propriedade: se a, $b > 0$ e $a + b \leq 1$, então $\log a + \log b \leq -2$, onde o máximo ocorre com $a = b = 1/2$ (Exercício 8.14). Portanto, como todos os pesos são positivos e $W_{i-1}(q) + W_i(z) \leq W_i(q)$, conclui-se que $W_{i-1}(q)/W_i(q) + W_i(z)/W_i(q) \leq 1$.

Isto é, pelo valor máximo da soma dos logaritmos, tem-se que

$$p_{i-1}(q) + p_i(z) - 2p_i(q) \leq -2.$$

Multiplicando-se a última desigualdade por -1 e somando-se àquela de a_i, conclui-se que

$$a_i \leq 3 \, [p_i(q) - p_{i-1}(q)].$$

Caso 4: $q \neq v$, $v \neq r$ e um dentre q, v é filho esquerdo e outro filho direito.

Esse caso corresponde às situações 3.3 e 3.4 da operação de ajuste. É efetuada uma rotação dupla, o que corresponde a duas simples. Em analogia ao caso anterior, o tempo amortizado é

$$a_i = 2 + p_i(z) + p_i(v) + p_i(q) - p_{i-1}(z) - p_{i-1}(v) - p_{i-1}(q).$$

Como $p_i(q) = p_{i-1}(z)$ e $p_{i-1}(q) \leq p_{i-1}(v)$,

$$a_i \leq 2 + p_i(z) + p_i(v) - 2p_{i-1}(q).$$

Considerando-se a expressão

$$p_i(z) + p_i(v) - 2p_i(q) = \log\frac{W_i(z)}{W_i(q)} + \log\frac{W_i(v)}{W_i(q)},$$

observando-se que $W_i(v) + W_i(z) \leq W_i(q)$ e aplicando-se técnica similar ao caso anterior, conclui-se que

$$p_i(z) + p_i(v) - 2p_i(q) \leq -2$$

o que implica

$$a_i \leq 2 \, [p_i(q) - p_{i-1}(q)].$$

O passo seguinte consiste em determinar o valor da complexidade amortizada total. Observando-se que o Caso 2 só pode ocorrer uma vez na sequência de operações de difusão, conclui-se que a complexidade amortizada total é:

$$\sum a_i \leq 1 + \sum_{i=1}^{m} 3[p_i(q) - p_{i-1}(q)] = 1 + 3[p_m(q) - p_0(q)]$$

ou

$$\sum a_i \leq 1 + 3[p(r) - p(q)].$$

Esse teorema é válido quaisquer que sejam os pesos positivos. De fato, a utilização dos pesos é parte da análise e não da implementação, isto é, os algoritmos dispensam o uso desses parâmetros. Contudo, através da escolha apropriada de seus valores é possível obter resultados diversos relativos à eficiência das árvores de difusão. Por exemplo, o Teorema 8.4 assegura que o tempo amortizado (médio) para efetuar uma busca, inclusão ou exclusão em uma árvore de difusão é $O(\log n)$.

Teorema 8.4

O tempo total necessário para se efetuar uma sequência de m operações de busca, inclusão ou exclusão em uma árvore de difusão, inicialmente vazia, é $O(m \log n)$, onde n é o número de inclusões realizadas.

PROVA O Teorema 8.3 será utilizado na demonstração. Escolhem-se os pesos individuais de cada nó da seguinte maneira. Cada nó v da árvore possui peso $w(v) = 1$. Assim, $0 \leq p(v) \leq \lceil \log n \rceil$. O Teorema 8.3 assegura que o tempo amortizado para cada operação de difusão é limitado por $1 + 3 \lceil \log n \rceil$. Observe que a difusão completa de um nó implica percorrer o caminho desse nó até a raiz. O tempo associado a cada operação de busca, inserção e remoção é proporcional ao comprimento desse caminho. Logo, o tempo total consumido por todas as operações de busca, inserção e remoção não pode ser maior do que o tempo total amortizado correspondente às operações de difusão. Este último é $O(m \log n)$. ∎

Através da escolha conveniente de valores para os pesos, é possível ainda provar que as árvores de difusão são tão eficientes quanto as árvores ótimas de busca no sentido estático, isto é, quando apenas acessos são efetuados (Exercício 8.22). Esse último resultado é válido para sequências de acessos suficientemente longas e desprezando-se constantes aditivas ou multiplicações na determinação do tempo total de acesso. Além disso, há uma conjectura, segundo a qual as árvores de difusão seriam tão eficientes quanto qualquer outra forma de árvores binárias de busca, dinamicamente atualizadas, para uma sequência suficientemente longa de acessos.

Finalmente, deve-se ressaltar uma característica importante das árvores de difusão no seu aspecto prático: a estrutura de dados correspondente a essas árvores coincide, exatamente, com a das árvores binárias de busca. A técnica de armazenamento é a mesma nos dois casos, e as árvores de difusão dispensam a utilização de qualquer informação adicional. A diferença reside tão somente na manipulação das estruturas.

8.6 Exercícios

8.1 Responder se é certo ou errado:
Suponha um algoritmo que executa uma sequência de operações idênticas. Seja $O(f)$ a complexidade de pior caso de uma operação. Suponha que a complexidade amortizada, ao longo das operações, seja também igual a $O(f)$. Então o algoritmo é ótimo.

8.2 Seja C um contador binário composto de n bits, todos inicialmente iguais a 0. C será incrementado do valor 1 um total de m vezes. Supondo-se que a complexidade do algoritmo de incremento unitário seja igual ao número de bits de C que foram alterados pela operação, pede-se:
(i) Determinar a complexidade de pior caso da operação de incremento.

(ii) Determinar a complexidade amortizada ao longo da sequência de m incrementos.

8.3 Repetir o exercício anterior supondo que o valor inicial do contador seja um número binário composto por k bits, onde $m = \Omega(k)$.

8.4 Seja uma lista linear composta dos elementos $a\ b\ c\ d\ e\ f\ g$. Suponha a seguinte sequência de acesso à lista: $g\ f\ d\ f\ b\ f\ f\ d\ c$. Determinar a configuração final da lista, segundo a utilização dos seguintes métodos de ajuste.

(i) Mover para a frente.

(ii) Transposição.

(iii) Contador de frequência.

(iv) Mover para a frente $\lfloor d/2 \rfloor$, onde d é a distância de cada nó ao início da lista.

8.5 Responder se é certo ou errado:

O tempo total consumido por m acessos a uma lista realizados segundo qualquer método admissível é sempre menor ou igual ao correspondente a um método não admissível.

8.6 Responder se é certo ou errado:

O Teorema 8.1 leva à conclusão de que o método mover para a frente é o melhor método de autoajuste para listas lineares.

8.7 Suponha uma floresta criada pela operação *gerar*, para o conjunto $\{1, 2, 3, 4, 5\}$. Determinar a floresta obtida após a realização das seguintes operações: *fundir*(1, 3), *fundir*(2, 5), *fundir*(3, 4), supondo que a operação *fundir* seja realizada

(i) sem critério de tamanho.

(ii) com critério de tamanho.

• 8.8 A operação de *fusão por tamanho de altura* é uma operação de fusão em que a raiz da árvore de altura menor passa a apontar para a raiz da maior, caso as alturas sejam desiguais. Estudar o método de fusão por tamanho de altura. Comparar o seu desempenho com a fusão realizada sem critério de tamanho e com critério de tamanho da árvore (número de nós).

8.9 Suponha uma árvore binária com nós $a_1, \ldots, a_6$, sendo a_i pai de a_{i+1}, $1 \leq i < 6$. Seja uma busca realizada à folha a_6. Determinar a árvore resultante da aplicação da compactação de caminhos, supondo o método realizado através das seguintes técnicas:

(i) Compressão de caminhos.

(ii) Separação de caminhos.

(iii) Divisão de caminhos.

8.10 Provar ou dar contraexemplo:

Seja T uma árvore representando um conjunto pertencente a uma coleção de conjuntos disjuntos, T' e T'' as árvores obtidas de T mediante a aplicação dos métodos de compressão e separação de caminhos, respectivamente, após uma sequência de buscas a nós de T. Então, a altura de T' é necessariamente menor do que a de T''.

○ 8.11 Responder se é certo ou errado:

A função $\alpha(m, n)$ é o inverso funcional da função de Ackerman, no sentido matemático.

8.12 Mostrar que, para n fixo e m crescente, o inverso da função de Ackerman é monotonicamente decrescente.

8.13 Detalhar os argumentos para justificar por que $\alpha(m, n) \leq 4$ para valores práticos de m, n.

8.14 Demonstrar a seguinte propriedade de logaritmos, utilizada na prova do Teorema 8.3:

"Se a, $b > 0$ e $a + b \leq 1$, então $\log a + \log b \leq -2$."

Além disso, o máximo dessa função ocorre quando $a = b = 1/2$.

Capítulo 8

8.15 Construir a árvore binária resultante da difusão completa do nó 6 da árvore da Figura 8.9(d).

8.16 Seja $S = \{s_1, \ldots, s_n\}$, $n > 2$, um conjunto de chaves, sendo o valor de s_i menor do que o de s_{i+1}, $i < n$. Seja T uma árvore binária de busca completa para S. Determinar uma sequência de inclusões e remoções de chaves de S que, a partir de T, a transforme em uma árvore zigue-zague.

○8.17 Repetir o exercício anterior supondo que a árvore binária seja autoajustável. Justificar a possibilidade ou não.

○8.18 Seja $k > 0$ um inteiro e T_1, T_2 duas árvores binárias de busca construídas sobre um mesmo conjunto de chaves S, $|S| > 2$. Suponha que T_1 seja uma árvore completa e T_2 zigue-zague. Determinar uma sequência de inserções e remoções de chaves de S tal que transforme T_1 em T_2 com a restrição de que, a cada instante, a árvore de busca possua, pelo menos, k chaves.

●8.19 Seja $k > 0$ um inteiro e T_1, T_2 duas árvores binárias de busca construídas sobre um mesmo conjunto de chaves S, $|S| > 2$. Suponha que T_1 seja uma árvore zigue-zague e T_2 balanceada. Determinar uma sequência de inserções e remoções de chaves de S empregando o autoajuste das árvores de difusão, com a restrição de que, a cada instante, a árvore de busca possua, pelo menos, k chaves.

●8.20 Uma *árvore de rotação simples* é aquela em que, após cada acesso a um nó q, efetua-se uma rotação, esquerda ou direita, do pai de q (se q não for a raiz), conforme q seja filho direito ou esquerdo, respectivamente. Mostrar que a complexidade amortizada para o acesso a uma sequência de n nós, em uma árvore desse tipo, é $O(n)$ por acesso, no pior caso.

●8.21 Uma *árvore de rotação completa* é aquela em que, após cada acesso a um nó q, efetua-se uma rotação do pai de q, conforme o exercício anterior, repetindo-se a operação até que q se torne a raiz da árvore. Mostrar que, nesse caso, a complexidade amortizada para o acesso a uma sequência de n nós também é $O(n)$, no pior caso.

●8.22 Mostrar que as árvores de difusão são tão eficientes, dentro de fatores constantes, quanto árvores binárias de busca ótimas, considerando somente operações de acesso em número suficientemente grande (sem inclusões nem exclusões).

Notas Bibliográficas

O método de análise amortizada já foi utilizado no livro de Aho, Hopcroft e Ullman [Ah74]. Dentre os trabalhos fundamentais, no tema, diversos são devidos a Tarjan. Por exemplo, o livro [Ta83], o artigo [Ta75] sobre união de conjuntos e o trabalho [Sl85] sobre árvores de difusão, em coautoria com Sleator. [Ta85] é um trabalho abrangente sobre complexidade amortizada. Análises de métodos de autoajuste para listas foram realizadas por Sleator e Tarjan [Sl85a], e Bentley e McGeoch [Be85a]. O trabalho pioneiro sobre união de conjuntos é [Ta75]. Entretanto, Galler e Fischer, em 1964, já haviam projetado uma estrutura e algoritmos eficientes para a manipulação de conjuntos disjuntos. Um importante caso particular desse problema, o qual admite um algoritmo linear, foi tratado por Gabow e Tarjan [Ga85]. O artigo fundamental sobre árvores de difusão é o de Sleator e Tarjan [Sl85]. Allen e Munro [Al78] é uma referência para os Exercícios 8.19 e 8.20.

Capítulo 9

Listas de Prioridades Avançadas

9.1 Introdução

Neste capítulo serão abordadas algumas generalizações dos heaps estudados no Capítulo 6. Neste último, a suposição básica foi que a cada dado era atribuído um valor numérico, denominado prioridade, em relação ao qual eram realizadas algumas operações. As operações consideradas foram as de inserção, remoção do elemento de maior prioridade, além da construção do heap. Essencialmente, estas são algumas das principais operações relativas às listas de prioridades. Conforme foi observado no Capítulo 6, os heaps permitem efetuar essas operações de forma eficiente. Para um heap com n elementos, a seleção do elemento de maior prioridade pode ser completada em tempo $O(1)$, a inserção e a mencionada remoção em tempo $O(\log n)$, enquanto a construção requer $O(n)$.

No decorrer do estudo das estruturas autoajustáveis, realizado no Capítulo 8, foi também examinada uma operação adicional, a operação da fusão. Essa operação corresponde a unir os elementos de duas estruturas em uma única. Ela se constitui em uma operação fundamental para diversas aplicações. Por outro lado, operações como remoção de um elemento qualquer desejado e o aumento de prioridade de um nó são igualmente importantes. Assim sendo, surgiu a necessidade de se desenvolver estruturas que fossem capazes de realizar todas as operações abordadas no Capítulo 6, aqui mencionadas, bem como as operações de fusão e remoção de qualquer elemento, de maneira eficiente. Este é precisamente o objeto do estudo do presente capítulo.

Nas seções subsequentes examinam-se estruturas de dados para realizar as operações citadas. Essas estruturas constituem generalizações dos heaps estudados no Capítulo 6. Elas permitem efetuar a operação de fusão com a mesma complexidade das operações básicas do Capítulo 6, ou seja, $O(\log n)$.

O estudo é iniciado pelos m-heaps, abordado na Seção 9.2. Estes constituem uma extensão dos heaps tradicionais, substituindo-se a árvore binária por uma m-ária. Ao contrário das outras estruturas abordadas neste capítulo, os m-heaps não estão relacionados com as novas operações acima mencionadas. Eles aqui foram incluídos meramente como uma generalização natural dos heaps.

A Seção 9.3 é dedicada ao estudo dos heaps esquerdistas. Estas estruturas constituem uma relaxação dos heaps tradicionais, quando a obrigatoriedade de se manter a estrutura como uma árvore binária completa não é mais mantida. Os heaps esquerdistas permitem efetuar as operações de fusão, inserção e remoção do elemento de maior prioridade em tempo $O(\log n)$.

Na Seção 9.4 são estudados os heaps binomiais, os quais também relaxam a exigência de manutenção das árvores como árvores binárias completas. Os heaps binomiais apresentam propriedades interessantes, do ponto de vista combinatório. Em relação à eficiência da realização das operações básicas, os heaps binomiais são capazes de efetuar a operação de inserção em tempo esperado constante. Os heaps binomiais sustentam as mesmas três operações acima, na mesma complexidade $O(\log n)$. Contudo, a fusão e a inserção podem ser efetuadas em tempo amortizado $O(1)$.

Na Seção 9.5 são apresentados os heaps de Fibonacci, os quais constituem uma generalização dos heaps binomiais. Eles permitem efetuar as operações de fusão, inserção, remoção de um nó qualquer e aumento de prioridade. Os heaps de Fibonacci são bastante eficientes no que diz respeito à complexidade amortizada. Assim, as operações de fusão, inserção e aumento de prioridade podem ser realizadas em tempo amortizado $O(1)$. Mas a remoção requer tempo amortizado $O(\log n)$, de acordo com os algoritmos apresentados.

Finalmente, na Seção 9.6 são abordadas outras generalizações dos heaps tradicionais, como os heaps distorcidos e heaps relaxados. De certa forma, o seu estudo está relacionado ao de estruturas autoajustáveis, abordado no capítulo anterior.

9.2 *m*-Heaps

De acordo com o Capítulo 6, um heap corresponde a uma árvore binária completa, onde todos os nós de seu último nível encontram-se em posições mais à esquerda possível. Por outro lado, de acordo com o Capítulo 3, uma árvore *m-ária* é uma generalização de árvore binária, onde cada nó possui até $m \geq 2$ filhos, em vez de até 2 filhos. Um *m*-heap combina esses dois conceitos. Assim sendo, um *m*-heap corresponde a uma árvore *m*-ária completa, onde todos os nós de seu último nível se encontram em posições mais à esquerda possível. De acordo com esta notação, um 2-heap é simplesmente um heap.

Os demais conceitos empregados no estudo dos heaps se estendem, de forma natural, para *m*-heaps. Assim, a cada nó de um *m*-heap está associado um valor, denominado *prioridade*. Em um *m*-heap, a prioridade de um certo nó é sempre maior ou igual à prioridade de seus filhos. A Figura 9.1 ilustra um 3-heap, onde os valores numéricos assinalados correspondem às prioridades dos nós.

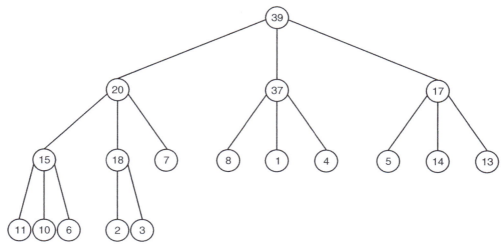

FIGURA 9.1 Um 3-heap.

Os algoritmos de manipulação de m-heaps constituem generalizações diretas dos algoritmos para heaps, descritos no Capítulo 6. Desta forma, podem ser desenvolvidos algoritmos de subida e descida em m-heaps, que correspondem ao aumento e à diminuição de prioridade de um nó, respectivamente. De maneira similar aos heaps, esses algoritmos serão empregados nas operações de inserção e remoção do nó de maior prioridade, respectivamente.

Em relação à complexidade dos algoritmos, observe-se, inicialmente, que a altura de uma árvore completa m-ária com n nós é igual a $O(\log_m n)$. Dessa maneira, a complexidade do algoritmo de subida em um m-heap é $O(\log_m n)$. Por outro lado, no algoritmo de descida, para cada nó x do caminho de descida é necessário escolher qual filho de x o sucederá no caminho, para que a diminuição da prioridade seja corretamente efetuada. Esta escolha pode exigir que se determine qual filho de x possui maior prioridade. Em geral, sua determinação é realizada pelo método mais simples, que requer $m - 1$ comparações. Consequentemente, a complexidade dos algoritmos de descida em um m-heap é $O(m \log_m n)$. A partir daí, podem ser facilmente derivadas as complexidades dos algoritmos de inserção, remoção do nó de maior prioridade e construção.

9.3 Heaps Esquerdistas

Nesta seção serão estudados os heaps esquerdistas. A importância desta estrutura reside no fato de que ela permite realizar da forma eficiente a operação da fusão, além das operações efetuadas por um heap tradicional, conforme descrito no Capítulo 6.

Recorda-se que um heap corresponde a um conjunto de valores numéricos, denominados prioridades, que estão associados aos nós da estrutura T, satisfazendo duas condições:

(1) Se v é o pai de w em T, a prioridade de v é maior ou igual à de w.
(2) T é uma árvore binária completa, em que todos os nós do seu último nível se encontram mais à esquerda possível.

As duas condições acima são de natureza diferente, a primeira é denominada *condição de ordenação* e a segunda é a *condição estrutural*. Os heaps esquerdistas serão definidos mediante uma modificação desta última condição.

Seja T uma árvore binária e v um nó de T. Denomina-se *comprimento de caminho curto* de v, denotado por $CC(v)$, ao número de nós do caminho de v até o seu descendente mais próximo que possua menos do que 2 filhos. Por convenção, se T é uma árvore vazia, a raiz de T possui comprimento do caminho curto igual a zero. Se qualquer das subárvores de v, esquerda ou direita, for vazia, então $CC(v) = 1$; caso contrário, o valor $CC(v)$ pode ser obtido adicionando-se uma unidade ao menor dentre os comprimentos de caminho curto de seus filhos.

As Figuras 9.2(a), 9.2(b) e 9.2(c) ilustram árvores binárias com os comprimentos de caminho curto calculados.

Diz-se que um nó v é *esquerdista* quando o comprimento de caminho curto da raiz de sua subárvore esquerda for maior ou igual ao da raiz da subárvore direita. Uma árvore binária é *esquerdista* quando todos os seus nós o forem. No exemplo mencionado, a árvore da Figura 9.2(a) é esquerdista, enquanto aquelas das Figuras 9.2(b) e 9.2(c) não o são, pois os nós assinalados com (*) não são esquerdistas.

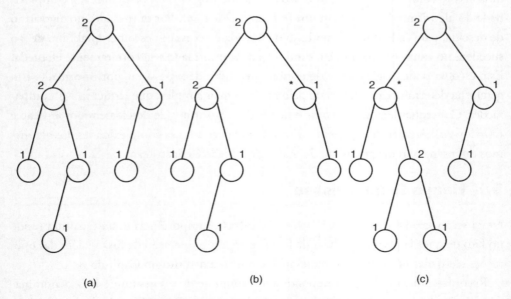

FIGURA 9.2 Comprimentos de caminho curto.

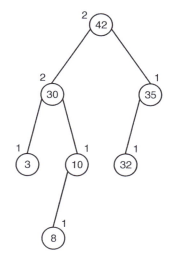

FIGURA 9.3 Um heap esquerdista.

Um *heap esquerdista* consiste em uma árvore T, cujos nós estão associados a valores numéricos denominados prioridades, satisfazendo a mesma condição de ordenação (1), já vista, porém com a condição estrutural modificada como se segue:

(2′) T é uma árvore binária esquerdista.

A Figura 9.3 apresenta um heap esquerdista, obtido mediante a atribuição de prioridades aos nós da árvore da Figura 9.2(a), de modo a que satisfaça também à condição de ordenação (1), além da condição estrutural (2′).

Observe que um heap esquerdista não corresponde necessariamente a uma árvore balanceada. Com efeito, a árvore pode ser altamente não balanceada, pois uma árvore binária em que cada nó não folha possui somente um filho, o esquerdo, é um heap esquerdista.

Os heaps esquerdistas, ao contrário dos heaps tradicionais do Capítulo 6, permitem efetuar a operação da fusão de maneira eficiente. Sejam T', T'' dois heaps esquerdistas. Em seguida, são detalhados os passos para a operação de fusão dessas árvores. O objetivo é fundir os heaps esquerdistas T', T'' em um único heap esquerdista. O resultado da fusão será atribuído ao heap, dentre T', T'', cuja raiz possui a maior prioridade.

A solução é recursiva. Sem perda de generalidade, supõe-se que a prioridade da raiz de T' seja maior ou igual à de T''. O processo de fusão de T', T'' consiste na realização dos seguintes passos.

Passo 1: Em T', substituir a subárvore direita da raiz, $T'_D(r(T'))$, pela fusão de $T_D(r(T'))$ com T''.

Passo 2: Seja T^* a árvore resultante do passo anterior. Se $CC\,(r(T^*)) > CC\,(r(T_E))$, então trocar a subárvore esquerda de $r(T^*)$ pela direita.

Ao final dos Passos 1 e 2, T' contém a fusão de T', T''.

Para executar o Passo 1 é necessário efetuar a fusão de T' ($r(T')$) com T'''. Essa operação é realizada de forma recursiva, aplicando o presente método. Para tal, observar que a fusão de dois heaps T_1, T_2, sendo T_1 vazio, é igual a T_2. O Algoritmo 9.1 detalha o procedimento.

Como exemplo, considere a fusão dos heaps T', T'', da Figura 9.4. Para executar o Passo 1, efetua-se a fusão de $T'(r(T'))$, que na Figura 9.4(a) possui raiz 35, com T', de forma recursiva. Como a prioridade de $r(T') > r(T'')$ e a subárvore direita de raiz 35 de

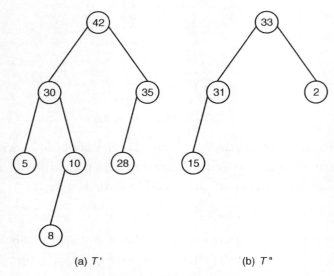

(a) T' \qquad\qquad (b) T''

FIGURA 9.4 Exemplo para a fusão.

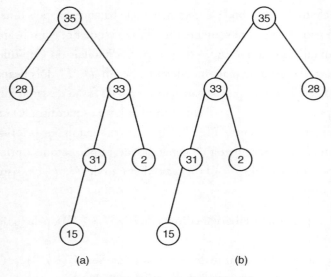

(a) \qquad\qquad (b)

FIGURA 9.5 Fusão de T'_D ($r(T')$), T''.

T''' é vazia, o resultado da aplicação do Passo 1 para a fusão $T'(r(T'))$, T'' é a árvore da Figura 9.5(a). Para completar esta última fusão, aplica-se o Passo 2. Nesse caso, o comprimento de caminho curto do nó 28 é igual a 1, enquanto que o do nó 33 é igual a 2. Então há necessidade de trocar, entre si, as subárvores da raiz, obtendo, finalmente, o resultado da fusão $T'(r(T'))$, T''', na Figura 9.5(b).

Finalmente, efetua-se a substituição, no heap T', da subárvore $T'(r(T'))$, de raiz 35, pelo resultado da fusão de $T'(r(T'))$, T''. Nesse caso, não há necessidade de se efetuar as trocas de posição das subárvores da raiz, conforme o Passo 2. O resultado final está ilustrado na Figura 9.6.

O teorema seguinte assegura a correção do método descrito.

Teorema 9.1

Sejam T', T'' heaps esquerdistas. Então a aplicação dos Passos 1, 2, acima, produz um heap esquerdista que constrói a fusão de T', T''.

PROVA A prova é por indução na soma $|T'| + |T''|$, dos tamanhos de T', T''. Se um dos heaps T' ou T'' é vazio, não há o que provar. Caso contrário, sem perda de generalidade, supõe-se que a prioridade da raiz de T' é maior ou igual a da raiz do T''. Pela hipótese de indução, os Passos 1 e 2 efetuam, corretamente, a fusão dos heaps esquerdistas com tamanho total menor que $|T'| + |T''|$. Então, durante o Passo 1, o algoritmo efetuou corretamente a fusão dos heaps esquerdistas $T'(r(T'))$, T''. Seja T''' o resultado desta fusão.

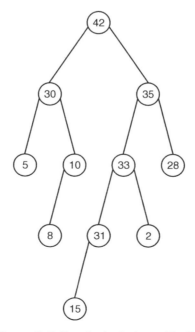

FIGURA 9.6 Resultado de fusão T', T''.

Pela hipótese de indução, sabe-se que T''' é um heap esquerdista. Ao término do Passo 1, todos os nós de T''' foram incorporados a T''''. Como T'''' é um heap esquerdista, todos os seus nós são esquerdistas. De forma similar, os nós da subárvore T' ($r(T')$) não foram manipulados no processo e, portanto, permanecem esquerdistas. Resta, portanto, verificar apenas a situação da raiz da nova árvore T'. Se esta não for esquerdista, basta trocar de posição as suas subárvores, esquerda e direita. Portanto, a condição estrutural de T', para se constituir em um heap esquerdista, se verifica. É imediato estabelecer que a condição de ordenação também se verifica. Então, o método está correto. ▧

O algoritmo, abaixo, descreve o processo. Os heaps dados correspondem às estruturas T', T'', respectivamente. A notação $T' \Leftrightarrow T''$ representa a substituição do heap T' por T'', e do heap T'' por T'. As notações $T'[r]$, T_E', T_D', T_E' $[r]$, T_D' $[r]$ indicam a raiz de T', as subárvores esquerda e direita da raiz T' e as raízes dessas últimas, respectivamente. O campo *chave* armazena a prioridade de cada nó. A estrutura T' contém o resultado da fusão. O valor $CC(v)$ informa o comprimento do caminho curto do nó v.

▨── Algoritmo 9.1 | **Fusão de heaps esquerdistas**

procedimento *fundir*(T', T'')
    se $T' = \phi$ **então** $T' := T''$
    senão se $T'' \neq \phi$ **então**
          se $T'[r]$. *chave* $< T''[r]$. *chave* **então**
              $T' \Leftrightarrow T''$
        fundir(T_D', T'')
        se $CC(T_E'[r]) < CC(T_D'[r])$ **então**
            trocar entre si T_E' e T_D'
        $CC(T'[r]) := + 1\ CC(T_D'[r])$

O conceito seguinte será utilizado no estudo da complexidade do algoritmo. O *caminho direito* de uma árvore binária é o caminho iniciado na raiz, prosseguindo sempre através do filho direito e terminando em um nó que não possua filho direito. Por exemplo, o caminho direito da árvore da Figura 9.4(a) é formado pelos nós de prioridades 42, 35. Intuitivamente, o comprimento do caminho direito de uma árvore binária esquerdista não deveria ser muito grande. O teorema seguinte confirma essa intuição.

Teorema 9.2
Seja T uma árvore binária esquerdista com n nós. Então o comprimento do seu caminho direito é $O(\log n)$.

PROVA Seja c o comprimento do caminho direito de T. Vamos mostrar que $|T| \geq 2^c - 1$, o que implica o teorema. A prova é por indução em c. Se $c = 1$, a árvore não pode ser vazia, logo $|T| \geq 1$, o que está de acordo. Suponha, agora, a árvore T com caminho direito de comprimento c. Então o filho esquerdo da raiz $r(T)$ possui um caminho direito de comprimento $c' \geq c - 1$.

Aplicando a hipótese da indução às subárvores T_E e T_D, conclui-se que $|T_E|$, $|T_D| \geq 2^{c-1} - 1$. Como $|T| = |T_E| + |T_D| + 1$, segue-se que $|T| \geq 2^c - 1$, isto é, $c = O(\log n)$. ∎

Para a determinação de complexidade, observe-se que todas as operações efetuadas pelo Algoritmo 9.1 podem ser realizadas em tempo constante, abstraindo-se a chamada recursiva, e supondo que o valor de $CC(T'[i])$ esteja previamente computado, para cada nó i de T'. Para tal é necessário atualizar o valor do comprimento do caminho curto da raiz de T', sempre que houver trocas de suas subárvores T_E' e T_D'. Consequentemente, a complexidade do algoritmo é da ordem do número de chamadas do procedimento fundir. Para calcular o número de chamadas, observe-se que a recursão se processa ao longo dos caminhos direitos das árvores consideradas, e se encerra quando o último nó do caminho direito é encontrado. Isto é, o número de chamadas recursivas é da ordem da soma dos comprimentos dos caminhos direitos de T' e T''. Pelo Teorema 9.2, segue-se que a complexidade final do algoritmo é $O(\log n)$.

Em seguida, serão analisadas as operações tradicionais dos heaps, utilizando heaps esquerdistas.

A operação de inserção pode ser realizada facilmente, observando-se que a inserção é um caso particular da fusão. Com efeito, para inserir um novo nó v em um heap esquerdista T' define-se um heap T'', contendo um único nó v, e efetua-se a fusão T', T''. O resultado da fusão corresponde ao resultado da inserção. Logo, a inserção pode ser realizada em tempo $O(\log n)$.

A operação de remoção do nó de maior prioridade, de um heap esquerdista T, também pode ser realizada empregando-se a fusão da seguinte maneira. O nó de maior prioridade é a raiz r de T. Removendo-se r de T, esta se particiona nas duas subárvores T_E e T_D. Então, efetuando-se a fusão T_E, T_D obtém-se um heap esquerdista sem a presença do nó r. A complexidade, naturalmente, é também igual a $O(\log n)$.

Finalmente, a construção de um heap esquerdista pode ser realizada em tempo $O(n)$, observando-se que um heap tradicional é sempre esquerdista. Nesse caso, bastaria utilizar a construção da Seção 6.5.

9.4 Heaps Binomiais

Nesta seção serão abordados os *heaps binomiais*, que também permitem realizar a operação da fusão de maneira eficiente. Os seguintes conceitos serão introduzidos.

Seja T uma árvore qualquer enraizada e v um nó de T. O número de filhos de v é a *ordem* de v. A ordem da árvore T é, por definição, igual à ordem de sua raiz. Quando conveniente, pode-se considerar uma árvore como ordenada, segundo valores não decrescentes das ordens de seus nós.

Dadas duas árvores enraizadas T e T', a operação de *subordinação* de T, T' consiste em construir a árvore obtida quando a raiz de T recebe como filho adicional a raiz de T'. Assim sendo, a árvore T' se transforma numa subárvore da raiz de T. A ordem de T aumenta, naturalmente, de uma unidade. A árvore T é a *subordinadora*, enquanto T' é a *subordinada*. Exceto em situações especiais, esta operação será usada somente para os casos em que as ordens de T e T' são idênticas. Nesse caso, o objetivo seria transformar duas árvores de ordens iguais a h em uma única, de ordem $h + 1$, e contendo a união dos nós das árvores dadas. A Figura 9.7 ilustra uma operação de subordinação.

Uma *árvore binomial* B_h é definida recursivamente, em função de um parâmetro h, como se segue. A árvore B_0 é aquela que contém um único nó. Para $h > 0$ obtém-se B_h através da subordinação de duas árvores binomiais B_{h-1}. Observe que h é precisamente a ordem de B_h. Além disso, B_h possui altura $h + 1$. Considerando as árvores binomiais como árvores ordenadas, as árvores binomiais de mesma ordem são necessariamente isomorfas. A Figura 9.8 ilustra as árvores binomiais B_0, B_1, B_2 e B_3.

O lema abaixo apresenta uma propriedade que justifica a nomenclatura utilizada.

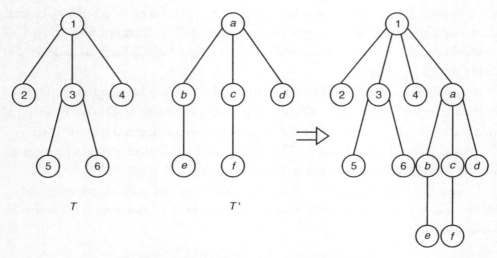

FIGURA 9.7 Operação de subordinação de T, T'.

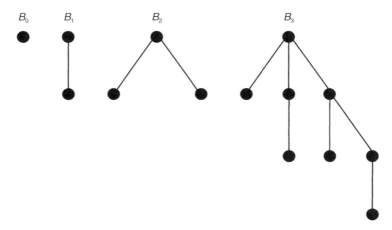

FIGURA 9.8 Árvores binomiais.

Lema 9.1

A árvore binomial B_h possui 2^h nós. Além disso, o número de nós de B_h no nível j é igual a $\binom{h}{j-1}$.

PROVA Para mostrar que B_h possui 2^h nós, utiliza-se a indução. O resultado está correto para $h = 0$. Para $h > 0$, recorde-se que B_h é constituída de duas árvores B_{h-1}. Pela hipótese de indução, B_{h-1} possui 2^{h-1} nós. Logo, B_h possui $2 \cdot 2^{h-1} = 2^h$ nós. Para mostrar que no nível j de B_h existem $\binom{h}{j-1}$ nós, o argumento é também por indução. Se $j = 1$, B_h contém um único nó no nível j, e o lema é satisfatório. Caso contrário, o nível j de B_h contém nós das duas cópias do B_{h-1} que formam B_h. Os nós do nível j do B_h, que pertencem à cópia de B_{h-1} cuja raiz coincide com a de B_h, também se encontram no nível j desta cópia de B_{h-1}. Os demais nós do nível j de B_h, isto é, os que pertencem à segunda cópia de B_{h-1}, estão no nível $j - 1$ desta cópia (Figura 9.9). Logo, usando esta decomposição e aplicando a indução conclui-se que a quantidade de nós de B_h no nível j é igual a

$$\binom{h-1}{j-1} + \binom{h-1}{j-2} = \binom{h}{j-1}.$$

Um heap binomial difere dos outros tipos de heaps estudados até agora, no sentido de que ele não se constitui em uma única árvore, mas em um conjunto de árvores. Considere um conjunto de valores numéricos denominados prioridades. Um *heap binomial* é uma floresta H onde os nós correspondem às prioridades, cada árvore de H obe-

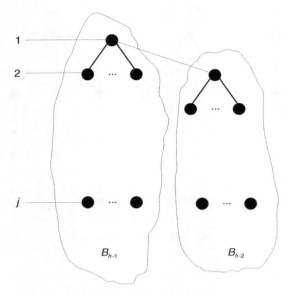

FIGURA 9.9 Lema 9.1.

dece à condição de ordenação (1), isto é, excetuando-se as raízes, a prioridade de um nó é menor ou igual à de seu pai, e satisfazendo à seguinte condição estrutural:

(2″) H é formado por árvores binomiais de ordens distintas.

Como exemplo, o conjunto das árvores binomiais $\{B_1, B_3, B_4\}$ constitui um heap binomial. Observe que este heap binomial contém exatamente $2^1 + 2^3 + 2^4 = 26$ nós. Na realidade, este é o único heap binomial que contém 26 nós, conforme pode ser concluído do lema seguinte.

Lema 9.2

Para qualquer $n \geq 0$ existe um único heap binomial, a menos de isomorfismo, contendo exatamente n nós, não considerando as prioridades.

PROVA Como uma árvore binomial B_h possui exatamente 2^h nós, B_h pode ser representada por um número binário que contém o dígito "1" na $(h + 1)$-ésima posição, da direita para a esquerda, e "0" nas demais posições. Como um heap binomial H é formado por árvores binomiais de ordens distintas, H pode ser representado por um número binário, onde cada posição h, da direita para a esquerda, é igual a 1, se $B_h \in H$, ou igual a 0, se $B_h \notin H$.

O valor deste número binário é exatamente igual a n, pois se uma posição h é igual a 1, a árvore $B_h \in H$ contribui com 2^h unidades para o valor de n. Como a representação binária de um número é única, segue-se o lema.

Como exemplo, o número 26 corresponde ao heap $\{B_1, B_3, B_4\}$ e ao valor binário 11010.

Corolário 9.1

Um heap binomial com n nós contém $O(\log n)$ árvores binomiais, cada qual de altura $O(\log n)$.

PROVA Lemas 9.1 e 9.2. ∎

A seguir, consideram-se as operações efetuadas pelos heaps binomiais.

Os heaps binomiais podem ser utilizados para realizar a operação de fusão, de forma simples. Sejam H_1, H_2 dois heaps binomiais. A ideia da fusão de H_1, H_2 consiste, inicialmente, em formar uma estrutura H contendo a união das árvores de H_1 e H_2. Caso todas as árvores de H possuam ordens distintas, H é um heap binomial e o processo se encerra. Caso contrário, H contém duas ocorrências de alguma árvore $B_h \in H_1 \cap H_2$. Escolher o menor h nessas condições. Sejam $B_h{}'$, $B_h{}''$ as duas ocorrências de B_h, sendo a prioridade da raiz do B' maior ou igual à da raiz de $B_h{}''$. Remover $B_h{}'$ e $B_h{}''$ de H, e inserir em H uma árvore binomial B_{h+1}, obtida pela subordinação de $B_h{}'$, $B_h{}''$. Repetir o processo até que todas as árvores de H possuam ordens distintas.

Como exemplo, sejam $H_1 = \{B_0, B_2, B_4\}$ e $H_2 = \{B_0, B_1\}$ dois heaps binomiais, como na Figura 9.10. Como $B_0 \in H_1 \cap H_2$, removem-se as duas ocorrências de B_0 e insere-se uma nova árvore binomial B_1, com o nó de prioridade 5 como raiz, e o de prioridade 3, como seu filho. Contudo, a fusão agora contém duas árvores B_1, a recentemente introduzida e aquela que pertence a H_2. Essas árvores B_1 são removidas e substituídas por uma árvore B_2, que possui o nó de prioridade 7, como raiz. Há, agora, uma duplicidade das árvores B_2, a recentemente introduzida e aquela que pertence a H_1. Ambas são removidas e substituídas por uma árvore B_3, com o nó de prioridade 8 na raiz. O processo então se encerra. A fusão de H_1, H_2 produziu o heap binomial $H = \{B_3, B_4\}$, ilustrado na Figura 9.10.

A prova de correção do método decorre do fato de que, na floresta final, todas as árvores são binomiais e distintas. Além disso, a condição de ordenação é mantida através do processo. Observa-se que o heap binomial do resultado corresponde a um número binário igual à soma dos números correspondentes aos heaps que foram fundidos. No exemplo das Figuras 9.9 e 9.10, verifica-se que $11000 = 10101 + 11$.

O algoritmo abaixo descreve o processo de fusão. São dados os heaps binomiais H', H''. O algoritmo constrói o heap binomial H, correspondente à fusão de H', H''. É utilizado o procedimento *subordinar*(B, B'), o qual efetua a operação de subordinação B, B'. Uma árvore B se encontra armazenada na estrutura $\mathcal{B}$, sendo $\mathcal{B}[r]$. *chave* o valor de prioridade de sua raiz. Notação similar é utilizada para $\mathcal{B}'$.

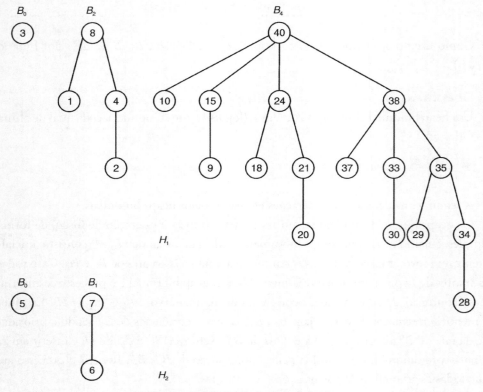

FIGURA 9.10 Exemplo para a fusão.

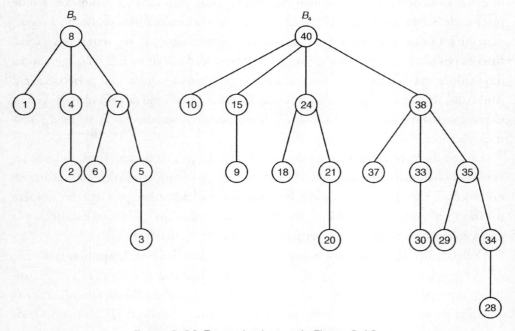

FIGURA 9.11 Fusão dos heaps da Figura 9.10.

Listas de Prioridades Avançadas

Algoritmo 9.2 — Fusão de heaps binomiais

$H := H' \cup H''$

enquanto H contiver duas árvores B, B' de mesma ordem **faça**
    se $\mathcal{B}[r]$. *chave* $\geq \mathcal{B}'[r]$. *chave* **então**
        subordinar(B, B')
    senão *subordinar*(B', B)

procedimento *subordinar*(B', B)
    transformar a raiz de B' no filho mais à direita de B

Através de técnicas usuais, o algoritmo acima pode ser implementado de tal modo que todas as operações neles contidas sejam executadas em tempo constante, abstraindo-se do número de iterações do bloco **enquanto**. Para tal seria necessário ordenar as árvores de $H := H' \cup H''$, segundo as suas ordens, de modo a propiciar a identificação rápida de árvores de mesma ordem. Considerando que cada um dos heaps H', H'' possui $O(\log n)$ árvores e que a ordem máxima, dentre as árvores, também é $O(\log n)$, conclui-se que a ordenação das árvores, segundo suas ordens, pode ser realizada em tempo $O(\log n)$. Por outro lado, como H' e H'' são heaps binomiais, o número máximo de árvores binomiais em $H' \cup H''$, com ordens repetidas, é igual a 2. Assim sendo, o laço **enquanto** é executado $O(\log n)$ vezes. Portanto, a complexidade do algoritmo de fusão é $O(\log n)$.

A seguir, são descritas as demais operações dos heaps binomiais.

A exemplo de heaps esquerdistas, a operação de inserção em heaps binomiais é estudada como um caso particular da fusão. Com efeito, para inserir um novo nó v, com prioridade p em um heap binomial H', define-se um outro heap binomial H'', composto de uma única árvore binomial B_1, em que B_1 é formada pelo (único) nó v, com prioridade p. Então a inserção de v em H' é equivalente a efetuar a fusão H', H''. Portanto, a inserção em heaps binomiais pode ser realizada em $O(\log n)$ passos. Contudo, pode-se esperar que o comportamento dos heaps binomiais, em relação à inserção, seja ainda melhor, conforme o lema seguinte.

Lema 9.3

O tempo esperado para efetuar a operação de inserção em um heap binomial com n nós é constante.

PROVA Seja R a representação binária do número n, onde j denota a posição do primeiro dígito 0 de R, da direita para a esquerda. Então, para completar uma operação de inserção são necessárias j fusões de árvores binomiais. Pode-se supor que os 0's e 1's, na representação R, possuam idêntica probabilidade de ocorrência, para cada posição. Assim, a probabilidade de cada 0 é igual a 1/2. Logo, o número esperado de fusões de árvores binomiais para completar uma inserção é igual a 2. Isto implica que o tempo esperado para completar a inserção é constante.

A operação da remoção do nó de maior prioridade de um heap binomial também pode ser realizada de maneira eficiente, utilizando a fusão, conforme descrito a seguir.

Seja H um heap binomial. O nó de maior prioridade em H, naturalmente, é a raiz de alguma árvore de H. Inicialmente, localiza-se a árvore B_h de H, cuja raiz é o nó que se deseja remover. Removendo B_h de H, obtém-se o heap binomial $H' = H - B_h$. Em seguida, removendo a raiz $r(B_h)$ da árvore B_h obtém-se uma coleção de árvores binomiais $B_0'', \ldots, B_{h-1}''$, que formam um heap binomial H''. Finalmente, efetuando a fusão H', H'' obtém-se um heap binomial formado por todos os nós de H, exceto o de maior prioridade, o que constitui a solução esperada.

Por exemplo, para efetuar a remoção do nó de maior prioridade do heap binomial H da Figura 9.12, observa-se que esse nó corresponde à raiz da árvore B_2, de prioridade 25. Removendo esta árvore de H, obtém-se o heap $H' = \{B_0, B_3\}$. Por outro lado, removendo-se o nó de maior prioridade da árvore B_2, obtém-se o heap binomial de H'' formado por uma árvore B_0, contendo o nó de prioridade 20 e por uma árvore B_1, com os nós de prioridades 21 e 15. Finalmente, efetuando a fusão de H', H'' produz o resultado esperado, que se encontra na Figura 9.13.

É bastante simples determinar a complexidade da remoção do nó de maior prioridade. Como o heap binomial H possui $O(\log n)$ árvores, para determinar a árvore B_h cuja

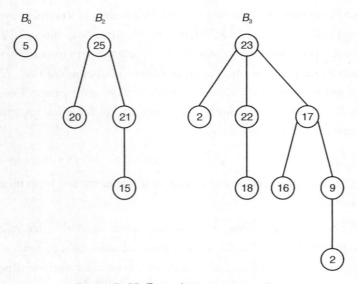

FIGURA 9.12 Exemplo para a remoção.

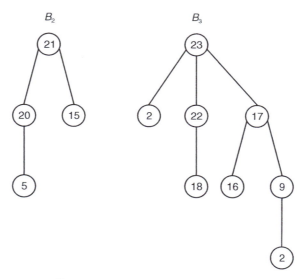

FIGURA 9.13 Resultado da remoção.

raiz é o nó de maior prioridade, basta percorrer essas raízes e determinar o nó procurado em $O(\log n)$ passos.

A construção de $H' = H - B_h$ pode ser realizada em tempo constante, enquanto $H'' = \{B_1, ..., B_{h-1}\}$ pode ser obtido em $O(\log n)$ passos. Assim sendo, a fusão H', H'' requer $O(\log n)$ passos, que é a complexidade final da operação.

Finalmente, a exemplo dos heaps tradicionais e dos heaps esquerdistas, a construção de um heap binomial com n elementos pode ser realizada em tempo $O(n)$ (Exercício 9.3).

Para encerrar o estudo dos heaps binomiais, analisamos em seguida as operações de inserção, fusão e remoção, sob o aspecto da complexidade amortizada. De fato, verificamos que as duas primeiras operações podem ser realizadas em tempo amortizado $O(1)$. Contudo, o algoritmo de remoção do nó de maior prioridade requer tempo amortizado $O(\log n)$.

Seja H um heap binomial. Para a análise da complexidade amortizada das operações realizadas em H, é utilizado o método de visão do banqueiro. A cada árvore B_h que pertence ao heap binomial H é associada uma unidade de crédito. Esses créditos serão utilizados para efetuar diferentes operações.

Cada vez que um novo nó v é inserido em um heap binomial, é criada uma nova árvore binomial contendo somente o nó v. A esta árvore é concedida uma unidade de crédito. Novas árvores em H podem também ser introduzidas através da operação de remoção do nó de maior prioridade do H. Referindo-se ao algoritmo de remoção, recorda-se que o seu primeiro passo consiste em remover a raiz r da árvore que contém o nó de maior prioridade. Essa remoção pode produzir $O(\log n)$ árvores novas, constituídas pelos filhos de r. A cada uma dessas árvores será concedida também uma unidade de crédito. Segundo esta análise, a complexidade amortizada da operação de remoção do nó de maior prioridade é $\Omega(\log n)$.

Um resultado melhor pode ser obtido para a operação de inserção de um novo nó v. Essa operação cria uma nova árvore F, contendo um único nó, v. Em seguida se realiza a fusão do heap H com a árvore F. A ordem de F é igual a 1. Nesse caso é possível incorporar F a H, percorrendo sequencialmente em ordenação não crescente, uma lista das ordens de H, a qual é mantida, juntamente com H. Se H contém uma árvore B_0' de ordem 0, então B_0, B_0' são submetidas à operação de subordinação, formando-se uma nova árvore B_1 da ordem 1. O custo da subordinação é coberto com o crédito existente na árvore que se tornou subordinada, pois essa árvore desaparece na operação. Caso H contenha uma outra árvore B_1', de ordem 1, deve ser empregada a subordinação para unir B_1, B_0' e utiliza-se o crédito existente na árvore subordinada, para custear a operação de subordinação, e assim por diante. O processo se repete, até que a árvore resultante da última subordinação efetuada possua ordem diferente de qualquer outra de H. Em cada subordinação, a árvore subordinada desaparece, e o crédito a ela atribuído é utilizado para custear essa operação. Não há dificuldade em implementar este processo, de modo a manter atualizada a lista das ordens de H, em ordem crescente, em um tempo proporcional ao número de subordinações efetuadas. Assim sendo, a complexidade amortizada da operação de inserção é igual a $O(1)$.

Por exemplo, seja a inserção de um novo nó no heap binomial $H = \{B0, B1, B2, B4, B7\}$. Cada uma dessas árvores possui uma unidade de crédito. A inserção dá origem a uma nova árvore B_0'. É necessário efetuar a subordinação B_0', B_0, custeada com o crédito de B_0, gerando uma nova árvore B_1', a qual recebe o crédito de B_0', que desaparece. Esse processo é repetido até que todas as ordens sejam distintas. O heap final obtido é $H = \{B_1, B_4, B_7\}$.

Em seguida, examina-se a operação da fusão, sob o ponto de vista da complexidade amortizada. Dados dois heaps binomiais, H_1 e H_2, o algoritmo original consistia em unir H_1 e H_2, formando a floresta H. Em seguida, iterativamente, eliminar a ocorrência de árvores B_h' e B_h'' de mesma ordem em H, através da operação de subordinação, até que todas as árvores de H tenham ordens distintas, transformando H, efetivamente, num heap binomial. Este processo será ligeiramente alterado, conforme abaixo.

A ideia, agora, consiste em adiar, convenientemente, a eliminação da duplicidade de ordens idênticas em H. Isto não altera novas operações de fusão ou inserção. Assim, de um modo geral, supõe-se que H seja uma floresta formada por conjuntos disjuntos de heaps binomiais, fruto da realização de operações de união, do passo inicial das fusões. A recomposição de H de forma a constituir um único heap binomial é adiada até a realização de uma operação de remoção do nó de maior prioridade de H. Nessa ocasião se realiza a eliminação de duplicidade de ordens. A fusão efetuada com esta estratégia de adiamento é denominada *fusão preguiçosa*.

O processo de eliminação de duplicidade de ordens, em si, permanece o mesmo, utilizando-se a operação de subordinação, que transforma duas árvores binomiais de ordem h em uma única de ordem $h + 1$. Caso já existisse em H outra árvore de ordem $h + 1$, seria necessário, novamente, utilizar a subordinação para transformar essas duas árvores da ordem $h + 1$ em uma única de ordem $h + 2$, e assim por diante. Para realizar a tarefa de identificação das duplicidades, utiliza-se uma lista ordenada das ordens das árvores para cada heap que forma a floresta H.

Uma razão para a adoção da estratégia de adiar a eliminação da duplicidade de ordens, até a realização de alguma operação de remoção, reside no fato de que esta última recebe $O(\log n)$ créditos, os quais podem ser utilizados por amortizar partes de outras operações, se necessário.

O próximo passo é determinar a expressão da complexidade amortizada. O algoritmo se inicia pela união de dois heaps. Isto pode ser implementado como uma concatenação de listas, em tempo $O(1)$. A eliminação das duplicidades de ordens é adiada até a ocorrência da próxima operação de remoção. No momento que imediatamente precede a remoção, seja H a floresta de árvores binomiais construídas, $|H| = m$. Para o processo de eliminação das duplicidades de ordens, é mantida a ordenação das ordens em cada heap binomial de H. Além disso, efetuar as operações de subordinação. Seja k o número de subordinações realizado. Cada uma dessas operações requer tempo $O(1)$, o qual pode ser custeado através do crédito existente na árvore subordinada, que desaparece. Resta determinar o custo da manutenção da ordenação das ordens das árvores. Como existem m árvores e a ordem máxima é $O(\log n)$, a ordenação pode ser realizada em tempo $O(m + \log n)$. Mas $m + \log n = k + \log n + m - k$, e como cada subordinação implica decrescer o número de árvores em uma unidade, conclui-se que, após a eliminação das repetições de ordens, H é um heap binomial com $m - k$ árvores. Como um heap binomial contém $O(\log n)$ árvores, obtém-se $O(m + \log n) = O(k + \log n + m - k) = O(k + \log n)$. Como o total do crédito disponível é $O(k + \log n)$, é possível efetuar a ordenação desejada.

Debitando todo custo logarítmico à operação de remoção, é possível afirmar que a complexidade amortizada da fusão é igual a $O(1)$ por operação realizada.

9.5 Heaps de Fibonacci

Os *heaps de Fibonacci* constituem uma generalização dos heaps binomiais. De fato, a sua estrutura é derivada destes últimos. Eles possuem uma aplicação mais geral. Utilizando heaps de Fibonacci é possível efetuar todas as operações realizadas pelos heaps binomiais, como fusão, inserção e remoção do elemento de maior prioridade. Adicionalmente, com os heaps de Fibonacci generaliza-se a operação de remoção, de modo a remover um nó qualquer. Além disso, efetua-se a operação de aumento qualquer de prioridade. Os heaps de Fibonacci são bastante eficientes sob o aspecto da complexidade amortizada. Assim sendo, é possível efetuar a fusão, inserção ou aumento de prioridade em $O(1)$. Contudo, o algoritmo de remoção requer tempo amortizado $O(\log n)$.

Em uma árvore de Fibonacci, cada nó pode estar *marcado* ou *desmarcado*. Utilizando essas possíveis marcas, as árvores de Fibonacci podem ser definidas de forma recursiva do seguinte modo:

(i) Um nó isolado desmarcado é uma árvore de Fibonacci.

(ii) A árvore obtida pela subordinação de duas árvores de Fibonacci de mesma ordem também é uma árvore de Fibonacci.

(iii) Se F é uma árvore de Fibonacci e v é um nó desmarcado de F, então a árvore obtida de F pela remoção da subárvore cuja raiz seja algum filho de v também é uma árvore de Fibonacci. Após a remoção, v se torna marcado, exceto se for a raiz, caso em que mantém o seu estado de desmarcado.

Em particular, conclui-se que toda árvore binomial é árvore de Fibonacci.

A árvore da Figura 9.14(a) é binomial, e portanto também de Fibonacci. A Figura 9.14(b) apresenta também uma árvore de Fibonacci, pois a mesma foi obtida da árvore binomial da Figura 9.14(a) pela remoção de duas subárvores de nós distintos. Contudo, a árvore da Figura 9.14(c) não é de Fibonacci.

Vale relembrar que a ordem de um nó v é igual ao número de filhos de v, e a ordem da árvore é igual à ordem da sua raiz. Uma característica importante que as árvores binomiais possuem é o fato de a ordem ser logarítmica no número de nós da árvore. Naturalmente, isto enseja a construção de algoritmos mais eficientes. Através do Lema 9.1, sabe-se que as árvores binomiais possuem esta propriedade. As árvores de Fibonacci são obtidas a partir das árvores binomiais pela remoção de

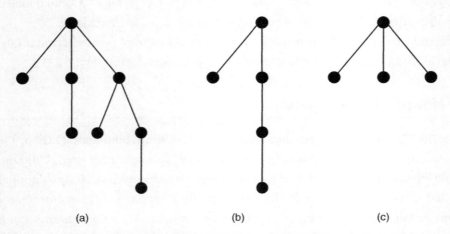

(a)　　　　　　　　　(b)　　　　　　　　　(c)

FIGURA 9.14 Qual destas árvores não é de Fibonacci?

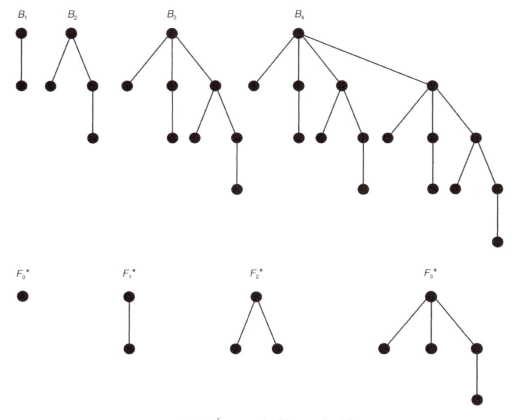

FIGURA 9.15 Árvores de Fibonacci mínimas.

nós ou subordinação de árvores de Fibonacci. Isso talvez pudesse alterar a estrutura logarítmica da ordem. Contudo, isso não ocorre, conforme o resultado do próximo teorema.

Uma árvore de Fibonacci mínima F_h^* é uma árvore de Fibonacci de ordem h com um número mínimo de nós. Isto é, dentre todas as árvores de Fibonacci de ordem h obtidas da árvore binomial B_{h+1}, a árvore F_h^* é a que contém o menor número de nós. A Figura 9.15 ilustra árvores binomiais B_{h+1} juntamente com as de Fibonacci mínima F_h^*.

O teorema a seguir mostra que a ordem de uma árvore de Fibonacci é necessariamente logarítmica no número de nós da árvore.

Teorema 9.3

Seja F_h uma árvore de Fibonacci de ordem h. Então $h = O(\log |F_h|)$.

PROVA Seja F_h a árvore de Fibonacci mínima de ordem h. Naturalmente, basta mostrar que $h = O(\log |F_h^*|)$, pois $|F_h^*| \leq |F_h|$. A ideia agora é examinar a construção de F_h^*.

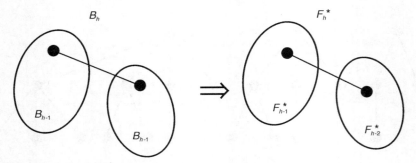

FIGURA 9.16 Decomposição da árvore de Fibonacci mínima.

Pela minimalidade de F_h^* sabe-se que de cada nó v de B_{h+1} foi removido exatamente um filho, juntamente com sua subárvore, para formar F_h^*. Além disso o filho de v que foi removido é aquele que, por sua vez, possui o maior número de filhos. A construção acima sugere uma decomposição de F_h em duas árvores de Fibonacci mínimas, utilizando uma operação reversa à da subordinação, isto é, a decomposição em duas árvores. Assim F_h^* é decomposto nas árvores mínimas F_{h-1}^* e F_{h-2}^*, de forma que F^* possa ser obtida pela subordinação de F_{h-2}^* a F_{h-1}^*.

Observe que o filho de maior ordem dentre os filhos da raiz de B_{h+1} foi retirado para formar F_h^*. Então o filho da raiz de F_h^* com maior ordem é o filho de B_{h+1} com a segunda maior ordem. Este nó é a raiz de uma subárvore B_{h-1} em B_{h+1}. Portanto, em F_h^*, esta subárvore corresponde a uma subárvore F_{h-2}^*. Os nós de $F_h^* - F_{h-2}^*$ correspondem à subárvore B_h de B_{h+1} cuja raiz se tornou a raiz de B_{h+1}, quando da formação de B_{h+1} a partir de duas árvores B_h. Então, em F_h^*, esta subárvore corresponde a F_{h-1}^*.

Portanto, F_h^* pode ser decomposto na árvore de Fibonacci mínima F_{h-1}, a cuja raiz é atribuído mais um filho que, por sua vez, é raiz de uma árvore de Fibonacci mínima F_{h-2}^* (Figura 9.16).

Logo, $|F_h^*| = |F_{h-2}^*| + |F_{h-1}^*|$, e além disso sabe-se que $|F_0^*| = 1$ e $|F_1^*| = 2$. O valor de $|F_h^*|$ corresponde, pois, ao h-ésimo termo da série de Fibonacci. Conforme o Capítulo 5, este valor é exponencial em h. ∎

Em seguida examinam-se os heaps de Fibonacci.

Define-se heap de Fibonacci de maneira análoga a heap binomial. Isto é, um heap de Fibonacci é um conjunto de árvores de Fibonacci de ordens distintas, que satisfazem à condição de ordenação (prioridade de cada nó é menor ou igual à de seu pai, se ele existir).

A definição acima e o Teorema 9.3 implicam que um heap de Fibonacci possui $O(\log n)$ árvores, cada qual de ordem $O(\log n)$. O próximo passo consiste em estudar as operações efetuadas pelos heaps de Fibonacci. As operações de inserção e fusão são realizadas de

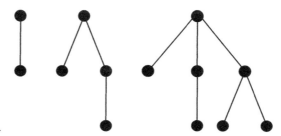

FIGURA 9.17 Heap de Fibonacci.

forma análoga a heaps binomiais, utilizando o algoritmo de complexidade amortizada $O(1)$. Resta estudar as novas operações de remoção de um nó qualquer e aumento de uma prioridade qualquer no heap de Fibonacci H. A operação de remoção em H deve ser realizada de forma controlada, pois, segundo a definição, no máximo um filho pode ser removido de cada nó diferente da raiz. Para manter esta informação utiliza-se um conjunto de marcas. Para cada nó $v \neq raiz$, se nenhum filho de v foi removido, até o momento, então v está desmarcado. Caso contrário, exatamente um filho foi removido de v, e então v está marcado. A raiz da árvore está sempre desmarcada.

O processo é descrito a seguir. No início todos os nós estão desmarcados. Considere a remoção de um nó w de H, sendo h a ordem de w. Supõe-se que seja dado diretamente um ponteiro para w. Nesse caso, a primeira tarefa consiste em efetivamente remover w da árvore F de H, que contém w. A remoção de w cria h novas árvores de Fibonacci, cujas raízes são os filhos de w. Essas árvores deverão ser posteriormente incorporadas a H, através de uma fusão. Em seguida é necessário verificar se algum irmão de w fora anteriormente removido. Caso negativo, v, pai de w, está desmarcado, então deve-se marcar v, desde que $v \neq raiz$. Caso contrário, v está marcado, portanto algum outro filho de v já foi anteriormente removido. A solução é cortar v de seu pai (isto é, remover de F toda subárvore $T(v)$). Posteriormente, $T(v)$ deverá ser reincorporado a H, através de uma operação de fusão. Esta situação pode se propagar em direção ascendente em F. Isto é, o procedimento executado para v deve ser repetido para o pai de v, eventualmente para o avô de v, e assim por diante. A iteração se encerra quando é atingido o ancestral mais próximo de w que esteja desmarcado. Como a raiz da árvore está sempre desmarcada, a iteração termina. Esse processo se denomina *cortes em cascata*. A reincorporação a H das subárvores $T(v)$ cortadas de F é realizada através da fusão. Deve ser observado que na operação de subordinação, durante as fusões, a raiz da árvore subordinadora torna-se desmarcada.

O algoritmo abaixo formula o processo descrito. A finalidade é remover w do heap de Fibonacci H. No caso, F é a árvore de H que contém w. Seja v um nó de F, seja $F(v)$ a subárvore de H com raiz v. Denote por $F(v) - v$ o conjunto das subárvores formadas removendo-se o nó v de $F(v)$. São dados de entrada o heap de Fibonacci H e o nó w, diferente da raiz de H, a ser removido.

Capítulo 9

Algoritmo 9.3 — Remoção em heap de Fibonacci

$F := $ árvore de H, contendo w
$H' := F(w) - w$
$v := $ pai de w
remover $T(w)$ de F
enquanto v marcado **faça**
    desmarcar v
    remover $T(v)$ de F
    $H' := H' \cup \{v\} \cup (F(v) - v)$
    $v := $ pai de v
    se $v \neq raiz$ então
        efetuar a fusão de H, H'

Efetua-se a seguir a análise amortizada do algoritmo.

Inicialmente, observa-se que o processo de cortes em cascata corresponde ao bloco *enquanto* do algoritmo. Determina-se, inicialmente, a complexidade amortizada da realização dos cortes da cascata.

A análise da complexidade amortizada é simples. A questão seria como distribuir o custo dos cortes das subárvores, visando obter uma complexidade amortizada $O(1)$. Essa questão pode ser resolvida observando-se que cada corte de alguma subárvore $F(v)$, sendo v um ancestral de w, somente pode ocorrer se v estiver anteriormente marcado. Isto significa que alguma outra subárvore de um filho de v foi cortada de F anteriormente.

A ideia então é debitar o custo do corte de $F(v)$, bem como o custo de uma possível operação de subordinação de $F(v)$, à operação anterior que produziu a marca em v, isto é, que cortou o primeiro filho de v. Isto pode ser realizado, pois o corte de $F(v)$ requer $O(1)$ passos e consequentemente iria onerar aquela operação anterior em $O(1)$ passos. Com isso, somente restou para o processo de cortes em cascata, um total de $O(1)$ passos, todos requerendo tempo $O(1)$. Assim, a complexidade amortizada dos cortes em cascata é $O(1)$, já incluindo o tempo da possível subordinação posterior das árvores cortadas durante o processo de corte em cascata.

Quanto à parte inicial do algoritmo, observa-se que são criadas h novas subárvores, oriundas dos filhos de w. Para realizar a possível subordinação posterior dessas subárvores devem ser realizados $O(h)$ passos. Logo, a complexidade deste processo é $O(\log n)$. Assim sendo, a complexidade amortizada da remoção é $O(\log n)$.

Em seguida, considera-se a operação de aumento de prioridade de um certo nó w. Seja H um heap, w um nó de H com prioridade p, pertencente à árvore F de H. Deseja-se aumentar a prioridade p para o valor $p' > p$. Supõe-se que seja fornecido um ponteiro diretamente para w. A ideia geral para se efetuar esta operação é descrita abaixo:

228

A primeira medida a ser efetuada é aumentar efetivamente a prioridade de w, de p para p'. Então, se a prioridade do pai v de w é maior ou igual a p', o processo se encerra. Caso contrário, w está violando a condição de ordenação do heap. A solução consiste em cortar a subárvore $F(w)$ de F, e reincorporá-la a H através de uma fusão, mais adiante. Para todos os efeitos, foi retirado um dos filhos do nó v, pai de w. Torna-se então necessário verificar se alguma subárvore de v já fora anteriormente cortada de F, e assim iterativamente, segundo um processo similar ao de cortes em cascata. Finalmente, todas as subárvores cortadas de F devem ser reincorporadas através de fusões.

A estratégia acima conduz diretamente a um algoritmo para aumento de prioridade de um nó w, similar ao algoritmo de remoção de w. A diferença básica é que, na remoção de w, os filhos de w podem gerar h novas subárvores, enquanto no aumento de prioridade de w, T_w somente pode gerar uma nova subárvore. A determinação da complexidade dos cortes em cascata é similar nos dois casos. Pode-se recordar que o único motivo pelo qual a complexidade da remoção de um nó w é $O(\log n)$ deve-se ao fato de que a remoção de w pode gerar $O(\log n)$ novas árvores. As demais operações podem ser efetuadas em complexidade amortizada $O(1)$. Logo, pode-se concluir que a complexidade amortizada do aumento de prioridade é $O(1)$.

9.6 Outras Variantes

Além dos m-heaps, heaps esquerdistas, heaps binomiais e heaps de Fibonacci examinados neste capítulo, existem outras variantes deste tipo de listas de prioridades que merecem destaque. Nesta seção, serão abordados brevemente os heaps distorcidos e os heaps relaxados.

Os *heaps distorcidos* podem ser compreendidos como heaps esquerdistas autoajustáveis. Isto é, os heaps distorcidos tenderiam a se constituir em heaps esquerdistas, porém a condição estrutural (2′) dos heaps esquerdistas (o comprimento de caminho curto da subárvore esquerda de qualquer nó é maior ou igual ao de subárvore direita) não é necessariamente mantida ao longo do processo. Contudo, a condição de ordenação (1) é mantida.

A forma de operação de um heap distorcido é similar à dos heaps esquerdistas. Contudo, o valor do comprimento de caminho curto não é armazenado. Com isso, o comprimento do caminho direito de um heap distorcido pode ser arbitrariamente grande. Este fato implica que as operações de inserção, remoção do elemento de maior prioridade e fusão possam consumir até $O(n)$ passos cada uma. Contudo, é possível provar que a realização de m operações consecutivas desse tipo pode ser efetuada em $O(m \log n)$ passos. Isto é, o tempo amortizado para a inserção, remoção do elemento de maior prioridade ou fusão é de $O(\log n)$ para operação.

A questão do autoajuste nos heaps distorcidos pode ser observada na operação de fusão. A fusão destes heaps é realizada de maneira similar à dos heaps esquerdistas, exceto no procedimento onde seria necessário utilizar o comprimento do caminho curto. Isto é, para efetuar a fusão de dois heaps H_1, H_2 inicialmente é realizada a fusão de um dos heaps com o sub-heap direito do outro. Para tal utiliza-se um processo recursivo. Em seguida, efetua-se uma nova fusão, desta vez do heap resultado da primeira fusão com o sub-heap ainda não manipulado (ver Seção 9.3). Com isso, obtém-se uma estrutura H, que contém todos os elementos de H_1, H_2. Para completar a fusão, nos casos dos heaps esquerdistas, é verificado se o comprimento do caminho curto da subárvore esquerda de H é menor do que o da direita, e em caso positivo realiza-se a troca de subárvores, esquerda e direita, da raiz. No caso dos heaps distorcidos esta troca é sempre efetuada, independente da verificação.

Finalmente, vale mencionar a existência de uma variação dos heaps de Fibonacci, conhecida como *heaps relaxados*. Uma característica importante dos heaps relaxados é que esta estrutura permite efetuar a operação de diminuição de prioridade de um nó em tempo amortizado de $O(1)$.

9.7 Exercícios

9.1 Descrever algoritmos para aumento e diminuição de prioridades de um m-heap.
9.2 Descrever um algoritmo para inserir um novo elemento em um m-heap, bem como um algoritmo para remover o elemento de maior prioridade.
9.3 Desenvolver um algoritmo de complexidade $O(n)$ para construir um heap binomial com n elementos.
9.4 Desenhar o heap esquerdista que resulta da fusão dos heaps esquerdistas H_1 e H_2 da Figura 9.18.
9.5 Desenhar o heap binomial que resulta da fusão dos heaps binomiais H_1, H_2, da Figura 9.19.
9.6 Seja um heap binomial composto de k árvores binomiais. Determinar as alturas que essas árvores devem possuir para que a operação de inserção corresponda ao pior caso, isto é, seja realizada em um número máximo de passos.
9.7 Seja H o heap binomial composto de k árvores e tal que a árvore cuja raiz possui a maior prioridade é de altura h. Determinar as alturas que as árvores de H devem ter, bem co-

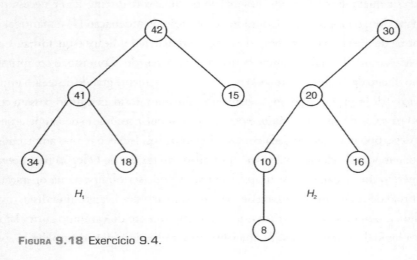

FIGURA 9.18 Exercício 9.4.

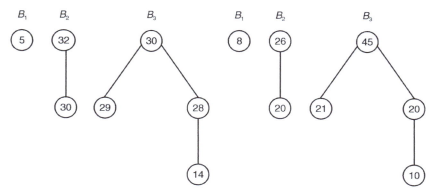

Figura 9.19 Exercício 9.5.

mo determinar o valor de h, para que a operação de remoção do nó de maior prioridade de H seja realizada em um número máximo de passos.

9.8 Sejam H_1, H_2 dois heaps esquerdistas. Determinar as condições que H_1, H_2 devem satisfazer, para que na operação de fusão de H_1, H_2 não seja necessário realizar a troca das subárvores, esquerda e direita, da árvore binária obtida, após as duas fusões parciais realizadas nos passos recursivos da operação de fusão H_1, H_2.

9.9 Provar ou dar contraexemplo:
Sejam H_1 e H_2 dos heaps binomiais contendo k_1 e k_2 árvores binomiais, respectivamente. Seja H o heap binomial resultado de fusão de H_1, H_2, o qual contém k árvores binomiais. Então $k \geq \min\{k_1, k_2\}$.

9.10 Provar ou dar contraexemplo:
Sejam H_1 e H_2 dois heaps binomiais, contendo k_1 e k_2 árvores binomiais, respectivamente. Seja H o heap binomial resultante da fusão de H_1, H_2, o qual contém k árvores binomiais. Então, $k \leq k_1 + k_2$.

9.11 Determinar a expressão da altura, mínima e máxima, de um heap de Fibonacci em função do posto.

Notas Bibliográficas

Parte da bibliografia relativa a heaps já foi apresentada no Capítulo 6. Os m-heaps foram estudados, em primeiro lugar, por Johnson [Jo75], num contexto de algoritmos para árvores geradoras mínimas. Os heaps esquerdistas foram introduzidos por Crane [Cr72]. Um estudo importante desses heaps foi realizado por Knuth [Kn73]. Os heaps binomiais foram introduzidos por Vuillemin [Vu78], e seu estudo inicial foi complementado por Brown [Br78]. Os heaps de Fibonacci foram desenvolvidos por Fredman e Tarjan [Fr87]. Uma das motivações para a concepção dessa estrutura foi a sua utilização para diminuir as complexidades dos algoritmos de caminho mínimo e árvore geradora mínima. Os heaps relaxados foram desenvolvidos por Driscoll, Gabow, Shrairman e Tarjan [Dr88] como uma alternativa possível para os heaps do Fibonacci. Uma outra forma de heaps com autoajuste foi desenvolvida por Fredman, Sedgewick, Sleator e Tarjan [Fr86]. Entre os textos gerais de estruturas de dados que apresentam um tratamento bastante completo em relação a heaps podem ser mencionados os de Kozen [Ko92] e Weiss [We95]. Esses textos contêm vários tópicos de interesse relativos a árvores binomiais e de Fibonacci. Os heaps distorcidos correspondem aos *skew heaps*, na nomenclatura inglesa.

Capítulo 10

Tabelas de Dispersão

10.1 Introdução

Neste capítulo será estudada uma solução bem diferente das vistas até agora para resolver os problemas de busca, inserção e remoção em uma tabela: a *tabela de dispersão*.

Em lugar de organizar a tabela segundo o valor relativo de cada chave em relação às demais, a tabela de dispersão leva em conta somente o seu valor absoluto, interpretado como um valor numérico. Através da aplicação de uma função conveniente, a chave é transformada em um endereço de uma tabela. A intenção é atingir diretamente, se possível, o local onde a chave se encontra. Na realidade, o método aproveita a possibilidade de acesso randômico à memória para alcançar uma complexidade média por operação de $O(1)$, sendo o pior caso, entretanto, $O(n)$.

Observe que este talvez seja o método mais intuitivo de todos os usados em computação para o problema de acesso e manipulação de tabelas. Seja, por exemplo, a distribuição de correspondência entre os funcionários de uma empresa em escaninhos rotulados com a primeira letra de seus sobrenomes. Em cada escaninho não há ordem para a colocação das cartas. Nesse caso, o nome corresponde à chave, e a inicial do sobrenome ao endereço para armazenamento. Outros exemplos surgem no dia a dia. Vários métodos utilizados informalmente para guardar documentos, catalogar fotografias etc. poderiam gerar tabelas de dispersão.

O capítulo está organizado da seguinte maneira. A Seção 10.2 descreve o princípio geral do funcionamento de uma tabela de dispersão. As técnicas de transformação do valor da chave em endereços de armazenamento são tratadas na Seção 10.3. A aplicação dessas técnicas, contudo, pode conduzir ao indesejável efeito de atribuição de um mesmo endereço a duas chaves distintas. As duas seções seguintes, 10.4 e 10.5, são dedicadas ao estudo de como contornar essa situação. Finalmente, a Seção 10.6 apresenta tabelas de dispersão dinâmicas.

10.2 Princípio de Funcionamento

Suponha que existam n chaves a serem armazenadas em uma tabela T, sequencial e de dimensão m. As posições da tabela se situam no intervalo $[0, m - 1]$. Isto é, a tabela é particionada em m *compartimentos*, cada um correspondendo a um endereço e podendo armazenar r nós distintos. Quando a tabela se encontra na memória é comum que cada compartimento armazene apenas um nó. Compartimentos com diversos nós são usados geralmente por tabelas de dispersão armazenadas em unidades de disco, quando o número de acessos é mais importante do que o uso eficiente de memória. Nesse caso, cada compartimento ocupa, tipicamente, um bloco do disco. O objetivo é armazenar cada chave no bloco referente a seu endereço. A busca, assim, requer somente um acesso a um bloco do disco.

No estudo que se segue, considera-se o armazenamento de um único nó por compartimento.

O desenvolvimento das técnicas de tabelas de dispersão foi motivado por um caso bastante simples, porém importante. Suponha que o número de chaves n seja igual ao número de compartimentos m. Além disso, que os valores das chaves sejam, respectivamente, $0, 1, \ldots, m - 1$. Pode-se utilizar então, diretamente, o valor de cada chave como seu índice na tabela. Isto é, cada chave x é armazenada no compartimento x. Esta é uma técnica largamente empregada em programação comercial, conhecida pela denominação de *acesso direto*. A Figura 10.1(a) ilustra um exemplo de acesso direto. Na figura, os nós são considerados como compostos apenas por seu campo chave. As setas indicam os índices das chaves.

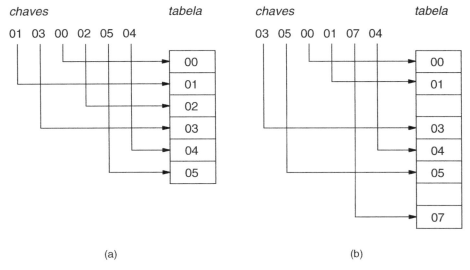

FIGURA **10.1** Acesso direto.

O acesso direto pode ainda ser utilizado no caso em que $n < m$, porém $m - n$ é pequeno. Isto é, as chaves se distribuiriam entre valores de 0, 1, ..., $m - 1$, algum destes, porém, sem correspondentes no conjunto de chaves. A tabela de armazenamento conteria, no final, $m - n$ compartimentos vazios, ou *espaços*. A Figura 10.1(b) ilustra essa técnica.

Para o tratamento do caso geral, um obstáculo aparente é o fato de que as chaves nem sempre são valores numéricos. Por exemplo, as chaves podem consistir em nomes de pessoas. Na realidade, essa questão pode ser facilmente contornável, pois a todo dado não numérico corresponde uma representação numérica no computador. Assim sendo, sem perda de generalidade consideram-se, neste capítulo, todas as chaves como numéricas.

Se as chaves constituem sempre valores numéricos, por que não utilizar a técnica de acesso direto mesmo com espaços vazios? A resposta é simples. A quantidade de espaços vazios pode ser proibitiva. Como exemplo extremo, seja um conjunto de duas chaves apenas, de valores 0 e 999.999, respectivamente. A aplicação da técnica de acesso direto conduziria a uma tabela com 1.000.000 compartimentos, dos quais apenas dois ocupados.

Como resolver essa questão? Uma ideia é transformar cada chave x em um valor no intervalo $[0, m - 1]$ através da aplicação de uma *função de dispersão h*. Dada a chave x, determina-se o valor $h(x)$, denominado *endereço-base* de x. Se o compartimento $h(x)$ estiver desocupado, poderá ser utilizado para armazenar a chave x. Infelizmente, a função de dispersão pode não garantir injetividade, pois é possível a existência de outra chave $y \neq x$, tal que $h(y) = h(x)$. O compartimento $h(x)$ já poderia então estar ocupado pela chave y. Esse fenômeno é denominado *colisão*, e as chaves x e y são *sinônimas em relação a h*. Na ocorrência desse fato, utiliza-se um procedimento especial para o armazenamento de x, denominado *tratamento de colisões*. Este determinará um local alternativo para o armazenamento de x, exceto se a tabela estiver completa. Um exemplo aparece na Figura 10.2, onde foi empregada a função $h = x$ mod 5. Cada chave seria armazenada no compartimento correspondente ao número obtido tomando-se o resto da divisão do valor da chave por 5. Nesse caso, as chaves 78 e 13 produzem uma colisão, pois sua divisão por 5 produz o resto 3 em ambos os casos.

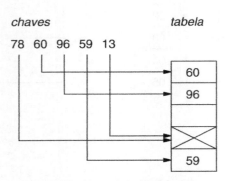

FIGURA 10.2 Exemplo de colisão.

10.3 Funções de Dispersão

Uma função de dispersão h transforma uma chave x em um endereço-base $h(x)$ da tabela de dispersão. Idealmente, uma função de dispersão deve satisfazer às seguintes condições:

- produzir um número baixo de colisões;
- ser facilmente computável;
- ser uniforme.

A primeira dessas condições indica que uma boa função de dispersão não deve produzir um número elevado de colisões. Uma situação em que esse fato pode ocorrer é quando as chaves se adaptam de alguma forma a um padrão conhecido. Por exemplo, as chaves de registros referentes a compras de uma empresa podem ser compostas pela concatenação de algumas informações, como o mês e o ano do pedido, o que acarreta elementos comuns em muitas dessas chaves. Claramente, esses elementos não devem ser realçados pela função escolhida. Por outro lado, se a tabela tratada é a tabela de símbolos de um compilador, esse padrão é mais difícil de ser detectado, porque não é possível conhecer *a priori* quais identificadores serão utilizados.

O segundo aspecto importante é o tempo consumido para calcular $h(x)$. Se a tabela é armazenada em disco, o tempo de cálculo não é crítico, devendo-se procurar funções que minimizem o número de acessos. Para tabelas armazenadas em memória, esse fato é fundamental.

Finalmente, a última condição significa que, idealmente, a função h deve ser tal que todos os compartimentos possuam a mesma probabilidade de serem escolhidos. Isto é, a probabilidade de que $h(x)$ seja igual ao endereço-base k deve ser $1/m$ para todas as chaves x e todos os endereços $k \in [0, m - 1]$. Uma função que satisfaça essa propriedade é chamada *uniforme*.

Na prática, a condição de uniformidade é difícil de ser testada, pois, em geral, a distribuição é desconhecida. A segunda condição desejada, na maior parte dos casos, é a mais fácil de ser alcançada. Basta restringir o estudo de funções de dispersão àquelas de computação mais simples. Finalmente, o objetivo de obter um pequeno número de colisões muitas vezes não é possível de ser atingido. Por esse motivo, o tratamento de colisões é um procedimento crítico em tabelas de dispersão e deve ser realizado com cuidado.

A seguir são apresentadas as funções de dispersão mais empregadas.

10.3.1 Método da Divisão

Este método é particularmente fácil e eficiente, sendo por isso muito empregado. A chave x é dividida pela dimensão da tabela m, e o resto da divisão é usado como endereço-base. Isto é,

$$h(x) = h \bmod m,$$

resultando em endereços no intervalo $[0, m - 1]$.

Nesse caso, alguns valores de *m* são melhores que outros. Por exemplo, se *m* é um número par, *h(x)* será par quando *x* for par e ímpar quando *x* for ímpar, o que certamente não satisfaz. A situação é ainda pior se *m* for potência de 2, caso em que *h(x)* dependerá apenas de alguns dígitos de *x*. Suponha $m = 2^j$ e a chave armazenada numa palavra de memória de 16 bits. Se $j = 5$, a função *h(x)* produzirá endereços que resultam dos últimos cinco bits da chave, isto é, *h(x)* não levará nunca em consideração os dígitos mais significativos de *x*. Para chaves geradas a partir da concatenação de informações, esse divisor é pouco adequado.

Diversos resultados teóricos são conhecidos sobre o assunto. Entretanto, estas análises baseiam-se no conhecimento prévio de algumas características das chaves. Existem alguns critérios que têm sido aplicados com bons resultados práticos, como escolher *m* de modo que seja um número primo não próximo a uma potência de 2. Ou, então, escolher *m* tal que não possua divisores primos menores que 20. A Figura 10.3 apresenta um exemplo de armazenamento de algumas chaves em uma tabela de dispersão de di-

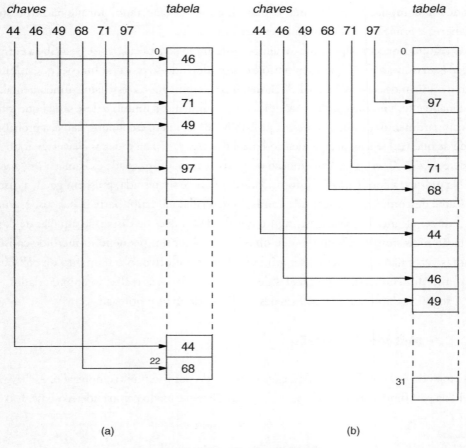

Figura 10.3 Funções de dispersão.

mensão 23. A Figura 10.3(a) mostra o resultado do mapeamento utilizando o método da divisão: 44 mod 23 = 21, 46 mod 23 = 0, e assim sucessivamente.

10.3.2 Método da Dobra

Suponha a chave como uma sequência de dígitos escritos num pedaço de papel. O método em questão consiste basicamente em "dobrar" esse papel, de maneira que os dígitos se superponham, como é visto na Figura 10.4. Estes devem então ser somados, sem levar em consideração o "vai um". Suponha que os dígitos decimais da chave sejam $d_1, ..., d_k$ e que uma dobra seja realizada após o j-ésimo dígito à esquerda. Isto implica transformar a chave em $d_1', ..., d_j', d_{2j+1}, ..., d_k$, onde d_i' é o dígito menos significativo da soma $d_i + d_{2j-i+1}$, $1 \leq i \leq j$. O processo é repetido mediante a realização de novas dobras, cada qual operando sobre o resultado da transformação anterior. O número total de dobras e a posição j de cada uma devem ser definidos de tal forma que o resultado final contenha o número de dígitos desejado para formar o endereço-base.

Baseada nesse conceito, outra maneira de obter um endereço-base de k bits para uma chave qualquer é separar a chave em diversos campos de k bits e operá-los logicamente com uma operação binária conveniente. Em geral, a operação de **ou exclusivo** produz resultados melhores do que as operações **e** ou **ou**. Isto porque o **e** de dois operandos produz um número binário sempre menor do que ambos, e o **ou** sempre maior. Esses dois operadores, portanto, tendem a produzir endereços-base concentrados no final ou no início da tabela, respectivamente. A dimensão da tabela pode ser 2^k, para que todos os endereços-base possíveis estejam disponíveis.

Para as mesmas chaves da Figura 10.3, considere agora a dimensão da tabela igual a 32 (2^5). Supondo-se que cada chave ocupa 10 bits, deve-se transformar esse valor em

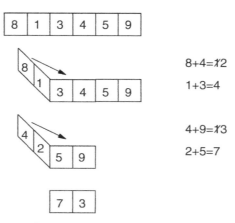

FIGURA 10.4 Método da dobra.

237

um endereço ocupando 5 bits. Utilizando-se a operação **ou exclusivo**, ou **ouex**, tem-se:

71 = 00010 00111 endereço-base: (00010) **ouex** (00111) = 00101 = 5
46 = 00001 01110 endereço-base: (00001) **ouex** (01110) = 01111 = 15

e assim sucessivamente. A tabela resultante é vista na Figura 10.3(b).

10.3.3 Método da Multiplicação

Este método apresenta algumas variações, sendo a mais conhecida o método do "meio do quadrado". A chave é multiplicada por ela mesma (ou, uma alternativa, por uma constante), e o resultado é armazenado numa palavra de memória de b bits. O número de bits necessário para formar o endereço-base de uma chave é então retirado dos b bits, descartando-se os bits excessivos da extrema direita e da extrema esquerda da palavra. Assim, a dimensão possível para uma tabela de dispersão, quando o resultado da multiplicação se encontra em uma palavra de memória da qual se separam 10 bits, será de 1.024 endereços-base.

10.3.4 Método da Análise dos Dígitos

De todos os métodos apresentados até agora, este é o único que leva em consideração o conhecimento prévio do tipo de chave que se busca. Ele é usado em geral para chaves decimais. A função de dispersão consiste em selecionar, de forma conveniente, alguns dos dígitos decimais que formam a chave para compor o seu endereço-base. Suponha que os valores das chaves sejam uniformemente distribuídos. Inicialmente, observa-se o primeiro dígito de cada chave. Se existem n chaves diferentes, então, em média, $n/10$ devem ter primeiro dígito zero, $n/10$ devem ter primeiro dígito 1, e assim sucessivamente. Suponha que existem, na verdade, n_i chaves com primeiro dígito i, $0 \leq i \leq 9$. Somatórios tais como

$$\sum_{i=0}^{9} (n_i - n/10)^2 \quad \text{ou} \quad \sum_{i=0}^{9} |n_i - n/10|$$

representam o *desvio* da distribuição do primeiro dígito. Repita a análise para cada dígito e encontre os k melhores, isto é, aqueles que possuem o menor desvio, usando um dos somatórios. O endereço-base de uma chave qualquer é obtido eliminando-se todos os dígitos da chave, exceto os escolhidos entre os k melhores.

Por exemplo, observe as chaves da Figura 10.3 (44, 46, 49, 68, 71, 97). Utilizando-se o segundo somatório, encontra-se para o dígito das dezenas, d_1, um desvio de 7.2, enquanto, para o dígito das unidades, d_2, o desvio vale 4.10. Realmente, considerando-se a função $h(x) = d_2$ não haveria colisões, enquanto para a função $h(x) = d_1$ haveria.

Para uma dada dimensão de tabela desejada m é simples determinar o valor do número de dígitos escolhidos k, de modo a ajustar os endereços-base ao tamanho da tabela (Exercício 10.4).

A grande desvantagem desse método é que a computação da função de dispersão exige uma manipulação prévia de todas as chaves. Isto implica a restrição da obrigatoriedade de se conhecer todas as chaves de antemão. Além disso, há um fator $O(n)$ a ser adicionado à complexidade de determinação dos endereços-base. Por esse motivo, tal método é restrito a aplicações especiais.

10.4 Tratamento de Colisões por Encadeamento

Já foi observado que o mesmo endereço-base pode ser encontrado para chaves diferentes, como resultado da função de dispersão, o que é chamado de *colisão*. Define-se como *fator de carga* de uma tabela de dispersão o valor $\alpha = n/m$, onde n é o número de chaves armazenadas. Um método para diminuir colisões é então reduzir o fator de carga; à medida que este cresce, a possibilidade de ocorrerem colisões também cresce. Essa precaução deve ser tomada, uma vez que o número de colisões cresce rapidamente quando o fator de carga aumenta, mas não resolve o problema. Uma nova chave sempre pode encontrar o seu endereço-base já ocupado. Por esse motivo, o emprego de tabelas de dispersão implica, necessariamente, a previsão de algum método de tratamento de colisões.

Uma ideia natural para tratar colisões consiste em armazenar as chaves sinônimas em listas encadeadas. Há duas alternativas. As listas podem se encontrar no exterior da tabela ou compartilhar o mesmo espaço da tabela. Os dois casos são considerados a seguir.

10.4.1 Encadeamento Exterior

Esta é uma solução muito usada para o problema, e consiste em manter m listas encadeadas, uma para cada possível endereço-base. Um campo para o encadeamento deve ser acrescentado a cada nó. Os nós correspondentes aos endereços-base serão apenas nós-cabeça para essas listas. Tal método é denominado *encadeamento exterior*. A Figura 10.5 apresenta essa solução para o mesmo exemplo visto na Figura 10.3, ao qual foram acrescentadas as chaves 26, 118 e 182. A função de dispersão é a mesma da Figura 10.3(a).

A implementação desse método é simples aplicação dos conceitos de listas encadeadas vistos no Capítulo 2. Por essa razão, os algoritmos de busca, inserção e remoção são deixados ao leitor (Exercício 10.5). É usual efetuar-se a inclusão de uma nova chave x no final da lista encadeada correspondente ao endereço $h(x)$. A ideia de incluir x no final decorre do fato de que a lista terá que ser percorrida de qualquer maneira, para assegurar que x não pertence à mesma, independentemente da posição de inclusão de x.

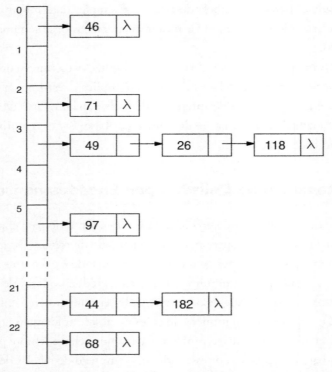

FIGURA 10.5 Tratamento de colisões por encadeamento exterior.

A análise da eficiência desse método para o problema da busca será realizada a seguir. A complexidade do pior caso é simples. Como o comprimento de uma lista encadeada pode ser $O(n)$, esta será a complexidade do pior caso, visto que pode ser necessário percorrer a lista até o final.

Para a complexidade média, a ideia é determinar o número médio de comparações entre valores de chaves efetuadas em uma busca. Esse número é igual ao número de nós percorridos na lista encadeada. Consideram-se os dois casos, busca sem e com sucesso, separadamente. O teorema seguinte indica o resultado para o primeiro desses casos.

Teorema 10.1

Numa tabela de dispersão que utiliza função de dispersão uniforme e na qual as colisões são tratadas por encadeamento exterior, o número médio de comparações efetuadas numa busca sem sucesso é igual a α.

PROVA Seja $CM(T)$ o número médio de comparações efetuadas em uma busca sem sucesso, numa tabela de dispersão T. Como a função de dispersão é uniforme, existe a mesma probabilidade $1/m$ de a busca ser efetuada em qualquer uma das m

listas encadeadas. Seja L_i a lista onde a busca se efetua e $|L_i|$ o seu comprimento. Então,

$$CM(T) = \frac{1}{m} \sum_{i=1}^{m} |L_i|.$$

Como existe um total de n elementos, $\Sigma m\ |L_i| = n$. Logo,

$$CM(T) = \frac{n}{m} = \alpha.$$

O segundo caso, a análise da complexidade média da busca com sucesso, é apresentado no Teorema 10.2.

Teorema 10.2

Numa tabela de dispersão que utiliza função de dispersão uniforme e na qual as colisões são tratadas por encadeamento exterior, o número médio de comparações efetuadas numa busca com sucesso é igual a $1 + \alpha/2 - 1/2m$.

PROVA Seja T uma tabela de dispersão e $CM\ (T)$ o número médio de comparações efetuadas em uma busca com sucesso. Sabe-se que a inclusão de cada chave nas listas encadeadas é realizada sempre no final da lista. Supondo a ausência de exclusões nas listas, a posição de cada chave em relação à cabeça da lista se mantém constante. Logo, o número médio de comparações para localizar uma chave x, com sucesso, localizada em uma certa lista L_i, é igual ao comprimento médio de L_i na ocasião em que essa chave foi incluída em L_i, adicionado de uma unidade (correspondente à comparação final com a própria chave x). Supondo que x tenha sido a $(j + 1)$-ésima chave a ser incluída, o comprimento médio de L_i é j/m. Logo,

$$CM(T) = \frac{1}{n} \sum_{j=0}^{n-1} \left(1 + \frac{j}{m}\right) = 1 + \frac{n(n-1)}{2nm} = 1 + \frac{\alpha}{2} - \frac{1}{2m}.$$

Para interpretar os resultados do Teorema 10.2, observe que, se o tamanho m da tabela T é, pelo menos, proporcional ao número de chaves n, tem-se $n = O(m)$. Isto é, $\alpha = n/m = O(1)$, ou seja, tanto a complexidade média da busca sem sucesso quanto a da busca com sucesso são constantes!

10.4.2 Encadeamento Interior

Em algumas aplicações não é desejável a manutenção de uma estrutura exterior à tabela de dispersão, como o caso analisado no item anterior, onde o tratamento das colisões foi realizado mediante a adição de uma estrutura de *m* listas, externa à tabela. Nessa situação, ainda é possível resolver o problema de colisões mediante o emprego de listas encadeadas, desde que estas compartilhem o mesmo espaço de memória que a tabela de dispersão. Esse método é denominado *encadeamento interior*.

O encadeamento interior prevê a divisão da tabela *T* em duas zonas, uma de endereços-base, de tamanho *p*, e outra reservada aos sinônimos, de tamanho *s*. Naturalmente, $p + s = m$. Os valores *p* e *s* são fixos. Assim sendo, a função de dispersão deve obter endereços-base na faixa $[0, p - 1]$ apenas. Nesse caso, $\alpha = n/m \leq 1$. A estrutura da tabela é a mesma que no caso do encadeamento exterior. Dois campos têm presença obrigatória em cada nó. O primeiro é reservado ao armazenamento da chave, enquanto o segundo contém um ponteiro que indica o próximo elemento da lista de sinônimos correspondentes ao endereço-base em questão.

A Figura 10.6 ilustra um caso de tabela de dispersão com tratamento de colisões por encadeamento interior. Há um total de $n = 5$ chaves, com uma tabela de tamanho $m = 7$, sendo $p = 4$ e $s = 3$. A função de dispersão utilizada é $h(x) = x \bmod 4$. As setas, na figura, indicam o endereço-base das chaves. Observe que a zona reservada às colisões da tabela se encontra completa, o que implica que uma nova inclusão com endereços-base iguais a 0 ou 3 provocará a condição de overflow, apesar de a zona de endereços-base ainda apresentar vazios. Aumentando-se o tamanho da zona de colisões pela correspondente diminuição da zona de endereços-base, diminui a possibilidade de ocorrência de falso overflow. Contudo, a eficiência da tabela de dispersão diminui também. No caso limite em que $p = 1$ e $s = m - 1$, a tabela de dispersão se reduz a uma lista encadeada, cujo tempo médio de busca é $O(n)$.

Uma outra técnica que pode ser utilizada consiste em não diferenciar as duas zonas da tabela. Ou seja, qualquer endereço da tabela pode ser de base ou de colisão. Essa técni-

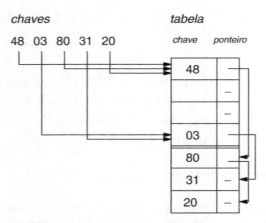

FIGURA 10.6 Tratamento de colisões por encadeamento interior.

ca, entretanto, produz o efeito indesejado de provocar *colisões secundárias*, isto é, aquelas provenientes da coincidência de endereços para chaves que não são sinônimas. Quando ocorre alguma colisão, a nova chave x é inserida no primeiro espaço vazio d a partir, por exemplo, do compartimento onde ocorreu a colisão ou do final da tabela. Se for agora incluída uma outra chave y tal que $h(y) = d$, haverá colisão entre x e y. Esse fato provoca a fusão das listas que contêm as chaves possuindo endereços-base $h(x)$ e $h(y)$, o que implica uma diminuição de eficiência.

A Figura 10.7 ilustra um caso de colisões secundárias. Supõe-se que as chaves sejam incluídas na ordem 28, 35, 14, 70, 19, através da função de dispersão x mod 7. A colisão secundária se verifica quando da inclusão da chave 19, cujo endereço-base é 5. Contudo, o compartimento 5 já se encontra ocupado pela chave 14, com endereço-base diferente de 5, o que provoca a colisão.

Não há qualquer dificuldade em detalhar o algoritmo de busca e inserção para o caso de encadeamento interior (Exercício 10.7), se não se considerar a hipótese de remoções. Contudo, o caso da remoção de nós exige mais cuidados. Em princípio, não se pode, simplesmente, remover uma chave x de uma lista encadeada sem reorganizar a tabela, o que está fora de cogitação. Suponha que x esteja no compartimento d e que pertença à lista encadeada L, sendo y a chave seguinte a x em L. Caso o endereço-base de y seja igual a d, a remoção da chave x de L e a correspondente sinalização de que o compartimento d se encontra vazio provocarão funcionamento errôneo da tabela. Isto é, uma busca de y teria como resposta, erradamente, *sem sucesso*. Para contornar esse problema, considera-se que cada compartimento da tabela pode estar em um dos três estados: *vazio*, *ocupado* ou *liberado*. No primeiro caso, ele jamais foi utilizado para armazenar qualquer chave. O segundo indica que ele contém uma chave armazenada. Finalmente, um compartimento torna-se liberado quando está ocupado por alguma chave x cuja remoção é solicitada.

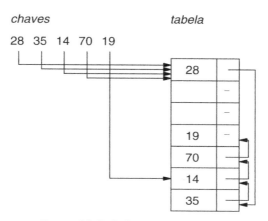

Figura 10.7 Colisões secundárias.

Nesse caso, o nó que contém x não deve ser removido da lista. Contudo, posteriormente, x pode ser substituída nesse nó por alguma outra chave. Nessa ocasião, o compartimento torna-se, novamente, ocupado.

O Algoritmo 10.1 implementa o procedimento de busca de uma chave x em uma tabela de dispersão T, onde as colisões são tratadas por encadeamento interior. Cada compartimento i de T possui três campos: *chave*, *estado* e *pont*. $T[i]$. *estado* pode assumir os valores *ocupado* e *não ocupado*. Se $T[i]$. *estado* = *ocupado*, então existe uma chave armazenada em i, no campo $T[i]$. *chave*. Caso contrário, i encontra-se livre ou liberado. Cada compartimento i pertence a uma lista encadeada que contém as possíveis colisões da chave armazenada em i. Além disso, essa lista pode conter também nós não ocupados. Todas as listas são circulares. $T[i]$. *pont* indica o nó seguinte a i, na lista que contém i. No procedimento *busca*(x, *end*, *a*), o resultado é obtido através dos parâmetros *end* e *a*. Se $a = 1$, então a chave x foi localizada no compartimento *end*. Se $a = 2$, a chave não foi encontrada na tabela. Nesse caso, o parâmetro *end* indica uma dentre as duas seguintes alternativas. Se existir algum compartimento não ocupado j na lista encadeada que contém $h(x)$, então *end* = j. Caso contrário, *end* = λ. O algoritmo supõe que a tabela tenha sido inicializada da seguinte maneira: $T[i]$. *estado* = *não ocupado* e $T[i]$. *pont* = i, para $0 \leq i < m$.

■— Algoritmo 10.1 | Busca por encadeamento interior

procedimento *busca*(x, *end*, a)
    $a := 0$;   *end* := $h(x)$; $j := \lambda$
    enquanto $a = 0$ **faça**
        se $T\,[end]$. *estado* = *não ocupado* **então** $j := end$
        se $T\,[end]$. *chave* = x **e** $T\,[end]$. *estado* = *ocupado* **então**
            $a := 1$ % chave encontrada
        senão *end* := $T\,[end]$. *pont*
            se *end* = $h(x)$ **então**
                $a := 2$;   *end* := j % chave não encontrada

---

O Algoritmo 10.2 descreve a inserção da chave x em T. A variável j indica o compartimento onde será efetuada a inserção. Para efeitos da escolha de j, a tabela foi considerada como circular, isto é, o compartimento 0 é seguinte ao $m - 1$.

Tabelas de Dispersão

■─| Algoritmo 10.2 | Inserção por encadeamento interior

$busca(x, end, a)$
se $a \neq 1$ **então**
     se $end \neq \lambda$ **então** $j := end$
     senão $i := 1; \quad j := h(x)$
         enquanto $i \leq m$ **faça**
             se $T[j]$. $estado = ocupado$ **então**
                 $j := (j + 1) \bmod m$
                 $i := i + 1$
             senão $i := m + 2$ % compartimento não ocupado
         se $i = m + 1$ **então** "inserção inválida: overflow"; **pare**
         $temp := T[j]$. $pont$ % fusão de listas
         $T[j]$. $pont := T[h(x)]$. $pont$
         $T[h(x)]$. $pont := temp$
     $T[j]$. $chave := x$ % inserção de x
     $T[j]$. $estado := ocupado$
senão "inserção inválida: chave já existente"

Finalmente, o Algoritmo 10.3 realiza a operação de remoção da chave x.

■─| Algoritmo 10.3 | Remoção por encadeamento anterior

$busca(x, end, a)$
se $a = 1$ **então** $T[end]$. $estado := não\ ocupado$
senão "exclusão inválida: chave não existente"

É imediato verificar que esses três algoritmos possuem pior caso igual a $O(n)$.

10.5 Tratamento de Colisões por Endereçamento Aberto

O tratamento de colisões por encadeamento utiliza listas encadeadas para armazenar chaves sinônimas. Essas listas utilizam ponteiros, o que consome espaço. Com o intuito de melhor aproveitá-lo, foi desenvolvido o método descrito a seguir, denominado *endereçamento aberto*. A ideia básica é armazenar as chaves sinônimas também na tabela. Contudo, ao contrário do método de encadeamento interior, não há ponteiros. As chaves são armazenadas na tabela, sem qualquer informação adicional. Quando houver alguma colisão, determina-se, também por cálculo, qual o próximo compartimento a ser examinado. Se ocorrer nova colisão com alguma outra chave armazenada nesse último, um novo compartimento é escolhido mediante cálculo, e assim por diante. A busca com sucesso se encerra quando um compartimento for encontrado contendo a chave procurada. O indicativo de busca sem sucesso seria a computação de um compartimento vazio, ou a exaustão da tabela.

Para que o processo possa operar, para cada chave é necessário que todos os compartimentos possam ser examinados. Isto é, a função de dispersão, para cada chave x, em vez de fornecer um único endereço-base $h(x)$, deve ser capaz de fornecer até m endereços-base. Com isso, a função torna-se da forma $h(x, k)$, onde $k = 0, ..., m - 1$. Para encontrar a chave x, deve-se tentar o endereço-base $h(x, 0)$. Caso esteja ocupado por alguma outra chave, calcula-se o endereço $h(x, 1)$, posteriormente, se necessário, $h(x, 2)$, e assim por diante. Por esse motivo, a sequência de endereços-base $h(x, k)$, $k = 0, ..., m - 1$ é denominada *sequência de tentativas*. Observe que a sequência de tentativas $h(x, 0)$, $h(x, 1)$, ..., $h(x, m - 1)$ é uma permutação do conjunto $\{0, ..., m - 1\}$. Portanto, para cada chave x, a função de dispersão deve ser capaz de fornecer uma permutação de endereços-base. Isto significa que o cálculo da função de dispersão, apresentado na Seção 10.3, deve ser modificado de modo a torná-lo capaz de fornecer essa permutação. Esse cálculo será examinado mais adiante, nesta seção.

Analogamente ao caso anterior, uma função de dispersão h é dita de *sequência uniforme* quando qualquer permutação, dentre as $m!$ possíveis dos endereços-base, tiver igual probabilidade de ser produzida por h. Isto é uma generalização do conceito de função de dispersão uniforme, examinado na Seção 10.3, onde h fornecia um único endereço-base. As funções de dispersão utilizadas na prática não satisfazem a condição de sequência uniforme.

O algoritmo de busca de uma nova chave x, numa tabela de dispersão T, decorre da explicação anterior. Supõe-se que exista uma função de dispersão h, a qual forneça um endereço-base $h(x, k)$, distinto, para cada $k = 0, ..., m - 1$. A tabela de dispersão T está armazenada em alocação sequencial; os endereços fornecidos pela função de dispersão são índices da tabela, variando no intervalo $[0, m - 1]$. O algoritmo utiliza o procedimento *busca-aberto*(x, end, a). Os parâmetros a e end indicam o resultado da busca. Se $a = 1$, então a chave x foi localizada no compartimento end. Se $a = 2$ ou 3, então x não se encontra na tabela. No primeiro caso, end indica um compartimento livre, enquanto no segundo a tabela está completa. O algoritmo supõe uma tabela de dispersão sem a ocorrência de remoções. Adota-se a seguinte inicialização da tabela: $T[i]$. *chave* $:= \lambda$, para $0 \le i < m$.

Tabelas de Dispersão

■— Algoritmo 10.4 | Busca por endereçamento aberto

procedimento *busca-aberto*(x, end, a)

$a := 3;\quad k := 0$

enquanto $k < m$ **faça**

    $end := h(x, k)$

    se $T[h(x, k)]$. *chave* $= x$ **então**

        $a := 1$ % chave encontrada

        $k := m$

    senão se $T[h(x, k)]$. *chave* $= \lambda$ **então**

        $a := 2$ % posição livre

        $k := m$

        senão $k := k + 1$

O algoritmo de inserção é bastante simples, utilizando-se o resultado da busca anterior (Exercício 10.9). É imediato verificar que esses dois algoritmos possuem pior caso igual a $O(n)$. Entretanto, o número de tentativas (iterações) efetuadas é, em média, apenas igual a $1/(1 - \alpha)$, no caso de busca sem sucesso, para uma função de dispersão de sequência uniforme (Exercício 10.12), e $\alpha = n/m < 1$. A determinação do número de tentativas correspondente à busca com sucesso é mais trabalhosa. O seu valor é igual a $\dfrac{1}{\alpha} \log \dfrac{1}{1 - \alpha} + \dfrac{1}{\alpha}$, admitindo que $0 < \alpha < 1$, que a função de dispersão é de sequência uniforme e que as chaves da tabela possuem probabilidades idênticas de serem buscadas.

A remoção de chaves da tabela exige cuidados especiais. No método do endereçamento aberto, a remoção apresenta um problema semelhante àquele do método do encadeamento interior. Uma chave não pode ser removida, de fato, da tabela, pois faria romper a sequência de tentativas. A solução é semelhante à empregada no método anterior. Cada compartimento da tabela possui um dos três estados: *vazio*, *ocupado* ou *liberado*. No primeiro caso, nunca foi utilizado; no segundo, ele armazena uma chave e, no terceiro, ele armazenava uma chave cuja remoção foi solicitada. A remoção da chave não precisa ser realizada. Contudo, a chave que estava armazenada no compartimento liberado pode ser substituída por uma outra em uma possível posterior inclusão, transformando o compartimento em ocupado (Exercício 10.10). A adoção dessa técnica exige modificações nos algoritmos de busca e inserção (Exercício 10.11).

Segue-se a descrição de alguns métodos para a determinação da sequência de tentativas $h(x, k)$, $k = 0, \ldots, m - 1$, para uma dada chave x. O símbolo h' denota um endereço-base obtido pela aplicação de alguma função de dispersão descrita na Seção 10.3.

247

10.5.1 Tentativa Linear

Este método é de implementação simples. Suponha que o endereço-base da chave x é $h'(x)$. Agora suponha outra chave, x', ocupando o mesmo compartimento $h'(x)$. A ideia consiste em tentar armazenar o novo nó, de chave x, no endereço consecutivo $h'(x) + 1$. Se este já está ocupado, tenta-se $h'(x) + 2$, ... etc. até uma posição vazia, considerando-se a tabela circular. Então, a função de dispersão é

$$h(x, k) = (h'(x) + k) \bmod m, \quad 0 \le k \le m - 1.$$

Voltando ao exemplo da Figura 10.3(a), ao se acrescentar a chave 26 esta não poderá ser armazenada em seu endereço-base 3, passando a ocupar a primeira posição livre, a posição 4. No mesmo exemplo, a chave 72, que também tem endereço-base 3, seria armazenada somente na posição 6, a primeira posição livre. Ainda na inserção, deve-se levar em conta também o fato de que duas chaves, mesmo possuindo endereços-base diferentes, podem seguir, a partir de determinado ponto, a mesma sequência de tentativas. É o caso da chave 27 neste exemplo. O endereço-base é 4, porém este endereço já está ocupado pela chave 26. As próximas tentativas falham novamente, e o armazenamento é feito no endereço 7. A tabela resultante é apresentada na Figura 10.8.

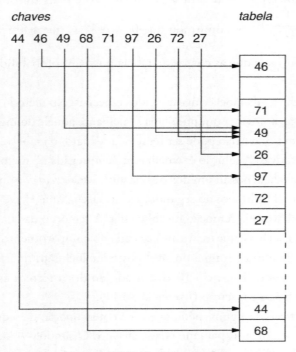

FIGURA 10.8 Tentativa linear.

Esse método apresenta o inconveniente de produzir longos trechos consecutivos de memória ocupados, o que se denomina *agrupamento primário*. A formação desses trechos decorre da maneira como são tratadas as colisões.

Por exemplo, suponha que exista um trecho de j compartimentos consecutivos ocupados e um compartimento vazio ℓ, imediatamente seguinte a esses. Então, na inserção de uma nova chave x, a ocorrência de colisão com alguma chave ocupando qualquer desses j compartimentos que formam o agrupamento primário fará com que x seja armazenada no compartimento ℓ, aumentando o tamanho do agrupamento primário para $j + 1$. De fato, quanto maior for o tamanho de um agrupamento primário, maior a probabilidade de aumentá-lo ainda mais, mediante a inserção de uma nova chave (Exercício 10.13).

10.5.2 Tentativa Quadrática

No método anterior, as chaves tendem a se concentrar, criando agrupamentos primários, que aumentam muito o tempo de busca. A ideia agora é obter sequências de endereços diversas para endereços-base próximos, porém diferentes. Para isso, utiliza-se como incremento uma função quadrática de k. A função de dispersão é então

$$h(x, k) = (h'(x) + c_1\, k + c_2\, k^2) \bmod m,$$

onde c_1, c_2 são constantes, $c_2 \neq 0$ e $k = 0, \ldots, m - 1$.

Esse método consegue evitar os agrupamentos primários da tentativa linear. Contudo, se duas chaves possuírem a mesma tentativa inicial, então as duas sequências de tentativas serão idênticas. Esse fato produz uma outra forma de concentração de chaves na tabela, denominada *agrupamento secundário*. A degradação introduzida pelo agrupamento secundário, contudo, é menor que a do primário.

Para aplicação do método da tentativa quadrática, os valores de m, c_1 e c_2 devem ser escolhidos de tal forma que os endereços-base $h(x, k)$ correspondam a varrer toda a tabela para $k = 0, \ldots, m - 1$. As equações recorrentes apresentadas a seguir fornecem uma maneira de calcular, diretamente, esses endereços.

$$h(x, 0) = h'(x)$$
$$h(x, k) = (h(x, k - 1) + k) \bmod m, \quad 0 < k < m.$$

Se m for potência de 2, então os compartimentos obtidos por essa recorrência correspondem à varredura de toda a tabela (Exercício 10.14).

Ao se aplicar a tentativa quadrática às chaves da Figura 10.8, a tabela resultante coincide com a da figura. Entretanto, observa-se que as chaves 26, 72 e 27, que provocam colisões, são alocadas por tentativa linear após, respectivamente, 2, 4 e 4 tentativas, enquanto, ao serem alocadas por tentativa quadrática, as tentativas são em número de 2, 3 e 3.

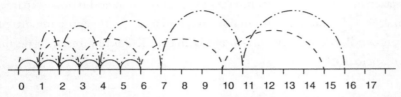

FIGURA 10.9 Comparação entre tentativas linear e quadrática.

A Figura 10.9 ilustra a sequência de compartimentos examinados para os métodos de tentativa linear e quadrática com chaves de endereços-base 0 e 1. Observe que, no caso da tentativa linear, a sequência é a mesma, a partir do compartimento 1, enquanto a tentativa quadrática produz sequências diferentes.

10.5.3 Dispersão Dupla

O método de dispersão dupla calcula a sequência de tentativas de acordo com a seguinte equação:

$$h(x, k) = (h'(x) + k \cdot h''(x)) \bmod m, \quad 0 \leq k < m,$$

onde h', h'' são funções de dispersão (Seção 10.3).

Esse método tende a distribuir as chaves na tabela de forma mais conveniente do que os dois anteriores pela seguinte razão. Se x e y são duas chaves distintas tais que $h'(x) = h'(y)$, então as sequências de tentativas obtidas pelos métodos da tentativa linear e quadrática são necessariamente idênticas, o que ocasiona a concentração de chaves em trechos da tabela. No presente método, as sequências de tentativas somente são idênticas se $h'(x) = h'(y)$ e $h''(x) = h''(y)$. Além disso, o método de dispersão dupla é capaz de gerar um número maior de possíveis sequências de tentativas distintas do que os anteriores (Exercícios 10.15 a 10.18). Sem dúvida, a dispersão dupla é superior às tentativas linear e quadrática.

Para que os endereços-base obtidos da equação anterior correspondam à varredura de toda a tabela, é necessário que $h''(x)$ e m sejam primos entre si (Exercício 10.19).

Existem diversas maneiras de assegurar essa relação entre $h''(x)$ e m. Por exemplo, é comum o projeto de tabelas de dispersão cuja dimensão m é uma potência de 2. Nesse

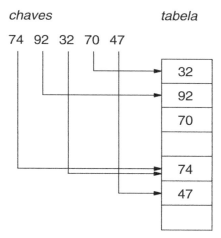

FIGURA 10.10 Dispersão dupla.

caso, basta definir a função h'' de forma a produzir números ímpares. Ou então, mais simples ainda, basta definir m como primo.

A Figura 10.10 ilustra um exemplo de dispersão dupla. Foi utilizada a equação $h(x, k) = (h'(x) + k \cdot h''(x)) \bmod m$, com $m = 7$, $h'(x) = x \bmod 7$ e $h''(x) = 1 + x \bmod 5$. Observe que a chave 32 foi armazenada no compartimento 0, tendo em vista que $h'(32) = h'(74) = 4$ e $h'(32) + 1 \cdot h''(32) = (4 + 1 \cdot 3) \bmod 7 = 0$. A chave 70, antes de ser armazenada no compartimento 2, colidiu com a 32 no compartimento 0 e com a 92 no 1.

10.6 Tabela de Dimensão Dinâmica

Tratou-se até agora de tabelas de dimensão estática, onde, mesmo admitindo-se inclusões e exclusões de nós, o número de compartimentos da tabela não variava. Essa rigidez pode causar problemas se não for possível avaliar, de antemão, o número final de elementos da tabela. Dentre as soluções existentes para variar a dimensão de uma tabela alocada na memória principal, o método de *dispersão linear*, que será aqui apresentado, é bastante eficiente.

Os problemas decorrentes de um aumento na dimensão da tabela são óbvios. De imediato se observa que a própria função de dispersão deve ser modificada, e, por conseguinte, todos os endereços de nós já armazenados. Uma ideia interessante é então alterar apenas parte dos endereços já alocados, como adotado pelo método de dispersão linear.

Considere uma tabela de dispersão consistindo em m compartimentos $0, \ldots, m - 1$. O método de dispersão linear aumenta o espaço de endereçamento gradualmente, expandindo inicialmente o compartimento 0, depois o compartimento 1, e assim sucessivamente. Expandir um compartimento p significa definir um novo compartimento q no final da tabe-

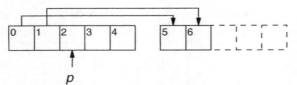

Figura 10.11 Tabela de dimensão dinâmica.

la, denominado *expansão de p*. O conjunto de chaves sinônimas, originalmente com endereço-base p, é então distribuído entre os compartimentos p e q de forma conveniente. Quando todos os compartimentos tiverem sido expandidos, o tamanho da tabela terá sido dobrado e o processo, se e quando necessário, poderá ser recomeçado. A Figura 10.11 apresenta um exemplo para $m = 5$. O ponteiro p indica o próximo compartimento a ser expandido.

Como o endereçamento é mantido ao longo do processo? Observe a Figura 10.11. Quando a tabela possui tamanho 5, os endereços-base podem ser encontrados com a função $h_0(x) = x \bmod 5$, por exemplo. Quando o tamanho da tabela tiver sido dobrado, as chaves serão endereçadas com a função $h_1(x) = x \bmod 10$. Antes que o processo tenha terminado, entretanto, o que acontece? Para pertencer ao compartimento 0, segundo a função h_0, o último dígito da chave deve ser 0 ou 5. Segundo a função $h_1(x)$, as chaves com último dígito zero continuarão pertencendo ao compartimento 0, enquanto aquelas com último dígito 5 irão para o novo compartimento. Nenhum dos registros que seriam alocados nos compartimentos 1, 2, 3 ou 4 sofre alterações. Então, dada uma chave x, computa-se $h_0(x)$. Seja p o menor compartimento ainda não expandido. Se $h_0(x) < p$, o compartimento correspondente já foi expandido; o endereço correto é então recalculado com a função $h_1(x)$. Note-se que, quando toda a tabela tiver sido expandida, todos os endereços serão calculados por $h_1(x)$. De maneira geral, é necessário conhecer ℓ, o número de vezes que a tabela foi duplicada. A função de dispersão é então fornecida por $h_\ell = x \bmod (m \times 2^\ell)$.

O procedimento *mapear*, visto a seguir, calcula o endereço-base da chave x na tabela de dispersão. Duas variáveis são importantes no processo: p, que aponta o próximo compartimento a ser expandido, e ℓ, que indica o número de vezes que a tabela foi expandida a partir de seu tamanho mínimo m. Inicialmente, $\ell = 0$ e $p = 0$.

Algoritmo 10.5 | Calcular o endereço da chave *x*

procedimento *mapear*(x, *ender*, p, ℓ)
    ender := $h_\ell(x)$
    se *ender* < p **então**
        ender := $h_{\ell+1}(x)$

Tabelas de Dispersão

O tratamento de colisões no método de dispersão linear, comumente utilizado, é por encadeamento exterior. Desta forma, ao se expandir um compartimento, é necessário somente o reajuste de ponteiros da lista de nós. O tamanho médio das listas encadeadas cresce com o fator de carga da tabela. Como o percurso de listas encadeadas muito grandes torna a busca pouco eficiente, é justificável o emprego do método da dispersão linear toda vez que o fator de carga atingir um limite determinado. Quando este fato ocorrer, o compartimento apontado por *p* será expandido. Com isto, o fator de carga retornará ao limite aceitável. Assim, o processo de duplicação da tabela é executado lentamente, sem reestruturar toda a tabela de uma só vez.

Observe que esse método não seria eficiente caso as colisões fossem tratadas por encadeamento interior ou endereçamento aberto. Nestes, as listas de chaves com o mesmo endereço-base não estão claramente definidas, o que implicaria acréscimo de testes. Além disso, como as chaves estão armazenadas na própria tabela, o movimento de nós se faz por cópia e não por alteração de ponteiros, outro fator de possível redução de eficiência.

A implementação de tal processo requer um vetor de ponteiros que possa ser expandido e contraído. Algumas linguagens de programação oferecem esse recurso. Outra solução é utilizar uma estrutura de armazenamento em dois níveis, conforme descrito a seguir.

A tabela corresponde a uma estrutura denominada *seg*, composta por segmentos de tamanho fixo *m*. Um diretório *dir* controla os segmentos em uso. O diretório é alocado estaticamente, enquanto a alocação dos segmentos é dinâmica durante o processo de expansão. Cada segmento utilizado é associado a um elemento do diretório, o qual aponta este segmento.

Cada posição de um segmento aponta um compartimento da tabela. Essa posição é, na realidade, um ponteiro para a lista encadeada de sinônimos, relativos ao compartimento em questão, visto que se utiliza o encadeamento exterior. Observe a Figura 10.12. O segmento

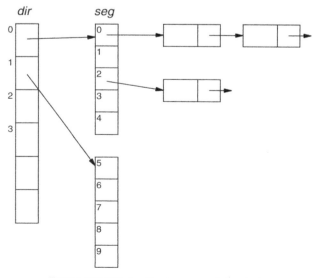

FIGURA 10.12 A estrutura em dois níveis.

253

apontado por *dir*[0] contém um vetor de ponteiros para as listas das chaves com endereço-base no intervalo [0, $m-1$]. De modo geral, *dir*[*k*] indica o segmento onde se localizam as chaves com endereços-base em [km, $(k+1)m-1$]. Isto significa que a numeração dos compartimentos segue sequencialmente, inclusive nos pontos de mudança de segmentos.

Para localizar a lista que contém as chaves de um certo compartimento *p*, deve-se proceder da seguinte maneira. Determinar, inicialmente, o elemento no diretório que aponta o segmento contendo *p*. Esse elemento corresponde ao índice $id = \lfloor p/m \rfloor$ no diretório. Calcular, em seguida, o índice no segmento correspondente a *p*. Este valor é $is = p \bmod m$. Finalmente, o ponteiro para a lista desejada é *dir*[*id*] ↑ . *seg*[*is*].

O procedimento *expandir* efetua a expansão do compartimento *p*. Ele contém chamadas a três outros procedimentos: *reservar, lista-encadeada* e *atual*. O primeiro destes aloca uma área de tamanho *m* no endereço apontado por *pt*. Essa operação corresponde ao Algoritmo 2.28 da Seção 2.8. O procedimento *lista-encadeada* constrói a lista contendo as chaves alocadas ao compartimento expansão de *p*. Os endereços-base das chaves *x* localizadas na lista de *p* são recalculados, mediante a função $h_{\ell+1}(x)$. Se esse endereço se manteve inalterado, a chave *x* não sofre movimentação. Caso contrário, *x* será transferida para a nova lista encadeada relativa à expansão de *p*. O procedimento *atual* determina o próximo compartimento a ser expandido após *p*. Este será igual a $p+1$, exceto nos pontos de duplicação da tabela, quando o processo é reiniciado com $p=0$. As variáveis *id* e *id*1 representam os índices no diretório para a localização de *p* e sua expansão, respectivamente. Por outro lado, o índice de *p* no segmento coincide com o de sua expansão, sendo seu valor denotado por *is*. Então $0 \le id, id1 < tamdir$ é $0 \le is < m$, onde *tamdir* é o tamanho do diretório. Finalmente, seja *pt* um ponteiro para o nó que contém a chave *x* nas listas encadeadas. Então, *pt* ↑ . *chave* = *x* e *pt* ↑ . *prox* indica o próximo nó da lista de sinônimos de *x*. A chamada externa é *expandir* (p, ℓ), a qual deve ser realizada toda vez que se desejar expandir um compartimento. O valor inicial é $p = \ell = 0$.

▇— Algoritmo 10.6 | Expansão do compartimento *p*

```
procedimento expandir(p, ℓ)
    id1 := ⌊p/m⌋ + 2ℓ;   is := p mod m
    se id1 < tamdir então
        se is = 0 então
            reservar(m, pt)              % construído novo segmento
            dir[id1] := pt               % ponteiro para novo segmento
        lista-encadeada(p, ℓ)
        atual(p, ℓ)
    senão "diretório esgotado"
```

254

Tabelas de Dispersão

procedimento *lista-encadeada*(p, ℓ)

$\quad id := \lfloor p/m \rfloor;\quad id1 := id + 2^\ell$

$\quad is := p \bmod m$

$\quad pt := dir[id] \uparrow . seg[is]$ % ponteiro lista p

$\quad dir[id1] \uparrow . seg[is] := \lambda$ % ponteiro lista expansão

$\quad$**enquanto** $pt \neq \lambda$ **faça**

$\qquad$**se** $h_{\ell+1}\,(pt \uparrow . chave) \neq is$ **então**   % transferir nó

$\qquad\quad$**se** $pt = dir[id] \uparrow . seg[is]$ **então**

$\qquad\qquad dir[id] \uparrow . seg[is] := pt \uparrow . prox$

$\qquad\quad$**senão** $ant \uparrow . prox := pt \uparrow . prox$ % remoção da lista

$\qquad\quad pt \uparrow . prox := dir[id1] \uparrow . seg[is]$

$\qquad\quad dir[id1] \uparrow . seg[is] := pt$ % inclusão na lista expansão

$\qquad ant := pt$

$\qquad pt := pt \uparrow . prox$

procedimento *atual*(p, ℓ)

$\quad p := p + 1$

$\quad$**se** $p = m \cdot 2^\ell$ **então**   % tabela duplicada

$\qquad \ell := \ell + 1$

$\qquad p := 0$

A complexidade do algoritmo de expansão é linear no número de nós da lista encadeada do compartimento p.

A contração de compartimentos é a operação inversa da expansão. Inicialmente, os parâmetros p e ℓ são ajustados. Posteriormente, o último compartimento é eliminado através da transferência de suas chaves para o compartimento indicado por p.

10.7 Exercícios

10.1 Suponha um conjunto de n chaves x formado pelos n primeiros múltiplos do número 7. Quantas colisões seriam obtidas mediante a aplicação das funções de dispersão seguintes?

    (i) $x \bmod 7$.

    (ii) $x \bmod 14$.

    (iii) $x \bmod 5$.

10.2 Responder se é certo ou errado:

    O fator de carga de qualquer tabela de dispersão é no máximo 1.

•10.3 Seja X um conjunto de n chaves e $h : X \to [0, m]$ uma função de dispersão uniforme. Mostrar que a probabilidade de que h não produza colisões é igual a

    $1/m^n \cdot m \cdot (m - 1) \cdot \ldots (m - n + 1)$.

Capítulo 10

10.4 Suponha um conjunto de chaves decimais para as quais se deseja aplicar uma função de dispersão utilizando o método da análise de dígitos. Supondo que a tabela seja de dimensão m, com endereços no intervalo $[0, m - 1]$, determinar o valor k de dígitos a serem escolhidos pela função.

10.5 Descrever algoritmos de busca, inserção e remoção em uma tabela de dispersão com tratamento de colisões pelo método de encadeamento exterior.

10.6 Responder se é certo ou errado:
Numa tabela de dispersão que resolve colisões por encadeamento exterior, a complexidade média de uma busca sem sucesso é igual à complexidade média de inclusão de uma nova chave.

10.7 Descrever algoritmos de busca e inserção em uma tabela de dispersão com tratamento de colisões por encadeamento interior, supondo a não existência de exclusões.

10.8 O Algoritmo 10.2, de inserção por encadeamento interno, efetua a fusão das listas circulares encadeadas que contêm, respectivamente, o nó $h(x)$ e o nó j onde será realizada a inserção. Contudo, o algoritmo somente efetua a fusão se as listas não coincidirem. Responder:
(i) Como o algoritmo efetua a verificação de coincidência entre as listas?
(ii) O que aconteceria se a fusão fosse realizada entre duas listas coincidentes?

10.9 Descrever um algoritmo de inserção em uma tabela de dispersão por encadeamento aberto, supondo a não existência de remoções.

10.10 Descrever um algoritmo de remoção em uma tabela de dispersão por endereçamento aberto, supondo que cada compartimento possa estar nos estados vazio, ocupado ou liberado.

10.11 Descrever algoritmos de busca e inserção em uma tabela de dispersão por endereçamento aberto, supondo as condições do exercício anterior.

•10.12 Mostrar que, numa tabela de dispersão onde as colisões são tratadas por endereçamento aberto, a função de dispersão é de sequência uniforme e $\alpha < 1$, o número de tentativas efetuadas é, em média, igual a $1/(1 - \alpha)$.

10.13 Suponha a aplicação do método de endereçamento aberto por tentativa linear, o qual utiliza uma função de dispersão uniforme. Seja um agrupamento primário de tamanho j, isto é, composto por j compartimentos consecutivos ocupados. Mostrar que a probabilidade de o tamanho do agrupamento aumentar para $j + 1$, em uma inserção, é igual a $(j + 1)/2$.

•10.14 Considere as seguintes equações recorrentes para a determinação de $h(x, k)$:
$$h(x, 0) = h'(x)$$
$$h(x, k) = (h(x, k - 1) + k) \bmod m, \quad 0 < k < m,$$
onde $h'(x)$ é um valor entre 0 e $m - 1$, e m é potência de 2.
Pede-se:
(i) Mostrar que essas equações satisfazem os valores de endereços obtidos pela tentativa quadrática. Isto é, mostrar que existem constantes c_1, c_2 tais que o valor $h(x, k)$ anterior satisfaz
$$h(x, k) = (h'(x) + c_1 k + c_2 k^2) \bmod m.$$
(ii) Mostrar que os valores $h(x, k)$, obtidos pela recorrência, correspondem à varredura de toda a tabela, isto é, todos os m valores $h(x, k)$ são distintos, $0 \le k < m$.

○10.15 Mostrar que o método da tentativa linear gera não mais do que m sequências de tentativas, para uma dada chave x.

Tabelas de Dispersão

○10.16 Mostrar que o método da tentativa quadrática gera não mais do que m sequências de tentativas, para uma dada chave x.

●10.17 Mostrar que o método da dispersão dupla gera não mais do que m^2 sequências de tentativas, para uma dada chave x.

  10.18 Que conclusões podem ser obtidas dos três exercícios anteriores, relativas à possibilidade de obtenção de funções de dispersão de sequência uniforme, mediante a utilização dos métodos correspondentes?

●10.19 Mostrar que, se m e $h''(x)$ admitem um divisor comum d, então a sequência de tentativas obtidas mediante os endereços-base $h(x, k) = (h'(x) + k \cdot h''(x) \bmod m)$, $0 \leq k < m$ examinará apenas uma fração igual a $1/d$ da tabela de dispersão.

●10.20 Suponha uma busca sem sucesso efetuada em uma tabela de dispersão, com tratamento de colisões por dispersão dupla utilizando uma função de sequência uniforme. Mostrar que o número médio de tentativas efetuadas é $1/(1 - \alpha)$, $\alpha < 1$.

●10.21 Suponha uma busca com sucesso efetuada em uma tabela de dispersão, com tratamento de colisões por dispersão dupla, utilizando uma função de sequência uniforme. Mostrar que o número médio de tentativas efetuadas é $\dfrac{1}{\alpha} \log \dfrac{1}{1 - \alpha} + \dfrac{1}{\alpha}$, $0 < \alpha < 1$.

  10.22 Dado o valor $m = 3$, a função de dispersão $h_\ell = x \bmod (m \cdot 2^\ell)$ e as chaves x de valores 23, 4, 55, 12, 5, 8, 90, 34, 54, 2, 45 e 67, construir a tabela de dispersão correspondente a todas as expansões para $0 \leq \ell \leq 2$.

  10.23 Escrever um algoritmo para efetuar a contração de um compartimento de uma tabela de dispersão dinâmica utilizando a estrutura de dados detalhada na Seção 10.6.

Notas Bibliográficas

Quem primeiro concebeu a técnica de tabelas de dispersão foi H.P.Luhn, em 1953, segundo Knuth. Já em 1975, Maurer e Lewis [Ma75] descreveram os principais conceitos e indicaram as referências fundamentais. Lewis e Cook [Le88] atualizaram estes conceitos, discutindo também novas técnicas. As tabelas de dimensão dinâmica alocadas em memória principal, apresentadas na Seção 8.6, foram introduzidas por Larson [La88].

    Knuth [Kn73], Gonnet e Baeza-Yates [Go91] e Reingold e Hansen [Re83] são textos indicados para o estudo de tabelas de dispersão.

Capítulo 11

Busca Digital

11.1 Introdução

No problema geral de busca, admite-se que existe um conjunto de chaves $S = \{s_1, \ldots, s_n\}$ e um valor x correspondente a uma chave que se deseja localizar em S. Os métodos até agora examinados neste texto consistiam em estruturar S de alguma forma conveniente e, através de comparações de x com chaves s_i de S, tentar localizar x em S. Nesses métodos, cada chave s_i, bem como a chave desejada x, é tratada como um único elemento indivisível. Dessa forma, quando se fazia uma referência à comparação do valor de x com o de s_i, assumia-se que o valor global de x era comparado com o de s_i. Admitia-se também, implicitamente, que o tamanho de cada chave permitia o seu armazenamento em memória do computador (primária ou secundária) de forma eficiente. Isto é, o tamanho de cada chave não excedia o da palavra, ou unidade correspondente, do computador considerado, de modo a possibilitar a manipulação eficiente das chaves. Finalmente, as estruturas empregadas na busca, descritas nos capítulos anteriores, possuíam como restrição que as chaves fossem todas de mesmo tamanho. Se esse fato não ocorresse, o tamanho da maior chave seria tomado como padrão, completando-se as demais com caracteres extras até que o tamanho padrão fosse atingido.

Nem sempre, entretanto, essas premissas se verificam. Em alguns casos práticos as chaves podem possuir tamanhos diferentes e, além disso, os tamanhos podem não permitir um armazenamento de cada chave em uma palavra de computador. Como exemplo, suponha que se deseje armazenar um texto literário em computador para, em seguida, tentar localizar frases nesse texto. Neste caso, o conjunto S das chaves corresponderia às frases armazenadas, cada s_i uma frase passível de ser buscada. Naturalmente, as chaves podem assumir tamanho bastante diverso e, de um modo geral, não seria possível armazenar cada chave em uma palavra de computador.

A casos como este as técnicas até o momento examinadas não se aplicam. Um outro tipo de busca, denominada *busca digital*, é mais apropriado. Este capítulo é dedicado ao estudo dessa técnica. Na próxima seção examina-se a estrutura básica na qual uma busca digital é efetuada, a árvore digital. Em seguida, na Seção 11.3 é descrita a árvore digital binária, possivelmente o caso mais importante da árvore digital. Finalmente, a Seção 11.4 é dedicada ao estudo da árvore Patricia, que é uma implementação eficiente da árvore digital binária.

11.2 A Árvore Digital

A diferença básica entre a busca digital e aquela examinada nos capítulos anteriores é que a chave, na busca digital, não é tratada como um elemento único, indivisível. Isto é, assume-se que cada chave é constituída de um conjunto de caracteres ou dígitos definidos em um alfabeto apropriado. Em vez de se comparar a chave procurada com as chaves do conjunto armazenado, a comparação é efetuada, individualmente, entre os dígitos que compõem as chaves, dígito a dígito. No exemplo do texto literário, mencionado na seção anterior, em que as chaves eram formadas por frases do texto, um desmembramento natural dessas chaves é decompô-las nas letras que as formam e efetuar a busca de cada frase, letra a letra. Será examinada aqui uma estrutura que permite a busca de qualquer chave em um número de passos igual ao tamanho da chave.

Seja $S = \{s_1, \ldots, s_n\}$ um conjunto de n chaves em que cada s_i é formada por uma sequência de elementos d_j denominados *dígitos*. Supõe-se que existe, em S, o total de m dígitos distintos, cujo conjunto forma o *alfabeto* de S. Os dígitos do alfabeto admitem a ordenação $d_1 < \ldots < d_m$. Os p primeiros dígitos de uma chave formam o *prefixo de tamanho p* da chave. No exemplo do texto literário, S é o conjunto de frases do texto, s_i é cada frase (passível de ser buscada) e n é o número de frases. Se as frases forem decompostas em letras, cada uma destas corresponde a um dígito do alfabeto. O valor de m é 26, supondo-se que todas as letras sejam utilizadas. A ordenação dos dígitos corresponderia à ordenação alfabética.

Uma *árvore digital* para S é uma árvore m-ária T, não vazia, tal que:

(i)   Se um nó v é o j-ésimo filho de seu pai, então v corresponde ao dígito d_j do alfabeto S, $1 \leq j \leq m$.

(ii) Para cada nó v, a sequência de dígitos definida pelo caminho desde a raiz de T até v corresponde a um prefixo de alguma chave de S.

Decorre dessa definição que a raiz de uma árvore digital sempre existe e não corresponde a qualquer dígito do alfabeto.

Uma forma natural de decompor chaves constituídas de palavras é através das letras que as compõem. Observe o exemplo da Figura 11.1. O alfabeto é $\{e, r, s\}$. Portanto, $m = 3$ e a ordenação alfabética indica $e < r < s$. A figura ilustra um conjunto de chaves e uma árvore digital para essas chaves. É uma árvore ternária. O dígito correspondente a cada nó encontra-se representado na aresta entre o nó e seu pai. É simples verificar

259

que a condição (i) é satisfeita, pois os dígitos *e*, *r* e *s* aparecem, respectivamente, em nós correspondentes ao primeiro, segundo e terceiro filhos de seus pais. Além disso, o caminho desde a raiz até qualquer nó corresponde a um prefixo de algumas das chaves do conjunto. Reciprocamente, todo prefixo corresponde a um desses caminhos. Então (ii) também é satisfeita.

A condição (i) da definição da árvore digital implica que o *j*-ésimo filho de um nó qualquer da árvore, se existir, corresponde exatamente ao dígito d_j. Conhecendo este fato, podem-se simplesmente eliminar as informações dos nós, pois são implícitos pelo formato da árvore.

Em toda árvore digital existe um nó diferente que corresponde a cada chave do conjunto. Na Figura 11.1, por exemplo, o nó assinalado com (*) corresponde à chave *serre*. Em uma implementação da árvore digital, esse nó poderia conter um ponteiro para localizar a informação cuja chave é igual a *serre*. A árvore digital se constituiria, pois, em uma árvore de ponteiros. Nós que não correspondessem ao último dígito de uma chave válida conteriam um ponteiro nulo.

Uma vez construída a árvore, o processamento da busca é simples. Suponha que a chave procurada seja *x* = *seres*. Inicia-se pela raiz. O primeiro dígito da chave é *s*, o que leva ao terceiro filho da raiz. O próximo é o dígito *e*, o que indica o caminho da esquerda. O seguinte é *r*, correspondente ao filho do centro. Na sequência de *x*, encontra-se o dígito *e*, por isso, a busca prossegue para a esquerda. Finalmente, o último dígito *s* conduz ao filho direito. A sequência de dígitos, desde a raiz até esse último nó, é igual a *seres*;

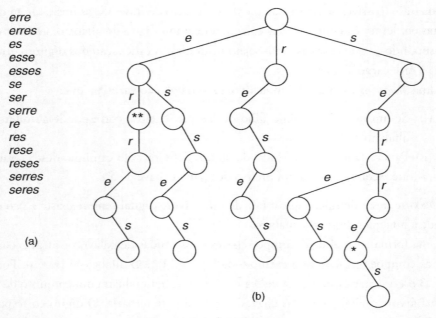

FIGURA 11.1 Árvore digital.

a chave, portanto, foi localizada. Se a chave a ser localizada fosse *sr*, a busca terminaria sem sucesso, pois o nó-filho da raiz correspondente ao dígito *s* não possui filho direito.

Observe que a busca descrita localiza também prefixos de chaves válidas, que por si só não são chaves válidas. Por exemplo, se $x = er$, a busca terminaria com sucesso no nó assinalado com (**). Assim, se se admitir a busca de chaves não válidas será necessário também examinar o conteúdo do nó *v* correspondente ao último dígito de *x*. Se *v* não for terminal de alguma chave do conjunto, então *x* é inválida.

O exemplo anterior indica como proceder para escrever o algoritmo de busca. No algoritmo, supõe-se que a árvore digital *m*-ária *T* se encontra armazenada da seguinte maneira. Cada nó *v*, apontado por *pt*, $pt \neq \lambda$, possui *m* filhos ordenados, apontados por $pt \uparrow. pont[1]$, ..., $pt \uparrow. pont[m]$, respectivamente. Se algum *i*-ésimo filho deste nó está ausente, então $pt \uparrow. pont[i] = \lambda$. Se *v* for nó terminal de alguma chave, então $pt \uparrow. info = terminal$. Caso contrário, $pt \uparrow. info = não terminal$. A chave *x* a ser procurada possui *k* dígitos, denotados por $d[1]$, ..., $d[k]$. O parâmetro *pt* indica o nó corrente da árvore, em exame, enquanto ℓ e *a* indicam o resultado da busca. O valor retornado por ℓ é o tamanho do maior prefixo de *x* que coincide com um prefixo de alguma chave. Esse prefixo é obtido percorrendo-se a árvore desde a sua raiz até o nó *w* apontado por *pt*, ao final do processo. Se $a = 1$, a chave foi encontrada no nó *w*. Caso contrário, $a = 0$. A variável *ptraiz* armazena um ponteiro para a raiz. A chamada externa é $buscadig(x, pt, \ell, a)$, com $pt = ptraiz, \ell = a = 0$.

■— Algoritmo 11.1 | Busca digital

procedimento *buscadig(x, pt, ℓ, a)*
    se $\ell < k$ **então**
        seja *j* a posição de $d(\ell + 1)$ na ordenação do alfabeto
        se $pt \uparrow. pont[j] \neq \lambda$ **então**
            $pt := pt \uparrow. pont[j];$ $\ell := \ell + 1$
            buscadig(x, pt, ℓ, a)
    senão se $pt \uparrow. info = terminal$ **então** $a := 1$

Para incluir uma nova chave $x = d(1)$, ..., $d(k)$ numa árvore digital *m*-ária, utiliza-se o Algoritmo 11.1 de busca. Se *x* foi localizado na árvore, então a inclusão é inválida. Caso contrário, a busca determina o nó *w* da árvore, apontado por *pt*, tal que o caminho da raiz até *w* corresponde ao maior prefixo de chave que coincide com *x*. O tamanho ℓ desse prefixo também é conhecido. Seja *j* a posição de $d(\ell + 1)$ na ordenação de dígitos. Então, um novo nó é incluído na árvore, de modo a se constituir o *j*-ésimo filho de *w*. O processo se repete até que todos os dígitos da chave tenham sido esgotados.

Capítulo 11

Algoritmo 11.2 | Inclusão em árvore digital

$pt := ptraiz;$ $\ell := a := 0$
$buscadig(x, pt, \ell, a)$
se $a = 0$ **então**
       para $h = \ell + 1, ..., k$ **faça**
               seja j a posição de $d(h)$ na ordenação do alfabeto
               $ocupar(ptz)$
               para $i = 1, ..., m$ **faça** $ptz \uparrow. pont[i] := \lambda$
               $pt \uparrow. pont[j] := ptz;$ $ptz \uparrow. info := não\ terminal$
               $pt := ptz$
          $pt \uparrow. info := terminal$
senão "inclusão inválida"

Para construir uma árvore digital, pode-se utilizar o Algoritmo 11.2 de inclusão. Iniciando-se por uma árvore contendo unicamente a raiz, o processo consiste em incluir suas chaves uma a uma.

É simples determinar a complexidade do processo de busca. O número de iterações efetuadas é igual ao tamanho k da chave, no máximo. Em cada iteração, todas as operações podem ser efetuadas em tempo constante, exceto determinar o valor j correspondente à posição do dígito corrente na ordenação do alfabeto. Esse valor pode ser determinado, sem dificuldade, em tempo $O(\log m)$ por iteração, através de uma busca binária. Se $m = 1$, o algoritmo efetua k passos. A complexidade do algoritmo é então $O(k(\log m + 1))$. Contudo, na maioria dos casos práticos o valor de m é pequeno. Nessa situação, a representação binária de cada dígito pode ser utilizada para determinar, diretamente, a sua posição na ordenação do alfabeto. Com essa premissa, a complexidade do algoritmo cai para $O(k)$.

Para determinar a complexidade da inclusão, decompõe-se o tamanho k da chave x, a ser incluída, em duas partes k_1 e k_2 ($k_1 + k_2 = k$). O inteiro k_1 corresponde ao tamanho do maior prefixo comum a x e a alguma outra chave da árvore. O valor k_2 fornece, então, o número de nós a serem incluídos na árvore resultante da inclusão da chave x. Cada nó incluído requer $O(m)$ operações. O algoritmo de inclusão produz k_1 iterações do procedimento $buscadig$. Logo, a complexidade total é $O(k_1 \log m + k_2 m)$.

Observa-se da expressão anterior que a complexidade da busca independe do número total de chaves (e do tamanho do arquivo). Deve-se recordar que os métodos clássicos de busca não possuem essa propriedade. Na busca digital, a complexidade depende tão somente dos tamanhos da chave e do alfabeto. Essa característica torna o presente método de busca uma base importante para o tratamento de grandes arquivos.

Uma outra vantagem desse método é que as chaves podem possuir tamanho arbitrário e variável. A complexidade da busca reflete apenas o tamanho da chave procurada.

Uma propriedade interessante dessa busca é que, ao localizar um certo prefixo x, terão sido localizadas todas as chaves do arquivo cujo prefixo é igual a x. Estas encontram-se na subárvore de raiz x. Tal propriedade pode ser útil em aplicações na área de linguística, onde os prefixos podem representar fonemas, palavras ou sentenças.

Contudo, apesar das vantagens mencionadas, uma aplicação direta da árvore digital é, por vezes, inviável. O problema é a excessiva quantidade de memória utilizada. Por exemplo, se houver n chaves de tamanho (máximo) t com prefixos distintos, então uma árvore digital m-ária necessitaria de espaço $O(n\ m\ t)$. Para atenuar o problema do espaço consumido, uma alternativa é realizar uma implementação um pouco mais elaborada. Por exemplo, os ponteiros que contêm λ, correspondentes a subárvores vazias, podem ser eliminados se cada conjunto de nós-irmãos da árvore for agrupado em uma lista circular. Nesse caso, haveria um tempo adicional para localizar o nó desejado nessa lista. Para que o esquema possa operar será necessário, também, armazenar as informações correspondentes aos dígitos na árvore. Note-se que essa informação poderia ser suprimida na implementação direta. Nas próximas seções serão examinadas variações da árvore digital mais eficientes em relação ao espaço consumido.

Intuitivamente, a técnica da árvore digital é tão mais eficiente quanto maior for a quantidade de chaves com prefixos comuns. Uma árvore digital que possua muitos zigue-zagues quase sempre é ineficiente. (Um zigue-zague de uma árvore T é uma subárvore parcial cujos nós possuem um único filho em T.) A árvore da Figura 11.1 contém vários zigue-zagues; por exemplo, o caminho que corresponde à chave *reses*.

11.3 Árvore Digital Binária

Uma *árvore digital binária* é, simplesmente, o caso binário da árvore digital, ou seja, uma árvore digital m-ária com $m = 2$. Nesse caso, representa-se o alfabeto por $\{0, 1\}$. Assim sendo, uma árvore digital é uma árvore binária e cada chave é uma sequência binária. A seleção do filho esquerdo de um nó é interpretada como o dígito 0, e o direito como 1. A Figura 11.2 mostra um exemplo. O nó assinalado com (*) na figura corresponde à chave 00010.

A maior utilização das árvores digitais se dá, possivelmente, nesse caso binário. Chaves ou códigos binários são os mais empregados na computação. Além disso, o número de ponteiros vazios é menor no caso binário (Exercício 11.3). Contudo, a possível formação dos indesejáveis zigue-zagues ainda permanece. Por exemplo, para atingir as chaves 0101100 ou 0101101 percorre-se o zigue-zague correspondente ao trecho do terceiro

```
00
0000
00010
00011
0101100
0101101
10
101
1010
```

(a)

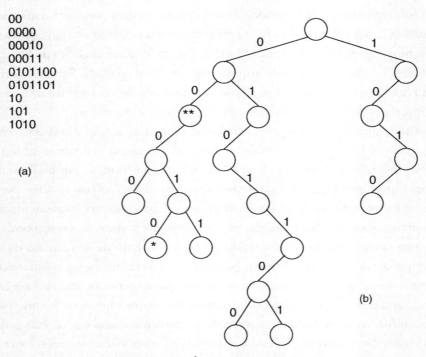

(b)

FIGURA 11.2 Árvore digital binária.

```
s₁ - 0
s₂ - 1000
s₃ - 10010
s₄ - 11100
s₅ - 11101
```

(a)

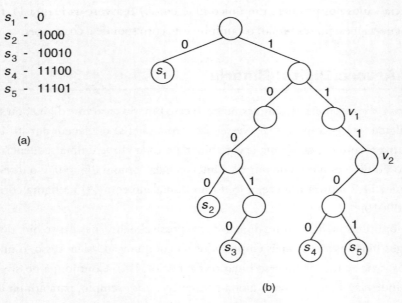

(b)

FIGURA 11.3 Árvore binária de prefixo.

264

ao sexto nó na busca. Na seção seguinte será examinada uma variação da árvore digital binária que elimina a formação de zigue-zagues.

Observando-se a Figura 11.2, nota-se que existem chaves binárias que são prefixos de outras da coleção. Por exemplo, a chave 00 é prefixo da chave 00010. Isto é equivalente a dizer, na árvore digital, que o caminho da raiz até o nó (**) correspondente à chave 00 é parte daquele até o nó (*), que, por sua vez, corresponde a 00010. Frequentemente, para melhor manipular a estrutura deseja-se que tal situação não aconteça. Define-se, então, uma *árvore binária de prefixo* como uma árvore digital binária tal que nenhum código seja prefixo de outro. A árvore da Figura 11.2 não é de prefixo, mas a da Figura 11.3 é.

Uma propriedade interessante da árvore binária de prefixo é que há uma correspondência entre o conjunto das chaves e o das folhas da árvore. Isto é, cada chave é unicamente representada por uma folha e a codificação binária dessa chave corresponde ao caminho da raiz até essa folha. As árvores de prefixo são utilizadas também em aplicações de codificação com o objetivo de definir códigos apropriados para um dado conjunto de símbolos.

11.4 Árvore Patricia

A *árvore Patricia* é construída a partir da árvore binária de prefixo. Seja um conjunto de chaves $\{s_1, \ldots, s_n\}$ de valores binários tais que nenhuma chave seja prefixo de outra. Considere a árvore binária de prefixo correspondente a essas chaves, como a da Figura 11.3. As chaves válidas se encontram nas folhas da árvore. Admita, inicialmente, que a chave procurada x seja sempre válida. Suponha, agora, que se deseja buscar a chave $x = s_4$ na árvore. A partir do valor binário de x, o algoritmo percorrerá o caminho 11100 na árvore, iniciando pela raiz. Observe que esse caminho contém o zigue-zague formado pelos vértices v_1, v_2 assinalados. Se x é uma chave válida, após se assegurar de que os dois primeiros dígitos de x são 11 não há alternativa para os dois seguintes, pois correspondem a nós com um único filho. Assim sendo, a busca poderia eliminar o terceiro e o quarto teste de dígitos, pois, forçosamente, produzirão 10. Ou seja, do segundo dígito da chave poderia se prosseguir diretamente para o quinto. A ideia, pois, seria colocar uma informação (rótulo) no nó correspondente ao segundo dígito da chave 11100 para que a busca prosseguisse para o quinto dígito. Isso corresponde a eliminar o zigue-zague. A árvore Patricia é obtida dessa forma.

Uma *árvore Patricia* T é aquela em que cada vértice v possui um rótulo $r(v)$, sendo obtida a partir de uma árvore binária de prefixo H com mais de um nó pela realização da seguinte operação para cada zigue-zague $v_1, \ldots, v_k$ de H. Se v_k é uma folha, relativa à chave s_i, deve-se então compactar $v_1, \ldots, v_k$ em v_1 e definir $r(v_1) = s_i$. Caso contrário, v_k possui o filho w, deve-se compactar $v_1, \ldots, v_k, w$ em v_1 e definir $r(v_1) = nivel_H(v_1) + k$.

Se algum vértice v de T permaneceu sem rótulo, definir $r(v) = nivel_H(v)$. Se H consistir em um único nó, então T é vazia.

A Figura 11.4 ilustra a árvore Patricia obtida da árvore binária de prefixo da Figura 11.3. Por exemplo, os nós v_1, v_2 constituem um zigue-zague, $nivel(v_1) = 3$ e v_2 possui o filho w. Então v_1, v_2, w são compactados em v_1, o qual recebe rótulo 5.

Observe que a árvore Patricia é estritamente binária, pois não possui zigue-zagues.

Os rótulos da árvore Patricia T foram definidos de modo a satisfazer a seguinte propriedade. Em uma busca da chave x, o rótulo de um nó v, não folha, é o índice do dígito de x relativo a v. Assim sendo, se v é pai do nó interno w, a diferença $r(w) - r(v)$ indica o número de comparações de dígitos que podem ser eliminadas devido à existência, na árvore de prefixo correspondente, de um zigue-zague com $r(w) - r(v) - 1$ vértices. Por exemplo, na Figura 11.4 o nó de rótulo 2 possui filho direito com rótulo 5. Logo, se a chave procurada x *se* iniciar com 11, pode-se prosseguir diretamente para o quinto dígito de x, pois o terceiro e o quarto formam um zigue-zague.

Essa observação é a base do algoritmo de busca em uma árvore Patricia T. Seja x a sequência binária $d(1), \ldots, d(k)$ que se deseja buscar. Iniciando pela raiz de T, supõe-se que o nó v de T tenha sido atingido em algum momento. Se v é uma folha, então a busca está encerrada. Se $x = r(v)$, a chave foi localizada; caso contrário, x é inválida. Se v não é folha, deve-se testar o $r(v)$-ésimo dígito de x, alcançando o filho esquerdo ou direito de v, se o mesmo for 0 ou 1, respectivamente. Se não existir tal dígito, $k < r(v)$. Nesse caso, x não corresponde a uma chave, pois a busca se encerrou em um nó interno. Se x for um prefixo válido, a subárvore de raiz v corresponde ao conjunto de chaves que possuem x como prefixo.

O algoritmo é, pois, bastante simples. A notação utilizada é a usual, sendo criado um campo para implementar o rótulo r. O ponteiro *ptraiz* indica a raiz de T. Os parâmetros a e pt indicam o resultado da busca. O nó w, onde a busca se encerrou, é apontado por pt. Se $a = 1$, então w é uma folha. Nesse caso, x é uma chave válida se $x = r(w)$, e in-

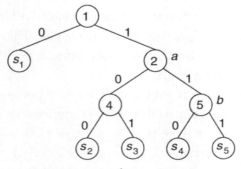

FIGURA 11.4 Árvore Patricia.

válida caso contrário. Se $a = 2$, então w não é folha e, consequentemente, x não é uma chave de T. A chamada externa é *buscapat*(x, pt, a), sendo $pt = ptraiz$.

Algoritmo 11.3 | Busca em árvore Patricia

procedimento *buscapat*(x, pt, a)
    se $pt \uparrow. esq = \lambda$ **então** $a := 1$
    senão se $k < pt \uparrow. r$ **então** $a := 2$
        senão se $d[pt \uparrow. r] = 0$ **então**
            $pt := pt \uparrow. esq$
            buscapat(x, pt, a)
        senão $pt := pt \uparrow. dir$
            buscapat(x, pt, a)

Como exemplo do Algoritmo 11.3, considere a busca da chave 11100 na árvore Patricia da Figura 11.4. O rótulo da raiz é 1, e $d(1) = 1$ significa que o nó a foi atingido. O seu rótulo é 2 e $d(2) = 1$ dirige a busca para o nó b de rótulo 5. Finalmente, $d(5) = 0$ e o processo termina com a informação de que x foi localizado em s_4. Se o exemplo x fosse 111000, 111001, ou qualquer sequência que possua 11100 como prefixo, ter-se-ia o mesmo resultado. Contudo, como s_4 é uma folha, sabe-se que só há uma chave válida cujo prefixo corresponde ao caminho seguido na árvore pela busca. Logo, o valor de x deve ser s_4; caso contrário, x é uma chave inválida. Observe também que x e s_4 poderiam diferir em algum dígito não testado pelo algoritmo sem que tal fato fosse acusado. Por exemplo, o terceiro dígito de x ser igual a 0. Nesse caso, x seria também uma chave inválida. A comparação entre x e s_4 forneceria o resultado final da busca.

Caso a chave procurada x seja sempre válida, o algoritmo pode ser simplificado (Exercício 11.6). Nesse caso, o número de iterações de *buscapat* é exatamente o mesmo. Mas a comparação $x = r(w)$ se torna desnecessária. A complexidade do algoritmo é igual à altura da árvore, que é limitada pelo tamanho da maior chave. A eliminação dos zigue-zagues pode, contudo, diminuir consideravelmente o tempo de busca. No Algoritmo 11.3 este não é proporcional à altura da árvore Patricia, mas sim ao tamanho da maior chave, devido à comparação $x = r(w)$. O ganho da árvore Patricia em relação à árvore digital binária fica restrito à memória.

Deve-se mencionar, ainda, que a chave x poderia representar, na realidade, um conjunto de chaves que possuíssem x como prefixo. Neste esquema, a árvore Patricia localizaria, simultaneamente, todas as chaves com prefixos iguais a x. Esta constitui uma característica importante da árvore Patricia.

267

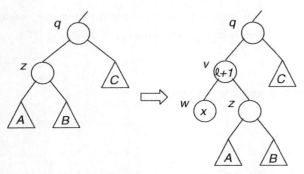

Figura 11.5 Passo principal da inserção em árvore Patricia.

Considere, agora, o problema de incluir, numa árvore Patricia T, uma nova chave x composta de k dígitos binários $d(1), \ldots, d(k)$. A técnica a ser utilizada é similar às das demais árvores de busca. Efetua-se, inicialmente, uma busca da chave x em T. A busca termina em algum nó y em T, interno ou folha. Seja s_i a chave correspondente a alguma folha y' descendente de y em T. Observe que, se y é uma folha, então $y' = y$ e s_i é a chave localizada em y. Caso contrário, s_i é qualquer uma das descendentes de y. Seja c o tamanho (comprimento) da chave s_i. Efetua-se a comparação entre os dígitos de x e s_i. Seja ℓ o tamanho do maior prefixo comum a x e s_i. Isto é, x e s_i coincidem exatamente até o ℓ-ésimo dígito. Se $\ell = k$ ou $\ell = c$, trata-se de uma inclusão inválida. Na primeira hipótese, x é prefixo de s_i e, na segunda, s_i é prefixo de x, o que contraria T como árvore de prefixo. Resta determinar o nó z de T, onde será realizada a inclusão. Se y' é o único nó de T então $z = y'$. Caso contrário, seja z' o pai de y' e A o caminho entre a raiz de T e z'. Se $r(z') \leq \ell + 1$ então $z = y'$. Quando $r(z') > \ell + 1$, z será o nó de A mais próximo à raiz de T, tal que $r(z) > \ell + 1$. A Figura 11.5 representa uma das situações da inclusão. Criam-se dois novos nós, v e w, com rótulos $r(v) = \ell + 1$ e $r(w) = x$. O pai de v será definido como o (antigo) pai de z, e denotado por q. Os filhos de v serão w e z, sendo w o filho esquerdo se $d(\ell + 1) = 0$, ou o direito quando $d(\ell + 1) = 1$. Se z era a raiz de T, a nova raiz passa a ser v. A inclusão está completa.

O Algoritmo 11.4 descreve o processo. No algoritmo, $d[1], \ldots, d[k]$ representam os dígitos da chave x, e $d'[1], \ldots, d'[c]$, os dígitos da chave s_i, apontada por pty'. A complexidade do algoritmo é da ordem do comprimento da maior chave.

Algoritmo 11.4 | Inclusão em árvore Patricia

```
se ptraiz = λ então                                    % árvore vazia
    ocupar(pt)
    pt ↑. r := x;   pt ↑. esq := pt ↑. dir := λ
    ptraiz := pt
senão pty' := ptraiz                                   % localização de y'
    buscapat(x, pty', a)
    enquanto pty' ↑. esq ≠ λ faça pty' := pty' ↑. esq
    ℓ := 0
    enquanto ℓ < min{k, c} e d[ℓ + 1] = d'[ℓ + 1] faça
        ℓ := ℓ + 1                                     % ℓ calculado
    se ℓ ≠ min{k, c} então
        ocupar(ptv);   ocupar(ptw)                     % criação de v e w
        ptv ↑. r := ℓ + 1;   ptw ↑. r := x
        ptw ↑. esq := ptw ↑. dir := λ
        ptz := ptraiz;   descer := V                   % localização de z e q
        enquanto ptz ↑. esq ≠ λ e descer faça
            se ptz ↑. r ≤ ℓ + 1 então
                ptq := ptz
                se d[ptz ↑. r] = 0 então
                    ptz := ptz ↑. esq;   esquerdo := V
                senão ptz := ptz ↑. dir;   esquerdo := F
            senão descer := F                          % z e q localizados
        se d[ℓ + 1] = 0 então
            ptv ↑. esq := ptw
            ptv ↑. dir := ptz
        senão ptv ↑. esq := ptz
            ptv ↑. dir := ptw
        se ptz = ptraiz então ptraiz := ptv
        senão se esquerdo então
                ptq ↑. esq := ptv
            senão ptq ↑. dir := ptv
senão "inclusão inválida"
```

Como exemplo, a árvore da Figura 11.6 é o resultado da inclusão da chave 111101 na árvore da Figura 11.4. Pode-se observar que a busca efetuada no algoritmo de inclusão termina na folha contendo a chave s_4, pois $d(1) = 1$, $d(2) = 1$ e $d(5) = 0$. Observa-se que $ℓ = 3$, pois

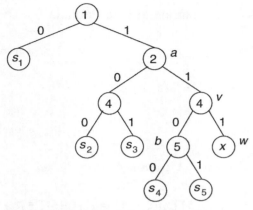

FIGURA 11.6 Inclusão de um nó.

x e s_4 diferem no quarto dígito e são idênticos do primeiro ao terceiro. Os nós v e w são incluídos com $r(v) = 4$ e $r(w) = x$. O filho direito de v é w, pois $d(4) = 1$, enquanto o esquerdo é b, porque b ($= z$) é o nó mais próximo à raiz, satisfazendo $r(b) > 4$. Finalmente, o pai de v é o nó a($= q$), pois o de b também o era na árvore original.

Para construir uma árvore Patricia, o algoritmo de inclusão é utilizado uma vez para cada chave.

Por fim, deve ser mencionada uma importante propriedade da árvore Patricia. Percorrendo-se as folhas da esquerda para a direita, obtêm-se as chaves em ordem lexicográfica crescente (Exercício 11.5). Esse fato pode ser utilizado em diversas aplicações quando se deseja listar, em ordem, todas as chaves de uma tabela mantida randomicamente. Nesse caso, será conveniente manter as folhas da árvore em uma lista encadeada.

11.5 Exercícios

11.1 Desenhar a árvore digital correspondente ao conjunto de chaves abaixo.

AR	ASA	RAS
ARA	ASAS	RASA
ARAR	ASSA	RASAS
ARARA	ASSAS	SA
ARAS	ASSAR	SAARA
ARRASA	ASSARA	SARA
ARRASAR	RA	SARAR
ARRASARA	RARA	SARARAS
AS	RARAS	SARAS

11.2 Provar ou dar contraexemplo:
Ao contrário das árvores binárias de busca, a árvore digital correspondente a um dado conjunto é única, independentemente da ordem em que as chaves foram incluídas na árvore.

11.3 Determinar o número de ponteiros vazios existentes em uma árvore digital m-ária obtida pela construção do Algoritmo 11.2.

11.4 Escrever um algoritmo para efetuar a operação de remoção de uma chave em uma árvore digital. Determinar a sua complexidade.

11.5 Mostrar que, percorrendo-se as folhas de uma árvore Patricia da esquerda para a direita, obtêm-se as chaves correspondentes em ordem lexicográfica crescente.

11.6 Modificar o algoritmo de busca em árvores Patricia de modo que a ocorrência de chaves inválidas não seja considerada.

∘11.7 Descrever um algoritmo para efetuar a operação de remoção de chaves em uma árvore Patricia.

∘11.8 Utilizando a representação que associa cada árvore binária a uma sequência de dígitos binários, elaborar uma árvore digital binária que seja capaz de reconhecer se uma dada árvore binária é subárvore de outra. Qual é a complexidade do processo?

●11.9 Repetir o exercício anterior, substituindo a árvore digital binária por uma árvore Patricia.

11.10 Sejam T_1 e T_2 duas árvores digitais binárias, correspondentes aos conjuntos de chaves S_1 e S_2, respectivamente. Sabendo que não há chave comum a S_1 e S_2, elaborar um algoritmo para construir a árvore correspondente a $S_1 \cup S_2$. Qual a complexidade do processo?

11.11 Repetir o exercício anterior, substituindo a árvore digital binária por árvore Patricia.

11.12 Seja S um conjunto de n chaves binárias e k o tamanho máximo das chaves. Quais são os tamanhos mínimo e máximo que uma árvore digital binária correspondente a S pode ter?

11.13 Repetir o exercício anterior, substituindo a árvore digital binária por árvore Patricia.

∘11.14 Estender a noção de árvore Patricia para o caso de árvores digitais m-árias. A ideia seria compactar zigue-zagues da mesma forma como foi realizado no caso binário. Desenhar a árvore ternária correspondente a esta extensão, que seria obtida pelas chaves do Exercício 11.1.

Notas Bibliográficas

Em inglês, utiliza-se o termo *trie* para designar uma árvore digital, enquanto o termo *digital tree*, em geral, corresponde à árvore digital binária. As árvores digitais foram introduzidas por de la Briandais [Br59], mas foi Fredkin [Fr60] quem sugeriu o nome trie, de *information reTRIEval*, devido à sua aplicação em recuperação de informação. Uma variação da árvore digital binária foi proposta por Coffman e Eve [Co70]. As árvores Patricia foram introduzidas por Morrison [Mo68]. O nome corresponde às iniciais de *Practical Algorithm to Retrieve Information Coded in Alphanumeric*. A busca digital foi tratada, em detalhes, por Knuth [Kn73] e Gonnet e BaezaYates [Go91]. Algoritmos para a manipulação de árvores Patricia podem ser encontrados em [Zi93]. A utilização de árvores Patricia para elaborar algoritmos para expressões regulares aparece em Baeza-Yates [BY89].

Capítulo 12

Processamento de Cadeias

12.1 Introdução

Entende-se por *cadeia* uma sequência qualquer de elementos, denominados *caracteres*. Os caracteres, por sua vez, são elementos escolhidos de um conjunto denominado *alfabeto*. Por exemplo, 0110010 é uma cadeia com alfabeto {0, 1}. Os caracteres não possuem relações estruturais entre si, a não ser a sua ordem sequencial. As cadeias aparecem, em computação, no processamento de textos, palavras, mensagens, códigos etc. com aplicações tão diversas quanto o tratamento computacional de dicionários, mensagens de correio eletrônico, sequenciamento de DNA em biologia computacional, criptografia de textos confidenciais e muitos outros. De fato, a importância do processamento de cadeias na computação vem crescendo consideravelmente, até mesmo para computadores de uso pessoal, nos quais a edição de textos tem sido a principal aplicação.

Neste capítulo são abordados dois problemas básicos no processamento de cadeias. O primeiro deles, tratado nas Seções 12.2 a 12.4, é o de *casamento de cadeias*. Dadas duas cadeias de caracteres, o problema consiste em verificar se a primeira delas contém a segunda, isto é, se os caracteres que compõem a segunda cadeia aparecem sequencialmente também na primeira. O segundo problema, considerado nas Seções 12.5 a 12.7, é o da *codificação de mensagens*. Dada uma cadeia de caracteres, denominada *mensagem*, o problema consiste em codificá-la através da atribuição de códigos a seus caracteres, de modo a minimizar o comprimento total da mensagem codificada. O primeiro problema aparece, por exemplo, na edição de textos, enquanto o segundo na transmissão de mensagens em uma rede.

Deve-se observar que o que caracteriza o processamento de cadeias não é o tipo de problema tratado, mas sim a forma de armazenamento dos dados. Isto é, o problema do casamento de cadeias, por exemplo, pode ser resolvido através de métodos como a busca digital (Seção 11.2). Nesse caso, a segunda cadeia – aquela cujo padrão se deseja localizar na primeira – seria considerada como chave de busca. Para tal, contudo, seria necessário que a primeira cadeia estivesse armazenada segundo uma estrutura apropriada, no caso a árvore digital. Em contrapartida, nos outros problemas considerados supõe-se que os caracteres estejam dispostos sequencialmente em uma lista, sem outra forma de estrutura.

12.2 O Problema do Casamento de Cadeias

Já foi mencionado que uma cadeia é uma sequência de caracteres escolhidos de um conjunto chamado alfabeto. O número de caracteres da cadeia é o seu *comprimento*.

Sejam X, Y duas cadeias de caracteres com comprimentos n, m, respectivamente, $n \geq m$. Supõe-se que X e Y sejam representadas por vetores com elementos x_i e y_j, $1 \leq i \leq n$ e $1 \leq j \leq m$. Y é uma *subcadeia* de X quando Y for uma subsequência de elementos consecutivos de X, isto é, quando existir algum inteiro $\ell \leq n - m$, tal que $x_{\ell+j} = y_j$, $1 \leq j \leq m$. Se $\ell = 0$, Y é chamado *prefixo* de X e, se $\ell = n - m$, Y é *sufixo*. Em adição, quando $m \neq n$ o prefixo (sufixo) é *próprio*. Para $k \leq n - m + 1$, o símbolo X_k representa a subcadeia de X, com elementos x_i e comprimento m, $k \leq i < k + m - 1$.

O *problema do casamento de cadeias* consiste em verificar se Y é subcadeia de X. Em caso positivo, localizar Y em X. Diz-se, então, que houve um *casamento* de Y com X na posição $\ell + 1$.

Por exemplo, se X é a cadeia *baaabea* e Y é *aabe*, então Y é subcadeia de X e a solução do problema do casamento de cadeias deve indicar que Y aparece em X a partir do terceiro caractere, como indica a Figura 12.1. Por outro lado, se Y é formada pela sequência *aeb*, então não é subcadeia de X.

Duas soluções diferentes serão estudadas para o problema do casamento de cadeias. A primeira delas, descrita na seção seguinte, é um método de força bruta, simples, porém, por vezes pouco eficiente para o tipo de problema. A complexidade desse método é $O(n\,m)$. A Seção 12.4 contém a segunda solução apresentada, o algoritmo de Knuth, Morris e Pratt. Trata-se de um processo bastante mais elaborado e cuja complexidade é $O(n)$, linear no tamanho das cadeias.

12.3 O Algoritmo da Força Bruta

Sejam X e Y cadeias com caracteres x_i e y_j, $1 \leq i \leq n$ e $1 \leq j \leq m$, $m \leq n$, respectivamente. Deseja-se verificar se Y é subcadeia de X e, em caso positivo, localizar Y em X. Um método bastante simples consiste em examinar todas as possíveis situações. Se Y for subcadeia de X, então Y se encontra em X, deslocado de ℓ posições à esquerda. A ideia consiste em comparar Y com a subcadeia de tamanho m de X, que se inicia no caractere $x_{\ell+1}$, para todos os valores possíveis de ℓ. Ou seja, $\ell = 0, 1, \ldots, n - m$. A Figura 12.2 ilustra a aplicação do algoritmo de força bruta para as mesmas cadeias X e Y da Figura 12.1. O algoritmo, de início, compararia a subcadeia $X_1 = baaa$, iniciada em x_1, com Y; em seguida, a subcadeia $X_2 = aaab$, iniciada em x_2, com Y. Nessas duas situações, o teste seria negativo. Na iteração seguinte, em que a subcadeia $X_3 = aabe$ é considerada, verifica-se o casamento.

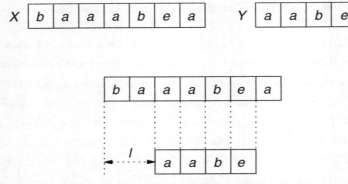

Figura 12.1 O problema do casamento de cadeias.

O Algoritmo 12.1, apresentado a seguir, descreve o processo. A variável ℓ indica o número de caracteres, na cadeia X, que antecedem cada subcadeia considerada. A variável lógica *teste* é utilizada para informar a ocorrência ou não de casamento. Para tornar o método mais eficiente, utilizou-se o princípio de abandonar a verificação de uma subcadeia no meio do processo, se for detectado que um casamento não é possível. Por exemplo, se o i-ésimo caractere da subcadeia considerada não coincide com o i-ésimo caractere de Y, não há necessidade de comparar os caracteres de ordem $i + 1, i + 2, \ldots, m$.

Figura 12.2 O algoritmo da força bruta.

Processamento de Cadeias

■— | **Algoritmo 12.1** | **Casamento de cadeias**

para $\ell := 0, ..., n - m$ **faça**
    $i := 1$
    teste $:= V$
    enquanto $i \leq m$ **e** *teste* **faça**
        se $x[\ell + i] = y[i]$ **então**
            $i := i + 1$
        senão *teste* $:= F$
    se *teste* **então**
        "casamento na posição $\ell + 1$"
        pare
"não há casamento"

É simples analisar um pior caso deste algoritmo. Ele ocorre quando, em cada cadeia $X_{\ell+1}$ de tamanho m, $X_{\ell+1}$ coincide com Y em todas as posições, exceto a última. Nesse caso, não há casamento. Ou, então, quando essa condição se repete para todas as subcadeias analisadas, exceto a última, em cujo exame um casamento é detectado. Em qualquer desses casos, o número de subcadeias examinadas (iteração externa) é $n - m + 1$ e, em cada uma delas, são realizadas m comparação de caracteres. O número de comparações efetuadas é, pois, no pior caso, igual a $(n - m + 1)$ (m). Ou seja, a complexidade é $O(m\, n)$.

12.4 O Algoritmo de Knuth, Morris e Pratt

Para descrever o algoritmo de Knuth, Morris e Pratt para o problema de casamento de cadeias deve-se, inicialmente, revisar o algoritmo de força bruta da seção anterior. São dadas as cadeias X e Y, com caracteres x_i e y_j, $1 \leq i \leq n$ e $1 \leq j \leq m$, $m \leq n$, respectivamente. O algoritmo, para cada $\ell = 0, 1, ..., n - m$, verifica se a subcadeia $X_{\ell+1}$ de X, de comprimento m e iniciada em $x_{\ell+1}$, é idêntica a Y. Se for idêntica, há casamento na posição $\ell + 1$. Observa-se, no entanto, que em muitos casos é desnecessário testar a identidade de $X_{\ell+1}$ com Y para certos valores de ℓ, visto que o resultado é certamente negativo. O algoritmo de Knuth, Morris e Pratt explora essa propriedade.

No exemplo da Figura 12.3 deseja-se verificar se a cadeia *abaeabaeaae* é subcadeia de *bababaeabaeabaeaabaeabaeaaeba*. O algoritmo de força bruta efetuaria os testes correspondentes a $\ell = 0, 1, ..., 16$ e encontraria um casamento para $\ell = 16$. Em cada valor de $\ell < 16$, encontra-se indicada com um círculo, na figura, a (primeira) discordância detectada. Seja y_k o caractere de Y onde ocorre a discordância. No exemplo, para $\ell = 0$ obteve-se $k = 1$,

275

para $\ell = 1$ o valor é $k = 4$, e assim por diante. A discordância, para $\ell = 1$, ocorreu ao se verificar que $x_5 \neq y_4$. O teste da subcadeia correspondente a $\ell = 2$ é também negativo, pois $x_{2+1} = b \neq a = y_1$. Será que esse fato poderia ser previsto e, assim, evitar-se o teste para $\ell = 2$? A resposta será dada em seguida. Por ora, é interessante observar que o valor $y_1 = a$ já foi examinado na iteração correspondente a $\ell = 1$. Da mesma forma, na iteração $\ell = 3$, obteve-se $k = 10$, proveniente da desigualdade $y_{10} \neq x_{3+10}$. Observe que o prefixo $y_1, \ldots, y_9$ de Y aparece nas posições $x_{3+1}, \ldots, x_{3+9}$. Através da análise dos prefixos da cadeia Y será possível determinar, por exemplo, que não é necessário examinar as subcadeias X_3, X_5, X_6 nem outras mais. De antemão, sabe-se não existir casamento para elas. Além disso, quando a cadeia X_8 for examinada não será necessário percorrê-la toda. Pode-se ignorar o prefixo formado pelos seus 5 caracteres iniciais, pois, certamente, há concordância entre esse prefixo e os caracteres correspondentes de Y. O método é descrito a seguir.

De um modo geral, suponha o exame da subcadeia $X_{\ell+1}$ para um certo valor ℓ. Suponha que uma discordância tenha ocorrido no índice $k > 1$, isto é, $x_{\ell+i} = y_i$, $1 \leq i < k$ e $x_{\ell+k} \neq y_k$. A pergunta é se se deve ou não examinar a subcadeia seguinte $X_{\ell+2}$. Para responder a essa questão, observe que os $k - 1$ caracteres iniciais de $X_{\ell+1}$ formam um prefixo de Y e $k - 2$ deles fazem parte de $X_{\ell+2}$. Se $X_{\ell+2} = Y$, então, em particular, os seus $k - 2$ caracteres iniciais devem, respectivamente, coincidir, isto é, $x_{\ell+1+i} = y_i$, $1 \leq i < k - 1$. Se essa condição parcial não for verdadeira, então $X_{\ell+2}$ pode ser desconsiderada para o casamento sem exame. Mas como saber se essa igualdade parcial ocorre sem examinar $X_{\ell+2}$? Do exame de $X_{\ell+1}$, sabe-se que $x_{\ell+i} = y_i$, $i < k$. Então, para que $X_{\ell+2}$ tenha chance de ser idêntica a Y é necessário que $y_i = y_{i+1}$, $1 \leq i < k - 1$. Isto é, que o prefixo $y_1, \ldots, y_{k-2}$, com $k - 2$ caracteres, de $y_1, \ldots, y_{k-1}$ coincida com o sufixo $y_2, \ldots, y_{k-1}$, com $k - 2$ caracteres, de $y_1, \ldots, y_{k-1}$. Observe que esse fato independe da cadeia X!

Generalizando, suponha a ocorrência de uma discordância no caractere y_k durante o exame de $X_{\ell+1}$. Então, uma subcadeia $X_{\ell+1+h}$, $h < k - 1$, pode conduzir a um casamento com Y somente se $y_i = y_{i+h}$, $1 \leq i < k - h$. E apenas nesses casos deverá ser examinada. Ou seja, a próxima subcadeia a ser examinada após $X_{\ell+1}$ é $X_{\ell+1+h}$, sendo h o menor valor para o qual $y_i = y_{i+h}$, $1 \leq i < k - h$. Observe que o valor de h depende tão somente de Y e de k. Ou seja, independe da cadeia X. A determinação do valor (mínimo) de h será indireta. Calcular-se-á o valor de $d(k - 1)$ definido como o comprimento do maior prefixo próprio de $y_1, \ldots, y_{k-1}$ tal que este prefixo coincida com o sufixo de mesmo tamanho de $y_1, \ldots, y_{k-1}$. Se não houver coincidência entre nenhum dos pares prefixo-sufixo, então $d(k - 1) = 0$. Além disso, $d(1) = 0$. O valor mínimo de h será então $h = k - 1 - d(k - 1)$, e a próxima subcadeia de X a ser examinada é $X_{\ell+k-d(k-1)}$.

Há outras comparações que podem ser eliminadas. Por exemplo, nem sempre é necessário examinar todos os caracteres da cadeia $X_{\ell+1+h}$ seguinte a $X_{\ell+1}$. Das igualdades $x_{\ell+i} = y_i$, $1 \leq i < k$ e $y_i = y_{i+h}$, $1 \leq i < k - h$, sabe-se que os $d(k - 1)$ caracteres iniciais de $X_{\ell+1+h}$ coincidem, respectivamente, com $y_1, \ldots, y_{d(k-1)}$. Então, a próxima comparação entre caracteres é verificar a igualdade entre $x_{\ell+k}$ e $y_{d(k-1)+1}$. Por outro lado, se $k = 1$, ou seja, a discordância entre $X_{\ell+1}$ e Y ocorreu no primeiro caractere, então a cadeia $X_{\ell+2}$ deve ser examinada, pois não há qualquer informação acerca de seu conteúdo. Nesse caso,

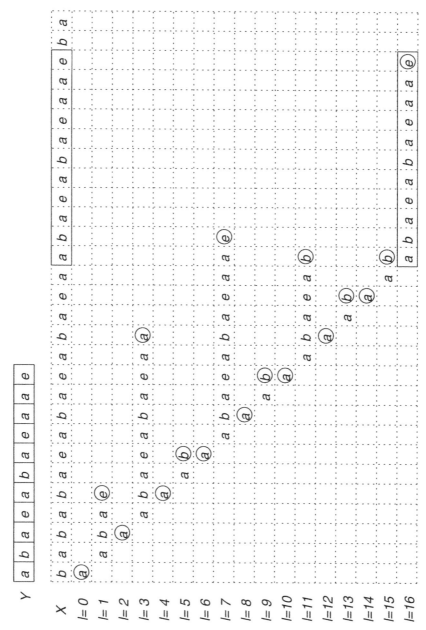

FIGURA 12.3 Comparações efetuadas pelo algoritmo da força bruta.

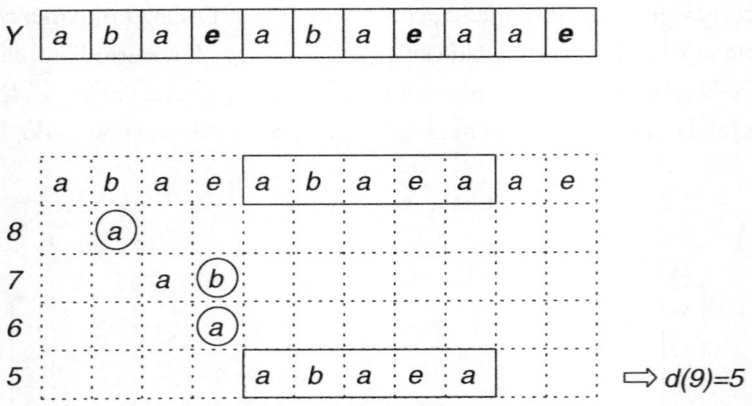

Capítulo 12

Figura 12.4 O valor $d(9)$.

a próxima comparação é verificar a igualdade entre $x_{\ell+k+1} = x_{\ell+2}$ e y_1. Em ambas as situações, não houve necessidade de retroceder o índice da cadeia X. O algoritmo caminha em X da esquerda para a direita, sem jamais retroceder!

Suponha o exame da subcadeia X_4, correspondente a $\ell = 3$, do exemplo mencionado anteriormente. Da Figura 12.3, verifica-se que a discordância ocorre em $k = 10$, pois $x_{3+i} = y_i$, $1 \le i \le 9$ e $x_{3+10} = b \ne a = y_{10}$. Segundo a discussão anterior, a próxima cadeia a ser examinada é X_{4+h}, onde $h = 9 - d(9)$. Mas, quem será o valor $d(9)$? Também conforme já exposto, $d(9)$ corresponde ao comprimento do maior prefixo próprio p de $y_1, \ldots, y_9$ que coincide com um sufixo de $y_1, \ldots, y_9$. A Figura 12.4 ilustra a ideia. O maior valor possível para $d(9)$ seria 8. Mas $d(9) \ne 8$ pois $y_2, \ldots, y_9 = baeabaea$ não coincide com $y_1, \ldots, y_8 = abaeabae$. Por motivos análogos, $d(9) \ne 7, 6$. Finalmente obtém-se $d(9) = 5$, visto que $y_5, \ldots, y_9$ coincide com $y_1, \ldots, y_5$. Aplicando-se o valor $d(9) = 5$ no caso do exame da subcadeia X_4, da Figura 12.3, conclui-se que, após a comparação discordante $x_{3+10} \ne y_{10}$, o algoritmo pode passar diretamente ao exame da subcadeia $X_{\ell+k-d(k-1)} = X_8$. As subcadeias X_5, X_6 e X_7 podem ser ignoradas, pois, de antemão, sabe-se que não conduzem a casamento. Além disso, no exame de X_8 não é necessário comparar os valores $y_1, \ldots, y_{d(k-1)} = y_5$, respectivamente, com $x_8, \ldots, x_{8+h}$, pois sabe-se que há coincidência. A nova comparação a ser efetuada seria, então, entre y_6 e x_{8+5}.

Com essa estratégia, necessita-se computar os valores $d(k)$ para executar o algoritmo. Como fazê-lo de forma eficiente? A resposta será dada mais adiante. Por ora, suponha que os comprimentos $d(k)$ sejam fornecidos ao algoritmo que verifica o casamento entre cadeias. Isto é, $d(k)$ é obtido em uma fase de pré-processamento. A Figura 12.5 fornece cada valor $d(k)$ para a cadeia Y do exemplo, *abaeabaeaae*.

A formulação a seguir descreve o algoritmo, dadas as cadeias X, Y e o vetor de valores d. As variáveis i e j representam os índices para as cadeias X e Y, respectivamente.

278

Processamento de Cadeias

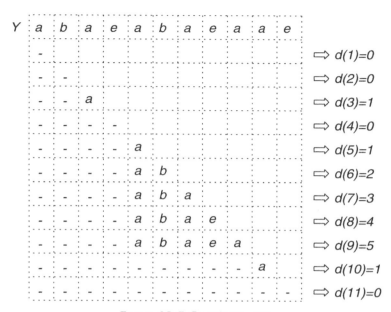

Figura 12.5 Os valores d(k).

Algoritmo 12.2 — Casamento de cadeias

$i := j := 0$
enquanto $i - j \leq n - m$ **faça**
    $teste := V$
    enquanto $j < m$ **e** $teste$ **faça**
        se $X[i+1] = Y[j+1]$ **então**
            $i := i + 1$
            $j := j + 1$
        senão $teste := F$
    se $teste$ **então**
        "casamento na posição $i - m + 1$"
        pare
    se $j = 0$ **então** $i := i + 1$
    senão $j := d[j]$
"não há casamento"

Resta o problema de como determinar o vetor *d*, que informa qual seria a nova subcadeia a ser considerada, após a detecção de alguma divergência entre *Y* e a subcadeia corrente em exame. Deve-se lembrar que a determinação de *d* deve ser realizada antes da execução do Algoritmo 12.2, visto que este pressupõe o vetor *d* já calculado.

Para resolver o problema será empregada uma variação do próprio método do algoritmo de casamento de cadeias. A ideia consiste em procurar em *Y* um prefixo próprio dele mesmo. Ou seja, o método procura efetuar o casamento de *Y* com o próprio *Y* deslocado de um número conveniente $\ell > 0$ de caracteres. Suponha que haja um casamento entre o prefixo de *Y* com *j* caracteres, deslocado de ℓ caracteres, e o próprio *Y*. Nesse caso, esse prefixo de *Y* coincide com o sufixo de *j* caracteres, do prefixo de *Y* com $k = \ell + j$ caracteres. Além disso, se esse for o menor valor de $\ell > 0$ para o qual esse casamento se verifica, então pode-se assegurar que *j* é máximo e, portanto, $d(k) = j$. A Figura 12.6 ilustra esta questão. O padrão *Y* é representado pela cadeia *abaeabaeaae*. Para $k = 9$ e $\ell = 4$, verifica-se que há um casamento entre o prefixo de *Y* com $j = 5$ caracteres, *abaea*, e o sufixo, com cinco caracteres, da cadeia formada pelos nove caracteres iniciais de *Y*. Além disso, este é o menor deslocamento $\ell > 0$ para o qual esse casamento acontece. Logo, $d(9) = 5$. Para completar o cálculo de $d(k)$, no caso geral, basta apenas encontrar um método de verificar se o valor de ℓ que produziu o mencionado casamento é, de fato, mínimo. Mas essa condição decorre do próprio algoritmo de casamento de cadeias. Se houvesse algum valor de deslocamento inferior ao corrente que produzisse o casamento para este mesmo valor de *k*, então o valor corrente de *k* já seria maior do que o mencionado. O algoritmo assegura esse fato. Pois o parâmetro *k*, ponteiro para a posição do caractere em consideração na cadeia, é incrementado toda vez que há concordância entre caracteres, e jamais é decrementado no processo.

A questão central é como efetuar o cálculo dos valores *d* de maneira eficiente. Por exemplo, o método sugerido pela Figura 12.4 consiste em experimentar todos os valores possíveis do deslocamento $\ell > 0$, para valores crescentes de ℓ, até detectar um casamento. Este processo, se bem que correto, será descartado. Ele produziria um algoritmo de complexidade $O(n^2)$ para o cálculo do vetor *d*. O objetivo é obter um algoritmo linear.

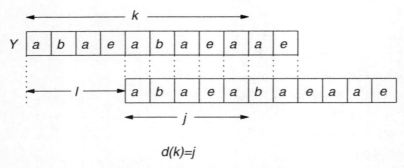

FIGURA 12.6 Determinação do vetor *d*.

A estratégia consiste em calcular $d(k)$ para valores crescentes de $k = 1, \ldots, m$. No passo inicial, define-se $d(1) = 0$. De um modo geral, para calcular $d(k)$, $k > 1$, utiliza-se algum valor já calculado $d(j), j < k$. Considere a computação de um valor $d(k), k > 1$, e suponha corretos os valores $d(j), j < k$. A questão central é o exame do caractere y_k. Efetua-se a comparação entre y_k e $y_{d(k+1)+1}$ com as seguintes alternativas possíveis.

Caso 1: $y_k = y_{d(k-1)+1}$

Então o sufixo com $d(k-1) + 1$ caracteres de $y_1, \ldots, y_k$ coincide com $y_1, \ldots, y_{d(k-1)+1}$. Além disso, o comprimento $d(k-1) + 1$ é máximo; caso contrário, $d(k-1)$ não o seria, constituindo-se uma contradição. Logo, $d(k) = d(k-1) + 1$.

Caso 2: $y_k \neq y_{d(k-1)+1}$

Sejam os seguintes subcasos.

Caso 2.1: $d(k-1) = 0$

Então não há casamento entre qualquer sufixo de $y_1, \ldots, y_k$ com um prefixo próprio dele. Isto é, $d(k) = 0$.

Caso 2.2: $d(k-1) \neq 0$

Nesse caso, $d(k) \leq d(k-1)$. Examinar todos os possíveis valores de $d(k)$ corresponde a aumentar o deslocamento de ℓ na Figura 12.6. Contudo, é desnecessário examinar todos os incrementos possíveis de ℓ. De fato, o deslocamento seguinte a ser considerado corresponde a incrementar ℓ de $d(k-1) - d(d(k-1))$ unidades. De acordo com a definição de $d(k-1)$, não há casamentos para valores de ℓ inferiores a este. O exame do deslocamento seguinte é equivalente a efetuar esta análise com $d(k)$ substituído por $d(d(k-1))$.

A formulação seguinte descreve essa estratégia. A variável j representa o comprimento do prefixo e do sufixo coincidentes que se procura. A cadeia Y é dada.

Algoritmo 12.3 | Determinação do vetor *d*

```
j := d[1] := 0
k := 1
enquanto k < m faça
        se Y[k + 1] = Y[j + 1] então
                k := k + 1
                j := j + 1
                d[k] := j
        senão se j = 0 então
                        k := k + 1
                        d[k] := 0
                senão j := d[j]
```

A descrição do algoritmo de Knuth, Morris e Pratt está completa. Dadas as cadeias X e Y, executa-se o Algoritmo 12.3 para computar o vetor d. Em seguida, o Algoritmo 12.2. Como exemplo, seja o cálculo de d para o padrão Y dado por *abaeababaae*. A Figura 12.7 ilustra os passos (comparações entre elementos) efetuadas pelo Algoritmo 12.3. Ao todo, são 14 comparações.

Considere agora a computação do Algoritmo 12.2 para a seguinte cadeia X:

bababaeabaeabaeaabaeabaeaaeba

e para o padrão Y anterior. A Figura 12.8 ilustra as comparações efetuadas, num total de 30. Observe que até encontrar o casamento na subcadeia X_{17} foram consideradas apenas 5 subcadeias em vez de 18, como no algoritmo de força bruta. O número total de comparações efetuadas foi 44. No algoritmo da força bruta (Figura 12.3) esse número é igual a 58. Além disso, a complexidade deste último é quadrática, conforme verificado

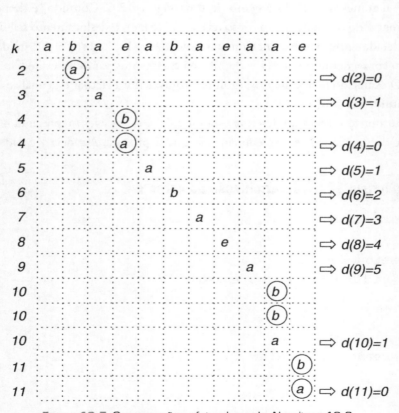

Figura 12.7 Comparações efetuadas pelo Algoritmo 12.3.

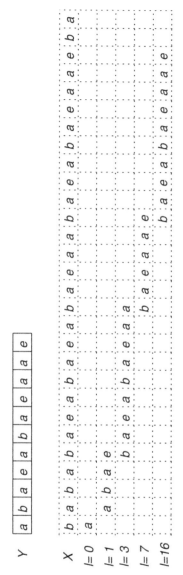

FIGURA 12.8 Comparações efetuadas pelo Algoritmo 12.2.

na seção anterior, enquanto no algoritmo de Knuth, Morris e Pratt é linear. Este é o objeto do Teorema 12.1. A prova se baseia em um argumento semelhante ao utilizado no estudo da complexidade amortizada.

Teorema 12.1

Sejam X, Y duas cadeias de comprimento n, m, respectivamente $n \geq m$. O algoritmo de Knuth, Morris e Pratt para verificar se Y é subcadeia de X termina em $O(n)$ passos.

Capítulo 12

PROVA O algoritmo de Knuth, Morris e Pratt consiste na execução dos Algoritmos 12.2 e 12.3. O primeiro deles é, inicialmente, considerado. Sejam i e j, respectivamente, os índices para os caracteres de X e Y, considerados num certo instante da execução do algoritmo. O índice i possui valor inicial 0 e valor máximo $n - m$ (uma condição de término do algoritmo), e nunca é decrementado. O índice j também possui valor inicial 0, mas pode ser decrementado pela atribuição $j := d[j]$. Além disso, quando j é incrementado, i também o é. O número de passos do algoritmo é igual ao número de vezes em que i é incrementado mais o número de vezes em que j é decrementado. O primeiro desses valores é, no máximo, n. Como j não assume valores negativos, o número de decrementos de j também não pode ultrapassar n, pois o número de decrementos não pode ultrapassar o de incrementos. Logo, o Algoritmo 12.2 termina em $O(n)$ passos. Analogamente, o Algoritmo 12.3 efetua $O(m)$ passos. ◼

12.5 Compactação de Dados

Suponha que se deseje armazenar um arquivo de grande porte em algum tipo de memória, primária ou secundária. Para melhor utilizar os recursos disponíveis, deseja-se também minimizar, de alguma forma e na medida do possível, o espaço de memória utilizado. Uma forma de tentar resolver esse problema consiste em codificar o conteúdo do arquivo de maneira apropriada. Se o arquivo codificado for menor do que o original, pode-se armazenar a versão codificada em vez do arquivo propriamente dito. Isto representaria um ganho de memória. Naturalmente, uma tabela de códigos seria também armazenada, para permitir a decodificação do arquivo. Essa tabela seria utilizada pelos *algoritmos de codificação e decodificação*, os quais cumpririam a tarefa de realizar tais operações de forma automática.

O problema descrito é conhecido como *compactação de dados*. A sua importância era considerável nos primeiros anos de computação. Naquela época, a questão de economia de memória era crítica, devido ao seu elevado custo. Com o passar do tempo, a memória foi se tornando cada vez mais abundante, com o relativo decréscimo de custo. Entretanto, alguns programas de aplicação atualmente utilizados requerem muita memória. Entre esses, por exemplo, encontram-se programas que oferecem recursos visuais aos seus usuários. Assim, o problema de economia de memória permanece atual. O advento e a larga utilização de redes de computadores também contribuem para a importância da compactação de dados. Agora, além da economia de memória, procura-se também diminuir o custo da transmissão dos arquivos na rede. Ou seja, uma maior compactação dos dados de um arquivo corresponderia a um número menor de dados a transmitir, o que implicaria um custo de transmissão menor. A hipótese con-

284

creta, nesse caso, é que o custo de transmissão é proporcional à quantidade de dados a transmitir.

As duas seções seguintes serão dedicadas a esse problema. Na próxima seção, será abordado um método simples de compactação que produz bons resultados quando o texto a ser compactado apresenta uma grande quantidade de símbolos consecutivos idênticos. Finalmente, a última seção deste capítulo é dedicada ao estudo da árvore de Huffman, um método de codificação que permite a utilização de códigos de tamanho variável.

12.6 O Algoritmo de Frequência de Caracteres

Seja o caso em que o arquivo a ser compactado consiste em um texto alfabético, como o exemplo seguinte:

$$BBBEAAAAFFHHHHHCBMMALLLCDDBBBBBBBCC$$

Para compactar esse texto, pode-se empregar uma ideia bastante simples. Determina-se a quantidade de símbolos idênticos consecutivos existentes no texto. Cada uma das subsequências máximas de símbolos idênticos do texto é substituída por um número indicando a frequência do símbolo em questão. O texto do exemplo acima seria compactado como:

$$3B1E4A2F5H1C1B2M1A3L1C2D7B2C$$

Naturalmente, pode-se adotar como regra de compactação que a ausência do número representativo da frequência de um símbolo significa frequência igual a um. Com essa convenção, o texto resultaria em:

$$3BE4A2F5HCB2MA3LC2D7B2C$$

Esse método exige que o texto a ser compactado não contenha caracteres numéricos. Caso contrário, a compactação poderia resultar num código ambíguo, uma vez que o número representativo da frequência de um símbolo pode ser confundido com o próprio símbolo. Para contornar esse problema, poder-se-ia empregar algum símbolo especial, por exemplo @, para anunciar que o número imediatamente após representa um símbolo e não uma frequência. Nesse caso, deve-se supor que o símbolo @ não faz parte do texto. Se essa possibilidade existir, o método deve ser modificado de modo a acomodar a situação.

Por exemplo, o texto

$$AAA33333BA6666888DDDDDDD99999999999AABBB$$

pode ser compactado como

$$3A5@3BA4@63@87D11@92A3B$$

12.7 O Algoritmo de Huffman

Nesta seção descreve-se um método para codificar um texto de forma a obter-se uma compactação que seja ótima dentro de certos critérios. Supõe-se que o texto seja constituído de um conjunto de símbolos (ou caracteres) $S = \{s_1, \ldots, s_n\}$, $n > 1$. É conhecida a frequência f_i de cada símbolo s_i no texto. Isto é, s_i aparece f_i vezes ao longo do texto, $1 \leq i \leq n$. Deseja-se atribuir um código a cada símbolo, de modo a compactar o texto todo. A restrição que se coloca é que nenhum código seja prefixo de algum outro. Ou seja, os códigos procurados são aqueles dados por uma árvore binária de prefixo (Seção 11.3). Recorde que esta última é como uma árvore estritamente binária, com arestas rotuladas. Para cada nó interno v, a aresta que conduz ao filho esquerdo de v é rotulada com *zero*, enquanto o rótulo daquela que conduz ao direito é igual a *um*. Cada símbolo s_i está associado a uma folha da árvore. Os códigos dos símbolos são sequências binárias. O código de s_i é igual à sequência dos rótulos das arestas, do caminho desde a raiz da árvore até a folha correspondente a s_i. A Figura 12.9 ilustra um exemplo de códigos de prefixo. O código do símbolo s_4 é 011, pois a sequência dos rótulos das arestas, desde a raiz até s_4, é 011.

Uma vantagem da utilização de códigos de prefixo é a facilidade existente para executar as tarefas de codificação e decodificação. Por exemplo, suponha os códigos dados pela árvore da Figura 12.9. Suponha o texto seguinte:

$$s_4\ s_3\ s_3\ s_1\ s_3\ s_1\ s_4\ s_5\ s_1\ s_3\ s_3\ s_3\ s_3\ s_2\ s_3\ s_5\ s_2\ s_2\ s_2\ s_4$$

Utilizando-se a tabela dada pela Figura 12.9(a), obtém-se a seguinte codificação:
01101010101000101000111000101010101010101010001011010001000100011

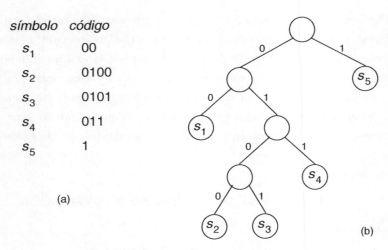

Figura 12.9 Códigos de prefixo.

Para decodificar o texto, basta percorrê-lo da esquerda para a direita, ao mesmo tempo em que a árvore é percorrida, repetidamente, da raiz para as folhas. Nesse percurso, toma-se o caminho para a esquerda ou direita, na árvore, de acordo com o dígito correspondente encontrado no texto, 0 ou 1, respectivamente. Toda vez que uma folha é atingida, um símbolo decodificado foi encontrado. Nesse caso, retoma-se o processo reiniciando-se o percurso na árvore a partir da raiz, para decodificar o próximo símbolo.

No exemplo, o texto codificado é iniciado por 0. Significa que se deve tomar o caminho da esquerda da raiz. O dígito seguinte é 1, o que conduz para a direita desse último nó. Como o terceiro dígito é 1, a folha correspondente ao símbolo s_4 é alcançada. O texto decodificado inicia-se, pois, por s_4. Retoma-se, então, a raiz da árvore. O próximo dígito na codificação é 0. O caminho a seguir é o do filho esquerdo da raiz. Em seguida, 1, após 0 e após 1. Com isso, atinge-se a folha correspondente a s_3. Assim sendo, detectou-se que o símbolo seguinte a s_4 no texto é s_3. A nova subsequência 0101 conduziria, novamente, ao símbolo s_3. O texto decodificado inicia-se, então, por $s_4\, s_3\, s_3$. E assim por diante, até esgotar a sequência binária.

É imediato verificar que, uma vez conhecida a árvore de prefixo correspondente, o processo de codificação ou decodificação pode ser realizado em um número de passos linear no tamanho da sequência binária codificada.

Uma questão central é, pois, o comprimento do texto codificado, isto é, o número de dígitos binários da codificação. O comprimento da sequência binária produzida por uma árvore binária de prefixo T é denominado *custo* de T e denotado por $c(T)$. No exemplo anterior, o custo da árvore da Figura 12.9(b) é igual a 69, pois a sequência binária obtida possui 69 dígitos. O objetivo consiste, então, em minimizar $c(T)$, ou seja, construir T de modo que $c(T)$ seja mínimo. Uma árvore de prefixo que satisfaça esta condição é denominada *mínima* ou *árvore de Huffman*. Codificando-se o texto do exemplo com a árvore da Figura 12.10(b), obtém-se a sequência

$$110001010101110100101000011101001111111111110$$

que possui 45 dígitos. Logo, o custo da árvore da Figura 12.10(b) é igual a 45. Uma melhoria considerável em relação à árvore da Figura 12.9(b). Ter-se-á oportunidade de verificar que essa árvore é mínima.

Seja T uma árvore de prefixo correspondente a um dado texto, onde cada símbolo s_i ocorre f_i vezes. Seja ℓ_i o comprimento do código binário do símbolo s_i. É imediato verificar que cada símbolo s_i contribui com $f_i\, \ell_i$ unidades no custo $c(T)$. Logo $c(T) = \Sigma_{1 \le i \le n} f_i\, \ell_i$. Este valor corresponde ao conhecido *comprimento de caminho externo ponderado* de T(Seção 4.2.2). Se todas as frequências são idênticas, então T é uma árvore binária completa e $c(T)$ é o comprimento de caminho externo de T(Seção 4.2.1).

Em seguida, apresenta-se o algoritmo para construir a árvore de Huffman para um dado conjunto de $n > 1$ símbolos s_i de frequências f_i, $1 \leq i \leq n$. O processo utiliza a técnica conhecida como *algoritmo guloso*. Este consiste na construção da árvore mínima de forma iterativa. A árvore é construída das folhas para a raiz, ou seja, os códigos são determinados de trás para a frente. De modo geral, o processo corresponde a obter subcódigos para subconjuntos de símbolos. Cada um desses subcódigos corresponde a uma subárvore. O passo geral iterativo produz a fusão de duas dessas subárvores em uma única. O processo se encerra quando o número de subárvores se reduz a um.

Seja T' uma subárvore binária de prefixo. Isto é, as folhas de T' são símbolos selecionados dentre $\{s_1, ..., s_n\}$. Define-se $f(T')$, a *frequência* de T', como sendo a soma das frequências dos símbolos s_i presentes nas folhas de T'. Por exemplo, os números representados nos nós internos da árvore da Figura 12.10(b) correspondem às frequências das subárvores de raiz nos respectivos nós.

O processo de construção da árvore de Huffman é simples. Para iniciar, definem-se n subárvores, cada qual consistindo em um único nó contendo o símbolo s_i, $1 \leq i \leq n$. A frequência de cada uma dessas n subárvores é, pois, igual à frequência do símbolo a ela correspondente. O passo geral, iterativamente, seleciona as duas subárvores T' e T'', tais que $f(T')$ e $f(T'')$ sejam as duas menores frequências. Essas duas subárvores de custo mínimo são fundidas em uma única árvore T, de acordo com a operação $\oplus$. Tal operação consiste em criar um novo nó cujos filhos esquerdo e direito são as raízes de T' e T'', respectivamente, conforme a Figura 12.11. É indiferente a escolha dentre T' e T'' para subárvore esquerda ou direita desse nó. Observe que a frequência $f(T' \oplus T'')$ da nova subárvore $T' \oplus T''$ é igual a $f(T') + f(T'')$. O algoritmo termina quando restar apenas uma única subárvore, ou seja, em $n - 1$ execuções da operação $\oplus$. A Figura 12.12 ilustra a aplicação do algoritmo à construção da árvore ótima para o conjunto de símbolos

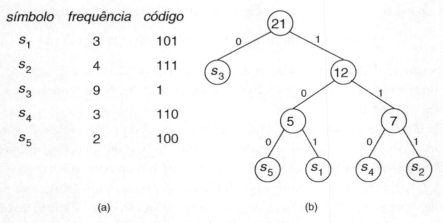

FIGURA 12.10 Árvore de Huffman.

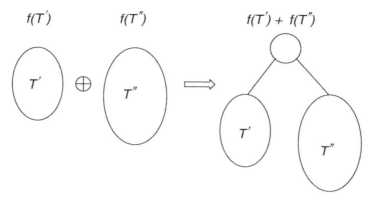

Figura 12.11 A operação ⊕.

e frequências da Figura 12.10(a). A árvore obtida pelo algoritmo é exatamente aquela ilustrada na Figura 12.10(b).

Para implementar o processo, observe que a cada iteração é necessário determinar as duas subárvores T' e T'' da coleção de menor frequência. As subárvores T' e T'' são então eliminadas e substituídas pela subárvore $T' \oplus T''$. Deve-se utilizar, portanto, uma estrutura de dados que suporte as operações básicas de minimização, inclusão e exclusão. Por exemplo, uma lista de prioridades.

O processo é conhecido como *algoritmo de Huffman*, e é visto a seguir. As frequências $f_1, \ldots, f_n$, $n > 1$ são consideradas conhecidas, devendo-se construir previamente uma lista de prioridades com elas. Cada elemento desta lista corresponde a uma árvore T' composta de um único nó, com frequência f_i, $1 \le i \le n$. Os procedimentos utilizados para manipular a lista de prioridades foram descritos no Capítulo 6. A única diferença é que, neste caso, a ordem das prioridades está invertida. Então, o procedimento *mínimo* (semelhante ao Algoritmo 6.4) retira a menor prioridade e rearruma a lista. O procedimento *inserir*(T, f, F), que inclui o elemento T, de prioridade f, na lista F, é igual ao Algoritmo 6.3. Ao final, a árvore de Huffman é a correspondente àquela que restou na lista de prioridades F.

Algoritmo 12.4 | Construção da árvore de Huffman

para $i := 1, n - 1$ **faça**
    $minimo(T', f, F);$ $minimo(T'', f, F)$
    $T := T' \oplus T''$
    $f(T) := f(T') + f(T'')$
    $inserir(T, f, F)$

É imediato determinar a complexidade do algoritmo. Cada operação de minimização ou inclusão na lista de prioridade pode ser efetuada em $O(\log n)$ passos. A operação $\oplus$ requer apenas um número constante de passos. Há um total de $n - 1$ iterações. Logo, a complexidade é $O(n \log n)$.

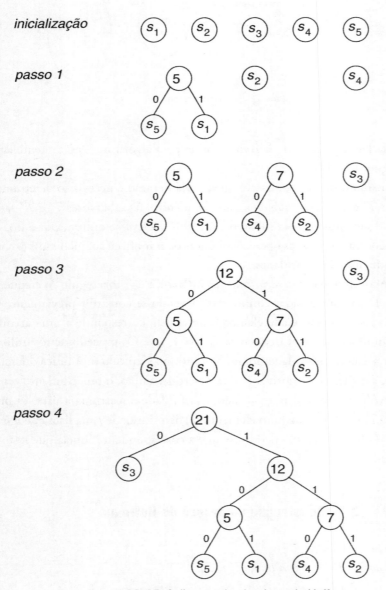

Figura 12.12 Aplicação do algoritmo de Huffman.

Processamento de Cadeias

Resta verificar que o algoritmo, de fato, encontra a árvore de custo mínimo. Para tal, utiliza-se o lema seguinte:

Lema 12.1

Sejam s_i símbolos com frequências f_i, $1 \leq i \leq n$, $n > 1$, tais que f_1 e f_2 são as duas menores frequências. Então existe uma árvore de Huffman para esses símbolos, em que os nós correspondentes a s_1 e s_2 são irmãos localizados no último nível da árvore.

PROVA Seja T uma árvore de Huffman para os dados símbolos. Suponha que s_1 não esteja localizado em alguma folha do último nível. Seja s_k, $k \neq 2$, um símbolo do último nível de T. Seja T' a árvore obtida a partir de T, mediante a troca de posições dos símbolos s_1 e s_k. Se $f_1 < f_k$, então a árvore T' possui custo menor do que T, pois a contribuição de cada f_i no custo total é igual ao produto $f_i \ell_i$, onde ℓ_i é o nível de s_i na árvore. Isto contradiz a minimalidade de T. Por outro lado, $f_1 \leq f_k$, pois f_1 é a menor frequência. Logo, $f_1 = f_k$. Então, $c(T) = c(T')$ e T' também é árvore de Huffman, mas contém s_1 no último nível. De forma análoga, obtém-se uma árvore de Huffman T'' em que s_2, além de s_1, está localizado também no último nível. Seja s_j o irmão de s_1 em T''. Se $j \neq 2$, então considere a árvore T''' obtida de T'' pela troca de posições das folhas s_2 e s_j. Então $c(T'') = c(T''')$, pois s_2 e s_j encontram-se no mesmo nível. Isto completa a prova, pois T''' é uma árvore de Huffman em que s_1 e s_2 são irmãos, localizados no último nível. ▨

O teorema seguinte comprova a correção do algoritmo.

Teorema 12.2

Seja T a árvore construída pelo algoritmo de Huffman para as frequências $f_1, \ldots, f_n$, $n > 1$. Então, T é mínima.

PROVA Sem perda de generalidade, seja $f_1 \leq f_2, \ldots, \leq f_n$. Denote por T_{min} uma árvore mínima correspondente a essas frequências. Pelo Lema 12.1, pode-se supor que as folhas correspondentes a f_1 e f_2 são nós irmãos do último nível de T_{min}. Utiliza-se indução em n. Se $n = 2$, o resultado é trivial. Caso contrário, suponha que o algoritmo de Huffman sempre obtém uma árvore de custo mínimo quando o número de símbolos é menor do que n. Examine o funcionamento do algoritmo para as frequências $f_1, \ldots, f_n$. No primeiro passo, o algoritmo seleciona as duas menores frequências f_1 e f_2, e efetua a operação $\oplus$ com as suas subárvores correspondentes, cada qual contendo um único nó. Essas subárvores são eliminadas e substituídas por uma outra

Capítulo 12

cuja frequência é $f_1 + f_2$. Ou seja, após o primeiro passo, restam $n - 1$ frequências $f_1 + f_2, f_3, ..., f_n$. Seja T' a árvore construída pelo algoritmo para essas $n - 1$ frequências. Pela hipótese de indução, T' é mínima. Observe, ainda, que

$$c(T) = c(T') + f_1 + f_2. \qquad \text{(i)}$$

Por outro lado, seja T'' a árvore obtida a partir de T_{min}, eliminando-se as folhas (nós irmãos) correspondentes a f_1 e f_2 e associando-se ao pai delas um novo símbolo com frequência $f_1 + f_2$. T'' é uma árvore binária de prefixo correspondente às $n - 1$ frequências $f_1 + f_2, f_3, ..., f_n$. Além disso,

$$c(T_{min}) = c(T'') + f_1 + f_2. \qquad \text{(ii)}$$

Comparando (i) e (ii), observe que $c(T') \leq c(T'')$, pois T' é mínima. Logo, $c(T) = c(T_{min})$ e T é uma árvore mínima. ▪

O método de Huffman é uma ferramenta importante para a compactação de dados. A restrição da utilização de códigos de prefixo é perfeitamente razoável. E, para os códigos de prefixo, a árvore de Huffman é comprovadamente o melhor método. Uma desvantagem, contudo, é que um possível erro de transmissão em apenas um dos dígitos no texto binário codificado pode ocasionar sérios problemas no processo de decodificação.

12.8 Exercícios

12.1 Dar exemplos de cadeias X e Y, de comprimentos n e m, respectivamente, tais que o algoritmo de força bruta para o casamento de cadeias efetue um número máximo de comparações. Determinar esse máximo.

12.2 Dar exemplos de cadeias X e Y, de comprimentos n e m, respectivamente, tais que o algoritmo de força bruta para o casamento de cadeias efetue um número mínimo de comparações. Determinar esse mínimo.

•12.3 Sejam X e Y duas cadeias, de comprimentos n e m, respectivamente, de alfabeto {0, 1}. Supondo que todas as cadeias de um mesmo comprimento possuem a mesma probabilidade de ocorrência, determinar o número médio de comparações que efetua o algoritmo de força bruta de casamento de cadeias.

12.4 Sejam X e Y as cadeias *abebaebaabeababbe* e *beabab*, respectivamente.
Deseja-se determinar se Y é subcadeia de X. Determinar o número de passos efetuados
(i) pelo algoritmo de força bruta;
(ii) pelo algoritmo de Knuth, Morris e Pratt.

12.5 Descrever exemplos de cadeias X e Y com 10 e 4 caracteres, respectivamente, tais que o algoritmo de força bruta para determinar se Y é subcadeia de X requeira
(i) um número mínimo de comparações;
(ii) um número máximo de comparações.

Processamento de Cadeias

12.6 Repetir o exercício anterior considerando, agora, o algoritmo de Knuth, Morris e Pratt.

○12.7 Repetir os dois exercícios anteriores com a condição de que X e Y possuam n e m caracteres, respectivamente.

●12.8 Modificar o algoritmo de Knuth, Morris e Pratt, de tal modo que a quantidade de memória utilizada, além daquela necessária para o armazenamento das cadeias X e Y, seja $O(1)$. A complexidade do algoritmo deve permanecer linear.

●12.9 Modificar o algoritmo de Knuth, Morris e Pratt, de modo a procurar diminuir o número de comparações efetuadas. Mais especificamente, redefinir o valor de $d(j)$, $1 \leq i \leq m$, de maneira que $d(j) \leq j/2$, e adaptar o algoritmo a essa condição.

●12.10 Mostrar que existe um algoritmo satisfazendo o exercício anterior tal que nunca efetue um número de comparações de caracteres superior ao do algoritmo de Knuth, Morris e Pratt.

○12.11 Dar exemplos de cadeias X e Y tais que

    (i) o algoritmo do Exercício 12.9 efetue um número igual de comparações em relação à versão original do algoritmo de Knuth, Morris e Pratt.

    (ii) o algoritmo do Exercício 12.9 efetue um número mínimo de comparações em relação à versão original do algoritmo de Knuth, Morris e Pratt.

12.12 Determinar exatamente o número de passos efetuados pelos Algoritmos 12.1 e 12.2, no pior caso, em função de n e m.

12.13 Escrever o vetor d para o padrão *araraquara*.

12.14 Dado um texto genérico, existe sempre algum método de compactação tal que o texto compactado é de tamanho menor do que o original? Justificar a resposta.

12.15 Escrever o texto compactado através do método da frequência de caracteres idênticos correspondente ao texto seguinte:

    BBBCCCCDEFFFBAAAAAAAAAACDDFFFFFFFFCF

12.16 Provar ou dar contraexemplo:

    Considere uma variação do método de compactação de frequências de caracteres idênticos em que o símbolo especial @ indica que os algarismos que imediatamente o seguem constituem o valor de uma frequência e não símbolos. Então, a codificação produzida por esse método não é ambígua.

12.17 Mostrar que o problema de determinação da árvore de Huffman é um caso particular daquele para construir a árvore binária de busca ótima. Isto é, dado um conjunto de símbolos s_i e frequências f_i, $1 \leq i \leq n$, formular um problema de construção de árvore binária de busca ótima tal que a árvore de busca encontrada seja a árvore de Huffman para o dado conjunto de símbolos e frequências.

12.18 Desenhar a árvore de Huffman para o seguinte conjunto de chaves e frequências, respectivamente na primeira e segunda linhas da tabela.

s_1	s_2	s_3	s_4	s_5	s_6	s_7	s_8
1	6	2	1	1	9	2	3

○12.19 Descrever um algoritmo para determinar a árvore de Huffman relativa a um conjunto de símbolos e frequências dadas que possua altura mínima.

●12.20 Dado um conjunto de n símbolos e frequências e um número inteiro $h > 0$, determinar a árvore binária de prefixo que possui altura h e custo mínimo para essa altura.

293

Capítulo 12

12.21 Sejam T', T'' duas árvores binárias de prefixo. T' e T'' são *similares* quando T' puder ser obtida a partir de T'', iterativamente, através da realização de uma sequência das seguintes operações: "escolher um nó v da árvore e trocar a sua subárvore esquerda com a direita". Descrever um exemplo de duas árvores de Huffman não similares, relativas às mesmas frequências.

●12.22 Determinar as condições que as frequências devem satisfazer de modo que as árvores de Huffman correspondentes sejam todas similares entre si.

12.23 Provar ou dar contraexemplo:
Se as frequências de um dado conjunto de símbolos forem todas distintas, então quaisquer duas árvores de Huffman são similares.

○12.24 Determinar as condições que as frequências devem satisfazer de modo que quaisquer duas árvores de Huffman distintas, relativas a essas frequências, sejam não similares.

●12.25 Generalizar o algoritmo de Huffman para o caso em que se deseja uma codificação m-ária para o texto dado, $m \geq 2$.

12.26 Provar ou dar contraexemplo: sejam s_i, s_j dois símbolos e ℓ_i, ℓ_j os respectivos níveis das folhas correspondentes a s_i, s_j em uma árvore de Huffman. Então, $f_i < f_j \Rightarrow \ell_i \leq \ell_j$.

12.27 Dado um conjunto de n arquivos A_1, ..., A_n, ordenados, o *problema da intercalação de arquivos* consiste em reuni-los em um único arquivo ordenado. Para tal, um programa padrão intercala os arquivos dois a dois. É necessário, portanto, executar o programa de intercalação um total de $n - 1$ vezes. Sabe-se que cada arquivo A_i possui $|A_i|$ chaves e que, para intercalar os arquivos A_i e A_j, o programa utiliza $|A_i| + |A_j|$ comparações entre chaves. Determinar a ordem em que as intercalações devem ser realizadas, de modo a minimizar o número total de comparações efetuadas.

12.28 Sejam A_1, A_2, A_3 arquivos ordenados contendo $|A_1|$, $|A_2|$, $|A_3|$ chaves, respectivamente. Elaborar um algoritmo para intercalar os três arquivos, de forma que cada um só seja percorrido uma única vez. Isto é, a cada passo seleciona-se uma chave pertencendo a um dos três arquivos, a qual é transferida para o arquivo intercalado e não mais manuseada. Comparar esse método de intercalação com aquele que utilizaria duas intercalações de dois arquivos cada, para intercalar A_1, A_2 e A_3, conforme o exercício anterior.

●12.29 Utilizando, repetidamente, o método de intercalar arquivos três a três do exercício anterior, descrever um processo ótimo para intercalar as chaves de n arquivos A_1, ..., A_n. Comparar o resultado obtido com o método de intercalar os arquivos dois a dois do Exercício 12.27.

Notas Bibliográficas

O algoritmo de Knuth, Morris e Pratt foi descoberto, de forma independente, por Knuth e Pratt e por Morris. A publicação do resultado, em conjunto, deu-se em 1977 [Kn77]. Ele se constituiu no primeiro algoritmo de complexidade linear para o problema do casamento de cadeias. A literatura fornece outros algoritmos lineares para esse problema, conforme se segue. O algoritmo de Boyer e Moore [Bo77], em geral, produz resultados melhores quando o tamanho dos alfabetos e dos padrões é grande. O algoritmo de Galil e Seiferas [Ga80] é também linear e dispensa o armazenamento do vetor (Exercício 12.8). O algoritmo de Karp e Rabin [Ka87] utiliza técnicas de tabelas de dispersão e possui um pior caso quadrático. Contudo, ele é bastante simples e sua complexidade média é linear. O primeiro resultado acerca da complexidade média desse problema foi obtido por Yao [Ya79]. Baeza-Yates [BY89] efetuou a análise do caso médio dos algoritmos de força bruta e de Boyer e

Moore. Algoritmos eficientes para variações do problema de casamento de padrões foram também desenvolvidos em [BY89].

Huffman desenvolveu o método da compactação de dados em 1952 [Hu52]. Um algoritmo de Huffman adaptativo, isto é, em que a árvore de Huffman é localmente modificada com a inclusão de um novo dado, foi elaborado, inicialmente, por Faller [Fa73]. Posteriormente, esse método foi redescoberto por Gallager [Ga78]. Knuth [Kn85] efetuou melhorias nesse algoritmo, de modo que ele é, atualmente, conhecido como algoritmo FGK. Knuth [Kn68] contém um estudo detalhado da árvore de Huffman. A obtenção da árvore de Huffman de altura mínima (Exercício 12.19) foi descrita por Schwartz [Sc64], enquanto a construção de árvores de prefixo ótimas com altura limitada foi considerada por Larmore e Hirschberg [La90]. Outros métodos bastante conhecidos de compactação de dados são de Ziv-Lempel [Zi77] e [Zi78] e o de Bentley, Sleator, Tarjan e Wei [Be86]. O artigo de Lelewer e Hirschberg [Le87] sumariza vários desses métodos. O livro de Bell, Cleary e Witten [Be90] é dedicado à compactação de dados, enquanto o de Hamming [Ha80] é uma referência para o problema de codificação. Em particular, esse último discute a concepção de códigos com detecção ou correção automática de erros, inicialmente apresentada pelo mesmo autor em [Ha50].

Referências Bibliográficas

[Ad62] G.M. Adel'son-Vel'skii, E.M. Landis, An Algorithm for the Organization of Information, *Soviet Mathematics Doklady*, **3** (1962), pp. 1259-1263.

[Ah74] A.V. Aho, J.E. Hopcroft, J.D. Ullman, *The Design and Analysis of Computer Algorithms*, Addison Wesley, Reading, Mass., 1974.

[Ah83] A.V. Aho, J.E. Hopcroft, J.D. Ullman, *Data Structures and Algorithms*, Addison Wesley, Reading, Mass., 1983.

[Al78] B. Allen, I. Munro, Self-Organizing Search Trees, *Journal of the ACM*, **25**(1978), pp. 526-535.

[At86] M.D. Atkinson, J.-R. Sack, N. Santoro, T. Strothtte, Min-Max Heaps and Generalized Priority Queues, *Communications of the ACM*, **29**(1986), pp. 996-1000.

[Ba72] R. Bayer, Symmetric Binary B-trees: Data Structure and Maintenance Algorithms, *Acta Informatica*, **1**(1972), pp. 290-306.

[Ba72a] R.Bayer, E.M. McCreight, Organization and Maintenance of Large Ordered Indexes, *Acta Informatica*, **1**(1972), pp. 173-189.

[Ba78] S. Baase, *Computer Algorithms: Introduction to Design and Analysis*, Addison Wesley, Readings, Mass., 1978.

[Be85] J.L.Bentley, Programming Pearls: Thanks, Heaps, *Communications of the ACM*, **28**(1985), pp. 245-250.

[Be85a] J.L. Bentley, C.C. McGeoch, Amortized Analyses of Self-Organizing Sequential Search Heuristics, *Communications of the ACM*, **28**(1985), pp. 404-411.

[Be86] J.L. Bentley, D.D. Sleator, R.E. Tarjan, V.K. Wei, A Locally Adaptive Data Compression Scheme, *Communications of the ACM*, **29**(1986), pp. 320-330.

[Be90] T.C. Bell, J.G. Cleary, I.H. Witten, *Text Compression*, Englewood Cliffs, N.J., 1990.

[Bo77] R.S. Boyer, J.S. Moore, A Fast String Searching Algorithm, *Communications of the ACM*, **20**(1977), pp. 762-772.

[Br59] R. de la Briandais, File Searching Using Variable Lenght Keys, *AFIPS Western Joint Computer Conference*, 15, pp. 295-298, San Francisco, CA, 1959.

[Br78] M.R. Brown, Implemention and Analysis of Binomial Queues Algorithms, *SIAM Journal on Computing* (1978), pp. 298-319.

[BY89] R.A. Baeza-Yates, *Efficient Text Searching*, Ph.D. Thesis, Department of Computer Sciences, University of Waterloo, Waterloo, Ontario, 1989.

[Co70] E.G. Coffman, J. Eve, File Structures Using Hashing Functions, *Communications of the ACM*, **13**(1970), pp. 427-436.

[Co79] D. Comer, The Ubiquitous B-tree, *ACM Computing Surveys*, **11**(1979), pp. 121-137.

[Co80] D. Comer, A Note on Median Split Trees, *ACM Transactions on Programming Languages and Systems*, **2**(1980), pp. 129-133.

[Co80a] C.R. Cook, D.J. Kim, Best Sortimg Algorithm for Nearly Sorted Lists, *Communications of the ACM* **23**(1980), pp. 620-624.

Referências Bibliográficas

[Co90] T.H. Cormen, C.E. Leiserson, R.L. Rivest, *Introduction to Algorithms*, MIT Press, Cambridge, Mass. e McGraw-Hill, New York, N.Y., 1990.

[Cr72] C.A. Crane, Linear Lists and Priority Queues as Balance Binary Trees, Technical Report STAN-CS-72-259, Stanford University, Computer Science Departament, Stanford, CA, 1972.

[Dr88] J.R. Driscoll, H.N. Gabow, R. Shrairman, R.E. Tarjan, Relaxed Heaps: An Alternative to Fibonacci Heaps with Applications to Parallel Computing, *Communications of the ACM* **31**(1988), pp. 1343-1354.

[Fa73] N. Faller, An Adaptive Method for Data Compression, *Record of the 7th Asilomar Conference on Circuits, Systems and Computers*, Naval Postgraduate School, Monterey, Ca., pp. 593-597, 1973.

[Fl64] R.W. Floyd, Algorithm 245: Treesort3, *Communications of the ACM*, **7**(1964), pp. 701.

[Fr60] E. Fredkin, Trie Memory, *Communications of the ACM*, **3**(1960), pp. 490-499.

[Fr86] M.L. Fredman, R. Sedgewick, D.D. Sleator, R.E. Tarjan, The Pairing Heap: A New Form of Self-Adjusting Heap, *Journal of Algorithms*, **1**(1986), pp. 111-129.

[Fr87] M.L. Fredman, R.E. Tarjan, Fiboracci Heaps and Their Uses in Improved Network Optimization Algorithms, *Journal of the ACM*, **34**(1987), pp. 596-615.

[Fr90] C. Froidevaux, M.-C. Gaudel, M. Soria, *Types de Donnés et Algorithmes*, McGraw-Hill, Paris, 1990.

[Ga74] M.R. Garey, Optimal Binary Search Trees with Restricted Maximal Depth, *SIAM Journal on Computing* **2**(1974), pp. 101-110.

[Ga78] R.G. Gallager, Variations on a Theme by Huffman, *IEEE Transactions on Information Theory*, **24**(1978), pp. 668-674.

[Ga80] Z. Galil, J. Seiferas, Saving Space in Fast String-Matching, *SIAM Journal on Computing*, **9**(1980), pp. 417-438.

[Ga85] H.N. Gabow, R.E. Tarjan, A Linear Time Algorithm for a Special Case of Disjoint Set Union, *Journal of Computer and System Sciences*, **30**(1985), pp. 209-221.

[Gi59] E.N. Gilbert, E.F. Moore, Variable-Length Binary Encoding, *Bell System Tech. J.*, **38**(1959), pp. 933-968.

[Go81] L. Gotlieb, Optimal Multiway Search Trees, *SIAM Journal on Computing*, **10**(1981), pp. 422-433.

[Go81a] L. Gotlieb, D. Wood, The Construction of Optimal Multiway Search Trees and the Monotonicity Principle, *Intern. J. Comput. Math.*, Sc.A9(1981), pp. 17-24.

[Go91] G.H. Gonnet, R. Baeza-Yates, *Handbook of Algorithms and Data Structures*, Addison Wesley, Reading, Mass. 1991.

[Gr82] D.H. Greene, D.E. Knuth, *Mathematics for the Analysis of Algorithms*, Bierkhäuser, Boston, Mass., 1982.

[Gr89] R.L. Graham, D.E. Knuth, O. Patashnik, *Concrete Mathematics: A Foundation for Computer Science*, Addison Wesley, Reading, Mass., 1989.

[Gu78] L.J. Guibas, R. Sedgewick, A Dichromatic Framework for Balanced Trees, *Proceedings of the 19th Annual Symposium on Foundations of Computer Science*, IEEE Computer Society, pp. 8-21, 1978.

[Ha50] R.W. Hamming, Error-Detecting and Error-Correcting Codes, *Bell System Tech. J.*, **29**(1950), pp. 147-160.

[Ha80] R.W. Hamming, *Coding and Information Theory*, Prentice Hall, Englewood Cliffs, N.J., 1980.

[He86] J.H. Hester, D.S. Hirschberg, S.-H.S. Huang, C.K. Wong, Faster Construction of Optimal Binary Split Trees, *Journal of Algorithms*, **7**(1986), pp. 412-424.

[Hi62] T. Hibbard, Some Combinatorial Properties of Certain Trees with Applications to Searching and Sorting, *Journal of the ACM*, **9**(1962), pp. 13-28.

[Ho62] C.A.R. Hoare, Quicksort, *Computer Journal* **5**(1962), pp. 10-15.

Referências Bibliográficas

[Ho87] M. Hofri, *Probabilistic Analysis of Algorithms*, Springer-Verlag, New York, N.Y., 1987.

[Hu52] D.A. Huffman, *A Method for the Construction of Minimum Redundancy Codes*, Proc. of the IRE, **40**(1952), pp. 1098-1101.

[Hu84] S.-H.S. Huang, C.K. Wong, Optimal Binary Split Trees, *Journal of Algorithms*, **5**(1984), pp. 69-79.

[Hu84a] S.-H.S. Huang, C.K. Wong, Generalized Binary Split Trees, *Acta Informatica*, **21**(1984), pp. 113-123.

[Hu87] S.-H.S. Huang, Optimal Multiway Split Trees, *Journal of Algorithms*, **8**(1987), pp. 146-156.

[It76] A. Itai, Optimal Alphabetic Trees, *SIAM Journal on Computing*, **5**(1976), pp. 9-18.

[Jo75] D.B. Johnson, Priority Queues with Update an Finding Minimum Spanning Trees, *Information Processing Letters* **4**(1975), pp. 53-57.

[Ka87] R.M. Karp, M.O. Rabin, Efficient Radomized Pattern-Matching Algorithms, *IBM J. Research and Dev.*, **31**(1987), pp. 249-260.

[Ke84] R. Kemp, *Fundamentals of the Average Case Analysis of Particular Algorithms*, John Wiley, New York, N.Y., e B.G. Teubner, Stuttgart, 1984.

[Kn68] D.E. Knuth, *The Art of Computer Programming 1: Fundamental Algorithms*, Addison Wesley, Reading, Mass., 1968.

[Kn69] D.E. Knuth, *The Art of Computer Programming 2: Seminumerical Algorithms*, Addison Wesley, Reading, Mass., 1969.

[Kn71] D.E. Knuth, Optimum Binary Search Trees, *Acta Informatica*, **1**(1971), pp. 14-25.

[Kn73] D.E. Knuth, *The Art of Computer Programming 3: Sorting and Searching*, Addison Wesley, Reading, Mass., 1973.

[Kn74] D.E. Knuth, J.L. Szwarcfiter, A Structured Program to Generate All Topological Sorting Arrangements, *Information Processing Letters*, **2**(1974), pp. 153-157.

[Kn77] D.E. Knuth, J.H. Morris, V.R. Pratt, Fast Pattern Matching in Strings, *SIAM Journal on Computing*, **6**(1977), pp. 323-350.

[Kn85] D.E. Knuth, Dynamic Huffman Coding, *Journal of Algorithms*, **6**(1985), pp. 163-180.

[Ko92] D.C. Kozen, *The Design And Analysis of Algorithms*, SpringerVerlag, New York, N.Y., 1992.

[La88] P. Larson, Dynamic Hash Tables, *Communications of the ACM*, **31**(1988), pp. 446-457.

[La89] K.K. Lau, A Note on Synthesis and Classification of Sorting Algorithms, *Acta Informatica* **27**(1989), pp. 73-80.

[La90] L.L. Larmore, D.S. Hirschberg, A Fast Algorithm for Optimal Length-Limited Huffman Codes, *Journal of the ACM*, **37**(1990), pp. 464-473.

[Le87] D.A. Lelewer, D.S. Hirschberg, *Data Compression*, ACM Computing Surveys, **19**(1987), pp. 261-296.

[Le88] T.G. Lewis, C.R. Cook, Hashing for Dynamic and Static Internal Tables, *IEEE Computer*, **21**(1988), pp. 45-56.

[Li91] L.T. Liu, G.-H. Chen, Y.-L. Wang, A Note on Optimal Multiway Split Trees, *Bit*, **31**(1991), pp. 220-229.

[Ma75] W.D. Maurer, T.G. Lewis, Hash Table Methods, *ACM Computing Surveys,* **7**(1975), pp. 5-19.

[Ma92] H.M. Mahmoud, *Evolution of Random Search Trees*, John Wiley & Sons, New York, N.Y., 1992.

[Ma06] L. Markenzon, O. Vernet, P.R.C. Pereira, (L,U)-Bounded Priority Queues, *Proc. of XIII CLAIO*, Artigo 123, Montevidéu, Uruguai, 2006.

Referências Bibliográficas

[Mc77] E.M. McCreight, Pagination of B*-Trees with Variable-Length Records, *Communications of the ACM*, **20**(1977), pp. 670-674.

[Mo68] D.R. Morrison, PATRICIA: Practical Algorithmic to Retrieve Information Coded in Alphanumeric, *Journal of the ACM*, **15**(1968), pp. 514-534.

[Pe84] Y. Perl, Optimum Split Trees, *Journal of Algorithms*, **5**(1984), pp. 367-374.

[Pr91] G. Pruesse, F. Ruskey, *Generating Linear Extensions Fast*, preprint, Dept. of Computer Science, University of Victoria, Victoria, Canada, 1991.

[Re85] E.M. Reingold, W.J. Hansen, *Data Structures*, Little Brown & Co., Boston, Mass., 1983.

[Sc64] E.S. Schwartz, An Optimum Encoding with Minimal Longest Code and Total Number of Digits, *Information and Control*, 7(1964), pp. 37-44.

[Sh78] B.A. Sheil, Median Split Trees: A Fast Lookup Technique for Frequently Occurring Keys, *Communications of the ACM*, **21**(1978), pp. 947-958.

[Sl85] D.D. Sleator, R.E. Tarjan, Self-Adjusting Binary Search Trees, *Journal of the ACM*, **32**(1985), pp. 652-686.

[Sl85a] D.D. Sleator, R.E. Tarjan, Amortized Efficiency of List Update and Paging Rules, *Communications of the ACM*, **28** (1985), pp. 202-208.

[Sz78] J.L. Szwarcfiter, L.B. Wilson, Some Properties of Ternary Trees, *The Computer J.*, **21**(1978), pp. 66-72.

[Sz84] J.L. Szwarcfiter, Optimal Multiway Search Trees for Variable Size Keys, *Acta Informatica*, **21**(1984), pp. 47-60.

[Ta75] R.E. Tarjan, Efficiency of a Good but not Linear Set Union Algorithm, *Journal of the ACM*, **22**(1975), pp. 215-225.

[Ta83] R.E. Tarjan, Data Structures and Network Algorithms, *SIAM Publications*, Philadelphia, Pa., 1983.

[Ta85] R.E. Tarjan, Amortized Computational Complexity, *SIAM Journal on Algebraic and Discrete Methods*, **6**(1985), pp. 306-318.

[Te91] R. Terada, *Desenvolvimento de Algoritmos e Estruturas de Dados*, McGraw-Hill e Makron do Brasil, São Paulo, SP, 1991.

[Va80] V.K. Vaishnavi, H.P. Kriegel, D. Wood, Optimum Multiway Search Trees, *Acta Informatica*, **14**(1980), pp. 119-133.

[Ve83] P. Veloso, C. Santos, P. Azeredo, A. Furtado, *Estruturas de Dados*, Campus, Rio de Janeiro, RJ, 1983.

[Vu78] J. Vuillemin, A Data Structure for Manipulating Priority Queues, *Communications of the ACM*, **21**(1978), pp. 309-314.

[Ya79] A.C. Yao, The Complexity of Pattern Matching for a Random String, *SIAM Journal on Computing*, **8**(1979), pp. 368-387.

[We95] M.A. Weiss, *Data Structures and Algorithm Analysis* (Second Edition), Addison-Wesley, 1995.

[Wi64] J.W.J. Williams, Algorithm 232: Heapsort, *Communications of the ACM*, 7(1964), pp. 347-348.

[Wi86] N. Wirth, *Algorithms and Data Structures*, Prentice Hall, Englewood Cliffs, N.J., 1986.

[Zi77] J. Ziv, A. Lempel, A Universal Algorithm for Sequential Data Compression, *IEEE Transactions on Information Theory*, **23**(1977), pp. 337-343.

[Zi78] J. Ziv, A. Lempel, Compression of Individual Sequences via Variable Rate Coding, *IEEE Transactions on Information Theory*, **24** (1978), pp. 530-536.

[Zi93] N. Ziviani, *Projeto de Algoritmos com Implementação em Pascal*, Livraria Pioneira Editora (Pioneira Informática), São Paulo, SP, 1993.

Índice

3-heap, 207

A

Abstrato de dados, tipo, 1
Acesso direto, 233
Agrupamento secundário, 249
Alfabeto, 259, 272
Algoritmo(s), 1
    análise do, 166
    apresentação, 2
    complexidade, 6
    da força bruta, 273, 274
        comparações efetuadas pelo, 277
    de codificação e decodificação, 284
    de frequência de caracteres, 285
    de Huffman, 286
        aplicação do, 290
    de Knuth, Morris e Pratt, 275
    de ordenação, 160-178
        limite inferior para, 175
    ótimos, 11
    subárvores construídas pelo, 95
Alocação
    de espaço de tamanho variável, 43
    dinâmica, 28
    encadeada, 16, 28
    estática, 16
    sequencial de memória, 16
Análise, 1
    do caso médio, 171
    do melhor caso, 171
    do pior caso, 170
Ancestral próprio, 54
Antecessor, pesquisa do, 70
Árvore(s), 50-73
    AVL, 104
        balanceamento de, 105
        de altura h, número mínimo de
            nós em, 107
        inclusão em, 108
        regulagem, 112
        remoção, 116
    B, 130
        busca, 132
        conceitos básicos, 130
        custos de busca, 138
        inserção, 132, 138
        remoção, 132, 138
            em, resultados, 137

balanceadas, 102-141
binária(s), 55
    armazenamento de uma, 60
    cheia, 57
    completa, 56, 57
    de busca, 74-101
    de partilha, 87
    de prefixo, 265
    ótima, 84
    percurso em, 61
binomiais, 215
caminho da, 54
com costura, 68
completas, restabelecimento de,
    exemplo ruim, 103
conversão em binária, 67, 68
de busca
    com nós externos, 79
    ótima, decomposição da, 82
de decisão, 175
    tamanho da, 176
de difusão, 179, 195
de Huffman, 288
    construção da, 289
definições, 50
digital, 259, 260
    binária, 263
        de prefixo, 264
    inclusão, 262
enraizada, 50
estritamente
    binária, 56, 57
    m-ária, 59
Fibonacci mínimas, 225
    decomposição, 226
graduadas, 117, 118
isomorfas, 54
m-ária completa e cheia, 59
mínima AVL, construção, 106
não AVL, 105
não graduadas, 118
ordenada, 54
ótima, cálculo da, 94
Patricia, 265, 266
representação(ões)
    básicas, 50
    de uma, 52
representada por uma
    matriz, 66
rubro-negras, 117, 119

subordinadora, 214
ternárias, 59
zigue-zague, 57
Autoajuste em listas, 184
AVL, árvore, 104

B

Bal, campo, 114
Balanceamento
    conceito de, 102
    de árvore AVL, 105
Balanço, rótulo, 114
Bloco, 43
    enquanto, 228
Bubble sort, 161
Busca
    binária, 20
    com frequências de acesso
        diferenciadas, 80
    da chave x numa árvore B, 133
    de encadeamento interior, 244
    de um elemento, 17, 18, 19
    digital, 261, 258-271
    em árvore
        AVL, 114
        binária
            de busca, 76
            de partilha, 88
        Patricia, 267
    em uma lista
        duplamente encadeada ordenada,
            38
        ordenada, 31
    numa lista circular encadeada
        ordenada, 37
    por endereçamento aberto, 247
Busca-arvore, 76
Buscadig, procedimento, 262

C

Cadeia(s)
    casamento de, 272
        problema do, 273, 274
    processamento de, 272
Caminho(s)
    compactação de, 191
        critérios, 193
    compressão de, 192

Índice

curto, comprimento do, 208
   da árvore, 54
      tamanho do, 54
   divisão de, 192, 194
   separação de, 192, 194
Campos, 17
Caracteres, 272
Casamento de cadeias, 272, 275
   problema do, 273, 274
Chave, 2, 17
   de partilha, 87
Codificação de mensagens, 272
Códigos de prefixo, 286
Colisão(ões)
   exemplo de, 234
   por encadeamento, tratamento de, 239
   por endereçamento aberto, 245
   secundárias, 243
   tratamento de, 234
Compactação de dados, 284
Complexidade
   amortizada, 179, 180
   das operações, 194
      de difusão, 199
   de espaço, 8
   do caso médio, 8
   do melhor caso, 8
   do pior caso, 8
Comprimento de caminho externo
   ponderado, 287
Concatenação, 135
Condição
   de ordenação, 208
   estrutural, 208
Conjuntos, 187
Contador, 41
Conversão
   de notações, 27
   de uma floresta, 65, 67
Correção, 1
Cortes em cascata, 227
Costura, árvores com, 68
Critério de parada, ordenação bolha
   com, 162

D

Dado(s)
   abstrato de, tipo, 1
   compactação de, 284
   estrutura de, 1
Dcostura, campo, 69
Decomposição de árvore
   de busca ótima, 82
   ótima, 92
Deque, 15
Descendente próprio, 54
Descer da árvore, 153
"Descida" pela árvore, 146
Desocupar, 44
Diagrama
   de barras, 52
   de inclusão, 51
Difusão
   árvore de, 179, 195
   completa de um nó, 198
   de um nó, 197
   operações de, 196

Dígitos, 259
Dispersão
   dupla, 250, 251
   linear, 251
   tabelas de, 232-257
Divisão, método de, 235
Dobra, método de, 237
Double ended queue, 15

E

Ecostura, campo, 69
Elemento, remoção de um, 148
Encadeamento
   colisões por, tratamento, 239
   exterior, 239
      tratamento de colisões por, 240
   interior, 241
      busca por, 244
      inserção por, 245
      remoção, 245
      tratamento de colisões por, 242
Endereço, 43
Endereço-base, 234
Estrutura(s)
   autoajustáveis, 179-204
   de dados, 1
   em dois níveis, 253
   inicialização da, 187

F

Fat, função, 4
Fibonacci, heaps de, 223
Fila, 15, 22, 33
   inserção na, 34
   remoção da, 34
Filho(s), 53
   esquerdo, 55
Floresta, conversão de uma, 65, 67
Folha, 54
Força bruta, algoritmo da, 273, 274
Função
   de dispersão, 234, 235, 236
   fat, 4
   uniforme, 235
Fusão
   de conjuntos, 191
   de heaps
      binomiais, 219
      esquerdistas, 212
   exemplo, 210
   por tamanho, 188
   sem e com critério de
      tamanho, 189

G

Grau de saída, 54
Guarda, variável, 161

H

Heap(s)
   binomiais, 214
   de Fibonacci, 223, 227
   distorcidos, 229
   esquerdistas, 207, 209
   min-max, 151

ordenação em, 160, 173
Heapsort, 160, 173
Huffman
   algoritmo de, 286
   árvore de, 288

I

Implementação, 126
Inclusão
   da árvore Patricia, 269
   diagrama de, 51
   em árvore(s)
      AVL, 108
      digital, 262
      rubro-negra, 124, 128
         com desequilíbrio, 125
   implementação da, 111
Inicializar a estrutura, 155
Inserção
   da árvore Patricia, 268
   de chaves em uma árvore B, 135
   de um elemento com prioridade
      pri, 156
   em árvore
      AVL, 114
      binária de busca, 77
   em lista de prioridades, 147, 148
   ordenação por, 160, 162
Intercalação, ordenação por, 160, 164
Irmãos, 53
   adjacentes, 135

K

Knuth, Morris e Pratt, algoritmo
   de, 275

L

Lista(s)
   apontada por *ptlista*, impressão, 30
   circular(es), 36
      encadeada, 36
   de espaço disponível, 28
   de prioridades, 142-159
      avançadas, 205-231
      construção da, 149, 150
      implementação, 143
         por "heap", 144
         por lista
            não ordenada, 143
            ordenada, 143
         min-max, 150
   duplamente encadeadas, 37
   encadeada com nó-cabeça, 31
   lineares, 15
      autoajustável, 182
      em alocação
         encadeada, 30
         sequencial, 17
   não ordenada, 17
   ordenada, 17
   simplesmente encadeadas, 30
Lista-vazia, procedimento, 154

M

m-heaps, 206

Índice

Matriz(es)
   árvore representada por uma, 66
   do algoritmo, 86
   produto de, 8
   soma de, 7
Mergesort, 164
Método(s)
   da análise dos dígitos, 238
   da multiplicação, 238
   de autoajustes para listas, 183
   de divisão, 235
   de dobra, 237
   híbridos, 184
   mover para a frente, 183
     análise, 184
Mínimos, 150
Modelo matemático, 1
Mover para a frente, 183
   k, 183
Multiplicação, método da, 238

N

Nível de um nó, 54
Nó(s)
   alcance dos, 89
   altura de um, 54
   apontado por *pont* na lista,
     remoção do, 32
   da árvore binária, cálculo da altura
     de um, 64
   desequilibrado, 117
   desregulado, 105
   difusão de um, 197
   equilibrado, 117
   inserção de um, 32
     em uma lista duplamente
       encadeada, 39
   nível de um nó, 54
   prioridade de um, aumento
     da, 145
   regulado, 105
   remoção de um, 33
Nó-cabeça, lista encadeada com, 31
Notação
   conversão de, 27
   O, 9
   polonesa, 26

O

Ocupar, 44
Operação(ões)
   busca, 15
   complexidade das, 194
   de difusão, 196
   de subordinação, 214
   dominante, 7
   fundir, 188
   inclusão, 15
   individual, 180
   insere, 180
   remoção, 15
   retira, 180

Ordem parcial, 39
   representação, 40
Ordenação
   algoritmos de, 160-178
   bolha, 160, 161
     com critério de parada, 161
     de uma tabela com n
       elementos, 161
   em heap, 160, 173, 174
   por distribuição, 34, 35
   por inserção, 160, 162
     de uma tabela com n
       elementos, 163
     exemplo, 163
   por intercalação, 160, 164
     de uma tabela com n
       elementos, 165
   rápida, 167, 168
     de uma tabela com n
       elementos, 169
   topológica, 39, 40, 43
     armazenamento para, 42
Organização de uma página, 131
Overflow, 21

P

Página, organização de uma, 131
Palavra, 43
Parênteses, representação por, 52
Partilha, árvore de, 86
Percurso(s)
   em árvore binária, 61
   em ordem simétrica, 62, 63
   em pós-ordem, 63
   em pré-ordem, 61, 62
Pilha, 22, 33
   inserção, 33
   remoção, 33
Ponteiro topo, 23
Preocupação algorítmica, 2
Prioridade(s)
   alteração de, 145
   de um nó
     aumento da, 145
     diminuição, 146
   lista de, 142-159
     $[L, U]$-limitada, 154
Procedimento
   buscadig, 262
   desocupar, 44
   expandir, 254
   lista-encadeada e atual, 254
   lista-vazia, 154
   não recursivo, 3
   ocupar, 44
   recursivo, 3
   reservar, 254
Programação dinâmica, 81
ptraiz, valor de, 69

Q

Quicksort, 160, 167

R

Recursividade, 3
Redistribuição, 135
Relações de ordem, 152
Remoção
   de um elemento da lista de
     prioridades, 149
   de heap de Fibonacci, 228
   em lista de prioridade, 147
   exemplo para, 220
Representação(ões)
   de uma árvore, 52
   hierárquica, 51, 53
   por parênteses, 52
Rotação(ões)
   direita, 108
   dupla direita, 108
   dupla esquerda, 108
   em árvores binárias de busca, 109
   esquerda, 108
   para equilíbrio de árvore
     rubro-negra, 127

S

Saída, 1
   grau de, 54
Sequência
   aninhada, 52
   de Fibonacci, 107
   de operações, 157
   de tentativas, 246
   inversão de, 3
   uniforme, 246
Sistema de alocação de memória, 44
Subárvore(s), 53, 58
   construídas pelo algoritmo, 95
   interna, 122
   parcial, 58
Subcadeia, 273
Subir na árvore, 154

T

Tabela, 15
   de dimensão dinâmica, 251, 252
   de dispersão, 232-257
     princípio de funcionamento, 233
     tratamento de colisões
       por encadeamento, 239
       por endereçamento
         aberto, 245
Tempo amortizado, 180
Tentativa(s)
   linear, 248
     e quadrática, comparação, 250
   quadrática, 249
Teste, variável lógica, 274
Torre de Hanói, problema da, 4, 5
Transposição, 183

U

Underflow, 21